U0527306

AI 经济学

中金研究院　中金公司研究部　著

中信出版集团 | 北京

图书在版编目（CIP）数据

AI 经济学 / 中金研究院, 中金公司研究部著. --
北京 : 中信出版社, 2024. 11. -- ISBN 978-7-5217
-6986-9（2024.11重印）
Ⅰ. F0-39
中国国家版本馆 CIP 数据核字第 2024SH3019 号

AI 经济学

著者： 中金研究院　中金公司研究部
出版发行：中信出版集团股份有限公司
（北京市朝阳区东三环北路 27 号嘉铭中心　邮编　100020）
承印者： 北京通州皇家印刷厂

开本：787mm×1092mm　1/16　　印张：30　　字数：480 千字
版次：2024 年 11 月第 1 版　　　　印次：2024 年 11 月第 2 次印刷
书号：ISBN 978-7-5217-6986-9
定价：88.00 元

版权所有·侵权必究
如有印刷、装订问题，本公司负责调换。
服务热线：400-600-8099
投稿邮箱：author@citicpub.com

目 录

前　言　AI 规模新经济　/001

宏观篇

第一章　迈向通用时代的人工智能　/003

第二章　中国 AI 发展的挑战与应对　/045

第三章　元任务与 AI 的经济影响　/083

第四章　AI 对就业市场的变革　/115

产业篇

第五章　AI 产业化：越过第一拐点　/151

第六章　产业 AI 化：双刃剑效应与应对　/197

第七章　AI 的能耗焦虑：增长极限与绿色困境　/239

第八章　AI 大模型：如何改变金融行业　/279

治理篇

第九章　数据或为瓶颈，确权并非关键　/311

第十章　AI 伦理与安全：挑战与应对　/351

第十一章　AI 经贸治理：规则与技术并重　/387

第十二章　AI 风投：从领先到落后的创新金融启示　/423

术语表　/455

前　言

AI规模新经济

人工智能（AI）是一个与人类智能相对应的概念。自20世纪50年代这个概念出现以来，人类智能对人工智能的探索经历了不同的阶段。从早期的符号主义到专家系统，都是一种从上到下的设计，事先赋予机器以尽可能多的知识；过去20余年，AI发展的主流范式逐步转换到了从下到上的模式，赋予机器以学习的能力，将智能视为一种通过学习而对环境展现适应性的机能。以2022年发布的ChatGPT大语言模型（LLM）为标志，AI神经网络的类人学习能力取得了里程碑式的进展，引发全球范围的AI热潮。

2024年《政府工作报告》首次提出了"人工智能+"行动[1]，这不仅是顺应全球人工智能发展的趋势，而且与中国产业升级的大势紧密相关，旨在推动AI技术与各行业的深度融合。这一行动体现了政府对AI的高度重视，可以说是推动中国从"互联网时代"迭代升级至"人工智能时代"的政策设计和布局，是发展新质生产力的一个重要方面。

AI的新突破影响经济社会发展，反过来，技术进步是人类经济活动的结果，AI未来的发展也取决于经济社会环境包括公共政策的演变。中金研究院和中金公司研究部联合撰写了这篇研究报告，力图从经济视角探讨本轮AI进步的生产力特点及其对生产关系的冲击，围绕宏观含义、产业影响、治理挑战等问题提供

---

[1] 参见 https://www.gov.cn/yaowen/liebiao/202403/content_6939153.htm。

系统分析。

AI作为一项通用目的技术（GPT），规模定律（scaling law）[1]是本轮AI进步的突出特征，意味着在静态上大国有优势，动态上先发者有优势。美国在大模型研发方面拥有先发优势，中国人口多、市场大，有利于加速追赶，尤其可能在应用层孕育出引领性的创新，为经济增长注入新动能。按照我们的估算，AI有望使得中国2035年的国内生产总值（GDP）相较于基准情形提升9.8%，相当于未来10年的年化增长率额外增加0.8个百分点。科技革命不仅促进生产力，也重塑生产关系，AI作为"类人"技术，在数字治理、市场竞争、社会伦理、国际关系等方面将带来深远的影响。历史经验显示，科技进步在推动经济增长的同时，也加大了收入差距，促进社会保障既有物质基础也是可持续发展的必然要求。中国可在AI治理方面未雨绸缪，尤其需要着力完善社会保障体系，兼顾效率和公平，让科技发展成果惠及全体人民。在当前总需求不足的背景之下，扩张性财政政策提振经济增长，也有助于中国在AI领域加速追赶。

一、通用目的技术与通用人工智能

为对AI进行经济分析，我们对AI的研究从何入手？直观来讲，一项技术的重要性和其影响经济社会的范围有关。一个基本共识是AI符合经济学的通用目的技术的概念，具有广泛的应用潜力，可以在多个领域和多种环境中发挥作用。技术进步是经济长期增长的源泉，而全社会的技术进步往往是由少数几项关键的通用目的技术所推动的。[2]AI有潜力与电力、计算机、互联网等相比拟，成为对人类发展进程有重要推动力的通用目的技术。

就AI的通用性而言，一个相关的概念是"通用人工智能"（artificial general intelligence，AGI）。计算机领域的"通用"强调的是机器在阅读、语音、图像等人的行为领域中具备与人类相近的能力。AI大模型初步展示了这些潜质，比如

---

[1] Kaplan J, McCandlish S, Henighan T, et al. "Scaling Laws for Neural Language Models." 2020.

[2] Bresnahan T F, Trajtenberg M. "General Purpose Technologies 'Engines of Growth'?" *Journal of Econometrics*, 1995, 65(1).

其核心算法和技术可以应用于各种不同的任务，包括数据分析、自动化控制等。但人们对于什么构成 AGI 有很多不同的观点，对于人工智能是否能达到人类智能则有更大的争议，乐观者和悲观者都有。[①]

通用目的技术和通用人工智能看似相近，但是两个不同的概念，AI 是通用目的技术，但不一定能实现 AGI。经济学领域的"通用"强调普遍适用性（pervasiveness），但不一定要跟人的能力具有可比性，比如电力，没有人也可以发电，然而当今人类的生产与生活离不开电力。普遍适用性不是一天达到的，通用目的技术发展是一个动态演进的过程，新技术及其应用推动经济社会发展，后者反过来也是创新和应用的驱动力，不同技术工具之间还有协同作用，赋能进一步创新。[②]AI 进步与数字经济的发展紧密相关，可以说是数字技术本身作为通用目的技术动态演进和赋能创新的结果。

如何研判 AI 作为一项通用目的技术的发展潜力和路径？一般而言，通用目的技术的发展遵循"萌芽—成长—成熟"的三阶段 S 曲线的规律，[③]技术可行性、经济可行性是判断其动态演进阶段的两个重要指标。从技术可行性看，普遍的观点是，本轮 AI 大模型的技术突破标志着 S 曲线的第一拐点已被跨越，但在广阔的消费和工业生产场景中，AI 的渗透率仍有限，并未呈现出像互联网技术那样广泛应用的情况。[④]这背后有经济可行性问题，当前 AI 的使用成本高，包括数据库的建设、算法和人才的培养、算力消耗等的成本，同时大模型的应用还在发展初期，其产生经济效益的前景还有较大的不确定性。

AI 的经济可行性不是静态的，而是动态演进的。随着技术迭代和应用规模扩大，AI 技术的使用成本将呈现下降趋势，商业盈利模式逐渐显现。其他产业可借助 AI 实现赋能、改造与升级，推动自身的降本增效。例如，金融结合 AI 可助力智慧投研及风险防控，科研结合 AI 可实现自动文献阅读、研究方案设计乃至科研设备控制等科研助手功能。未来几年，AI 大模型在各行业的应用推广

---

① "Transcript: Superintelligent AI — the Doomers." *Financial Times*, 2023.
② Bresnahan T. "General Purpose Technologies." *Handbook of the Economics of Innovation*, 2010.
③ Jovanovic B, Rousseau P L. "General Purpose Technologies." *Handbook of Economic Growth*, 2005.
④ Filippucci F, Gal P, Jona-Lasinio C, et al. "The Impact of Artificial Intelligence on Productivity, Distribution and Growth: Key Mechanisms, Initial Evidence and Policy Challenges." 2024.

将是 AI 促进经济增长的载体，可能带来深远的影响。

长远来看，AI 对经济社会的潜在影响也取决于 S 曲线的第二拐点在什么地方。一个争议点是 AGI 能否实现，什么时候实现。语言是知识的载体和传播途径。一些观点认为，大语言模型基于语言（现有知识）模拟智能，自然难以产生超越现有知识的智能。[①] 基于历史数据训练的大模型如何理解并适应现实世界的动态变化，可能是一个挑战。AI 可能在某些方面超越人的能力，但在很多领域尤其是创新领域，无法代替人类的思考。

在讨论 AI 作为一项通用目的技术对经济的影响时，无端的猜想和推测没有现实意义，我们应当遵循科学的方法论，把理性分析建立在有逻辑的框架之上。无论是 AI 发展本身还是其对经济的影响，对它们分析逻辑的一个关键词都是规模效应。

二、规模定律与规模经济效应

经济学的一个重要概念是规模经济效应，即生产规模的增加带来单位成本下降，效率提升。本轮 AI 技术进步有一个类似的概念，就是规模定律，指的是随着模型规模的增加，其性能出现系统性的改进。在算法优化、数据增加、算力增长的支持下，大语言模型可以包含数千亿甚至上万亿个参数，帮助机器学习语言数据中的复杂模式。规模定律描述的是技术可行性，规模经济效应关乎经济可行性，两者相互联系，在一定意义上可以说前者是后者的基础，后者是 AI 影响经济运行的载体，经济运行反过来也影响技术演进。

从未来发展来看，一个关键问题是规模增加带来效率提升有没有极限，边界在哪儿。从模型技术层面看，有两派观点。乐观一派认为，在跨越了 S 曲线的第一拐点后，AI 的发展还远没有达到规模定律的极限，顺着规模定律指明的方向，结合更高效的算法架构、更高性能的算力芯片、更多数据的应用，我们可以期待未来几年 AI 的技术性能将持续突破。[②] 谨慎一派则认为，算力、数据、参数增加的边际

[①] 参见 https://www.cnbc.com/2023/12/03/meta-ai-chief-yann-lecun-skeptical-about-agi-quantum-computing.html。

[②] Eastwood B. "Sam Altman Believes AI Will Change the World (and Everything Else)." MIT Sloan School of Management, 2024.

产出已经出现下降的迹象，同时数据量从存量的使用到依靠增量也面临限制。[①]

大模型的应用不仅是技术问题，即使数据规模增加的边际产出（模型预测的准确度）递减，如果其应用产生的收益大于投入成本，经济可行性仍然成立。在AI应用和产业发展上规模经济效应是关键因素。经济学中的规模经济效应有内部规模经济和外部规模经济两个方面，前者是指单个企业做大生产和经营规模而实现效率提升（单位成本下降），后者是指产业链上下游的企业通过协作，或者共享基础设施与公共服务而提升效率。在数字经济时代，企业内部效率提升不一定体现为单一产品量的增加，还可能通过经营范围扩大、产品种类增加来实现，即范围经济效应。

具体而言，AI的内部规模经济体现在单个企业凭借大模型而享受运营规模增加带来的效率提升。技术层面的规模定律隐含着经济层面的门槛要求。在算力、参数和数据量达到一定规模时，模型的准确性和能力出现跳跃式提升，即所谓的涌现。这种非线性效应使得AI大模型研发在资源投入上有一定的门槛要求，叠加应用层面的范围经济效应，头部大型科技公司更有能力实现内部规模经济。

AI的外部规模经济可以体现在三个方面。首先，在大语言模型的推动下，市场对AI领域给予了前所未有的关注，越来越多的资本投向新算法架构的研发、数据库和算力基础设施的建设，这有助于降低整个市场的算法、数据、算力的平均成本，对所有市场主体都有利。中国的企业在算力方面的不足可能限制其内部规模经济的发挥，但这可以在一定程度上通过基础设施、公共服务（共享）等带来的外部规模经济来弥补。

其次，外部规模经济体现在模型开发者与使用者之间互动和相互赋能上。比如，开源大模型可以吸引高校、企业和个人等各类开发者进行调用，他们在使用过程中发现问题，并通过网络平台提供使用反馈和修改意见，由此形成分工协作网络，加快技术迭代和进步。

最后，随着AI技术从科技企业扩散到其他类企业，相关企业可将自身业务

[①] Heikkilä M, Heaven W D. "Yann LeCun Has a Bold New Vision for the Future of AI." *MIT Technology Review*, 2024.

与 AI 相融合，形成产业链和生态系统，实现产业内和产业间分工协作，带来外部规模经济。随着大模型的迭代完善，科研、医疗、金融等行业将能够开发定制小模型，运用于日常的业务活动，进一步丰富技术生态。不同行业的小模型可互相借鉴知识和经验，创造出新的公共数据反哺技术研发，实现范围经济效应。

人类的历史显示，一项技术进步带来的规模经济效应并不是无限的，边际收益递增最终转向边际收益递减。我们需要超越技术层面来思考 AI 的规模经济效应，这是因为技术进步是内生的，即使第二拐点离我们还远，规模扩大本身可能也面临约束。经济社会资源是有限的，而人类的需求是多元的，人类不大可能把所有的资源投在某一个技术或者产业上。

从经济社会层面看，一种宏观约束和应对气候变化有关，能耗和碳排放问题已经成为公众关注本轮 AI 进步的焦点之一。一方面，AI 处于训练阶段和推理阶段等生命周期时需要消耗电力，增加碳排放。另一方面，AI 可以助力能源转型、降低碳排放，比如 AI 可以帮助开发新的清洁能源和技术材料，优化太阳能和风力发电场的运行，等等。这两股力量哪股作用更大？经济发展的历史显示，技术进步有助于降低单位能耗，但人类对美好生活的追求使得经济总量增长，带来总能耗上升。[1]

应对 AI 进步对碳排放的影响需要加速绿色转型，促进绿色能源替代化石能源。绿色能源的制造业属性较强，具有规模经济效应，中国作为制造业大国和大市场可以为全球的绿色转型做出重要贡献。但中国绿色产业的发展已经带来保护主义压力，背后是国家之间经济和地缘政治层面的竞争。

三、大收敛与大分流

科技进步对国家或地区之间的经济竞争力与发展差距有重要影响。工业革命时期，西方国家（如英国、德国、美国）的经济快速增长，而以中国为代表的东方国家则逐渐落后，导致了全球范围内的经济和政治格局的重大变化，这一现象

---

[1] Fouquet R, Hippe R. "The Transition from a Fossil-Fuel Economy to a Knowledge Economy." *Handbook on Green Growth*, Edward Elgar Publishing, 2019.

在经济史领域被称为"大分流"[1]。二战后少数不发达经济体（主要在东亚）在工业化的过程中成功追赶发达经济体，中国改革开放以来经济快速增长，大大缩小了与发达国家的差距，这些被视为"大收敛"的例子。[2] 在科技快速进步的今天，有观点担心，全球正在经历科技创新和产业化集中在少数国家导致的第二次大分流，拉大先进技术国家和传统制造业国家之间的差距。[3]

本轮 AI 进步将导致分化还是收敛？经济学的两派观点有助于我们理解这个问题，关键在于它们对技术进步和规模经济的认知。按照新古典增长理论，技术进步是外生的，资本的边际报酬递减，给发展中国家带来后发优势。发展中国家的资本边际收益高于发达国家，资本从高收入国家流向低收入国家，学习和模仿带来技术的扩散，使得低收入国家的经济增长快于高收入国家，人均收入水平的差距趋于收敛。[4]

内生增长理论则强调技术进步是内生的，规模经济效应是一股重要力量。和农业经济相比，工业经济具有规模经济效应，率先实现工业化的国家有更多资源投入研发和创新，在前沿技术进步上有先发优势，从而导致国家间收入水平差距不收敛。[5]

两派差异的另一个含义是，在其他条件相同的情况下，内生增长理论隐含大国比小国增长更快，大国比小国更富有，而新古典增长理论认为经济增速与规模无关。顺着技术进步是内生的逻辑，在供给端，大国有更多的资源可以投入研发和创新；在需求端，大市场意味着创新的利润空间更大，同时技术进步在大国的

---

[1] Broadberry S, Gupta B. "The Early Modern Great Divergence: Wages, Prices and Economic Development in Europe and Asia, 1500–1800." *The Economic History Review*, 2006, 59(1).

[2] Storesletten K, Zilibotti F. "China's Great Convergence and Beyond." *Annual Review of Economics*, 2014, 6(1).

[3] Leamer E E. "A Flat World, a Level Playing Field, a Small World After All, or None of the Above? A Review of Thomas L. Friedman's *The World Is Flat*." *Journal of Economic Literature*, 2007, 45(1).

[4] Solow R M. "A Contribution to the Theory of Economic Growth." *Quarterly Journal of Economics*, 1956, 70(1).

[5] Romer P M. "Endogenous Technological Change." *Journal of Political Economy*, 1990, 98(5, Part 2).

溢出效应更强。[1]

AI 大模型的规模定律对经济学意义上的规模效应在静态（大国比小国有优势）和动态（先发者有优势）上的体现有什么含义？AI 大模型的涌现性（非线性特征）或者投入门槛要求使得大国在 AI 发展过程中享有规模优势。大国拥有更多人口和企业，有助于分摊高昂的固定（训练）成本，更快突破 AI 技术的规模阈值。同时，大国使用 AI 的主体和场景更多，带来庞大和丰富的本地数据，以及更大规模和更多样的应用市场，从而实现更强的干中学效应。大国也更容易建设有利于 AI 应用落地的基础设施，助力产品和技术的扩散。

规模效应意味着本轮 AI 进步对中美这两个全球最大的经济体更有利，美国的经济体量比中国大，但中国的人口比美国多，资本和劳动力在一定程度上相互替代但不能完全替代，由此从规模来看，中美各有优劣势。但就本轮 AI 进步而言，美国拥有先发优势。在传统深度学习时代，中美 AI 发展虽略有差距，但基本处于并跑或者各有千秋的状态。在过去几年以大模型为标志的 AI 进步中，美国保持相对领先，而且中美差距有拉大的迹象。如何看待未来的发展？我们可以从算力层、模型层、应用层分别做些探讨。

就算力层而言，有迹象显示，传统摩尔定律面临极限，芯片制程进入规模报酬递减阶段，这意味着发达国家先发优势的重要性下降，为中国追赶先进水平提供了空间。同时，新计算架构、非硅基半导体等新技术路线尚处于研发初期，中国存在加速追赶的可能性。

从模型层看，在 S 曲线第一拐点后，大模型进入规模报酬递增阶段，意味着美国拥有先发优势。美国的先发优势有多大，部分取决于技术层面大模型的第二拐点还有多远，或者说领先者本身面临的技术极限在哪儿，这一点目前看还有较大的不确定性。同时，美国试图在 AI 相关人才和基础设施的自由流动方面出台相关举措来强化其先发优势。把 AI 大模型的通用性和规模定律蕴含的研发投入门槛结合起来看，后发劣势可能导致中国的相关企业自发的追赶激励不足。

---

[1] Romer P M. "Why, Indeed, in America? Theory, History, and the Origins of Modern Economic Growth." 1996.

在应用层面，包括美国在内的很多国家均在探索大模型应用场景，成熟的成功案例尚少，美国的先发优势不明显。在应用层的探索中，中国应用场景丰富、潜在需求多样的市场规模优势明显，不但有利于加速追赶，甚至有可能孕育出一些具有原创性、引领性的创新。

AI 作为一项通用目的技术，在应用层通过外部规模经济提升整个经济的效率，体现在供给端与需求端，上下游链接协同，相互赋能，促进创新。AI 大模型通过大数据来模拟和预测，有利于提高后发者的模仿能力，不仅赋能"知其所以然"的传统仿制，也增加"只知其然"的新型仿制能力，这些都有助于追赶式创新。仿制能力增强对于依赖原创的引领式创新的意义并不清晰。一方面，仿制侵蚀引领式创新者的垄断利润，抑制创新意愿；另一方面，仿制加剧了市场竞争，由此导致的产业平均利润率下降促使企业加强引领式创新，以维护超额利润。这正反两股力量哪股更强，规模效应也是关键因素，大市场提供的利润空间激励竞争环境中的创新投入。

就技术进步的主要驱动力来看，在 S 曲线第一拐点之前，AI 技术发展更多体现为供给侧推动创新，大语言模型是一个突出成果。在第一拐点被跨越之后，AI 产业化是关键，是技术进步促进经济增长的载体，产业化所带来的商业利润反过来又促进 AI 技术迭代创新。因此，在当前阶段，需求侧的应用是关键。从应用的角度来看，中国具有规模优势。在面向普通用户服务层面，中国人口数量多，AI 产业化潜在需求广阔。在面向企业用户服务层面，中国的工业体系完整，可为产业 AI 化提供丰富的应用场景。发挥好中国的规模优势需要公共政策营造有利于创新的宏观环境，包括强劲的消费需求、繁荣的资本市场、有效的数字经济治理机制和完善的公共基础设施。

中国的规模优势有利于发挥 AI 进步对于经济体系内创新的促进作用。单一产品大市场对于仿制者有激励作用，而多样化需求促进引领式创新。只有少数大型经济体有足够大的市场，既容纳多个细分赛道，同时每个细分赛道有足够大的体量实现规模效应，从而兼顾追赶式和引领式创新。

发挥好中国的规模优势，一个关键问题是如何促进资源投入创新领域。对于追赶式创新，其技术路径已较为清晰，应该发挥大企业在创新要素积累（知识产权、人力资本、研发投入等）方面的优势，由银行提供长期、稳定的资金支持。

引领式创新通常没有成熟的技术路径可供参考，更加依赖众多中小企业的创新试错，资本市场能更有效地起到筛选创新技术路线、商业模式的作用。中国的规模优势在制造业领域尤其突出，一个新增长点是人形机器人。

四、人形机器人与机器替代人

技术进步影响经济表现在替代劳动力和赋能劳动力两个方面。一方面，技术进步带来自动化机器设备等新的生产工具，使得资本可部分替代劳动力。另一方面，技术进步帮助劳动者用更少时间完成同样的工作任务，提升劳动生产率。AI同样有替代和赋能劳动力两个作用，但模式与强度较过往技术有所不同。过往技术对劳动力的替代更多发生在农业、低端制造业等体力劳动密集的领域。AI尤其是大语言模型等技术已展示出替代部分脑力劳动的能力，比如翻译等。

替代体力和替代脑力并不是相互排斥的，本轮AI技术进步的一个重要潜力就是两者的结合，体现在具身智能（embodied AI）的发展上。具身智能是指智能体有一个身体，并通过身体与环境的互动来获得智能。这种交互包括使用传感器来感知环境，以及通过执行器对环境产生影响，智能体通过与外部世界的物理互动来学习和适应。例如，让机器人能够在没有明确指示的情况下，通过探索和实验来学习如何执行任务，如行走、抓取物体等。

具身智能可以说是人工智能与机器人技术的深度融合，其应用的一个重要方面是人形机器人。人形机器人是指那些具有类似人类外观和功能的机器人，可以在一定程度上执行人类能完成的任务，如行走、操作工具、交流等。本轮AI提升了人形机器人的技术可行性，自然语言处理、面部识别和表情模拟等有助于机器与人类进行更为自然的交流。人形机器人可以在多个领域，如制造业、医疗护理及其他服务业等，替代或辅助人力，提高生产效率和服务质量。人形机器人的普及将促使更多的劳动力从物理劳动转向创造性和管理性的工作，不仅有助于提升工作的附加值，还能改善劳动条件，减少工伤事故。

人形机器人的推广普及不仅有技术可行性问题，更有经济可行性问题。生产机器人的制造业具有规模经济效应，而突破技术障碍要靠研发和创新投入，大市场是促进创新动能提高的关键因素。随着创新带来的设计优化，以及规模化生产，人形机器人的生产成本有望持续下降。制造业的规模经济和数字技术的规模经济结合起来，使得中国在发展人形机器人方面有独特的优势。

中国已经拥有市场规模全球第一的工业机器人应用市场，2022年工业机器人装机量占全球比重超过50%[1]，人形机器人有望带来新的产业发展机遇。在供给端，人形机器人的生产离不开制造业，而中国制造业的产业门类齐全、产业体系完整。在需求端，中国较大的细分市场为人形机器人的应用提供了广阔的测试和部署环境，比如工厂制造、养老陪护、危险救援等部门，可以累积大量数据，有助于AI技术的优化和迭代。在现阶段的中国，人形机器人的发展并不仅限于家庭用途，而且在工业领域，包括制造、采矿等，也展现出较大的应用潜力。AI的发展也可能带来一些新技术路径，降低日美等传统发达国家机器人制造商的知识溢价，中国发展人形机器人产业，如同发展新能源汽车产业一般，有可能实现弯道超车。

当然，人形机器人的发展将是全球性现象，具有普遍意义，有一系列的宏观和结构含义值得探讨。机器替代人自然让人联想起人多人少的争议。一方面，人形机器人作为一种先进的技术解决方案，为应对人口老龄化带来的劳动力短缺问题提供了新的可能性。另一方面，机器替代人带来人们对大规模失业的担忧，尤其是人形机器人的推广普及的前景，使得技术性失业（technological unemployment，技术进步引发的失业）这样的经济学专业名词成为大众话题。

我们应该如何理解这个问题？经济学中"鲍莫尔病"[2]的概念提供了一个有用的分析框架，其逻辑是资源（包括劳动力）从效率提升快的部门（供大于求）转向提升慢的部门（供不应求）。技术进步带来的劳动生产率提升的速度在不同部门之间有差异，总有劳动生产率增长相对慢的行业和领域。同时，人类的欲望是一个心理概念，在某些方面是无限的，总有一些需求得不到满足，需要资源的投入。

鲍莫尔发表文章的20世纪60年代制造业效率提升快，服务业慢，所以资源

---

[1] 资料来源：中国信通院。
[2] Baumol W J, Bowen W G. *"Performing Arts: The Economic Dilemma. A Study of Problems Common to Theater, Opera, Music and Dance."* 1993.

从制造业转向服务业，发达国家服务业比重上升，制造业比重下降。但如果现在的机器替代人更多是在服务业，意味着服务业效率提升快，制造业中生产的机器人的供给可能赶不上需求，劳动力需要从效率提升快的服务业（机器替代人）转向生产机器人的制造业和那些效率提升慢的服务行业。虽然我们难以精确预测未来就业结构的变化，但大的逻辑应该是，技术进步快的行业产生的富余劳动力最终会被技术进步慢、供给不能满足需求的行业所吸收。当然，这个调整对某些行业、某些人群可能是一个痛苦的过程，需要公共政策的扶持和帮助。

另外，全球制造业比例上升也意味着实体资源的重要性上升，比如对钢铁、铜、铝等材料的需求上升，带来商品的相对价格调整。这也可能增加能源消耗，加剧碳排放和污染问题，加大全球绿色转型的压力。

五、伦理与治理

在经济层面之外，人形机器人在社会、文化、伦理等方面的影响也值得关注。人形机器人可以用于教育、医疗、家庭服务等多个领域，可能改变人类对这些领域和社会角色的认知。社会伦理与治理机制是关乎包括人形机器人在内的所有 AI 技术发展的重要议题。当前，在有关 AI 伦理与治理的讨论中，有三个方面的话题尤其值得关注：一是数据要素的治理，二是大企业的市场势力，三是更广泛的伦理与安全问题。

第一，数据是 AI 产业的基础性生产要素，数据治理是 AI 相关治理机制的关键部分。尽管有人将数据比作数字经济时代的石油，但在经济学视角下，数据因其非竞争性特征——可供不同主体重复使用且边际成本趋近于零——与石油这类不可再生的生产要素有着本质的区别。非竞争性带来外部性，数据的生产和使用不仅涉及直接相关的个体或组织，还可能对社会其他成员产生影响，包括正面和负面的影响。

正外部性源自数据的网络效应，即数据的价值往往随着数据量和多样性的增加而上升。AI 领域的规模定律意味着只有达到一定规模的数据才能在大模型训练中发挥价值。多模态模型进一步要求数据的多样性，数据来源于多种渠道，形式和类型也多样，如文本、图片、视频等。

负外部性体现为数据的生成和使用可能带来隐私和安全等方面问题。个人数据的收集、存储、使用和传输在创造经济价值的同时也带来隐私泄露和数据滥用的风险。数据可以轻易地复制和传播，这虽有利于知识的传播，但也可能带来知识产权等方面的争议。数据的产生者和使用者之间可能存在信息不对称，使得前述的正外部性和负外部性之间的矛盾更加突出。这给数据发挥规模效应带来了挑战，要么规模不够使得数据的价值不能被充分挖掘，要么有规模使用容易导致滥用问题。

外部性意味着数据应该被视为一种准公共产品，需要政策层面的介入与调节，既要促进数据的开放共享，发挥数据的规模效应，也要保护公民的隐私和数据安全。数据的生产和使用需要相应的治理和监管机制，当前而言，一个关键着力点在于流通环节，数据只有在流通环节充分发挥出价值，其生产行为才能得到激励。

从全球经验来看，数据流通主要有两种方式。中国主要通过各地方交易所进行场内交易，美国等发达国家则主要通过数据经纪商进行场外交易。从现实状况来看，尽管中国的数据总量已位居世界第二，但 2021 年的数据市场规模不及美国的 25%。① 鉴于数据要素的产权难以界定，权利主体分散，且定价过程复杂，过度强调通过数据确权来实现标准化交易可能增加数据的交易成本，在宏观上反而达不到规模化流通的目的。

解决这些问题需要在实践中摸索不同的方法和路径，从技术、管理、政策多个层面综合治理。就当下而言，推动公共部门非敏感数据公开，鼓励企业创新数据生产和使用尤其重要。可能的措施包括加强国企面临的市场竞争约束，以提升其对数据汇集和使用的重视程度；对大型制造企业尤其是民企给予经济激励，以支持其进行数据库建设等 AI 化改造；在芯片等"卡脖子"问题突出的精密制造领域，着重打造大企业主导的追赶式创新模式，通过纵向一体化组织架构来便利稀缺数据的汇集。

第二，大模型的发展有可能增加各方对大企业市场势力的关注。垄断曾是数字经济平台治理中的焦点，但进入 AI 大模型时代后，关于垄断的讨论似乎还较

---

① 资料来源：OnAudience。

少。一个重要的背景是，AI 大模型作为一种破坏式创新，正在对数字经济时代平台企业的垄断势力产生较大影响。例如，在搜索引擎市场，尽管截至 2024 年 4 月，谷歌全球市场份额依然高达 90%，[①] 但市场上关于哪个 AI 应用将颠覆谷歌搜索已有了诸多猜想。[②] 另外，AI 大模型在各个领域的泛化能力仍受到技术条件的约束，无论是在基础大模型领域还是在垂直应用领域，各类大模型创业企业之间的竞争都很激烈。

虽然垄断不是 AI 大模型发展目前面临的主要风险，但未来这个领域是否会形成新的不利于竞争的市场势力？技术视角的规模定律告诉我们，伴随着技术能力的不断进步，多模态 AI 大模型可能"赢者通吃"，取代其他性能一般的模型。经济视角的规模效应告诉我们，AI 大模型具有网络效应，其前置的开发成本高昂，但边际的使用成本较低，该领域可能形成有利于少数几个大型企业的局面。

在探讨市场势力及其治理时，有结构主义和行为主义两种主要思路。前者认为产业组织结构决定企业行为，主张通过反垄断措施拆分垄断结构；后者则认为结构是行为的结果，反垄断关注的重点应该在于不利于竞争的垄断行为而非产业组织结构。[③] 哪一种思路更适合大模型时代？是否有利于创新是重要的判断标准。AI 大模型由于具有规模效应，所以更有利于大企业提升市场份额，但关键在于相关企业是否存在阻碍数据、人才等要素自由流动的反竞争行为。

当前，中国 AI 领域面临着双重挑战，既要追赶世界一流大模型的水平，也要把眼光放长远，实现引领式的创新。大企业在追赶式创新中扮演更重要的角色，而小企业是引领式创新的主力军。结构主义思路可能会抑制大型科技企业的创新，而行为主义思路可以更好地平衡大、小企业创新中的关系。与其关注企业的规模，不如关注市场的可竞争性，比如防范企业的垄断行为，促进数据、算力、人才等要素的自由流动。

[①] 参见 https://qz.com/google-doj-monopoly-share-search-engine-market-antitrus-1851458149?utm_source=dlvr.it&utm_medium=twitter。

[②] 参见 https://www.reuters.com/technology/openai-plans-announce-google-search-competitor-monday-sources-say-2024-05-09/。

[③] 黄桂田：《产业组织理论》，北京大学出版社，2012 年。

第三，地缘政治层面的伦理和安全问题。AI技术在高端制造领域的应用，可能导致新的伦理和安全问题。AI产业技术密集，该产业与经济、社会息息相关，各国都很重视，近两年全球60多个国家先后推出AI发展战略[①]，但规模效应以及与此相关的先发优势可能使得大国尤其美国处在更有利的地位。AI发展将给国际治理机制带来新的挑战和变革压力。

六、效率与公平

人工智能作为一项通用目的技术，在提升生产效率的同时，可能带来经济和就业结构的变化，加大收入差距，在社会层面给平衡效率和公平带来新挑战，在总量层面体现为需求相对供给不足，对宏观经济政策有重要含义。规模经济是联系微观维度的效率与公平，以及平衡宏观层面的总需求和总供给的重要载体，规模经济放大技术进步对效率的提升效果，同时也可能扩大收入差距，加剧总需求不足的问题。

从供给侧来看，AI与各行各业融合发展有望增加经济潜在增长率。与需要预编程的机器自动化不同，本轮技术进步赋予了AI更强的通用性，AI可以跨场景地普遍参与人类工作的任务流程，通过替代人和赋能人两个渠道提升全要素生产率（TFP）。随着AI能力提升、成本下降，与AI进行融合的产业规模将逐步扩大，AI对经济的提升效果也将越发显著。我们估计到2035年，AI有望使得中国GDP总量相较于基准情形提升9.8%，相当于未来10年的年化增长率额外增加0.8个百分点。AI技术的渗透和应用扩散需要时间，意味着生产效率提升在经济增长中的体现将呈现前低后高的特征。

供给能力提升不是一蹴而就的，技术渗透和商业应用需要时间。虽然AI改变我们的生活已经成为大众话题，但很多企业还在寻找可行的商业模式。其中一个方面是前期投资的支持，要有广泛意义的效率提升，需要在软件、硬件、机器人生产方面大规模投资。宏观层面AI显著提升经济效率的前提是资本投资出现大幅上升，这也是我们观察经济新增长点的一个视角。

---

① Maslej N, Fattorini L, Brynjolfsson E, et al. "Artificial Intelligence Index Report 2023." 2023.

长远来看，与供给侧的提升相比，AI技术的普遍使用对总需求的促进作用相对较小，导致供大于求的宏观格局。这是因为技术进步加剧收入差距，而高收入者的边际消费倾向通常低于低收入者，收入差距的扩大降低社会的整体消费倾向，抑制最终需求（消费）的增长。

和过去的技术进步比较，AI作为一种"类人"技术在收入分配方面可能更不利于劳动者。国际货币基金组织（IMF）的报告认为，全球约有40%的职业会暴露于AI，这一比例在发达经济体高达60%。[1] 在市场机制的作用下，最终出现大规模失业的可能性小，但代价是工资增长相对资本的回报慢。AI技术本身是研发的产物，高额回报主要属于创新人员和风险投资家。同时，AI技术的商业应用尤其是人形机器人的普及需要大量投资，资本深化意味着GDP中劳动收入份额下降。同时，本轮AI进步对于位于社会中间收入阶层的白领人群可能影响较大，从而加剧劳动者之间收入分配极化的问题。

伴随AI应用推广，有可能出现一种情况，技术进步的收益被私有化，应对其冲击带来的问题的成本则由全社会承担，这个成本在宏观上最突出的体现就是总需求不足。总需求不足对公共政策有什么含义？财政政策和货币政策是调节总需求的两个抓手，货币政策是总量的逆周期调节工具，对收入分配等结构性问题的作用有限，甚至有反作用；而财政政策既可以做总量的逆周期调节，也可以是调整结构、降低收入不平等程度的有效工具。针对AI进步带来的不平等问题，财政政策也应该发挥关键作用，促进技术进步的成果惠及全体人民。

在财政支出方面，近些年全民基本收入（UBI）在国际上成为热门话题，其核心在于提供一种无条件的、普遍的收入保障，让全民享受技术进步带来的收益。虽然有很多争议，但相关概念的提出反映了在数字经济时代提升社会保障以平衡技术进步和社会福祉的迫切性。

回顾发达国家的历史，科技进步和经济增长带来社会保障体系的建立和逐步改善。现代社会保障制度的初步形式出现在工业革命后，[2] 例如德国在19世纪末

---

[1] Georgieva K. "AI Will Transform the Global Economy. Let's Make Sure It Benefits Humanity." IMF Blog, 2024.

[2] Hu A, Manning P. "The Global Social Insurance Movement Since the 1880s." *Journal of Global History*, 2010, 5(1).

实施的工人保险制度。以电力和内燃机的广泛应用为标志的第二次技术革命加速了工业化进程，其间社会保障制度得到了进一步的发展，包括退休金制度的建立和医疗保险的实施。以计算机和互联网的普及为特征的第三次科技革命以来，社会保障涵盖的范围进一步扩大，如失业保险、家庭补贴和长期护理保险。

改革开放以来，中国的社会保障制度从最初的单一层次保障体系，发展到现在的多层次、广覆盖社会保障体系。社会保障制度虽然实现了从部分覆盖到普惠全民的转变，但一个突出的问题仍然是公平性不足。养老、医疗、失业等社会保险项目和以最低生活保障制度为核心的社会救助仍是分城乡或群体组织实施，不同群体之间的保障水平、社保待遇存在较大差距。尤其是部分项目的保障功能不足，例如农村居民养老金还只能发挥补充作用，一些经济欠发达地区的低保标准仍有待提高。

这些问题和挑战需要通过进一步的改革来应对，而技术进步尤其本轮 AI 发展带来的经济供给水平的提升为完善社会保障制度提供了基础。科技进步带来的经济增长和财富增加使得社会变得更慷慨，也更有能力帮助弱势群体，加强对低收入群体的兜底保障，尤其是提高针对农民工及农村居民的社会保障，有助于促进共同富裕。同时，AI 和大数据分析等新技术的应用，也为社会福利的发放、管理和监督提供了新的可能性，有助于提高社会保障的效率和透明度。

改善社会保障产生的财政支出怎么弥补？当前而言，需求不足的背后既有结构性问题，也有经济周期下行的因素，扩张性财政政策可以将稳增长和调结构结合起来，促进效率和公平的统一。也就是说，政府可通过增加国债发行而不是税收来筹集资金，以改善社会保障和公共服务。政府通过举债促进需求，从而推动供给潜力实现，促进创新和技术进步，提升未来经济增长和对债务的偿还能力。

需要指出的是，AI 技术发展和产业化应用还在早期，并非当下总需求不足的原因。目前我们更需要重视技术进步的内生性，面对总需求不足的问题，扩张性财政政策提振经济增长，由此也为科技创新活动提供坚实的需求基础和宽松的宏观环境，有助于中国在 AI 领域加速追赶。

长远来讲，技术进步和资本深化也要求税收制度的变革。数字税、机器人税和 AI 税近年来在全球范围内引起广泛的讨论。就中国而言，党的十八届三中全会确立的增加直接税（尤其是与财产相关的直接税）比重、降低间接税比重是促进公平的大方向。

彭文生

中金公司首席经济学家、研究部负责人

中金研究院院长

宏观篇

第一章

迈向通用时代的人工智能

人工智能是模拟智能的系统，当前尤指计算机系统。人类模拟智能的想法由来已久，但直到电子技术取得进展，这一领域才得以真正发展。AI发展并非坦途，历经几轮兴衰，通用性缺失一直是痛点。如今，以谷歌团队提出的Transformer架构为代表的深度学习算法的成功，标志着AI迈入了通用模型时代，开始跨越不同智能场景模拟间的藩篱，归纳真实世界规律的能力取得了里程碑式的突破。在高性能算力和高质量数据的支撑下，AI还展现出规模定律特征，智能水平不断提升。

本轮AI具备了应用普遍、催生创新、可改进的通用目的技术特征，并体现出广泛的融合潜力。其应用潜力和商业前景已得到初步验证，AI或已跨过S曲线的第一拐点，进入"研发—应用"循环迭代的加速期。在智能成本下降的推动下，产业与AI的融合浪潮已经袭来。而这一浪潮将在生产端提升生产效率的同时改变劳动结构，在消费端催生新智能产品需求的同时影响社会形态，进而对世界格局产生重要影响。

那么谁将引领这一场浪潮？在AI跨过S曲线第一拐点的背景下，哪个国家在"研发—应用"的循环迭代中胜出，哪个国家就有望成为本轮AI融合浪潮的引领者。AI在研发端的优势取决于智能硬件的性能与规模、高质量数据获取能力、优秀人才的储备以及良好的创投环境，这往往带来一定的先发优势；而AI在应用融合端的优势则更依赖多元的市场和鼓励融合创新的政策环境。

为评估各国在本轮AI"研发—应用"的迭代强度，我们构建了研发层的"技术活跃度"以及应用层的"市场友好度"，两者合并后得出可以反映"研发—应用"迭代能力的"AI发展指数"。总体而言，美国与中国的AI发展指数最高，美中是国际上引领本轮智能融合浪潮的前两名国家。美国在技术活跃度上具有较大优势，而中国在市场友好度上略胜一筹。德、日、英居于第二梯队，与中美差距较大；印度由于市场友好度较高，紧随第二梯队之后。割裂的全球市场可能会阻碍AI的价值实现并抑制创新，这或许会促使部分国家在未来的智能融合浪潮中深化合作。[①]

---

① 本章作者：周子彭、李娜、陆趣、刘梦玲。

一、AI 进入通用模型时代

（一）人工智能是模拟智能的系统

人工智能（artificial intelligence，AI）指的是模拟智能的系统，在当今的语境中更多指的是计算机系统或与之相关的机器系统。人工智能是一个既古老又年轻的概念。言其古老，是因为"模拟智能"的思想源远流长，在古希腊、古罗马传说中就出现过能完成特定任务或行为的类人智慧体。[1] 谈及年轻，则是因为"artificial intelligence"这一名词直到 1956 年才在麦卡锡、明斯基和香农等人工智能先驱组织的达特茅斯会议上被正式提出。此后 AI 研究者发展出了多种基于逻辑规则、概率推理等的模拟智能的方法。其中，机器学习是人工智能的一个重要领域，它通过让计算机系统从数据中学习和发现规律，[2] 做出预测或决策，而不需要明确的编程指令。根据训练过程中是否使用标记数据或进行反馈，机器学习可分为监督学习、无监督学习和强化学习。近年来，AI 取得的许多关键成果，

---

[1] Mayor A. *Gods and Robots: Myths, Machines, and Ancient Dreams of Technology*. Princeton University Press, 2019.

[2] Bishop C M. *Pattern Recognition and Machine Learning*. Springer, 2006.

包括大语言模型，则来自机器学习的一个子领域——深度学习。深度学习使用多层神经网络来模拟生物脑的功能，[1]从而使计算机系统能够进行复杂的数据处理和模式识别等活动。当前，深度学习在图像识别、语音识别、自然语言处理和自动驾驶等领域都取得了丰硕的成果。图1.1是对前述人工智能不同方法间关系的一个简单梳理。

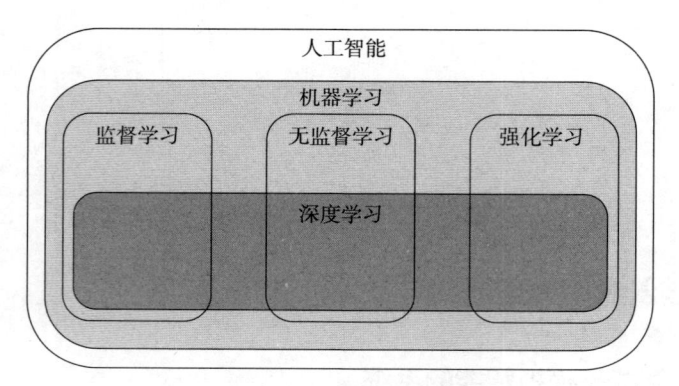

图1.1 人工智能方法划分

资料来源：Prince S J D."Understanding Deep Learning." 2023；中金研究院。

　　既然是模拟智能，那就不得不提及人类要模拟的智能究竟是什么。因为涉及多个学科和不同视角，直接给智能下定义是一件异常困难的工作，对其内核含义的探讨甚至也远超本章的内容范畴。如果只是简单诠释，那么智能就是一个多层次、复杂多维的概念，涵盖了认知能力、学习能力、推理能力、问题解决能力以及其他与信息处理和理解相关的功能，这些功能是为了让智能体在现实世界各种变化的场景中进行活动、实现目标。[2]上述的阐释依然复杂，但我们如果从智能体"要做什么"去思考，就可以直观地理解智能究竟是什么。唯物主义者相信真实的世界中存在着客观的规律或者法则，并将其称为真理，他们认为世界真理决

---

[1] LeCun Y, Bengio Y, Hinton G. "Deep Learning." *Nature*, 2015, 521(7553).

[2] Legg S, Hutter M. "Universal Intelligence: A Definition of Machine Intelligence." *Minds and Machines*, 2007, 17.

定着世间万物的运动方式以及相互间的联系。[1] 从这个角度讲，智能体要做的工作就是根据万事万物的运动以及相联系的信息，反推"世界真理"。智能体反推出来的规律和法则与世界真理越接近，那么它的智能水平就越高。比如，为什么我们会觉得牛顿和爱因斯坦的智能水平高，就是因为他们根据各类世界信息反推出的万有引力、三大运动定律以及相对论，比其他人更加接近世界真理。

如果说智能体的工作是通过联结万事万物的信息，从中寻找规律来反推世界真理，那么收集和处理信息的类型数量，就会决定其智能水平的高低。比如说某智能体在处理世界信息时存在限制，只能处理真实世界局部的信息，那么它就会像柏拉图洞穴寓言[2]中被困于洞穴的人一样，虽然他们看到的是真实世界在墙壁上的投影，但他们却误以为这些影子就是世界本身；他们可以总结出影子的运行规律，但这只是对世界真理的片面认知。当用这些规律来应对真实问题时，往往会出现偏误。

为了更深入地理解这一点，我们可以设想一个智能体 A，它只能处理某个特定领域的信息，例如天气数据。虽然智能体 A 可以通过分析天气数据，准确预测短期天气变化，但如果在一个决策中遇到涉及其他领域的问题，如社会经济发展、生态环境变化等，它就会因为处理信息的局限性而无法给出准确的判断。相反，如果另一个智能体 B 能够处理多种类型的信息，包括自然科学、人文社会、技术发展等各个方面的信息，它就更有可能从复杂的、跨领域的数据中发现更深层次的规律，推导出更接近世界真理的结论。这种多维度的信息处理能力，使得智能体 B 在面对复杂问题时，能够综合考虑多种因素，给出更加全面、准确的解决方案。

可以说，智能体的信息收集和处理能力的广度与深度，直接决定了其智能水平的高低。仅能处理局部信息的智能体，就像柏拉图洞穴寓言中的囚徒一样，难以突破对世界真相的片面认知；而能够整合多种信息的智能体，才有可能接近世界真理，做出更为准确的判断和决策。理解这一点，对于我们理解今天人工智能的发展具有重要意义。

---

[1] Leningrad (RSFSR), Shirokov M, Moseley A C, et al. *A Textbook of Marxist Philosophy*. Gollancz, 1937.

[2] Plato P. *The Republic*. Oxford University Press, 2008.

出于便利，人们有时也会为了区分不同场景下的应用需求，对人类所具有的智能进行分类。有人根据个体能力表现差异，把智能分为语言智能、逻辑数理智能、空间智能、运动智能、音乐智能、人际交往智能、内省智能和自然辨识智能；[1]也有人从方法论角度，把智能分为分析智能、创造智能、实践智能三类；[2]还有人从认知心理学角度把智能分为理解能力、记忆能力、推理能力、计划能力四类。[3]总的来说，人们对智能进行分类时有不同的逻辑依据，包括认知功能、应用领域、内容和形式、先天和后天因素、个体差异、任务环境需求等，呈现出百花齐放的状态。不过从反推世界真理的角度来讲，这些不同类型的智能对应着处理不同的信息类型，而人脑这一生物器官具备系统处理这些信息类型的能力。[4]

那么智能能否被模拟呢？在对智能来源的认知上，至少存在三种比较有代表性但又差异明显的看法，不过从文献发表的趋势来看，现代学者越来越认同智能是一种可被模拟的客观能力。第一种看法认为智能是超自然力的授予，是人类与超自然力相联的标志，[5]这与古希腊神话中智慧体由神打造类似。[6]以阿奎那等神学家为代表，持这种看法的人认为人类无法也不应对智能进行模拟。第二种看法认为智能是人类特有的心理机制，依赖超脱物质世界的理念世界中的记忆，或者人类独有的一些先天结构。以柏拉图、笛卡儿、乔姆斯基等哲学家为代表，他们认为智能源于精神本质的心灵，[7]或者天赋决定的心智系统，[8]物质机制或许无法完整模拟人类智能。第三种看法认为智能来源于生物器官，比如大脑，而大脑产生智能的过程可以通过科学研究得到解释和复制。神经科学的奠基人卡哈尔认为大脑的基本工作单元是神经元，[9]神经元通过突触传递电信号和化学信号，突触

---

[1] Gardner H. *Multiple Intelligences: The Theory in Practice*. Basic Books/Hachette Book Group, 1993.
[2] Stemberg R J. "Intelligence. State of the Art." *Dialogues in Clinical Neuroscience*, 2012, 14(1).
[3] 参见 https://lexfridman.com/yann-lecun-3-transcript/。
[4] Chollet F. "On the Measure of Intelligence." 2019.
[5] Aquinas S T. "*Summa Theologica*." 1872.
[6] Christodoulou K C, Tsoucalas G. "Artificial Intelligence: From Talos to da Vinci." 2023.
[7] Descartes R. "*Descartes: Discourse on the Method of Rightly Conducting the Reason, and Seeking Truth in the Sciences*." 1658.
[8] Chomsky N. *Language and Mind*. Cambridge University Press, 2006.
[9] Cajal S R. "Conexión General de los Elementos Nerviosos." 1889.

的可塑性（即突触连接的变化）是学习和记忆的基础。诺贝尔生理学或医学奖得主坎德尔也认为智能可以通过神经科学的方法进行研究和解释。[①] 这三种看法各有支持者。不过，从每年发表的与"智能"相关的新增文献所属学科占比可以看出，现代的学者越来越倾向于将智能纳入生物医学、计算机科学等基于物质客观规律的研究范畴中进行研究和讨论（见图1.2）。

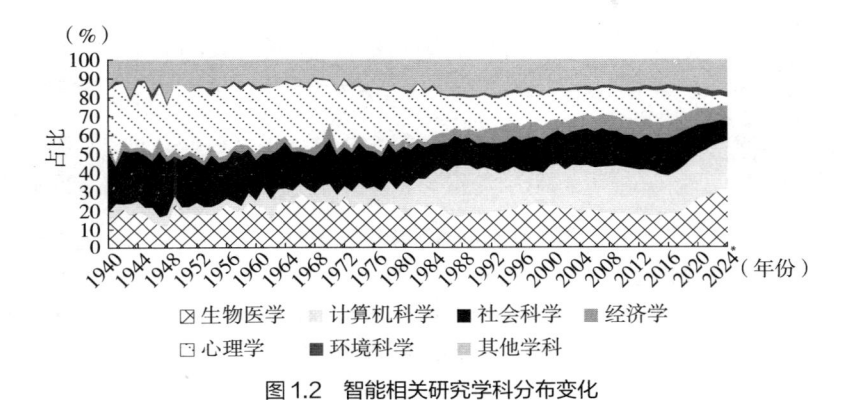

图1.2　智能相关研究学科分布变化

注：该图统计时合并了部分学科，其中"社会科学"不包含经济学、心理学；* 表示统计时间截至2024年4月。

资料来源：OpenAlex，中金研究院。

（二）智能模拟曲折前行——通用性不足是短板

在人工智能发展的文献中，我们经常可以看到类似图1.3的记录着AI发展重要事件的示意图。这些事件虽然对于AI研究者来说已经耳熟能详，但理解过去几十年AI的发展路径，对于认知当前AI里程碑式的突破具有重要意义。我们在前文讨论过，一个智能体可以处理多少不同类型信息决定着该智能体的智能水平。过去较长一段时间，由于AI模型的泛化和通用性较差，其在处理不同类型信息方面一直存在着隐性的壁垒，具体表现为虽然其在特定领域可以体现出某

[①] Kandel E R. *In Search of Memory: The Emergence of a New Science of Mind*. W.W. Norton & Company, 2006.

第一章　迈向通用时代的人工智能

种智能，但跨场景的智能移植能力却很弱。

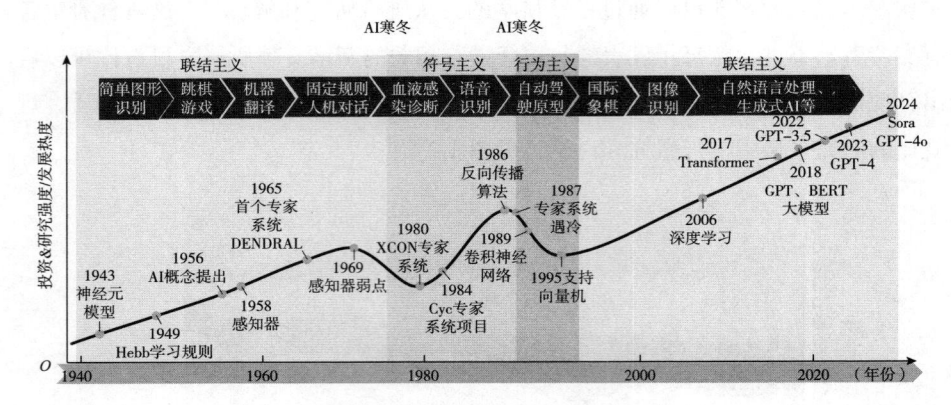

图1.3 人工智能发展经历起伏

注：图中纵轴用投资&研究=f（期望，成果）来表示。
资料来源：Bognar M Z. "Prospects of AI in Architecture: Symbolism, Connectionism, Actionism." 2022；Francesconi E. "The Winter, the Summer and the Summer Dream of Artificial Intelligence in Law." 2022；中金研究院。

从20世纪开始，模拟人类智能这一目标驱动着AI研究者们前赴后继、曲折前进，过程中有过热潮也出现过寒冬，波折历史背后暗含着一条模拟生物脑（联结主义）—模拟逻辑（符号主义）—小场景模拟（行为主义）—联结主义复兴的演进主线。19世纪末期，人类发现了神经系统中结构与功能的基本单位——神经元[1]，经历几十年的探索和发展，人们对神经元的连接方式、作用机制等有了一定的认识。[2] 恰逢这一时期电子学取得突破性进展，计算机也随之诞生，构建一个电子的"神经网络"来模拟神经元活动，成为当时人类模拟智能最直接的方式，这就是"联结主义"。当时最具代表性的是感知器，[3] 它是一个单层神经网络，能完成简单的图像分类任务，比如区分三角形和圆形，掀起了第一波人工神

---

[1] Cajal. "Conexión General de los Elementos Nerviosos." 1889.
[2] McCulloch W S, Pitts W. "A Logical Calculus of the Ideas Immanent in Nervous Activity." *The Bulletin of Mathematical Biophysics*, 1943.
[3] Rosenblatt F. "The Perceptron: A Probabilistic Model for Information Storage and Organization in the Brain." *Psychological Review*, 1958, 65(6).

经网络的热潮。可惜单层神经网络很快就遇到挫折。首先，20世纪60年代的算力发展程度非常有限，当时算力最强的计算机是IBM 7090，内存和处理速度甚至远比不上现在的普通笔记本电脑，只能处理很小规模的数据，无法为人类设想中的神经网络算法运行提供支撑。其次，单层神经网络能执行的任务非常有限，与人类想象中的"人工智能"差距甚远，当时也没有发展出建立多层神经网络的有效算法，更无从谈起算法是否通用。尤其是1969年，AI领域知名科学家马文·明斯基等发表《感知器》[1]，对单层神经网络算法的局限性进行了证明和批评。最后，大众对于人工智能的热情冷却下来，神经网络领域的学术研究近乎停滞，引发了AI发展的第一次寒冬。

利用电子设备模拟生物脑的联结主义遭遇挫折，但科学家们仍在尝试另一条路径，那就是抛弃大脑的生物属性，直接通过模拟逻辑来实现"智能"，这就是符号主义。符号主义者认为，智能可以理解为按照逻辑规则来操作的符号运算。[2] 如果把知识提炼成规则，再把规则转化为计算机符号，将这些符号输入计算机，就可以让计算机掌握人类的逻辑，从而表现出"智能"，其中最为典型的代表就是专家系统。如世界上第一个专家系统DENDRAL，[3] 它可以根据输入的化学分子式信息来分析判断有机化合物的分子结构。在符号主义盛行阶段，各类型的专家系统陆续推出。然而，符号主义的发展很快也遇到了阻碍。首先，从理论层面来说，专家系统很容易就会面临规模爆炸的问题，[4] 比如旅行商难题，给定多个城市和每两个城市之间的距离，求解途经每个城市一次后返回出发城市的最短路径，随着城市个数的增加，遍历所有情况来寻找最短路径的计算复杂度急速上升，计算机系统需要耗费大量时间来求解，甚至理论上需要几十年或几百年才能解出答案。其次，专家系统里面所有的规则都需要预先输到系统中。一方面，把现实生活中的问题和解决方案拆解为"如果符合某条件，那么推出某结论"的规则，工作量巨大；另一方面，当遇到新的场景时，如果没有提前输入的规则，系统就可能无法运

---

[1] Minsky M L, Papert S A. *Perceptrons: Expanded Edition*. MIT Press, 1988.

[2] Newell A. *Unified Theories of Cognition*. Harvard University Press, 1990.

[3] Feigenbaum E A, Buchanan B G. "DENDRAL and META-DENDRAL: Roots of Knowledge Systems and Expert System Applications." 1994.

[4] Sipser M. "Introduction to the Theory of Computation." *ACM Sigact News*, 1996.

作。的确有人尝试过输入所有规则，构建一个"无所不能"的专家系统，如 1984 年美国微电子与计算机技术公司的 Cyc 项目，① 到 21 世纪初该项目停止前已累积百万数量级的概念和规则，② 但"无所不能"的目标却依然遥不可及。随着这些缺陷逐渐暴露，人们发现专家系统能完成的任务在广度和深度上是有限的，到了 20 世纪 80 年代末公众对人工智能的热情再次消退，这让 AI 的发展遭遇了第二次寒冬。

虽然经历了两次严重挫折，但人工智能的研究并未停下脚步，如果符号主义处理复杂场景时遇到规模爆炸的问题，那是不是可以先把 AI 的应用限制在简单的小场景中？于是 AI 开发者们"退而求其次"，将 AI 的研发与应用聚焦在单一场景中，以此来优化 AI 处理某些具体任务的表现，这就是行为主义的思路。在这种思路指导下，一系列机器人项目应运而生，如 1990 年成立的 iRobot 公司推出的用于太空探索的六足机器人 Genghis、水下扫雷机器人 Ariel 和后来的家用扫地机器人等。行为主义回避但并未解决 AI 智能迁移能力弱的问题，比如扫地机器人的算法很难用来处理翻译或者图像识别的问题。针对不同的场景任务，行为主义还是需要重新预先编程并设计新系统来完成特定的任务，无法发挥规模效应，这也限制了 AI 的发展和应用。

小场景尝试让 AI 发展经历了一段过渡期，智能探索几经曲折后，随着算法和算力的进步，联结主义再次站在了 AI 舞台的中央。虽然早期联结主义陷入低谷后神经网络研究遇冷，但学者们没有完全放弃对该领域的研究，陆续研发出可用于联想记忆的 Hopfield 网络、③ 解决多层神经网络计算问题的反向传播算法、④ 前馈的卷积神经网络（CNNs /ConvNets）⑤ 等。而杰弗里·辛顿于 2006 年提出了深

---

① Catania B, Zarri G P. *Intelligent Database Systems*. Addison-Wesley, 2000.
② Fisher I A. "Cyc: History's Forgotten AI Project." *Outsider Art*, 2024.
③ Hopfield J J. "Neural Networks and Physical Systems with Emergent Collective Computational Abilities." *Proceedings of the National Academy of Sciences*, 1982, 79(8).
④ Rumelhart D E, Hinton G E, Williams R J. "Learning Representations by Back-Propagating Errors." *Nature*, 1986, 323(6088).
⑤ LeCun Y, Boser B, Denker J S, et al. "Backpropagation Applied to Handwritten Zip Code Recognition." *Neural Computation*, 1989, 1(4).

度学习的概念，[1]进一步推动了联结主义的发展。深度学习在机器学习的基础上引入了模拟人脑的多层神经网络，用更强大的计算能力让机器从大规模数据中提取特征，神经网络层数越多，机器对输入特征的抽象程度越高，对输入信息的理解也越准确，更接近于人脑对信息的认知方式。此后，深度学习在计算机视觉、自然语言处理等领域都有较好表现，如深度学习模型在 ImageNet 图像分类挑战赛中将错误率降低了近一半，击败传统模型[2]等，深度学习成为重要探索领域。不过当时发展出的 AI 仍是适用于特定领域的，如打败围棋世界冠军的 AlphaGo 无法将下棋的优越表现迁移到其他领域。

前几轮 AI 的发展存在一个相似但常被忽略的问题，那就是系统通用性的缺失，智能模拟系统的设计往往只针对特定智能类型，很难实现跨领域智能迁移，更不要说同步利用不同类型的信息对世界真理进行更好的归纳与总结。如前所述，人类智能可以分为不同类型，比如语言智能、逻辑数理智能、音乐智能等。传统模拟智能的思路就是针对不同类型的智能设计不同的模拟系统，让 AI 掌握解决特定智能问题的能力。这导致不同智能的 AI 模拟之间存在藩篱，AI 无法像人脑一样对不同类型的信息进行通用性处理，阻碍了 AI 实现不同领域间规律的类比和迁移，限制了 AI 对现实世界的理解范围。或许因为没有意识到这一隐性的问题，通用模型一直都没有成为 AI 研究的重点。如果有一种通用模型，能让 AI 在同一框架下对不同类型的信息进行处理，更全面地总结万事万物背后运行的规律，那么 AI 就有可能更逼近世界真理，迎来智能模拟水平的提高。

（三）新架构"意外"突破，AI 迈入通用模型时代

不同于前几轮 AI 热潮，本轮 AI 发展在处理不同类型信息的通用模型方面

---

[1] Hinton G E, Osindero S, Teh Y W. "A Fast Learning Algorithm for Deep Belief Nets." *Neural Computation*, 2006, 18(7).

[2] Krizhevsky A, Sutskever I, Hinton G E. "Imagenet Classification with Deep Convolutional Neural Networks." *Advances in Neural Information Processing Systems*, 2012.

取得了重要的突破。2017年，谷歌团队提出了Transformer，[1]本意只是解决当时机器翻译存在的长句信息丢失、计算效率低等问题，但在随后的应用中人们越来越发现其具有跨越智能模拟藩篱的能力。Transformer是一种深度学习架构，基于多头自注意力机制，处理信息与人脑类似，能忽略次要细节、专注于关键信息，可以捕捉序列中长间隔词语间的关系，从而尽可能识别序列中的信息。同时，多头自注意力机制还能形成多个子语义空间，使模型能够同时关注输入序列中的多个不同位置，捕获更丰富的上下文信息。此外，Transformer的多个注意力头可以并行计算，不需要等待前面的单词计算完成，可以更高效地处理大规模序列数据。这些特点让Transformer展现出了强大的长序列数据处理能力，它可以很好地完成机器翻译任务。虽然一开始人们主要使用Transformer来处理文本数据，但很快研究人员就发现，很多类型的数据都可以转换为Transformer可处理的数据模式，这让Transformer表现出了通用模型的潜力。

Transformer一般通过"词元（token，也称'记号'）化"处理数据，它将数据转换为可以被机器处理的标准化的序列数据，语言、动作、影像等各种符号化或者非符号化的数据都可以"词元化"。如文本数据本身就是以序列形式存在的，视频可以看作时空维度上的多个图像序列。在处理不同类型数据时，Transformer可以将文本数据转换为词元，将图像转换为曲面片（patch），将机器人的动作控制转化为机器人词汇[2]（robot vocabulary）等，触觉[3]和味觉[4]等数据的处理也在探索中。此前，对不同类型数据信息的处理是由不同模型进行的，这导致了智能模拟的分割，如从文本数据中总结规律可以学习到语言智能，从音频数据可以学习到音乐

---

[1] Vaswani A, Shazeer N, Parmar N, et al. "Attention Is All You Need." *Advances in Neural Information Processing Systems,* 2017, 30.

[2] Gupta A, Fan L, Ganguli S, et al. "Metamorph: Learning Universal Controllers with Transformers." 2022.

[3] Gao J, Cheng N, Fang B, et al. "Transformer in Touch: A Survey." 2024.

[4] Charoenkwan P, Nantasenamat C, Hasan M M, et al. "BERT4Bitter: A Bidirectional Encoder Representations from Transformers (BERT)-Based Model for Improving the Prediction of Bitter Peptides." *Bioinformatics,* 2021, 37(17).

智能，从数学中的几何定理、证明等数学数据可以学习到逻辑数理智能等[1]，而由于 Transformer 这一算法架构可以用相对一致的思路处理各种类型的数据，所以其将这些智能的模拟统一到了一个架构之下，并最终推动数字智能[2]和具身智能[3]的快速发展（见图 1.4）。

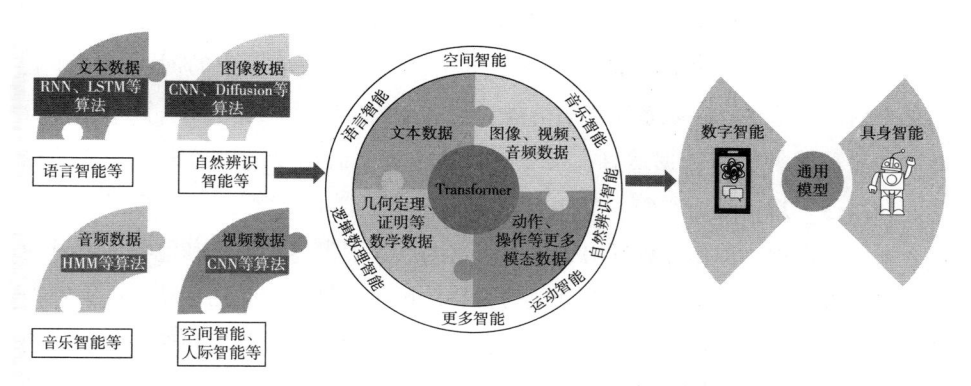

图 1.4　Transformer 对不同智能模拟间藩篱的打破

资料来源：中金研究院。

通用模型的出现打破了多类型信息处理的壁垒，这是 AI 发展里程碑式的突破。对于单一数据而言，Transformer 具备了总结这些数据中蕴含着的高维度规律的能力。以文本数据为例，语言作为人类交流的工具，是人类思维的外化表现，因此语言文本中蕴含了人类已经发现的、总结好的那部分规律。Transformer 将输入的文字序列转化为词元，对应生成向量，映射到向量空间中。向量的位置、向量之间的距离，对应表达出原始文本中的含义和联系，所以 Transformer

---

[1] Trinh T H, Wu Y, Le Q V, et al. "Solving Olympiad Geometry Without Human Demonstrations." *Nature*, 2024, 625(7995).

[2] 数字智能指以虚拟智能助理形式存在的 AI，可能仍以移动终端、互联网为载体，通过 AI 大模型对用户输入的文本、图像、视频、语音等信息进行处理，理解用户指令和需求，进行推理、规划等，内置长短期记忆功能，长期记忆部分依靠外挂知识库和增强检索引擎，并能根据任务要求和解决方案来发布指令或调用工具。

[3] 具身智能主要指智能和物理实体的结合，如人形机器人和机器狗可以将感知、决策和执行加以统一，通过传感装置感知和收集各种类型的环境信息。

第一章　迈向通用时代的人工智能

生成的其实是一个富含人类逻辑规律的向量空间。以"意大利的首都是罗马，西班牙的首都是马德里"这句话为例，某个国家的首都是哪里，这是人类总结出来的规律，这条规律在向量空间中表示为国家和首都之间相对稳定的方向和距离关系，"老鹰会飞，猎豹会跑"这类句子亦是如此。当基于 Transformer 的大语言模型处理足够多的文本数据时，它就能挖掘到数据之间存在的这种较为稳定的联系，表面上是从概率角度推断出了句子里一个词元后可能出现的词元，实际上则是总结出了这种稳定联系所代表的规律，且运用规律进行了预测。Transformer 通用地处理多种类型数据信息，可以在更高维度上总结多类型数据所蕴含的规律，并对这些规律进行总结。如果说语言文本中蕴含的规律是人类思维的结晶，那么图片、视频、动作等数据中蕴含的信息则反映了世界真理在其他物理世界的投影。如大量熟透的苹果从树上落地的视频，包含了物体在空间运动、重力等物理现象和规律，如果在此基础上再增加苹果落地的音频、对苹果和地面的触感进行的文字描述等，并将这些不同类型的数据放到通用模型中进行处理，从多种类型信息中总结规律，模型就能更全面地理解这一现实世界中的现象，对它的认识也逐渐逼近现实世界的真实情况。而这种通过寻找不同类型信息间的共同结构，从而发现世界中不同事物联系的方法，一定程度上也是创造力的来源。[①] 如果说特定类型信息是从单一角度去反映真实世界，[②] 那么通用模型处理多类型信息，就可以更全面地反映出真实世界，以此反推出来的规律与"世界真理"可能就会更接近。虽然 AI 通用模型的最终形态有可能基于其他更先进的架构，但可以说 Transformer 最先叩开了 AI 迈入通用模型时代的大门。

（四）规模定律：提升智能水平最好的答案？

如果说通用模型让 AI 打破了处理不同类型信息的壁垒，拓展了人工智能的泛化和通用能力，那么给定 AI 处理信息类型，我们又该如何提升其智能水平呢？

历史上出现过不同的尝试，但规模定律似乎成了潜在的最佳答案。提高 AI

[①] 参见 https://app.youtubesummarized.com/r/3FxxT-sDnfk9zVtC5LOW-。

[②] Huh M, Cheung B, Wang T, et al. "The Platonic Representation Hypothesis." 2024.

智能水平的一种思路是基于人类知识进行算法构建，这种思路往往假设智能体可用的计算资源相对固定，旨在提高对有限计算资源的利用效率，充分利用人类在特定领域的知识来设计算法，节省算力成本。另一种思路则是研究随着算力的增加能持续提高性能的通用算法，发挥大规模算力的作用。[1] 短期来看，第一种思路似乎能快速起效，但长期来看，第二种思路能令算法在算力增长中受益，可行性更高。原因在于摩尔定律驱动算力不断发展，芯片性能指数倍增，随着算力扩展，能利用大规模算力的通用算法性能逐渐提升，而那些无法进行扩展的特定算法则难以在算力资源的提升中受益，性能表现水平很容易被超越，当时设计的算法也就容易过时。而近10年来算力和数据规模的增长更加证明了第二种思路的优势。据英伟达（NVIDIA）测算，过去10年GPU（图形处理单元）处理能力增长了1 000倍，增长速度超越了摩尔定律[2]，它将持续提高性能，互联网的普及也使大量的数字化信息得以积累，为AI提供了算力和数据支撑。许多人开始相信扩大规模，即运用更多的算力、更多的数据来训练更大的模型，或许是提升AI智能水平"最好的方案"，尤以当前活跃在大模型相关企业前线的部分科学家为代表。也许是受到这一思路启发，人工智能研究公司OpenAI于2020年发现，随着模型训练过程中累积的算力、参与训练的数据量、参数量的增大，模型性能将平稳、可预测地提升，即模型的效果更好。[3] 在后续研究中，还发现规模定律适用于多种模态[4]、具体的下游任务[5]等。当大模型扩张到一定程度的时候，还会出现"涌现"[6]现象，涌现是指模型突破某个规模后性能显著提升，表现出小模型不具备的能力。尽管人们当前对于模型涌现能力的评价指标有技术争议，[7] 不过争议多存在于数学方法层面对涌现现象的度量，并没有否定模型会在规模增大时突然增

---

[1] Sutton R. "The Bitter Lesson." Incomplete Ideas (blog), 2019.
[2] 参见 https://www.nvidia.com/en-gb/about-nvidia/ai-computing/。
[3] Kaplan J, McCandlish S, Henighan T, et al. "Scaling Laws for Neural Language Models." 2020.
[4] Henighan T, Kaplan J, Katz M, et al. "Scaling Laws for Autoregressive Generative Modeling." 2020.
[5] Isik B, Ponomareva N, Hazimeh H, et al. "Scaling Laws for Downstream Task Performance of Large Language Models." 2024.
[6] Wei J, Tay Y, Bommasani R, et al. "Emergent Abilities of Large Language Models." 2022.
[7] Schaeffer R, Miranda B, Koyejo S. "Are Emergent Abilities of Large Language Models a Mirage?" 2023.

加性能这一现象。对于通用模型而言，其如果呈现出规模定律特征，便意味着继续扩展规模会带来智能水平的提升，其对规律的刻画也能更接近世界真理的"本来面貌"。

不过，作为经验定律，规模定律并非毫无争议，扩大规模是不是提升智能水平"最好的方案"仍然有待探索。一方面，现在已经出现了潜在高质量数据的短缺问题，有估测认为，全球高质量文本数据在2026年前可能出现供不应求，[①]能否有支持规模持续扩展的数据量是未知数，不过运用合成数据、待收集的其他类型数据可能是一个解决思路；另一方面，规模定律下扩展规模对模型精度的线性提升是否存在边界，也是当今学术界和业界暂时无法解答的问题。而且，规模定律中还存在边际收益递减的问题，当模型要素规模比较小时，扩展规模带来的收益明显，而随着规模越来越大，改进模型的效果可能不那么明显。更进一步地，有观点认为，规模定律与人类大脑运用少量样本、快速发现规律的方式背道而驰；[②]还有观点认为，过度强调规模可能会忽视知识、推理本身的重要性[③]，等等。激烈的讨论可能代表着沿着规模定律提高AI性能的路径仍有改进空间，规模定律是推动AI提升性能的路径，但也可能存在其他路径。

规模定律是基于技术层面的讨论，但也隐含着经济层面的规模要求，大国享有规模优势。规模定律意味着AI大模型的研发需要大量资源投入，大国可以发挥规模优势。算力驱动模型基于大量高质量数据进行规律总结，参数和数据的大幅增长，使本轮AI通用模型在训练阶段需要执行更大的矩阵运算，这意味着大量的GPU投入。为了满足更新模型、增加功能产生的算力需求，AI大模型持续转向性能更好、含有更多芯片的大型计算集群。此外，持续优化算法架构、研究合成数据、采集新类型的多模态数据、大模型训练的工程调优等都需要充足的人才投入。大国凭借规模优势可以使多个主体分摊模型训练高昂的固定成本，拥有更多的人才储备，从而可以更快突破AI性能阈值，达到更好的效果。

总结来看，在当前通用模型突破与算力和数据的支撑下，AI更加接近世界

[①] Villalobos P, Sevilla J, Heim L, et al. "Will We Run out of Data? An Analysis of the Limits of Scaling Datasets in Machine Learning." 2022.

[②] Chomsky N, Roberts L, Watmull J. "The False Promise of ChatGPT." *The New York Times*, 2023.

[③] Marcus G. "The Next Decade in AI: Four Steps Towards Robust Artificial Intelligence." 2020.

真理，从虚拟世界走向真实世界，未来的 AI 也将对人类生产生活产生深刻影响。当前 AI 找到了展现出通用模型潜力的架构，以及规模定律所蕴含的提高模型智能水平的方式，随着大量多模态、高质量的数据被收集和清洗出来，用通用模型训练，可以深入挖掘出越来越多的规律，并可利用跨模态的数据完成对真实世界各个维度的刻画，从而逼近世界真理。如此发展之下，数字智能和具身智能系统结合，在越来越融入人类社会的同时，将影响人类的生活习惯、思维方式甚至认知。我们认为，一场智能浪潮正在酝酿，AI 也将更加深刻、更加显著地对人类社会产生变革性的影响。

二、"研发—应用"加速循环，智能融合浪潮已来

从市场预期和企业盈利来看，当前 AI 技术发展或已跨过 S 曲线的第一拐点，"研发—应用"的循环迭代正在加速，在规模定律和新摩尔定律的支撑以及市场竞争的激励下，智能成本持续下降，AI 与产业的智能融合浪潮已经袭来。

（一）通用模型赋予 AI 更强融合潜力

进入通用模型时代，AI 呈现出成长为一项通用目的技术的趋势。历史上，包括蒸汽机、电力和 IT（信息技术）在内的通用目的技术在广泛融合产业的过程中表现出三个特征：[①] 一是应用具有普遍性，使用范围并非局限于单个产品或行业；二是催生次级创新，为各行业相对成熟的现有技术提供新的活力；三是技术上持续改进，随着成本下降或性能提升适用于越来越多的场景。从三个特征来看，通用模型时代的 AI 与产业融合的能力较之前可能更强。

应用范围方面，智能模拟的通用性使本轮 AI 技术具有更高的产业兼容性，将提升 AI 的渗透度。本轮 AI 能够理解指令并自主学习，倾向于对人而非特定机器的替代。各行业几乎都有人的参与，需要完成的任务都与人的智能相关，这

[①] Bekar C, Carlaw K, Lipsey R. "General Purpose Technologies in Theory, Application and Controversy: A Review." *Journal of Evolutionary Economics,* 2018, 28.

使本轮 AI 技术相较其他技术具有更高的兼容性。随着 AI 模拟智能场景的扩张，AI 与人可以完成任务的重叠度增加，且 AI 逐步覆盖对认知能力要求更高的复杂任务集。[①]生成式 AI 在各行业均出现了加速部署趋势。[②]百度文心一言大语言模型由于具备信息处理和解决问题的通用智能，对外发布一周内就有互联网、传媒、金融、汽车、医疗、教育、房地产等多个领域的数百家企业宣布加入生态，[③]体现出 AI 行业应用的普遍性。对比来看，电力和 IT 的采用是分部门、有次序进行的，率先采用电力的部门是此前严重依赖蒸汽动力的印刷业、电机业和交通业，而木材、食品制造等部门的电气化进程则滞后了近 20 年才开始；[④]而此次 AI 技术提供的通用智能在一开始就被众多行业积极采用，各行业开始采用的时间差距并没有那么大，因此整体上 AI 对经济社会的影响也可能更深远。

　　创新催生方面，本轮 AI 正在推动次级创新的发生，甚至在研发端开启了科学研究的新范式。就像蒸汽机和电力等通用目的技术的嵌入推动了各类机械制造工艺的创新，AI 技术也与各行业相对成熟的现有技术结合，产生了自动驾驶汽车、医疗影像分析系统和个性化推荐商业软件等次级创新。不仅如此，与电力和 IT 促进创新时人类处于操控和主导地位不同，AI 还可以直接参与研发端的科学发现过程，以相对更高的自主性和创造性与人类进行更深入的协作，通过改进搜寻和推理过程来赋能科学研究的各个阶段，从而完善大尺度、高精度、高成本的研究范式，[⑤]加速各个领域的创新。澳大利亚学术研究机构 CSIRO 称，截至 2023 年，超过 99% 的研究领域曾发表涉及 AI 的学术论文；《自然》杂志发现，各学科发表论文中与 AI 相关的比例加速提升，2023 年在标题或摘要中提及 AI 或 AI 相关关键词的论文占比为 8%，而 10 年前仅为 2%。[⑥]

[①] Korinek A, Suh D. "Scenarios for the Transition to Agi." NBER Working Paper, 2024; IMF. "Gen-AI: Artificial Intelligence and the Future of Work." 2024.

[②] Araby. "AI, The Future Is Now: A Deep Dive into AI Adoption Across Industries." 2023; Araby. "S&P Global Market Intelligence, Risks, Regulation in Focus as AI Boom Accelerates." 2023.

[③] 参见 https://cloud.baidu.com/news/news_c5655de1-51e7-40e1-8811-a4e65ac6e387。

[④] Jovanovic B, Rousseau P L. "General Purpose Technologies." *Handbook of Economic Growth*, 2005.

[⑤] Pyzer-Knapp E O, Pitera J W, Staar P W J, et al. "Accelerating Materials Discovery Using Artificial Intelligence, High Performance Computing and Robotics." *npj Computational Materials*, 2022, 8(1).

[⑥] "How Scientists Are Using Artificial Intelligence." *The Economist*, 2023.

技术改进方面，在通用模型的推动下，本轮AI跨越了智能藩篱，能力不断提升。当前的AI在语义分析、数理逻辑、编程等方面的测试得分逐步提升；[1]通过允许更大的上下文窗口和集成外部搜索引擎等方式，AI打破了数据时间、容量和内容的限制，从而越来越精准地理解用户意图，进一步提高了通用智能水平。不仅如此，从GPT-4到GPT-4o，AI模型还通过将输入和输出数据的形式拓展至文本以外的图像、音频、视频等模态，贴近人类感知世界的方式，多路交叉验证，全面理解高维现实世界，显著提高了能力。[2]AI正在跨过越来越多应用场景的智能门槛，从最初的基础翻译和预设问答，到更复杂的程序编码、实验操作、金融分析，再到更开放的艺术设计、影视创作，产业适用性随着技术改进不断提升。

从应用范围、创新催生和技术改进角度看，当前的AI具有成为通用目的技术的特征。不过值得注意的是，通用目的技术是一个后验的概念，各行各业的采用、次级创新的催生、技术的迭代改进都需要时间的沉淀和检验。技术路径的不确定性，市场的理解和接受程度，配套的基础设施和知识库，等等，这些都会影响一项技术能否扩散、需要花多长时间完成扩散。那么，本轮AI技术发展到了什么阶段，又将带来多大程度的社会经济影响呢？

（二）跨过S曲线第一拐点，智能融合蓄势待发

技术发展通常要经历三个阶段，生命周期遵循"S曲线"（见图1.5）。S曲线刻画了技术的累计采用率——在初始阶段扩散较为缓慢，随后进入加速期，最终放缓并达到饱和。从经济学角度看，扩散速度的变化主要受到创新成本和收益的影响。在早期阶段，新技术本身由于尚不成熟而面临着很多未知因素，需要投入大量的研发费用进行试错，并配套开发专门的材料、工艺和基础设施，创新成本非常高昂；而消费者可能尚不了解新技术的价值，或不愿为之支付高价，导致需求较低、收益有限。此时，技术与产业的融合往往处于入不敷出的"烧钱"状

---

[1] 参见 https://www.vellum.ai/blog/claude-3-opus-vs-gpt4-task-specific-analysis。

[2] 参见 https://www.vellum.ai/blog/analysis-gpt-4o-vs-gpt-4-turbo。

态，由于缺乏相对确定的盈利能力和应用前景，也难以吸引充足的资金、人才等外部资源，技术发展和市场扩散速度较慢。随着技术改进和市场磨合，实现同等性能的技术应用成本大幅下降，同时市场需求逐步增长，技术与产业的融合最终将越过创新的盈亏平衡点，开始盈利。自此，盈利的再投资，叠加外部资源在识别出潜在机会后的进入，将加速技术改进和市场扩张，这又将进一步增加盈利并吸引新进入者，从而实现"研发更先进的技术—获取市场利润—支撑进一步研发"正向循环下的持续迭代。最后，当大多数市场用户采用了该技术，且技术逐渐成熟时，盈利模式由抢占新市场转为存量竞争、盈利增速放缓，同时由于技术改进的边际成本增加，技术进步的速度将开始减缓，技术扩散速度将再次变慢。

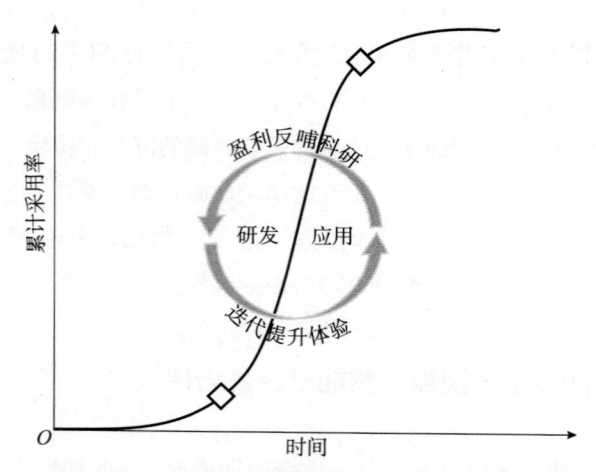

图1.5 "研发—应用"正向循环下技术迭代和循环的S曲线

资料来源：中金研究院。

基于上述分析，判断一项新技术行至S曲线何处，主要在于其是否具有较为确定的市场需求（即盈利预期），或产业研发者是否已经开始盈利以及潜在进入者是否大量投入资源。基于以下几个理由，我们判断本轮AI技术已经跨过S曲线的第一拐点。

首先，本轮AI技术已经出现较为确定的市场需求。从专利授权的角度来看，AI商业落地场景正不断扩张（见图1.6），如医疗保健业的疾病诊疗和新药开发，金融业的欺诈检测和辅助投资，制造业的人形机器人协助搬运，零售业的个性化推荐和库存管理，交通运输业的自动驾驶，等等。同时，一些商业化的项目已经具备了成规模的用户群体。以 OpenAI 的 ChatGPT 为例，其全球用户数在产品推出 5 天内破百万，不到 3 个月破亿。①

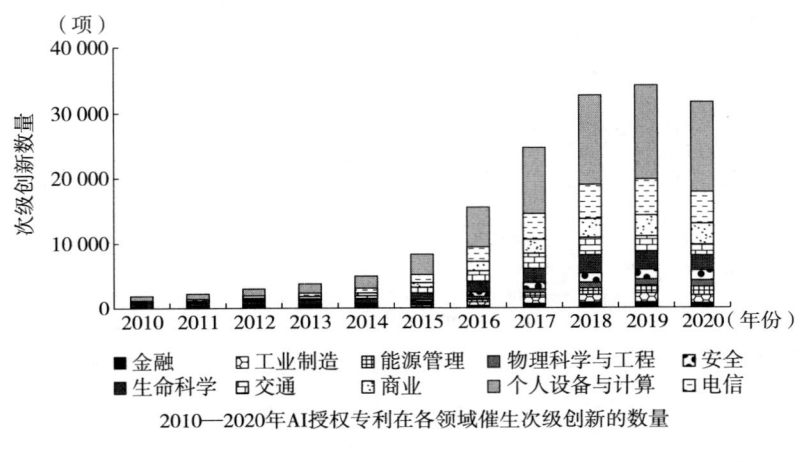

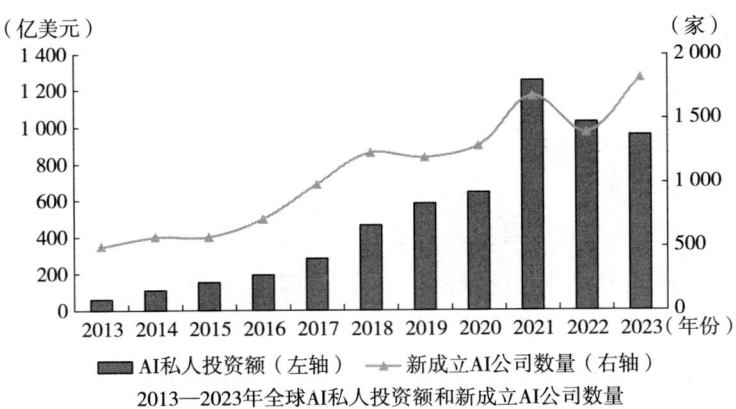

图 1.6　全球 AI 发展趋势

资料来源：Our World in Data，Stanford University，中金研究院。

其次，AI 相关企业的盈利能力显著提升，吸引潜在进入者入局加码。仍以

---

① 参见 https://explodingtopics.com/blog/chatgpt-users。

第一章　迈向通用时代的人工智能

OpenAI 为例，其盈利已从 2022 年的 2 亿美元提升至 2023 年的 20 亿美元。[1] 广泛的盈利场景正在吸引越来越多厂商将产品与 AI 融合，微软在 2024 年 5 月宣布将 AI 助手 Copilot 全面融入 Windows 操作系统，并与合作伙伴戴尔、惠普、联想和三星等合作推出一系列搭载高性能 AI 处理器的 PC（个人计算机）设备。[2] 据 IDC（国际数据公司）预计，全球 AI PC 出货量将从 2024 年的近 5 000 万台增长至 2027 年的 1.67 亿台，届时可能占到所有 PC 出货量的近 60%。[3] AI 领域自 2021 年起出现了私人投资额和新成立公司数的明显提升（见图 1.6），其中生成式 AI 领域 2023 年吸引了 252 亿美元的私人投资，接近 2022 年的 9 倍。[4] 而激烈的市场竞争，将不断推动企业进行"任务驱动"的快速技术迭代，使 S 曲线呈现出陡峭的上行趋势。

最后，市场对 AI 技术进步仍然充满信心。无论是通用模型的进步，还是规模定律仍未遇到瓶颈，都让产业研发者们对 AI 能力的提升和商业化落地充满期待。已经实现商业化落地的 AI，比如生成式 AI 或者人形机器人不会再走回头路，这是 AI 实现与产业融合的基本盘，研发与应用的循环迭代已经形成。此外，依据算力新摩尔定律，可用的计算资源将随时间推移递增，每隔数年（有学者测算为 5~10 年[5]）将出现一个数量级的改进。而人类对未来 AI 能力提升的预期，将进一步推动 AI 与产业融合的资源投入，加速研发与应用的循环迭代。

跨过 S 曲线的第一拐点预示着"研发—应用"正向循环的开启，我们将迎来产业与 AI 快速融合的阶段。至于本轮 AI 技术何时迎来第二拐点，目前还较难判断，可能尚有较长一段时间。从通用目的技术扩散的历史经验来看，若以"获取电力服务"和"拥有个人计算机"的累计家庭比例来衡量电力和 IT 的采用情况，则在通用目的技术出现的第 35 年前后，需求端采用率约达到 70% 时，技术越过 S 曲线第二拐点。[6] 然而，如果遇到高质量数据、能源短缺等瓶颈，AI 技

---

[1] 参见 https://www.reuters.com/technology/openai-hits-2-bln-revenue-milestone-ft-2024-02-09/。

[2] 参见 https://blogs.microsoft.com/blog/2024/05/20/introducing-copilot-pcs/。

[3] 参见 https://www.idc.com/getdoc.jsp?containerId=prUS51851424。

[4] Stanford. "Artificial Intelligence Index Report 2024." 2024.

[5] 参见 https://windowsontheory.org/2023/07/17/the-shape-of-agi-cartoons-and-back-of-envelope/。

[6] Jovanovic B, Rousseau P L. "General Purpose Technologies." *Handbook of Economic Growth*, 2005.

术发展速度或将受到拖累，甚至提前跨过第二拐点，进入平缓期。

（三）智能成本下降是核心，对经济与社会影响深远

AI新变革的核心是智能成本的快速下降。从智能类别来看，无论是数字智能还是具身智能，AI模拟智能的成本都在快速下降（见图1.7）。AI目前在一些自然辨识、数理逻辑和语言智能任务中已达到人类平均表现且智能成本已下降至低于人类劳动者。例如，一名平面设计师创建一个动漫角色大约需要一小时，其时薪超过100美元，而人工智能完成相同的任务只需要0.01美分和1秒。[1] 从部署AI以获得智能的成本拆分来看，性能要求决定的训练成本、任务量决定的执行成本、配置和维护要求的工程师成本三个部分都在随时间推移快速下降。[2] 训练成本主要取决于算力成本和数据成本，在给定性能要求即参数量和数据量确定的条件下，据中金公司研究部估测，硬件、软件、算法和计算架构的进步将共同推动单位计算成本持续下降超过99%，[3] 收集或合成数据的成本在长期也将随着数据的开放与共享以及数字技术的进步而下降。以前沿的AI基础模型为例，GPT-3水平的生成式模型的训练成本从2020年的460万美元下降至2022年的45万美元，年降幅约为70%。[4] 给定任务量的条件下，执行成本未来也将进一步随着算力成本下降而不断下降，如OpenAI对GPT-3和GPT-4的API（应用程序接口）推理定价正在加速下降；[5] 又如人形机器人的成本也从2023年的每台5万~25万美元（低端版本至最先进版本）下降近40%至2024年的3万~15万美元，[6] 马斯克还表示特斯拉Optimus人形机器人的最终成本将降至2万~2.5万美

---

[1] 参见 https://wallstreetcn.com/articles/3710044。

[2] Thompson N, Fleming. "A Model for Estimating the Economic Costs of Computer Vision Systems That Use Deep Learning." Proceedings of the AAAI Conference on Artificial Intelligence, 2024.

[3] 参见本书第二章相关内容。

[4] Pilz K, Heim L, Brown N. "Increased Compute Efficiency and the Diffusion of AI Capabilities." 2024.

[5] 参见 https://newsletter.victordibia.com/p/top-5-ai-announcements-and-implications。

[6] Sachs G. "The Global Market for Humanoid Robots Could Reach \$38 Billion by 2035." 2024.

元。[①] 工程师成本是公司雇用工程师配置和维护AI产品所支付的工资。随着大模型厂商针对客户需求推出轻量级、低延迟的版本（如Gemini 1.5 Flash）并侧重改善不同任务或语言下的模型性能，基础模型的场景贴合度提升，垂类模型的接入和微调仅需要小型工程师团队，这有助于降低工程师成本。相较人类接受教育和技能培训的学习训练过程，AI的迁移成本（即边际智能成本）非常低，在进行少量微调即可复用模型的相似场景间迁移的成本甚至趋近于0。而这都意味着，在研发与应用的循环迭代期间，智能成本的下降可能是最重要的特征。

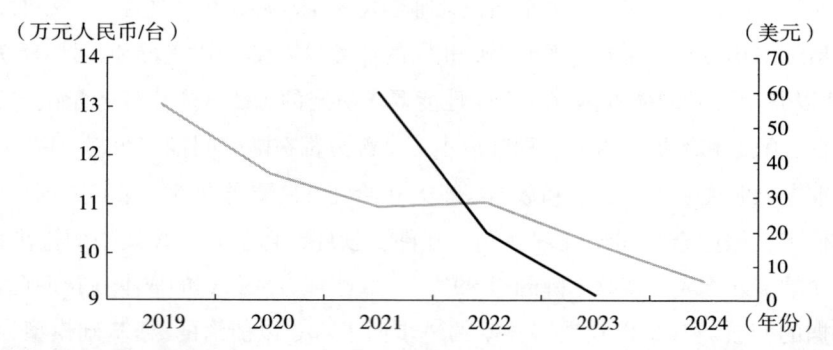

图1.7 2019—2024年AI模拟智能的成本走势

注：2024年中国协作机器人均价为预测值，OpenAI每100万个词元输出成本参考2021年GPT-3、2022年GPT-3 Davinci和2023年GPT3.5-Turbo定价。
资料来源：高工机器人产业研究所，OpenAI API Pricing，Dibia（2023），中金研究院。

智能成本的快速下降可能给社会、经济和文化带来深远影响。从生产端看，智能成本的下降将人类从常规智能任务中部分解放出来，人类与AI的再分工有助于缓解劳动力不足或增速放缓的限制。正如此前自动化机器人对常规体力劳动者的取代，我们认为理论上本轮模拟通用智能的AI或在成本降至人类劳动者以下后发生类似的取代。目前AI智能水平尚未全面达到人类水平，这种取代可能不是完全的，主要限于部分重复性和规则化的智能任务。关于AI与人类劳动者分工的最终界限，目前尚有较大争议，以斯坦福大学教授李飞飞为代表的一派

---

① 参见 https://electrek.co/2024/03/27/elon-musk-tesla-optimus-robot-cost-less-than-half-car/。

认为[1]，人类将随着 AI 技术的演进动态更新和精进能力，并借助 AI 跃迁到更高的智能水平，其间可能由于 AI 发展速度快于人类技能调整速度而出现结构性失业，但最终人类将适应 AI 技术并用其赋能，从而持续提高劳动生产率。也有以 OpenAI 联合创始人山姆·阿尔特曼（Sam Altman）为代表的另一派认为[2]，AI 模拟的通用智能将在一些部门超过并几乎完全取代人类劳动者，进而导致经济表现出"鲍莫尔病"，即人类越来越多地集中于 AI 相对不擅长且效率相对较低的部门，最终 AI 全面达到人类智能水平时，人类或将不再需要工作。无论是何种结局，作为一项通用目的技术，AI 都具有推动经济增长和调整就业结构的巨大潜力。从消费端看，智能成本的下降将激发新的智能需求，进而带来深远的社会经济影响。IT 革命时期信息传播成本和计算成本快速降低，涌现出电子商务、社交媒体、流媒体服务等大量数字内容分发和计算需求。类似地，在 AI 技术的演进过程中，已有的智能需求将随之调整，如精准推荐和定制的个性化需求相对标准化需求可能提升，同时出现各类意想不到的新智能需求，如人类与虚拟数字人的情感互动等。除了经济角度的需求扩张和结构调整，AI 技术进步还将产生复杂的社会影响，比如虚拟数字人可能缓解人类孤独、抑郁等心理问题并满足其情感需求，但也可能成为滋生诈骗活动的温床，人机伦理问题也可能变得更加尖锐。[3]

  总的来讲，AI 推动的智能融合浪潮具备了重新定义国际竞争格局的潜力。电力革命之前，英国作为"日不落帝国"曾享受国际领导者带来的政治经济溢价，但随着电力革命在美国的扩散，英国被美国赶超，这些溢价也逐渐消失。技术变革为各国打开新的竞争窗口——领先者希望在技术变革中维持领先地位，后发者希望通过技术变革得以追赶领先者，技术变革是各国竞争的重要阵地。本轮 AI 变革也是如此。那么，各国的 AI 发展格局如何，谁又会引领这一轮智能融合浪潮？

---

[1] 参见 https://stanfordmag.org/contents/me-myself-and-ai。
[2] 参见 https://www.marketingaiinstitute.com/blog/sam-altman-atlantic。
[3] 张小雪：《数字人的角色冲突与伦理风险》，《青年记者》，2023 年第 14 期。

三、谁将引领这场智能融合浪潮？

（一）"研发—应用"迭代是基础

从历史经验来看，在通用目的技术越过 S 曲线第一拐点后，哪个国家可以引领新一轮技术与产业融合浪潮，主要取决于谁会在新技术的"研发—应用"循环迭代中胜出。英国就是通过撬动研发与应用两端并使之相互促进从而引领第一次工业革命的。蒸汽机的发明和改良是具有基础性、颠覆性的创新，之所以发生在英国，与其当时作为世界大国的积淀密不可分。首先，英国有 17 世纪欧洲科学革命带来的理论基础，如牛顿等人的力学理论成为后来工程技术发展的基石。其次，英国本土早期的技术积累也相当丰厚，在第一次工业革命前夕，英国在采矿、冶金、机械制造等领域也已积累了丰富的技术和工艺，如，亨利·科特发明的"搅拌"和"碾压"法，使炼铁功效提高数十倍，为蒸汽机的大规模生产提供了材料基础，此外，18 世纪英国机床的发明也使得复杂机械设备的制造成为可能。最后，英国的人才积累也不容小觑，当时的英国有大量像詹姆斯·瓦特这样具备实践经验和创新精神的工匠或工程师，瓦特正是在纽科门蒸汽机的基础上做了改进，通过增加冷凝器和改进气缸，显著提高了蒸汽机的效率。这一系列的优势保障了英国在技术革新浪潮初期取得研发端的领先地位。而英国最终引领第一次工业革命，还离不开其应用端发展对创新形成的整体支撑。在技术越过第一拐点后，英国存在着充足的应用空间，乔治·斯蒂芬孙在蒸汽机技术的基础上发明了在铁轨上运行的蒸汽机车，大大提高了英国陆路运输效率，而铁路的建设和普及，再叠加蒸汽机在运输、制造业等多领域带来的革命性变化，进一步推动了工业化和城市化的进程，又在此基础上激发了新一轮的初级创新，各行业生产力的快速提升真正意义上使英国以"世界工厂"的身份成为第一次工业革命的引领者。

研发与应用的最早发生有可能不是在一个国家，在第二次工业革命中，美国则通过引用技术和应用成果反哺实现了超越。电力的初级创新最早集中发生在 19 世纪的欧洲，尤其是德国和英国。英国科学家戴维在 1809 年发明了最早的电光源之一电弧灯；法拉第在 1831 年发明的电磁感应装置，是现代发电机的前身。然而，产生大规模影响的次级创新却发生在美国，托马斯·爱迪生和尼古拉·特斯拉在电灯、电力传输和电动机等方面的发明奠定了现代电力系统的基础，进一步推动电力技术跨过第一拐点。欧洲的电力技术通过人才交流、技术转移和跨国公司的全球布局，迅速传入美国。美国拥有广阔的疆域和大量的人口，这为电力技术的应用和扩展提供了广阔的市场，加上美国当时的经济快速增长，资本迅速积累，大量资金得以投到电力基础设施的建设中，这些基础设施的完善反过来又促进了电力技术的进一步发展和应用。美国在原有技术的基础上，加速进行大规模的工业应用和改进，例如，爱迪生和特斯拉发明的电力设备与系统被广泛应用于城市电网建设、家庭电器等多个领域，显著提升了技术的实际应用价值，推动了电气化进程，使得美国制造业和服务业的效率显著提升，工业产值在20世纪初迅速超越欧洲各国，成为全球最大的工业国家。

电子信息领域也存在"研发—应用"迭代、二者互促引发技术革命引领者变位的生动案例。始于20世纪50年代的半导体产业发展至今，研发制造领域的引领者几乎群集于美国，由此支撑的各项应用创新，如智能手机、电子商务、移动支付也大都肇始于欧美。然而，中国基于次前沿和成熟技术，在应用层后来居上，孕育了抖音、微信、拼多多等囊括社交网络、生活服务、电子商务、共享业务等的许多具有全球影响力的互联网巨头。自2008年以来，中国电子商务持续快速增长，交易额占全球的比例从不到1%发展到10年后的40%以上，超过法国、德国、日本、英国和美国的总和。[①] 中国的移动支付在采用率和交易额方面也由于支付宝等的广泛使用完成赶超，居于世界领先地位。大市场还带来多梯度、多层次结构的消费群体和消费场景，又反哺新一轮的初级创新，从而强化了"研发—应用"推动的循环迭代。

那么本轮AI与产业融合的浪潮中，研发端与应用端的循环迭代究竟取决于哪些因素呢？

（二）算力、数据、人才、金融推动研发端创新

算力、数据和算法是当前AI研发端的三个要素，三个要素相互联系、相互

---

① World Bank Group. "Innovative China: New Drivers of Growth." 2019.

影响，共同决定了AI技术进步的水平，而金融支持对撬动市场力量以支持技术跃迁也同样关键。与其他技术有所不同，AI领域的知识具有更广的多样性和更高的复杂性，且其知识库正处在一个持续快速扩张的状态中，既包括与"科学创新"相关的理论知识，如数据科学、算法理论、统计学等专业基础知识，又包括与"经验创新"相关的实践知识，这在调整参数、模型训练过程中十分重要。①与便于传播的理论知识相比，偏重"工匠"经验的实践类"知识库"较难获取、分解和转移，后来者想要完全依靠自身研发对这些知识进行吸收存在较大困难。此外，由于知识本身还具有规模报酬递增特征，即随着知识积累的增加，知识的生产效率不断提高，由此带来的经济效益会不断增加，②在硬件基础、数据、人才和金融支持等方面有长期积累的先发者因此会筑起较高的优势壁垒。③

算力在AI时代承担着重要角色，但其提升依赖高性能芯片的发展，核心技术壁垒较高。进入深度学习时代后，AI算力提升的曲线相较以前更加陡峭。2010年前，训练AI的计算量每21.6个月翻一番；2010年以来，在最大的AI模型训练中所使用的计算量大约在6个月内翻倍，2010—2023年已增长了3.5亿倍。为了获得AI性能的整体提升，需要持续投入大量的硬件GPU。而在芯片领域，首先，芯片制造是复杂的系统工程，在设计、制造、封装测试等环节中，该领域的传统领先者积累了大量知识，形成了技术壁垒；其次，美国GPU领先全球，后发国家受到一定程度的制约，追赶存在一定难度。根据IDC测算，2023年中国智能算力规模达到414.1EFLOPS（每秒10^{18}次浮点运算），同比增长59.3%。但从国际比较来看，2024年中国全国智能算力规模或低于互联网公司Meta所拥有的英伟达高性能计算芯片H100算力。

数据是AI研发层的"养料"和"教材"，同时数据也是AI性能和表现的"检验器"。在AI研发竞争中，除了数据规模外，数据质量的重要性也日益凸

---

① 此处的"理论知识"，即science、technology、innovation，简称STI，"'工匠'知识"或"实践知识"为doing、using、interacting，简称DUI，参见：Binz, et al. "Catch-up Dynamics in Early Industry." 2020。

② Romer P M. "Increasing Returns and Long-Run Growth." *Journal of Political Economy*, 1986, 94(5).

③ Rosiello A, Maleki A. "A dynamic Multi-Sector Analysis of Technological Catch-up: The Impact of Technology Cycle Times, Knowledge Base Complexity and Variety." *Research Policy*, 2021.

显。高质量数据集对于优化 AI 模型表现十分重要，不过，有关数据质量高低的定义是动态的，随着 AI 发展，其能力不断增强，决定了其对所需数据"养料"的要求也在不断变化。在大语言模型时代，AI 已经呈现出初步的文本理解潜力，Sora（OpenAI 研发的一款文本生成视频大模型）的突破不仅呈现出 AI 多模态交互的能力，也展现出其能理解世界的迹象，这意味着当前 AI 的发展目标已不仅仅是对人类"思维"的模拟，而且是全面地实现人类与现实世界的交互。古纳塞克等人提出，在大语言模型中，高质量的预训练数据应当类似人类的"教科书"，这要求数据库具备数据储量充足、多样性高、精准度高、清晰明了等特征。[1] 随着 AI 训练数据上升到图像和视频维度，高质量数据或更偏重由机器直接捕获的未经人类创作的图像、视频等形式，数据的维度也越发多元，触觉、味觉、嗅觉等数据将进入 AI 训练数据集，人类或将更少参与数据的获取过程或记录和传输的中介过程。在研发端对更高质量、更多维度、更大体量数据的需求激增的情形下，大国凭借规模优势将较为自然地形成先发优势，为未来 AI 发展所必需的数据挖掘提供更坚实的基础。但大体量数据只是产生高质量数据的一个条件，数据的收集、清洗、标注、验证和合成等步骤对优质数据的形成也十分关键，而在这些技术过程中所积累的知识往往不易传播，它们最易在掌握前沿技术的大国形成聚集，从而强化 AI 研发层面的优势。[2]

算法是 AI 研发的核心，高技术人才是保障算法突破的关键，而人才聚集效应巩固了先发国家的优势，加大了后发国家追赶难度。随着技术的发展，AI 需要解决的任务变得更加复杂，传统算法难以满足医疗、金融、交通等广泛场景的不同需求，数据量的大幅增长也对提高信息处理的准确性和效率、减少计算资源浪费提出了更高的要求，这亟须算法的突破性创新。算法发展需要具备专业知识和创新能力的高技术人才，他们可以为算法的发展提供新思路、新方法，是推动算法突破的主体力量。然而人才数量未必能充分转化为突破性创新产出，人才质量尤为重要。2010—2020 年中国发表 AI 领域论文的科研人员数量全球领先，超

---

[1] Gunasekar S, Zhang Y, Aneja J, et al. "Textbooks Are All You Need." 2023.
[2] Koch B, Denton E, Hanna A, et al. "Reduced, Reused and Recycled: The Life of a Dataset in Machine Learning Research." 2021.

出美国近20万人，[1]但在本轮AI发展较为关键的研究领域却落后于美国。由于知识库的复杂性和人才培养的长期性，传统技术大国往往具备技术累积优势。一项新的算法提出后，相关理论知识易于传播，可以在全球范围内流动，但前沿算法人才会产生显著的集聚效应。人才聚集之后，他们可以更容易地分享实践知识、技能和研究成果，促进知识溢出和跨领域整合，加速算法的发展和优化，提高研发效率，这进一步巩固了技术引领地的人才优势，同时激励其继续培养和吸引创新人才，为算法突破提供持续动力。据2023年统计数据，世界顶尖AI人才聚集的科研中心多数在美国，在全球排名前25的AI研究机构中，美国有15个，中国有6个。[2]此外，分析当前全球最具影响力的基础模型（如OpenAI的GPT-4o，谷歌的Gemini 1.5 Pro，Meta的Llama 3，美国AI公司Anthropic的Claude 3等）所属组织的核心技术人才网络，可以发现，当前AI研发的顶尖人才仍主要聚集于北美，亚洲、欧洲等地的算法创新人才在不同程度上属于北美人才集群的延伸。如果AI技术长期保持较短的技术周期，维持快速迭代，那么未来AI前沿研发人才或将仍然主要分布在少数技术规模大国，研发层面的优势将主要被它们掌握。

市场激励下的金融支持，对于AI研发并转化为现实生产力而言同样不可或缺。首先，在当前大模型快速发展阶段，硬件采购、软件开发、数据收集存储等都需要大量资金支持，金融资本能为AI研发的基础设施建设和维护提供保障。其次，以风险投资为代表的金融力量在支持AI初创和成熟企业的技术突破方面起到直接而关键的作用。许多AI领域的创新都由初创公司推动，而这些公司通常需要外部资本来帮其启动和扩展业务，如人工智能公司DeepMind被谷歌收购前主要依靠多轮风投才得以专注于突破性深度学习的研究，OpenAI在2019年改制后也是基于微软和风投机构的资金支持才开发出GPT-3等模型的。此外，风投等金融力量在AI芯片领域的投入也十分显著，英伟达得益于资本市场的支撑，才能持续研发高性能GPU。另外，充足的资金支持还能让企业和研究机构为研

---

[1] 陆趣、黎芝源、周子彭：《竞争人工智能 从论文突破性看中国人工智能创新水平机制》，中金研究院，2023年。

[2] 参见 https://macropolo.org/digital-projects/the-global-ai-talent-tracker/。

发团队提供有竞争力的薪酬和福利，以留住顶尖 AI 人才。

（三）市场规模、政策环境支撑应用端融合

AI 应用的发展并不必需最前沿的技术，较为成熟的技术不确定性较低，技术轨迹也更容易预测，即使是后发者也可以较为容易地抓住"机会之窗"，通过技术转移、自研等方式获取相关技术知识。同时，由于非前沿技术的应用难度低，只要能够适应和抓住外部市场需求和制度政策变化带来的机会，减少试错成本，就能在应用端取得优势。[①] 大规模市场与健康的政策环境是 AI 技术越过 S 曲线第一拐点后，在应用端的两大重要推力。

一方面，多元细分的大市场可以降低 AI 应用的门槛。从市场层面看，商业市场潜力大的行业更能够发挥市场规模优势。大国的市场需求多样性较强，创新场景丰富，更易匹配成熟技术的各种应用场景，这为 AI 技术应用带来更大的扩散空间，能更广泛地刺激 AI 次级创新的产生。对于暂处落后地位的大国，其总体市场和细分市场规模均足够大，可进一步摊薄次级创新的成本，支撑 AI 应用实现商业利润，利润又反哺应用技术的进一步创新，研发、应用形成正向循环，其有望快速缩小与领先国家的差距。

另一方面，支持性的政策环境则为 AI 次级创新的持续发展提供动力。在 AI 应用发展过程中，政策环境涵盖了有政府引导和参与的治理监管整体方向、技术及伦理标准制定、人才培养体系、知识产权及隐私保护措施和国际合作政策等诸多方面。稳健、灵活、包容的政策措施能激发应用创新活力，为企业和研究机构创造可预期的市场环境。良好的法律和政策框架可以帮助企业在开发和应用 AI 技术时遵守法规，避免法律纠纷和用户信任问题，从而较为顺畅地实现广泛商业化，如欧盟 2024 年通过《人工智能法案》，[②] 为规范 AI 技术的使用、确保技术发展与道德规范相符提供了较为明确的依据，其基于风险程度对 AI 进行分类，要

---

① Xu L, Xiong J, Yan J, et al. "Technological Uncertainty and Catch-Up Patterns: Insights of Four Chinese Manufacturing Sectors." *IEEE Transactions on Engineering Management*, 2023.

② 参见 https://artificialintelligenceact.eu/。

求高风险 AI 系统的开发者提供详细的技术和合规评估文件，以确保系统的透明度和问责性。但鉴于该法案对高风险 AI 及数据使用、隐私保护提出严格要求，也在一定程度上带来了增加技术开发应用的成本和时间、影响 AI 技术创新速度和市场竞争力的风险。

综上，本轮 AI 浪潮的竞争格局尚在形成过程中，对于谁将占据引领者地位，我们还需要综合考量各国在研发端和应用端的发展势头，前者主要依赖算力、数据、人才和金融支持的整体水平，后者则倚重市场规模和政策环境的支持效果，二者相互促进，才能持续推动 AI 创新，从而提升整体经济动能。为此，我们专门构建了 AI 发展指数，以评估各国在本轮技术浪潮中的智能融合潜力和相对地位。

四、度量智能融合浪潮强弱——AI 发展指数

如本章第二部分所述，达到 S 曲线的第一拐点后，研发端的技术改进和应用端的市场扩散将相互促进，加速创新发展。为了刻画本轮 AI 浪潮中各国的发展潜力，我们从研发和应用两个层面来衡量一个国家 AI 技术越过 S 曲线第一拐点后在经济中引领智能融合浪潮的能力，并将其命名为"AI 发展指数"。该指数旨在刻画 AI 通过"研发—应用"正向循环发展的速度：研发层面的"技术活跃度"越高，AI 可实现的功能和可结合的应用场景就越多，从而在市场竞争中越能快速地吸引和积累庞大的用户群体，增加潜在的应用市场规模；应用层面的"市场友好度"越高，市场对 AI 的需求就越大，进而可通过体验反馈和盈利反哺加快技术进步和扩散。AI 发展指数为我们理解未来 AI 发展的影响因素，以及我国在国际竞争中的地位和优劣势提供了思路。

（一）研发与应用并重，构建 AI 发展指数

AI 发展指数从研发和应用两个层面出发（见图 1.8）。基于本章第三部分的分析，我们构建了研发层面的"技术活跃度"指标，从算力、算法、数据和金融四个方面衡量一国 AI 技术相对于国际前沿的水平，以及应用层面的"市场友好度"指标，从暴露规模、扩散程度和政策环境三个方面衡量一国应用 AI 技术的

潜力和成本。研发和应用相互促进，因而将二者标准化后进行几何平均可得到"AI发展指数"，该指数反映AI在越过S曲线第一拐点后通过"研发—应用"正向循环发展的速度。

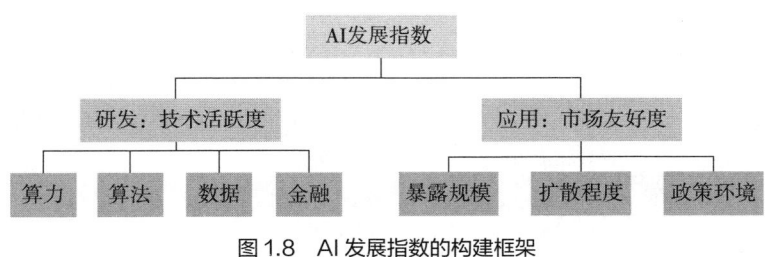

图1.8 AI发展指数的构建框架

"技术活跃度"刻画了各国AI研发端在算力、算法、数据和金融四个方面的禀赋情况（见表1.1）。算力方面，新一代AI系统依赖高性能计算，[1] 同时，依据规模定律，AI训练对算力的需求快速提升，主要依赖数据中心和云端网络集中部署大规模算力，以获得稳定性和可扩展的灵活性。[2] 算法方面，顶尖AI人才是前沿AI算法的本源，将无形的AI算法知识转化为落地产品的能力至关重要。数据方面，已有的和待收集的多模态、高质量数据共同构成了训练AI的数据禀赋，同时获取、使用和流通这些数据的制度环境也是重要的影响因素。金融方面，算力、人才和数据都需要大量资金的支持，高度不确定性和高投资门槛下，前沿AI技术的研发和落地尤其离不开商业性风投的支持，其为AI技术的持续突破提供动力。[3] 特别地，算法和数据维度区分考虑了AI模拟的两类人类智能：一类是不借助物理实体即可完成的智能操作，如处理信息、规划推理等，训练这类智能所用的数据基本已存在，如文本、图像、音视频等；另一类是需要借助物理实体来完成的，涉及真实物理空间中的位置移动、灵活操作等，所需的数据主要包括人类与环境互动时的动作行为数据等，大多数处于起步阶段，需要有意去合成、生成和收集。

---

[1] 参见 https://arxiv.org/abs/2202.05924。

[2] OECD. "A Blueprint for Building National Compute Capacity for Artificial Intelligence." 2023.

[3] 参见本书第十二章相关内容。

表 1.1 "技术活跃度"指标

维度	分项	指标选取
算力	峰值算力	AI 芯片性能（FP16 TFLOPS） top500 超算性能（Total Rmax，TFLOPS）
	规模算力	AI 云计算市场规模 数据中心 – 服务器市场规模
算法	知识创新能力	AI 算法领域国际合作的突破性论文的机构所属国 Github 等软件平台上高人气开源 AI 包的贡献者所属国
	产品转化能力	AI 创业公司数量及市场规模
数据	数据规模	数据存储量 自动驾驶就绪程度 人形机器人项目数
	数据可得性	Oxford 数据可得性指数
金融	商业性风投	2023 年获得 AI 相关风险投资的项目数量

资料来源：中金研究院。

AI 应用层面的市场友好度指标，主要由 AI 产业的暴露规模、扩散程度和政策环境三个方面组成。首先，"暴露规模"可由根据不同行业中可以使用 AI 进行替代或赋能的场景比例和国家产值的行业结构计算出来的一国理论上暴露于 AI 技术的 GDP 比例，再乘以按该国购买力平价计算的 GDP 得到。其次，"扩散程度"主要通过度量各国 AI 暴露产值的行业份额方差，来衡量 AI 应用的外部规模经济效应，理论上技术应用场景越多、越分散，其带来的外部规模经济效应越大。最后，"政策环境"包括一国的 AI 战略、监管质量、网络安全、伦理准则等，它们都有可能影响 AI 技术的应用成本，所以我们在此也将它们纳入市场友好度的考量范围。[①]

（二）AI 发展指数一览

通过就 20 个全球经济体量靠前的国家计算 AI 发展指数，我们发现，当前

[①] "政策环境"指标采用牛津大学的 AI 治理指数，包括 AI 战略、监管质量、网络安全、伦理准则和可靠性五个维度的分数。

美国、中国位于第一梯队，它们各自占据研发、应用相对领先优势的全球AI竞争格局初露端倪（见图1.9）。若将美国各指标标准化为1，则中国的AI发展指数为0.76，居全球第二，高于第二梯队的德国（0.32）、日本（0.31）和英国（0.31）。研发层面，中国技术活跃度（0.50）相较前沿的美国仍有差距，但与第二梯队的英国（0.16）、德国（0.15）和日本（0.14）相比展现出明显的优势；应用层面，中国的市场友好度（1.16）处于领先地位，主要受益于庞大的市场规模和均衡的产业分布。在决定AI研发和应用水平的要素禀赋方面，不同国家有相对擅长的方向。与中国类似的在应用层面具有比较优势的国家包括印度、俄罗斯、巴西等，与美国类似的在研发层面具有比较优势的国家包括英国、韩国、瑞士等。

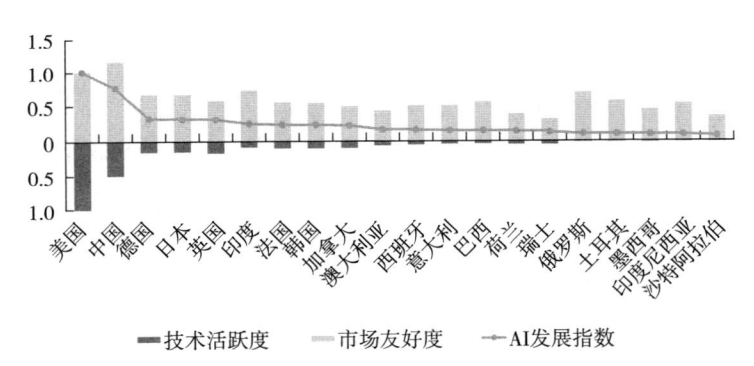

图1.9 AI发展指数测算结果

资料来源：IMF，世界银行，中金研究院。

（三）各国优势与面临的挑战

在此次智能融合浪潮引发的国际竞争中，中国整体上具有一定的技术优势和发挥规模效应的空间，有助于在AI技术达到S曲线第一拐点后通过更强的"研发—应用"正向循环推进AI发展。那么，从拆分细项来看，我国在哪些影响AI发展的方面面临限制，在哪些方面具备值得进一步发扬的优势呢？

从研发端来看，高性能算力和数据可得性成为中国AI技术赶超的主要挑战（见图1.10a）。在算力维度，中国的高性能算力受到美国出口限制影响，目前自研芯片提供的算力性能高于美国设置的限制标准，但在国际上处于相对落后的状态；①美国智能芯片迭代速度快，采取优先用最高算力性能的 GB200 芯片满足国内需求、延迟面向全球供应的措施，并向他国供给次优算力性能的 H100、A100 芯片，从而有效拉开了和其他国家的算力性能差距。中国的规模算力部署，包括云计算和数据中心服务器等软硬件的市场规模，位居全球第二，虽然与美国还有差距，但相较其他国家表现出明显的规模优势，能够提供部分 AI 训练和推理所需的大规模算力。在算法维度，中国整体表现显著优于第二梯队的德国、英国、法国，尤其是 AI 算法的前沿知识创新能力与美国相差不大，但算法集成与开发落地产品的能力或相对欠缺，截至 2023 年，中国的 AI 创业公司数量不到美国的三分之一。②在数据维度，中国具有规模庞大的数据生产者，历史上已经积累了相对丰富的数据，对于 AI 所需的自动驾驶、人形机器人等领域的待收集数据，也具备一定的挖掘或合成能力。但中国在数据可得性方面仍有改善空间，数据的开放程度、治理框架和基建网络等在一定程度上可能落后于欧美发达国家。在金融维度，据 OECD（经济合作与发展组织）统计，2022—2023 年，美、中 AI 风投项目数量的全球份额分别保持在 30% 和 20%，金额占比则分别保持在 50% 和 20% 左右，这与两国经济体量相对值有较大差别。考虑到逆全球化趋势加剧，美国限制本土私募基金和风险资金对关键领域的海外科技公司进行投资，可能进一步拉开各国在 AI 研发方面获得金融支持的差距。我们认为，未来中国在金融方面支持科技的主要发力者可能转向国内金融投资机构，所以我国直接融资体系亟待完善。

从应用端来看，中国的 AI 暴露规模居于世界首位，在具身智能的应用领域具有尤为广阔的市场，且行业扩散程度更为均匀，可能带来更显著的外部规模经济效应。我们估计，2023 年中国按购买力平价计算的 AI 暴露规模约为 16.5 万亿美元，处在第二位的美国约为 11.6 万亿美元，其中，两国的数字智能暴露规模均约为 5 万亿美元，主要差距体现在中国的具身智能暴露规模明显大于美国（见图 1.10b）。从结构上看，中国产值更多地分布在具身智能暴露程度较高的那些行业，包括农林牧渔、交通运输、采矿、建筑和制造业等，而美国产值则更多地分

---

① 参考华为昇腾 910B 芯片与英伟达专门针对中国、符合美国出口限制条款芯片的比较参数。
② Tortoise Media. "The Global Artificial Intelligence Index." 2023.

布在数字智能暴露程度较高的房地产、科学研究与技术服务、信息传输、计算机服务等行业。基于各国AI暴露产值中各行业份额方差，中国的行业扩散程度相对更均匀，有助于放大外部规模经济效应，促进协同转型和基础设施共享。政策环境与AI应用的关系较为复杂，出于隐私和人权等考虑对AI进行严格监管有助于防范潜在风险，也可能限制应用落地。中、美、日及欧洲等地目前都充分重视且提出了人工智能发展战略，并积极关注数据保护。同时，不同地区因为文化价值观和社会经济需求的差异，对AI的监管程度也有差异。如欧盟通过《人工智能法案》，在监管质量和可靠性方面获得进展，但对AI训练数据透明度等方面的要求也引发了企业对因泄露商业机密而影响市场竞争的担忧，[①]美国相对注重国家安全和伦理问题，而中国对AI技术持相对开放的态度，或有助于推动应用快速落地。

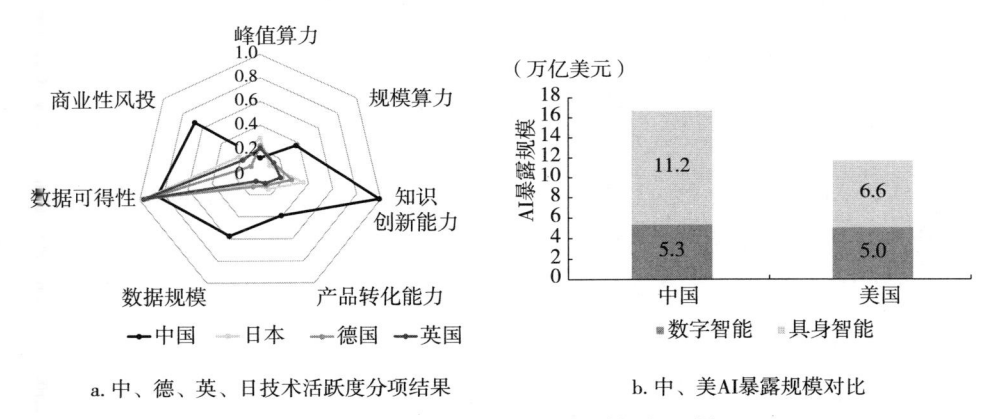

a. 中、德、英、日技术活跃度分项结果　　b. 中、美AI暴露规模对比

图1.10　中国AI在研发端和应用端与他国对比

注：a. 各分项为各国相对于美国的水平（美国=1）；b. AI暴露规模由各行业的AI暴露程度与各行业产值占比加权求和，再乘以该国2023年按购买力平价计算的GDP获得，行业的AI暴露程度参考本书第三章"元任务"相关内容。
资料来源：iFinD，OECD，中金研究院。

割裂的全球市场可能会阻碍AI的价值实现并抑制创新，这或许会促使部分

---

① 参见 https://www.reuters.com/technology/artificial-intelligence/eus-new-ai-rules-ignite-battle-over-data-transparency-2024-06-13/。

第一章　迈向通用时代的人工智能

地区在未来的智能融合浪潮中深化合作。基于现实经济开放的视角，当前美国正在积极与欧洲和日本等地开展人工智能的广泛合作，包括晶圆厂和数据中心的跨国布局、AI 学术研究的合作交流、AI 初创企业的跨国投资等。这些举措可能加速第二梯队的国家对中国的技术追赶，从 AI 发展指数看，表现为美国的合作国在研发端快速逼近最前沿水平。以日本为例，如果美国在未来将新研制的高性能和先进超算供给日本使用，派遣顶尖人才指导，向日本传授 AI 技术，并共享已有的高质量和多模态数据、数据收集和合成的方法等，那么日本在 AI 发展指数上或将快速缩小与中国的差距。此时，中国经济的规模优势变得至关重要，它能够帮助中国在 AI 研发相对落后的情况下，依靠应用端的市场扩散维持一定的竞争力。

五、思考与启示

（一）通用模型或将带来 AI 认知真实世界规律的突破

本轮 AI 发展最重要的意义在于，以 Transformer 为代表的深度学习算法的成功，标志着 AI 在通用模型层面取得了重要进展，这让 AI 理解真实世界规律的能力获得了里程碑式的突破。人工智能是模拟智能的系统，而智能是对世界真理的总结和认知能力，人类智能通过处理世界上不同维度的、各种类型的信息去反推真理。出现通用模型前，AI 无法对各种类型的信息进行通用处理，总结规律的视角不全面，从而无法深入认识世界，影响自身性能提高，模拟更高水平的智能需要通用模型。Transformer 出现之初并非所谓的通用模型，但由于各种类型的数据都可以看作序列并用 Transformer 处理，所以其在更高维度上建构了多类型数据所蕴含的规律空间，并对这些规律进行总结，从而将各种类型的智能模拟统一在一个架构中，因此，其被"意外"地发现了通用性潜力。从这一角度出发，通用模型对 AI 发展具有重要意义。Transformer 打开了 AI 通往通用模型时代的大门，但最终的答案也未必一定是 Transformer，更优秀的通用算法架构将为 AI 发展带来助力。在通用模型中，AI 对各类型数据信息进行通用处理，对各领域总结出来的规律进行迁移、交叉运用，更全面地刻画现实世界中的规律，对世界真理的认识或将逐渐逼近真实情况。同时，AI 对真实世界的理解离不开真实世界信息的输入，这也为未来 AI 的数据和算力建设指明了方向，直接采集于真实世界的多模态数据建设方兴未艾，其与人形机器人、高精度传感器等的结合也将成为 AI 领域重点攻关方向，数据的丰富以及规模定律也都意味着更大的、性能更高的算力资源需求。

（二）智能成本下降将结构性冲击劳动力市场，教育培训和劳动保障是关键

智能成本作为 AI 新变革的核心，其快速下降可能引发 AI 和人类劳动者的再分工，进而对劳动力技能需求产生影响，在技术转型的过程中需要关注技术进步对劳动者的冲击。AI 对劳动力市场的影响主要表现在两个方面。一是对于 AI 应用成本高于人类或表现不及人类的智能任务，其对应的人类劳动需求将相对提升。如近年来 AI 高暴露的岗位对具有社交（沟通、团队合作、谈判、演讲）和管理（员工监督、指导、领导）等 AI 互补型技能的人才需求逐步提高，而对提供基础电脑（包括编程）和行政文书等相关技能的人才需求有所下降。[①] 二是随着 AI 应用的普及，市场对与开发维护 AI 系统、使用 AI 应用程序相关的人才的需求也将进一步提高。忽视技能转型要求，可能加剧技能不匹配导致的就业不充分，以及关键人才紧缺导致的各行业发展速度放缓。为此，公共政策可以在培训教育和劳动保障方面发挥重要作用。教育培训方面，容易被 AI 取代的劳动力是公共政策提供教育培训的重点对象，我国可以参考美欧通过牵头企业、社区与教育机构共同开发符合岗位需求的 AI 及其互补技能培训并建立认证计划，来加速人才技能转型；对于 AI 开发和应用等较难通过雇主培训获得的技能，政府可考虑向职业学校等专业机构拨款，以设置 AI 课程、雇用教师并为接受 AI 方面教育的学生提供补贴等。劳动保障方面，AI 发展速度可能快于人类技能调整速度，进而引发结构性失业，对此劳动力保障政策应朝着鼓励人才流动和灵活就业

---

① Green A. "Artificial Intelligence and the Changing Demand for Skills in the Labour Market." OECD, 2024.

的方向调整，如延长给付失业救济金的时间以支持失业人员完成 AI 技术及相关技能的学习，为因 AI 失业的劳动者提供经济和求职援助，减少就业的异地限制，等等。

（三）政策端着力构建良好的公私合作框架，打通 AI"研发—应用"循环互促渠道

AI 技术具有明确的非连续性创新特征，所谓非连续性技术创新是指采用与主流技术截然不同的技术路线，旨在实现产品性能的数量级改进或成本的数量级降低，其具有强颠覆性和弱预见性两个特征。强颠覆性意味着，该技术发展可以快速削弱传统国家或企业长期积累的技术优势，改变市场主体的力量对比；弱预见性是指技术路径具有不确定性，人们难以事先精准预测最终将成功的技术路径。两个特征均导致发展非连续性技术创新是各国摆脱发展限制的客观需要和占优策略。[1] AI 正是具备强颠覆性与弱预见性的非连续性创新技术。在这一前提下，一方面，初级创新的领先者地位随时有可能由于新技术路径的突破而发生动摇，因此，即使当前追赶面临挑战，有机会跟随前沿的大国仍不可松懈对研发端的持续投入和大力支持；另一方面，为相对降低 AI 技术弱预见性带来的不确定性，有条件的大国若在技术相对成熟的应用端广泛探索、提前布局将有可能实现后发先至。而要实现研发和应用两方面的互促共进，离不开政策端发力，构建良好的公私合作框架，激发公私研究机构和企业的创新活力，为技术成果的应用和推广提供支持，从而打通初级创新与次级创新相互迭代的进路。值得参考的是，2023 年美国国家科学基金会与其他联邦机构和高等学校合作，宣布成立 7 个新的 AI 研究所并提供战略性联邦投资，推动 AI 在科学和工业界的应用加速。[2] 另外，还可借鉴欧盟《人工智能白皮书》中提出的构建"生态系统"的思路，适当增加对 AI 研发的公共投资，成立"AI 研发公私网络"，[3] 促进学术界和产业界紧

---

[1] 中金研究院：《科技创新的竞争与理论》，2023 年。
[2] 参见 https://new.nsf.gov/news/nsf-announces-7-new-national-artificial。
[3] 参见 https://eur-lex.europa.eu/legal-content/EN/TXT/PDF/?uri=CELEX:52020DC0065。

密融合，吸引更多私营部门参与，鼓励初创公司在相对有保障的环境中测试新技术、新产品，并提供后续市场接口，促进其商业化。

（四）"研发弱，应用优"，需要放大市场需求对技术供给的反馈促进作用

根据 AI 发展指数，我国研发相对落后、应用较为领先的格局表明，撬动市场需求对技术供给的反馈促进作用可能成为我国研发追赶的重要发力方向。算力方面，AI 研发需要平衡用户使用感受的改善和模型智能水平的突破，应用端的用户规模、使用习惯和智能需求等能够指导研发端算力性能和规模的部署。对于不同类型的算力要求，通过建设算力基础设施加强算力资源的统筹规划和调度，同时鼓励相关企业和科研机构协同开展算力芯片、架构、系统等关键技术的攻关。算法方面，协调 AI 开发者社区定期举办各类场景的创新大赛，鼓励 AI 解决方案提供商积极对接企业需求与技术供给，从而帮助研究和开发人员积累实战经验，并基于现实用例不断探索算法优化的可能。数据方面，为应用场景相关或用户画像相似的企业搭建公共数据平台，借助匿名或加密技术，在安全合规的前提下，推动生产和使用过程中的数据及其处理技术的共享。这将通过流程标准化和规模效应降低获取、清洗和分析数据的成本，帮助解决研发端数据规模不足、可得性差的问题，还可能利用数据之间的潜在关联进一步优化模型表现。金融方面，通过研发费用的税收减免等方式鼓励企业将 AI 产品盈利投入研发环节，强化应用到研发的反哺机制；同时，为 AI 应用企业、研发机构和投资机构提供交流平台，拓宽创新主体之间的对接渠道。

第二章

中国AI发展的挑战与应对

得益于政策支持、本地区大市场以及大规模IT教育投入所带来的人才红利，中美欧在上一轮AI浪潮中一同引领全球。

在AI大模型时代，中美差距短期有所拉大。在全新的AI大模型时代，美国占据优势。从支撑人工智能产业的四大要素来看：模型方面，美国在数量和质量上均领先中国；人才方面，中美人才数量居前，但美国高级人才队伍更为领先；算力方面，中国算力芯片及生态系统均落后于美国，智能算力差距在中美摩擦下进一步扩大；数据方面，中国数据规模全球第二，优质数据量仍落后于美国。上述要素的差距导致中美发展AI走向了不同道路，中国积极拓展应用落地，美国更专注于探索AI大模型的能力边界。

新时代，中国如何应对？在算力领域，通过持续的工程优化，海外龙头算力芯片企业与主流开源大模型的适配效果较优，这坚定了我国发展国产算力芯片的信心。此外，传统架构下芯片的持续升级遇到瓶颈，新型计算架构芯片有望帮助我国算力硬件对美国形成加速追赶之势。在模型层面，当前大模型遵循规模定律，但无论极限是否存在，我国都应积极研发自主大模型，这不仅是技术自主和产业升级的体现，也是保障国家AI领域安全和推动科技经济持续稳健发展的关键。基于大模型的AI应用当前尚处于商业化早期阶段，国内市场面向个人和企业的应用"百花齐放"，移动互联网时代积累的应用产品经验和我国工业大而全的优势有望助力我国引领AI创新。在AI终端领域，中国具有全球领先的制造能力与品牌影响力，有望助力消费电子产业在新的AI时代实现追赶与超越。大规模市场、政策支持以及互联网时代积累的大规模人才等是我国发展AI的优势，我国有望实现在算力层、模型层和应用层的全面追赶甚至超越。[1]

---

[1] 本章作者：彭虎、赵丽萍、于钟海、陈昊、成乔升、王之昊、温晗静、魏鹳霏、李诗雯、韩蕊、游航、孔杨、王倩蕾、何欣怡。

一、中美欧引领上一轮 AI 创新

在上一轮 AI 浪潮中，中美欧在全球占据明显的领先优势。根据中金研究院统计，2010—2023 年中国在全球引用量前 10% 的 AI 文献中数量占比呈现攀升态势，至 2023 年达到 33%；根据斯坦福大学《AI 指数报告》，2010—2021 年中国在全球 AI 顶会论文被引用数量占比同样不断增长，至 2021 年达到 22%（见图 2.1）。综合来看，美国、中国和欧洲在全球占据明显的领先地位。中国的领先，既得益于政策支持，同时也得益于国内大规模市场以及多年在信息工程领域的大规模教育投入所带来的人才红利。

（一）政策支持：从传统安防到智能物联，奠基早期 AI 企业发展

城市安防及数字化治理需求下智慧城市项目稳健增长，为早期 AI 企业发展奠基。根据 IDC 数据，2022 年我国智慧城市支出规模超过 300 亿美元。在政策支持下，国内大量的优质 AI 企业得以实现快速成长，产品能够持续创新迭代，丰富的数据也推动 AI 模型不断进步。截至 2024 年 7 月，智慧城市类项目仍是国内 AI 企业重要的收入来源。

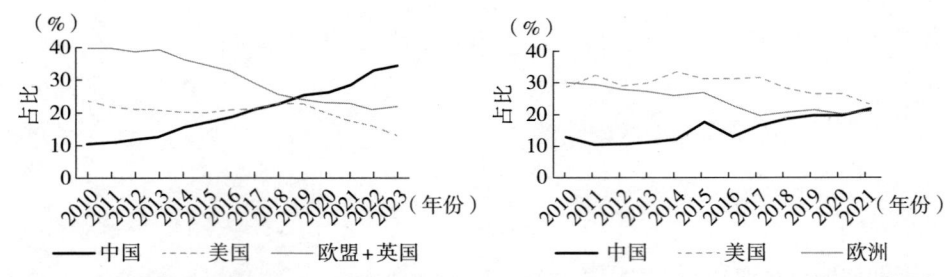

2010—2023年在全球引用量前10%AI文献中数量占比　　2010—2021年在全球AI顶会论文被引用数量占比

图 2.1　2010—2023 年三地论文成果被引用情况

注：左图中，若一篇文献包含不同地区的作者，则按照作者数量均分到各地，英国"脱欧"前，其数据包含在欧盟之内；"三地"指的是中国、美国、欧洲（左图为欧盟+英国）。
资料来源：OpenAlex，斯坦福大学《AI 指数报告》（2023 年），中金研究院。

（二）大规模市场：工业品类丰富，产值和效率不断提升

中国工业规模大、体系全，为 AI 应用奠定了良好的需求基础。世界银行数据显示，2022 年，中国工业附加值为 7.2 万亿美元，占全球工业附加值比重达 26%。我国也是目前全球唯一拥有联合国产业分类中全部工业门类的国家。[①] 齐全的工业体系带来丰富的应用场景，庞大的工业规模带来广阔的应用需求，激烈的竞争环境驱动人工智能在工业场景落地。

政策支持、激烈的竞争环境和进取的企业家精神共同推动中国制造业智慧化转型。过往中国制造业追求的是规模和速度，生产能力强，但品控意识弱。不过随着我国工业产品在全球市场份额大幅提升，过往的发展模式无法持续。同时，伴随着生活水平的提升，人们的质量和品牌意识不断加强。因此，在激烈的竞争环境下，企业必须持续且快速地转型。这推动了信息技术和工业生产的更多结合，当前国内消费电子、汽车、光伏等产业已在定位组装、形状测量、缺陷检测等环节积极落地机器视觉系统。根据高工机器人的测算[②]，2023 年，中国机器视觉市场规模达 185 亿元，并有望于 2024 年、2028 年分别超过 200 亿元、395 亿

[①] 参见 https://www.gov.cn/xinwen/2023-03/19/content_5747420.htm。

[②] 参见 https://mp.weixin.qq.com/s/AOzbcFkmkaEAw55QCJt31g。

元。此外，中国制造业面临用工成本上升、劳动力供给下降等问题，这推动无人化、自动化的渗透率不断提升。

大规模市场相较中小规模市场会有更多需求，也带来了代价更低的解决方案。中国对工业化水平不断提升的追求推动了AI产业过往几年的快速发展，诸如机器视觉、移动机器人等AI产业的大规模落地又推动了质优价廉大规模生产能力的形成，从而奠定了我国在工业生产领域AI应用方面的全球竞争力。

中国AI市场已具备可观规模，伴随着社会智能化转型的加速正迎来更加广阔的发展空间。根据第四范式报告[1]，中国AI行业的市场规模在2022年已达2 250亿元，已具备广阔土壤，预计将持续保持高速增长，2022年至2027年决策型AI、视觉AI、语音语义AI和AI机器人市场规模预计年复合增长率分别为31.7%、21.9%、25.2%和22.3%。在规模扩大基础之上，伴随多元垂域的智能化转型需求增多，中国AI软件发展具备有力支撑。

垂类应用方面，中国在深度学习时代已具备竞争优势。在计算机视觉领域，国内商汤科技、旷视科技等公司在2012年深度学习浪潮中陆续成立，以高精度视觉算法赋能城市管理和商业管理。据中研网数据[2]，截至2021年，放眼全球视频监控市场，中国市占率约47%，且国内AI摄像头整体渗透率15%~20%，远超海外市场（低于2%）。此外，国内决策AI算法多项分支已超过海外，赋能传统行业数字化转型。据美国信息技术研究和分析公司Gartner等2021年的报告[3]，国内AutoML算法回答认知类问题的平均效果优于98%的数据科学家，此百分比超越谷歌52个百分点；银行个人信用评分中，国内AutoML算法可实现优于99%数据科学家的准确度，此百分比超越谷歌16个百分点。据麦肯锡报告[4]，中国AI赋能应用端的潜力可观，预计到2030年，AI将为中国关键产业带来数千亿美元的经济价值。

---

[1] 第四范式：《第四范式招股书》，2023年。
[2] 参见 https://mp.weixin.qq.com/s/sY1f1t6GeWwp0Qy1Wo1V1A。
[3] 第四范式、Gartner：《AutoML成就指数级增长：感知、认知、决策算法布局提升企业决策水平》，2021年。
[4] 麦肯锡：《探索人工智能新前沿：中国经济再迎6 000亿美元机遇》，2022年。

（三）人才红利：智能终端构筑 AI 应用沃土，互联网生态引领算法迭代

人才的培养推动信息产业发展，繁荣的信息产业带动人才红利显现。中国是传统的重视 STEM[①] 学科教育的国家，过往大规模的教育投入培养了大量信息化人才。随着互联网时代的到来，早期充足的人才储备推动了我国信息产业的快速发展。根据《经济日报》援引自阿里研究院的数据，2023 年我国数字科技人才占全球总量的 17%，[②] 领跑全球。而国内巨大的产业机遇又带来了更多人才需求，行业待遇的提高增强了年轻人学习信息科学的意愿，造就了当前我国信息技术产业巨大的人才红利。信息产业已成为我国最为吸引人才的就业方向之一。根据新华网援引自智联招聘的数据，[③] 我国 2024 届求职毕业生期望从事行业中，IT 互联网行业是他们最向往的行业，占比达 26.4%。

在互联网领域，我国已依托深度学习算法红利诞生了多家具有全球竞争力的头部企业。以电商和短视频行业为例，成立于 2015 年的拼多多，创新性地使用了分布式 AI 技术，其算法以流量分配为核心原则，基于用户需求，通过推送模型实现"货找人"，为商户获客与销售增长提供了新的途径。今日头条 App（移动应用程序）于 2012 年正式上线，在智能推荐算法的快速迭代下，短视频社交平台抖音实现更精准的用户内容定制化推送，打造短视频用户的高沉浸度体验。商业数据平台 Statista 报告显示，截至 2024 年 4 月，创立时间仅 7 年的海外版 TikTok 全球月度活跃用户数[④]超过 15.82 亿人，已成为全球第五大用户体量的社交 App。在激烈的竞争中，我国互联网公司早已借助 AI 技术脱颖而出，加速了对于 AI 技术的投入。

在智能终端硬件领域。根据 Statista 和 IDC 数据，2022 年中国在智能手机、智能音箱、智能家用摄像头、智能门锁、智能家居五大智能硬件终端品类中，均

---

① STEM 是科学（science）、技术（technology）、工程（engineering）、数学（mathematics）四门学科英文单词首字母组合。

② 参见 http://www.mohrss.gov.cn/SYrlzyhshbzb/dongtaixinwen/buneiyaowen/rsxw/202312/t20231220_510820.html。

③ 参见 http://www.news.cn/20240529/779a245d71564834a15e68faa70a399a/c.html。

④ 参见 https://www.statista.com/statistics/272014/global-social-networks-ranked-by-number-of-users/。

获得 24%~31% 的市占率，在全球市场遥遥领先。与互联网产业一样，人才红利叠加市场优势推动了智能化的快速发展，智能化又助力中国制造企业不断"攻城略地"，进一步推动了国内消费终端企业在智能化领域投入水平的提升。

二、生成式 AI 时代，中国面临的挑战

由生成式 AI 引领的科技变革渐入繁荣期，应用触角广泛延伸。2022 年 11 月，OpenAI 发布基于 Transformer 的 AI 对话机器人 ChatGPT，ChatGPT 展现出的准确性和通用性迅速引发全球各行各业的高度关注，并随后掀起了从基础大模型到终端应用的新一轮革新。本次变革的底层驱动因素是大模型语料规模大、参数规模大，例如 GPT 至 GPT-3 语料规模扩大约 9 000 倍、参数规模扩大约 1 500 倍。得益于"大"，用户的直观感受是模型生成效果显著增强，包括更高的输出准确度、更广泛的输出形式（不局限于文字）以及更低的输出成本，从而大大拓展了 AI 模型的应用场景，从早期的个性化推荐、智能客服扩展至艺术创作、办公软件交互、个人助理等，并加速了自动驾驶、人形机器人等创新应用的落地。

本轮 AI 新变革，美国迈出了一大步。从支撑人工智能产业的四大要素来看，模型方面，美国在数量和质量上均领先中国；人才方面，中美人才数量居前，美国高级人才队伍建设更为领先；算力方面，中国算力芯片及系统均落后于美国，智能算力差距在美国新政限制下进一步扩大；数据方面，中国数据量全球第二，优质数据量仍落后于美国。此外，支撑 AI 发展的要素还包括私募基金/风险投资机构等的金融支持，在此方面，中国相较美国也处于劣势。

（一）模型：美国在数量和质量上均领先中国

回顾过往，人工智能模型起始于 20 世纪 50 年代的美国，中国起步较晚。根据美国人工智能研究机构 Epoch AI 的"知名机器学习模型"统计数据库，最早的机器学习案例是贝尔实验室在 1950 年发明的"迷宫解谜"机器老鼠 Theseus，其后至 2013 年底，美国、英国、日本、加拿大等十余个国家相继推出了 182 个

"知名模型"①，任务类型涉及视觉、语言、游戏、语音、算术、推荐等，而中国首个"知名模型"是何明凯等人在2014年发布的视觉识别网络结构SPPNet，它主要是对R–CNN（2013年）的改进。截至2017年Transformer发布之前，美国已积累了约200个机器学习模型，包括被广泛应用的神经网络架构CNN（1989年）、RNN（1990年）、GAN（2014年）等，而中国学者发布的模型数量不到美国的1/10。②

当前，美国在前沿探索上更为活跃，且模型质量和认可度领先中国。从数量来看，根据斯坦福大学《2024年人工智能指数报告》，2023年，美国、中国分别发布61个、15个"知名模型"，而在2022年，美国、中国的发布数量分别为51个、12个，在ChatGPT点燃全球AI"百模大战"之际，美国在大模型方向上的成果输出越发活跃，并进一步拉大与中国的差距。对比参数量来看，GPT–4包含1.8万亿个参数，③而PanGu–Σ拥有1.085万亿个参数（见图2.2）。④对比性能来看，中国智谱AI于2024年1月推出的基座大模型GLM–4整体性能接近美国前沿水平，⑤GLM–4在英文基础能力（MMLU、GSM8K、MATH、BBH等指标）上达到GPT–4 91%~100%的水平，在指令跟随能力（模型对用户提示词、指令的理解能力）上达到GPT–4 85%~90%的水平，在中文对齐能力和长文本能力上超过GPT–4。业界认可度方面，中美尚有差距，据Epoch AI统计，截至2024年5月10日，美国AI模型相关研究中被引用次数最多的高达15.7万次（视觉模型ResNet152），语言模型Transformer、BERT则分别被引用8.7万次、7.1万次，中国被引用最多的约3.1万次，且被引用次数排前五的均为视觉模型，而非语言类基座模型；AI框架的使用也存在类似差距，截至2024年5月10日，GitHub

---

① Epoch AI 统计的"知名模型"是指在AI或机器学习生态系统中具有影响力的模型。参见 https://epochai.org/data/epochdb/table。

② 此处，若模型作者中同时包含美国学者和中国学者，则其既算美国的模型，也算中国的模型，因此中美发布的模型数量可能存在交叉。

③ 参见 https://www.semianalysis.com/p/gpt-4-architecture-infrastructure。

④ Ren X, et al. "PanGu-Σ: Towards Trillion Parameter Language Model with Sparse Heterogeneous Computing." 2023.

⑤ 参见 https://zhipuai.cn/devday。

上 Meta TensorFlow、Google PyTorch 模型分别被引用 7.39 万次、2.11 万次，百度 PaddlePaddle 模型、华为 MindSpore 模型分别被引用 5 400 次、679 次，即使在国内，TensorFlow 模型和 PyTorch 模型在同类模型中被引用比例也更高，合计达 54%。[①]

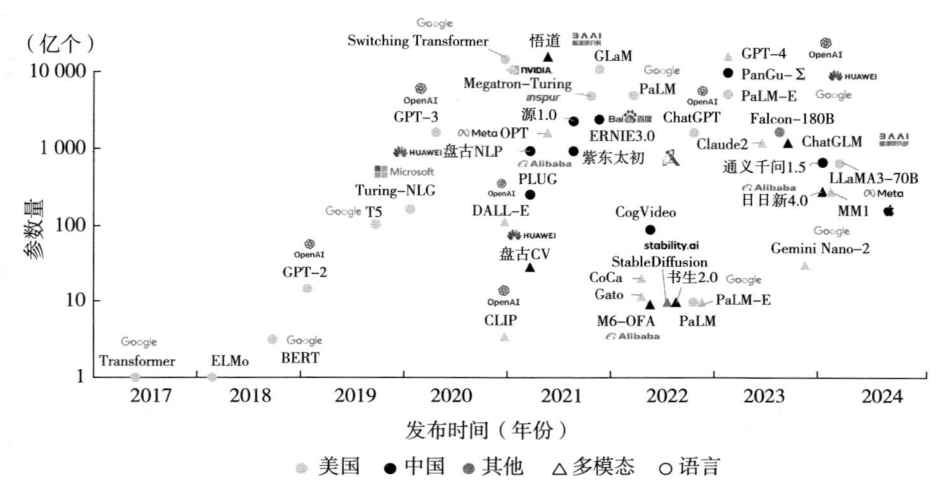

图2.2 国内外主要大模型参数量对比

注：数据截至 2024 年 6 月 5 日；GPT-4o 模型、Claude 3 系列模型、Gemini 1.5 Pro 模型等，官方未公布参数规模数据，故未体现在本图中。
资料来源：Epoch AI，中金公司研究部。

（二）人才：人才是基石，中美 AI 人才队伍大幅领先

从现状看，中美两国人才储备领先他国，但中国较美国仍有差距。推动 AI 发展的核心是人才，根据 MacroPolo《全球 AI 人才追踪 2.0》数据，2022 年排名前 2% 及 20% 的 AI 人才，在中美两国工作的比例均接近 70%，可见中美两国 AI 人才储备在全球处于领先地位。但对比来看，美国对 AI 人才的吸引力更大，中国人才培养基础不弱，但存在人才流失的难题。例如，2022 年在美国获得博

---

① 参见 https://omdia.tech.informa.com/-/media/tech/omdia/marketing/commissioned-research/pdfs/china-ai-frameworks-market-report-2023。

士学位的 AI 人才中有 77% 选择留美就业，而排名前 20% 且留美就业的顶尖人才中有 38% 来自中国（比来自美国的还多）。

动态地看，中国人才队伍逐渐壮大。MacroPolo 数据显示，前 2% AI 人才在国内工作的比例由 2019 年的低于 6% 提升至 2022 年的 12%，前 20% AI 人才在国内工作的比例由 2019 年的 11% 提升至 2022 年的 28%，且在美获得博士学位后选择在中国发展的人才比例也由 2019 年的 4% 提升至 2022 年的 8%，这些反映了中国对顶尖 AI 人才的吸引力逐渐增强。随着国内对人工智能相关产业的进一步扶持，人工智能人才待遇的进一步提高，我们认为，中国人才储备有望继续扩充壮大（见图 2.3）。

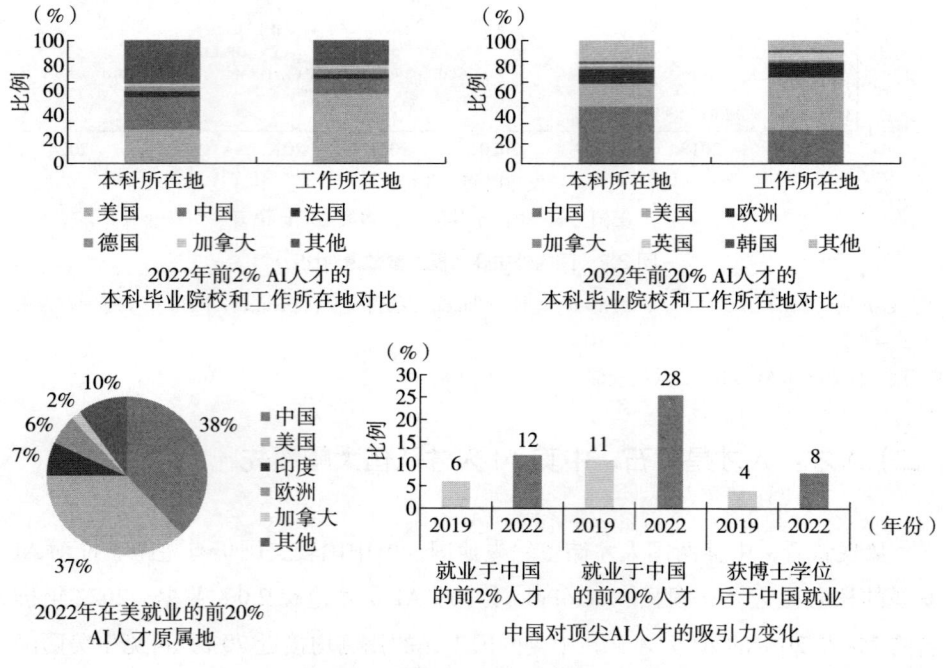

图 2.3 中美 AI 领域人才情况对比

注：图中"欧洲"包括如下国家：奥地利、比利时、克罗地亚、捷克共和国、丹麦、芬兰、法国、德国、希腊、爱尔兰、意大利、荷兰、波兰、罗马尼亚、西班牙、瑞典、瑞士。

资料来源：MacroPolo《全球 AI 人才追踪 2.0》，中金公司研究部。

（三）算力：先发优势持续巩固，硬件基础设施与软件生态均有差距

1. 硬件水平存在差距，供应链面临受限问题

算力硬件是大模型和通用人工智能技术发展的底层基础，其中算力芯片是整个硬件系统的核心。因模型参数量、处理数据量增长迅速，其对硬件性能要求也从单芯片指标维度扩展到了分布式计算系统。我们常用单芯片算力、显存带宽、芯片间互联带宽、节点间互联带宽等核心指标衡量算力硬件的系统能力，各指标相辅相成，不存在明显短板的系统才可称为"优质算力"。在上述评价体系下，我们看到美国产品全球领先，且具有明显的先发优势，全球算力产业链被著名芯片设计企业英伟达所引领。英伟达以其 GPGPU（general purpose graphic processing unit，通用图形处理器）架构产品垄断算力芯片市场，根据数据调研机构 Precedence Research 提供的数据，2022 年全球 AI 芯片市场中英伟达芯片所占份额超过 80%，且其提供从芯片到系统的全栈解决方案。

中国企业积极把握国产化浪潮，对算力硬件实现全面布局。核心芯片端，除老牌集成电路设计企业华为海思深度参与其中外，得益于多年间半导体产业相对宽松的融资环境，创业者热情被充分激发，市场上也诞生了一批实力不俗的新生代力量。技术路线上，中国芯片公司选择呈现分化，除效仿 GPGPU 路线外，DSA（domain specific architecture，领域专用体系结构）技术路线也受到青睐。此外，在与算力芯片合封的高带宽存储器以及算力芯片互联所用到的物理层 IP（互联网协议）、光模块、交换芯片等其他产品方面，中国自主供应能力也逐步得以补齐。采用前文"优质算力"的评价体系衡量，我们认为，中国产品当前水平较美国仍存在几年差距（见图 2.4）。

中国在追赶美国的道路上，芯片供应链问题造成障碍。尽管在芯片、系统设计本身方面中国企业取得了快速进步，但供应链端依然存在较大不确定因素：美国商务部分别于 2022 年 10 月、2023 年 10 月[1]通过逐次趋严的出口管制规定来加强限制中国直接获取高端算力芯片产品及配套存储芯片产品，以及获取制造高

---

[1] 参见 https://www.bis.doc.gov/index.php/policy-guidance/advanced-computing-and-semiconductor-manufacturing-items-controls-to-prc。

端算力芯片所用的技术、设备等，还将部分芯片设计企业列入出口管制"实体清单"。复杂的国际环境进一步加大了中国在芯片端加速追赶的难度。

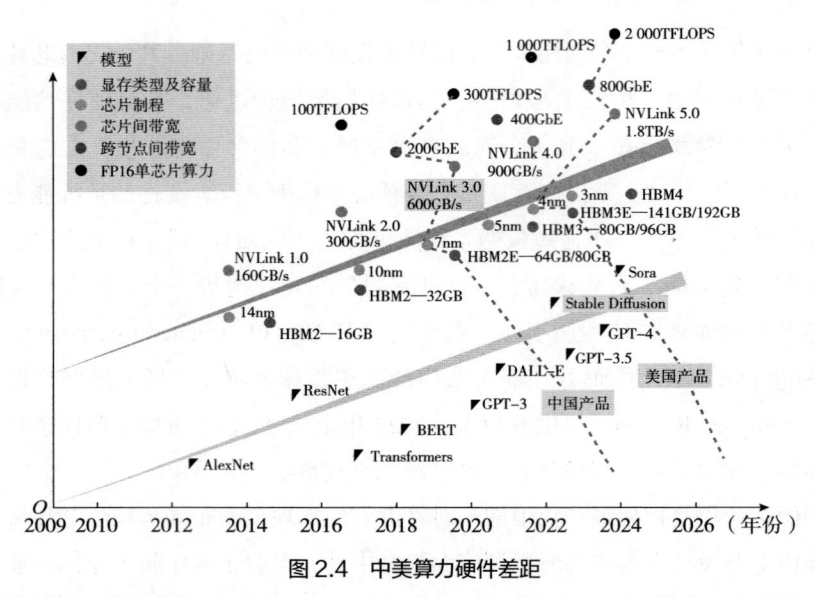

图 2.4　中美算力硬件差距

注：图中 TFLOPS 是评估计算性能的单位，指"万亿次浮点运算每秒"；GbE 是衡量带宽的单位，是指千兆位以太网；GB 指"吉字节"；TB 指"太字节"；nm 指"纳米"。本图表示中美相对差距，所以纵轴无具体指标。

资料来源：英伟达官网，中金公司研究部。

2. 系统生态存有差距，追赶难度较大

中美在算力领域的差距不仅在于硬件本身，系统生态壁垒使英伟达产业链的先发优势得以不断加强。从算法开发者编写的基于 Python 语言的代码，到底层 GPGPU 硬件可执行的二进制机器码，它们涉及了多个步骤的传递，其中蕴含着大量编译技巧和系统优化。从整体流程来看，算法开发人员在开源框架上采用 Python 代码编程后，将框架转换成计算图（模型结构），并生成对应算子（计算操作，即对不同维度的数据进行不同方式的处理）。而算子的硬件实现是依托英伟达统一高层次抽象的 GPGPU 编程语言 CUDA 编写的。针对不同领域的常用算子，英伟达还开发了多个有针对性的加速库，在涉及分布式计算时，英伟达同

时也配套开发了多个通信库以适配多种分布加速框架。同时，英伟达也拥有高效的编译器，以全方位配套算法在芯片上得到最优化、最高效的执行策略。

过去 10 多年人工智能行业发展过程中，硬件的几乎唯一性使英伟达产品库与当前全球庞大的 PyTorch 框架开发者、CUDA 开发者群体深度绑定，英伟达对未来算力硬件产品的迭代方向有着清晰的认知。打个形象的比方，其他硬件企业研发新品是"闭卷考试"，而英伟达是"开考前已知晓答案"。而在算子的适配优化、多卡并行计算通信优化以及高可靠集群系统构建等方面，其日积月累形成的护城河也绝非短期可以破除。英伟达持续的研发和精力投入使整个软件栈变得易用，新进入者短期内难以企及。我们认为，英伟达以外的竞争对手在算力硬件侧实现加速追赶的难度较大，原因包括以下方面。

第一，对于国内企业来讲，兼容 CUDA 代码是短期内能够实现硬件商业化落地的较优选择，但存在一定弊端。以面向企业的商业模式的直观逻辑来看，由于系统生态壁垒的存在，硬件的切换成本被抬高，假设不考虑其他因素，性能高于竞品很多的产品才可能被考虑。从中短期的现实角度来看，业内认为，兼容 CUDA 代码是一条较为容易实现系统生态建设的路径。但 CUDA 是基于英伟达硬件的统一编程语言，CUDA 本身除源代码属于开发者所有外，一切基于 CUDA 的产物均是不开源的，属于英伟达的专有产品，中国企业在生态迭代方面占据主导地位的可能性较低，在兼容中也难免会遇到长尾问题，经由此路实现加速赶超的难度较大。

第二，自行重新构建系统生态可避免迭代中被动和兼容带来的问题，但难度可能更高。根据前文所述，整体算力硬件系统生态的构建可以被拆分为以下环节。

- 传统主流框架算子适配：在训练端，当下 AI 训练框架意义重大。AI 框架可以将开发者编写的神经网络模型及代码转化成计算图以供计算机识别并执行，同时可以提供编程接口支持，从而为开发者提供灵活的编程环境和编程体系。而计算图之间经由算子进行连接，因此我们认为，单卡对训练框架所包含的算子实现全面支持和跑通是生态兼容的第一步。出于开发成本考量，国内厂商一般选择的方式是先去支持更广泛被使用的算子，而对于小众算子一般会采用主流算子拼接的"兜底策略"。算子开发面临着巨大的劳动量，当下 PyTorch 2.0 版本包含 2 000 多个算子，我们认为，从零到一的适配可能需要百人工程师团队工作 1~2 年才能完成。在完成适配以后，算子的执行也需要被不断优化，从而使软件端到硬件端实现更好的性能。

- 构建分布式通信库，兼容或开发并行加速框架：由于大模型的训练需要多硬件协同完成，因此在实际训练模型过程中，除了使用当前 PyTorch 等主流训练框架外，还需调用并行加速框架如 DeepSpeed（微软维护）、Megatron-LM（英伟达维护）等，以实现数据并行、模型并行、专家并行等多类并行策略；同时，物理通信也要配套硬件通信库来实现，以提供跨机跨卡的通信能力并能根据底层网络特点充分利用网络带宽。
- 建立集群的容错机制：机器在执行大规模分布式训练任务时负载重，发生错误概率高。在与硬件配套的系统软件端，也要考量硬件发生故障后快速恢复模型训练的能力。这在短期内可通过写 checkpoint（检查点）的方式完成，长期看需引入计算引擎 Spark 的容错机制，在数据并行的节点间自动容错。
- 构建推理引擎：在实际应用中，模型在推理阶段同样需要高效的计算支持。与训练时需要大量的零散的小算子不同，推理情况下多采用大算子。如何进行算子融合、低精度加速、矩阵乘法的张量加速、多卡并行是推理引擎的技术关注重点。我们看到，目前训推一体框架也是国内企业正在尝试的方向，旨在用单一框架去实现训练、推理的多维度加速。

总结来看，算力硬件系统生态的重新构建需要在前述四个环节进行大量的人力投入，实际效果优劣也与工程师的经验加成多少密切相关。更关键的是，在过去的行业发展过程中，英伟达在国内的商业拓展并没有受到限制，导致中国企业没有太多试错的机会，这减缓了国产算力硬件系统生态完备搭建的速度，进而导致了中美在 AI 算力硬件端差距拉大。

（四）数据：数据是本轮人工智能的血液，中美之间围绕数据的质和量展开竞争

数据是大模型的原料，且存在集中化趋势。本轮人工智能的基础之一是越来越

多的数据量，因此大模型竞赛的背后也是数据规模的竞争，目前全球大模型使用的大部分数据来自维基百科、爬虫等网络渠道，以及书籍、学术期刊等，以英文数据为主，中文数据占比较少。聚焦在数据的分布上，根据 Koch（科赫）等撰写的一篇论文[①]，以 Papers with Code 这一机器学习社区举例，其中的基准测试数据集中在全球少数机构手中，且集中度随着时间推移提升，存在不平等分配的现象。

当前中美在数据的质和量方面展开竞争。在量的方面，IDC 预测，中国数据规模 2022—2027 年年均增长速度达 26.3%，为全球第一。[②] 未来随着高质量数据或将逐渐耗尽，合成数据有望成为新的解决方案，且对数据量的要求也逐渐提高，因此获取更多数据并进行数据合成将成为新的竞争重点。在质的方面，由于高质量数据能够显著提升模型效果（见图 2.5），因此数据质量的提升能够起到事半功倍的作用，聚焦中国，移动互联网、智能汽车等众多领域的蓬勃发展，或有望促进面向企业和个人的数据质和量的提升，助力中国在大模型所需的数据方面实现赶超。

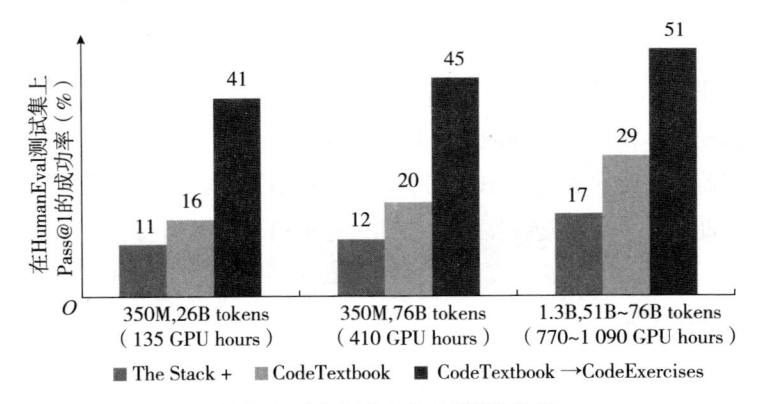

图 2.5　高质量数据提升模型的效果

注：Pass@k 是一种大模型评价指标，指大模型对同一问题生成 k 次并至少通过一次的概率，图中 k=1。图中横轴三组数据每一组中的三个数据分别表示参数规模、数据规模、训练耗时。
资料来源：Gunasekar et al.（2023），中金公司研究部。

综合来看，中美资源禀赋的差异可能将引导中美 AI 发展走向不同道路。受

[①] 参见 https://arxiv.org/pdf/2112.01716v1。
[②] 参见 https://www.199it.com/archives/1605238.html。

限于人才、算力、数据等方面的差距，客观制约使得中国较难通过"堆算力、堆参数"的模式发展人工智能大模型。同时，在短期内，发展自主算力的试错成本较高，大模型的商业化逻辑不清晰，这些都意味着短期内克服薄弱环节的难度较高，它们需要更长时间的经验积累。而规模效应方面体现出的比较优势，结合政策层面的积极推动，使得中国在 AI 应用环节的探索较为领先。

而美国则在 AI 前沿技术发展上具有明显的比较优势，能够支撑其在"更大算力规模、更大数据范围、更大参数体量"的维度上，持续探索"规模定律"的边界。2017 年谷歌发布的 Transformer 本身参数规模为 1 亿个，此后谷歌 BERT（2018 年，3.4 亿个）、OpenAI GPT-2（2019 年，15 亿个）、谷歌 T5（2019 年，110 亿个）、OpenAI GPT-3（2020 年，1 750 亿个）、谷歌 Switching Transformer（2021 年，1.6 万亿个），参数规模的数量级不断刷新。近来，GPT-4、Claude 3、Sora 等模型层出不穷，AI 大模型的性能持续提升，模型迭代速度依然较快。受此影响，基于前代大模型开发的应用，尽管初期性能不错，但或许很快将面临基座大模型升级后性能再次落后的问题。这样，基于旧大模型开发的应用很有可能在新模型诞生后因在性能、成本控制等方面全面落后而丧失竞争力。因此，基座大模型的快速升级迭代会影响商业应用的开发节奏。目前看，美国大模型产业尚未进入成熟阶段，处于不断动态升级中，在这种情况下大规模发展应用可能是不经济的，因此沿着"规模定律"探索性能边界更符合美国当前的商业逻辑。

三、思考与启示

展望未来，我们拟提出中国在大模型时代面临挑战时的应对之法。AI 产业架构自下而上可分为算力层、模型层、应用层，我们认为，中国在算力层有望借助国内巨头自研与算力扶持逐步破局，全新的计算架构或将带来新变数；在模型层应抓住后发机遇，坚持主权 AI 下的自研追赶；在应用层则依托研发工程师红利、数据基础和产品生态迎接本土发展机遇。

后文将根据架构图进行逐层探讨。（1）算力层以智算中心为载体、以 AI 芯片为核心。当前 AI 芯片以 GPU 架构为主，美国拥有先发优势，中国起步较晚，使得当下两国在 AI 芯片性能和生态上的差异巨大，后文将从可行性和新的突破口两个维度探讨我国芯片领域如何追赶。（2）模型层分为平台软件层和算法模型层。平台软件层是支撑 AI 模型大规模训练、生产部署的技术体系，包括数据清洗及合成平台、训练框架、推理部署框架、模型生产平台，为深度学习算法的工程实现带来核心竞争力；算法模型层是特殊的软件，包括预训练大模型，以及计算机视觉、自然语言处理等小模型技术，为 AI 企业将自身技术与产业实践相结合的成果。本章主要围绕大模型的本质、应对差距的方式展开探讨。（3）应用层基于 AI 算法模型的赋能，以面向个人的应用或面向企业的解决方案的形式实现落地。在长期趋势下，大模型也有望承担操作系统角色，衍生出终端硬件、智能体"百花齐放"的格局。

（一）算力层：算力领域追赶的可行性和突破口

1.可行性：海外龙头算力芯片企业已实现在开源模型端的较优适配

在前文中我们指出，龙头企业英伟达不仅在算力芯片领域处于全球垄断地位，在整个算力硬件系统层面也有极高的生态壁垒。过高的算力硬件系统供应集中度引发了其他人工智能业者对于供应链风险的担忧，开始寻求算力硬件供应链多元化。目前，在开源模型的硬件适配上，随着 AMD（超威半导体）、Intel（英特尔）等企业算力芯片产品性能的不断提升、系统生态的进一步完备、工程优化不断推进，我们已经看到了良好的结果。

以 Intel Gaudi 2 处理器为例，基于 LLM Foundry 训练框架及 Optimum Habana 推理加速库，在经历长达数月的优化后，云平台 Databricks 已经在其 MPT 系列开源模型以及 Meta 主导研发的 Llama 开源模型上得到了较好的适配效果。[①] 在 MPT-7B 模型上，经实测，8 卡 Intel Gaudi 2 计算单元的训练计算性能已超过 260TFLOPS 每卡，超过英伟达 A100-80GB/40GB 硬件表现。在多卡方面，160 卡集群也保持了良好的近似线性的加速比（由于卡间通信存在时间开销，因此随着集群规模增大，线性加速比水平会下降）。同时，在推理方面，基于 Llama2-70B 模型，8 卡 Intel Gaudi 2 系统的解码时延也几乎与 8 卡英伟达 H100 系统相同（解码时延为大模型推理中成本最敏感的部分）。且从成本端来看，使用 Intel

---

① 参见 https://www.databricks.com/blog/llm-training-and-inference-intel-gaudi2-ai-accelerators。

Gaudi 2 处理器做训练或推理，开销仅为英伟达产品的 40%~50%（见图 2.6）。

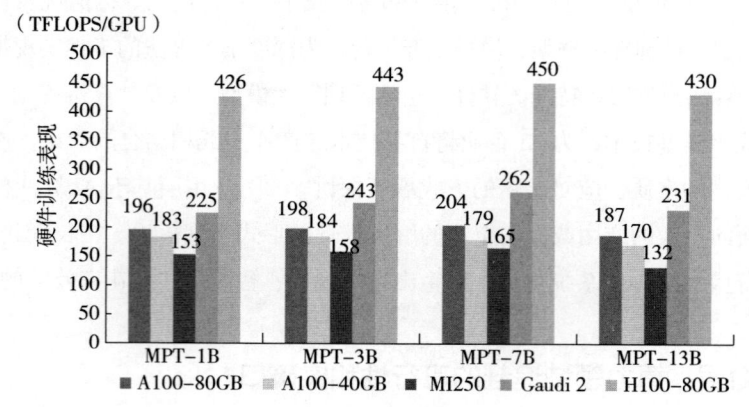

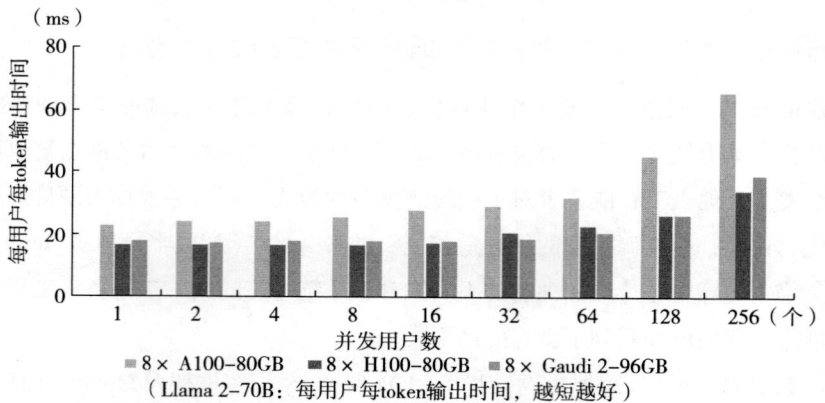

（TFLOPS/GPU）

硬件训练表现

	MPT-1B	MPT-3B	MPT-7B	MPT-13B
A100-80GB	196	198	204	187
A100-40GB	183	184	179	170
MI250	153	158	165	132
Gaudi 2	225	243	262	231
H100-80GB	426	443	450	430

（ms）每用户每token输出时间

并发用户数：1, 2, 4, 8, 16, 32, 64, 128, 256（个）
- 8 × A100-80GB
- 8 × H100-80GB
- 8 × Gaudi 2-96GB

（Llama 2-70B：每用户每token输出时间，越短越好）

系统	云服务提供商	整机租赁价格	单卡租赁价格	MPT平均训练表现（BF16）[TFLOPS/GPU]	单位价格训练表现（ExaFLOP/$）
8 × A100-80GB	Lambda	$14.32/hr	$1.79/hr/GPU	196	0.394 2
8 × A100-40GB	Lambda	$10.32/hr	$1.29/hr/GPU	179	0.499 5
4 × MI250	—	—	—	152	—
8 × Gaudi 2	IDC	$10.42/hr	$1.30/hr/GPU	240	0.664 6
8 × H100	Lambda	$27.92/hr	$3.49/hr/GPU	437	0.450 8

图 2.6　Intel 和 AMD 的经验总结

图 2.6 Intel 和 AMD 的经验总结（续）

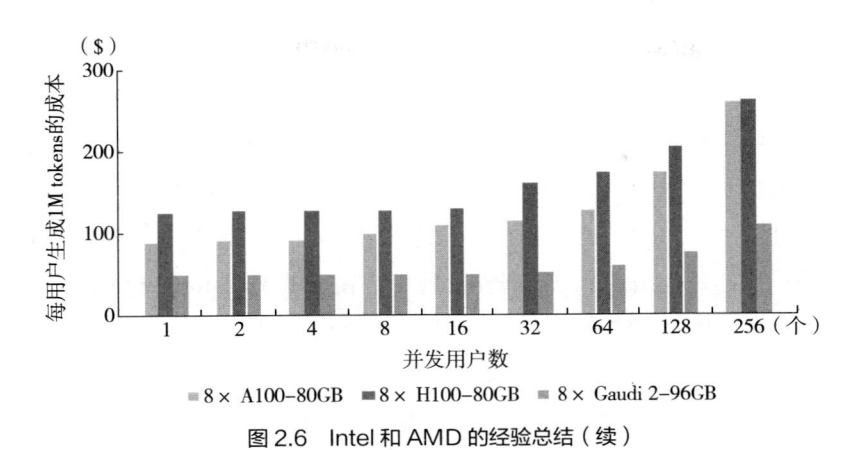

资料来源：Databricks，中金公司研究部。

AMD、Intel 等企业的算力硬件产品对主流开源大模型的较优适配，坚定了我们对国产算力硬件商业化落地的信心。特别地，若短期内部分国内大模型是以微调主流开源模型形式做开发，此情形下适配的专注度提升（即模型结构趋于统一后，硬件的适配优化方向也会越发明确）会加快适配落地的节奏。

2. 突破口：贸易摩擦打破过往商业逻辑，政策支持孕育加速追赶机会，新硬件架构带来新机遇

前文中，我们阐述了受供应链限制、系统生态壁垒等因素影响，算力硬件领域存在强者恒强的固有商业逻辑，导致中美产品的差距曾不断拉大。但是，当下贸易摩擦大环境、政策端对半导体及 AI 产业的支持、芯片技术路线差异化发展等也为国产算力硬件加速追赶带来了突破口。

贸易摩擦打破了算力硬件产业过往强者恒强的商业逻辑，政策端鼓励的国产化产品采购给国产算力硬件技术指标、系统生态快速进步提供了条件。国产算力芯片及算力硬件系统虽曾在宽松的资本市场环境支持下得以快速发展，但由于过往强者恒强的固有商业逻辑，国产产品很难获得被市场检验的机会，在新品定位上可能与实际需求存在偏差，系统生态也十分薄弱。但恰恰是受到了贸易摩擦大环境的影响，当下 AI 算力芯片国产化迫切，有实际采购需求的政府、运营商等客户可为算力硬件供应商提供难得的商用机会和及时的产品反馈，这对于芯片、

算力硬件系统研发的迭代具有正向作用,能够快速帮助国产产品从"能用"走向"好用"。固有商业逻辑的打破,为国产算力硬件实现加速追赶提供了可能性。

领域专用体系结构、创新型计算架构同样带来加速追赶机会。当下算力市场存在降本的迫切需求,算力普惠能加速推动硬件投资与大模型应用落地形成闭环。在硬件降本上,除了通过芯片制程迭代增加晶体管密度外,采用领域专用体系结构设计芯片也是一个可行思路。特别是在当下 Transformer 成为主流模型架构后,更多的优化措施是对注意力机制层(attention layer)的堆叠、对注意力机制头(attention head)的调整,这些并不会引起硬件端先前的最优架构设计失效。且从推理端来看,定制化架构有望带来成本的大幅降低,符合当下的市场需求(见图 2.7)。

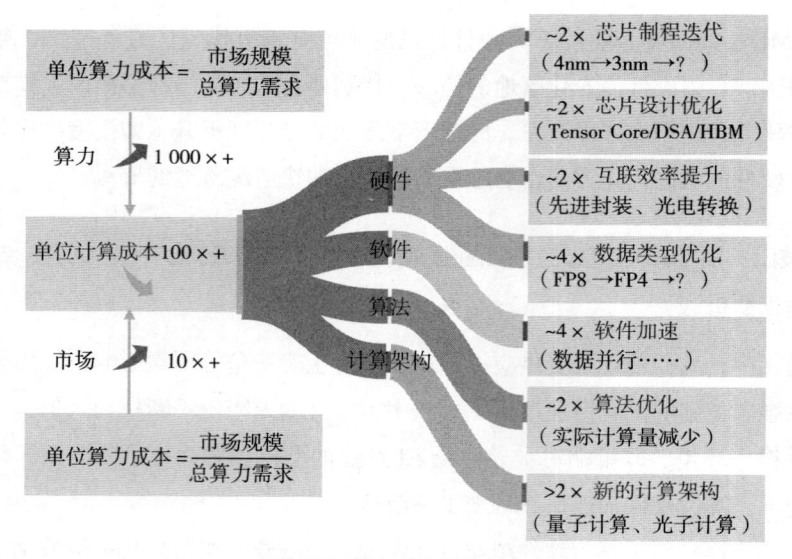

图 2.7 算力成本下降来源

资料来源:英伟达官网,中金公司研究部。

对于未来 AI 算力发展,无论"规模定律"的极限短时间内是否会被发现,Transformer 的技术路径是否会被颠覆,大模型整体计算量的需求增长持续性都是确定的。面对当前摩尔定律、冯·诺依曼架构芯片对算力市场需求增长的支持日渐乏力的痛点,研发近存计算、量子计算、光子计算等类别的创新型计算架构芯片是行业未来的可能发展方向。鉴于当下创新型计算架构并不存在成熟的解决方案，我国算力硬件企业通过"换道"实现对美国加速追赶可能性增加，但这也对我国相关人才的创新能力提出了更高要求。

（二）模型层：底层模拟人脑机制，商业价值具备规模效应

1. 模型层的"物理属性"是什么？

模型层"物理属性"是以主流连接主义为背景，底层不断模拟人脑神经元的工作机制。深度学习神经网络是基于多层感知机理论发展起来的，引入了多个隐藏层并不断优化算法来实现学习效果的提升。1986年，BP算法被提出，[1]具有很强的函数复现能力；1998年，LeNet-5模型出现，[2]是第一个正式的卷积神经网络；2006年，深度信念网络模型问世，[3]拉开了深度学习网络兴起的序幕；2012年，深度神经网络走向商用，发展迎来高峰。

实现通用智能需要"量变到质变"，大模型参数量已达到万亿级，但这与人脑突触的数量级还存在较大差距。低级的动物智能进化到人的智能的过程中，并没有明显的分界线，所以此过程本质上是量变到质变的过程。有研究发现，线虫是最简单的有神经系统的生物之一，身体共约1 000个细胞，其中302个为脑细胞，[4]全部神经元之间约有7 000个连接。[5]人脑中约有10的11次方个神经元、10的15次方个突触。与生物智能类似，人工智能也正在通过积累量变持续提升，最终有望实现质变。人工智能模型的算力提升主要通过提升深度学习中层体的深度和每层神经元的连接稠密度，实现神经元总数量和单个神经元连接数量的

---

[1] Rumelhart D E, Hinton G E, Williams R J. "Learning Representations by Back-Propagating Errors." *Nature*, 1986, 323(6088).

[2] Le Cun Y, et al. "Gradient-Based Learning Applied to Document Recognition." 1998.

[3] Hinton G E, Osindero S, Teh Y W. "A Fast Learning Algorithm for Deep Belief Nets." *Neural Computation*, 2006, 18(7).

[4] White J G, et al. "The Structure of the Nervous System of the Nematode Caenorhabditis Elegans." 1986.

[5] Cook S J, et al. "Whole-Animal Connectomes of Both Caenorhabditis Elegans Sexes." 2019.

提升。

  模型层实现量变的前提是重前置投入，进而带来落地的低边际成本。对于通用智能大模型而言，重前置投入方能带来低边际成本。大模型底层模拟人脑通用智能，其蒸馏出的小模型体现出更强的泛化能力，且边际成本大大降低，从通用大模型到小模型蒸馏落地的路径已经成为产业界主流方向。在训练大模型背景下，资本壁垒、技术壁垒极高，该领域竞争体现为 AI 巨头之间的博弈。资本壁垒主要体现在算力集群使用成本，据斯坦福 HAI 研究所测算，GPT-4 和 Gemini Ultra 大模型的训练成本分别高达 7 800 万和 1.91 亿美元[①]。据投资机构 Translink Capital 测算，截至 2023 年底，全球范围内大模型厂商累计融资额超 140 亿美元。技术壁垒包括显存问题、芯片间通信问题、万卡集群的工程难度、计算资源利用率的挑战等，均考验综合能力。

  预训练大模型前置投入高，在大模型产业链成本中占比最大。微软 Build 2023 开发者大会提到，模型预训练需基于千卡—万卡算力集群并耗时数月完成，[②] 时间占总训练过程的 99% 以上，[③] 其算力与时间成本为后续部署落地的数十倍。英伟达 GTC 2024 大会提到，参数量达 1.8 万亿个的 GPT-MoE 模型需要用 8 000 颗 H100 训练 90 天。[④] 考虑到预训练的高前置投入，模型层厂商与应用层厂商形成了明确分工。

  大模型落地边际成本持续下探，部分领域已打破劳动力市场均衡，有望实现规模化推广。根据 ARK（方舟资本）发布的人工智能专题报告《大创意 2024》，以 2023 年 3 月 14 日发布的 GPT-4-32k 大模型为基准，2023 年 11 月 6 日发布的 GPT-4 Turbo 大模型实现推理成本下降 92%、上下文窗口长度提升 4 倍、处理速度提升 4 倍。由此可见，推理成本不断降低，模型性能边界持续扩容。在推理成本下探趋势下，AIGC（生成式人工智能）赋能文案撰写等领域，已实现成本骤降，打破了原有劳动力市场均衡。据 ARK 统计，每千字文案撰写的人工成本超

---

① Perrault R, et al. "Artificial Intelligence Index Report 2024." 2024.

② 参见 https://karpathy.ai/stateofgpt.pdf。

③ 参见 https://iliyaml.github.io/about/。

④ 参见 https://www.nvidia.com/en-us/on-demand/session/computex24-keynote/?playlistId=playList-5d17c33f-65f5-4fb1-9fed-bc5b7f4dec44。

100美元，GPT-4-32k 能以中等 GRE（研究生入学考试）辨析写作水平将成本下压至 0.16 美元，人工智能大模型 Claude 2 将成本下压至 0.04 美元，性能进一步提升，当大模型突破以 GPT-4 为代表的技术临界点，落地边际成本有望趋近于互联网时代的零分发成本。

2. 如何理解大模型时代的规模定律？

大语言模型遵循规模定律，即大语言模型性能随着模型规模的指数级扩大呈线性改善，当提升模型参数量、数据量或计算量时，模型表现会更优。根据 Kaplan scaling law（卡普兰等基于规律定律提出的理论）[①]，控制模型参数量、数据量、计算量三者其二恒定时，模型性能与剩余因素均呈现幂律关系。为了达到最佳性能，模型参数量、数据量和计算量必须协同扩大。此外，Kaplan scaling law 指出，参数量大的模型较小模型更具样本效率，能够在更少的数据和优化步骤条件下达到相同性能水平；算力固定时，增加模型参数量对模型性能提升的贡献将大于单纯增加数据量或改进数据输入方式。

Hoffmann scaling law（霍夫曼等基于规模定律提出的理论）[②]与 Kaplan scaling law 类似，但认为在给定算力限制的情况下，模型参数量与数据量应被赋予相同权重。DeepMind 在使用不同规模的数据（从 5B 到 500B tokens）训练超过 400 个不同大小的模型（参数量从 70M 到超过 16B）后发现，模型参数量和训练数据规模需要等比例增大，模型才能达到最优训练效果，而 Kaplan scaling law 则倾向于给模型参数量分配更大权重。

目前业界和学界对规模定律是否存在极限有分歧，反方主要针对现阶段大模型的理解世界能力[③]和未来发展的可能性边界提出疑问，正方则认为目前规模定律尚未达到极限，并就上述质疑进行反驳。

反方观点认为，随着模型规模指数级增长，模型或面临诸多关键技术原理及性能边界上的挑战。（1）高质量数据或被耗尽：根据巴勃罗·比利亚洛沃斯

---

① Kaplan J, McCandlish S, Henighan T, et al. "Scaling Laws for Neural Language Models." 2022.
② Hoffmann J, et al. "Training Compute-Optimal Large Language Models." 2022.
③ 后文中提到的"理解""感觉""人类心智"等术语在学术上无统一的定义，相对抽象，这或是导致学者观点出现分歧的原因之一。

等人的研究，高质量语言数据、低质量语言数据和图像数据或将分别在 2026 年、2030—2050 年和 2030—2060 年耗尽，若未来数据效率没有大幅提高或没有新的数据来源，规模定律或将不再具有可适用空间。①（2）参数效率低下：根据 Hoffmann scaling law，参数量应与训练数据规模等比例增大，但是目前部分大模型的训练数据规模相对较小，无法与其庞大的参数量相适配，导致模型中存在冗余参数，影响模型泛化能力和总体表现。②（3）梯度不稳定：随着模型规模和序列长度的增加，训练损失和梯度方差的波动更大，导致模型训练时的稳定性下降，难以收敛。③（4）长期任务困境：目前基准测试主要分为两类，一类是评估模型的记忆、召回、插值能力，例如 MMLU、BIG-bench 和 HumanEval，另一类是长期任务执行或处理复杂概念，例如 SWE-bench 和 ARC。大模型在第一类中展现出和人类相当的水平，而在第二类中表现并不出色。以 SWE-bench 测试为例，大模型需自主处理拉取请求（pull request）任务，GPT-4 和 Claude 2 分别只能完成 1.7% 和 4.8%，这表明它们处理长时间跨度的复杂信息的能力仍有较大提升空间。④（5）无法真正理解世界：深度学习先驱杨立昆（Yann LeCun）等认为，对真实物理世界的理解和推理需要依赖"世界模型"，⑤目前主流大模型主要基于自回归路径，不同于人类的思维方式（能够融会贯通、举一反三），无法真正理解世界，因而它不是通往 AGI 的有效途径；仅依靠模型规模的增加并不能解决所有问题，特别是在模型达到一定规模后，性能提升可能会遇到瓶颈，因此算法创新和架构改进具有重要意义。斯坦福大学教授李飞飞指出，通用智能的基本特征之一是感觉（sentience），即具有主观体验（例如感到饥饿和看到红色），而大

---

① Villalobos P, Sevilla J, Heim L, et al. "Will We Run out of Data? An Analysis of the Limits of Scaling Datasets in Machine Learning." 2022.
② Liang C, et al. "No Parameters Left Behind: Sensitivity Guided Adaptive Learning Rate for Training Large Transformer Models." 2022.
③ Li C, et al. "The Stability-Efficiency Dilemma: Investigating Sequence Length Warmup for Training GPT Models." 2021.
④ Jimenez C E, et al. "SWE-bench: Can Language Models Resolve Real-World GitHub Issues?" 2023.
⑤ Dawid A, LeCun Y. "Introduction to Latent Variable Energy-Based Models: A Path Towards Autonomous Machine Intelligence." 2023.

模型是数学模型，没有生理状态，不具备感觉能力。[1]（6）规模定律是经验性定律，而非自然定律：其并非类似重力的自然定律，而是类似摩尔定律的由人类通过观察得出的经验性规律，其正确性有待进一步确认，而摩尔定律所提出的芯片上集成的元件数量增速自10年前已开始放缓，规模定律未来或面临大模型边际效益递减，并体现在真实性、推理能力和常识水平等指标上。[2]

正方观点认为，规模定律是大模型的第一性原理，且尚未达到极限。（1）合成数据有望缓解人们对高质量数据即将被用尽的担忧：合成数据可以减少模型对真实世界数据的依赖，提高数据质量，可用于构建虚拟环境、增强交互体验，拓宽应用边界。[3]（2）硬件能力提升、模型架构和训练方式更新有望进一步提升规模定律的潜力：硬件层面，芯片设计优化、芯片制程迭代、互联效率提高等硬件能力提升，更高效的计算资源利用，量子计算等计算架构创新，会继续支持大模型的能力升级；软件层面，采用MoE（混合专家）架构，[4]结合剪枝、量化和蒸馏等技术，[5]可以简化模型架构，提升模型性能和效率。（3）大模型或具有人类心智：《自然》（Nature）子刊近期研究指出，GPT-4在心智理论等多方面或超过人类，其中，GPT-4在反讽、暗示、奇怪故事等项目中表现明显优于人类，在错误信念项目中与人类持平，仅在失言项目中弱于人类，这或许是因为其相对谨慎，不轻易给出确定性意见。[6]

国内外有技术背景的部分人工智能创业者对规模定律的通用潜力存在信仰。（1）月之暗面（Moonshot AI）创始人杨植麟[7]指出，因为模型架构足够通用且可规模化，因此规模定律是第一性原理，AI领域唯一有效的是下一个词元预测＋规模定律，只要词元足够完整，理论上一切模型能力都是可期的，并且应同

---

[1] Li F, Etchemendy J. "No, Today's AI Isn't Sentient. Here's How We Know." *Time,* 2024.
[2] Thoppilan R, et al. "LaMDA: Language Models for Dialog Applications." 2022.
[3] Guo X, Chen Y. "Generative AI for Synthetic Data Generation: Methods, Challenges and the Future." 2024.
[4] Eliseev A, Mazur D. "Fast Inference of Mixture-of-Experts Language Models with Offloading." 2023.
[5] Polino A, et al. "Model Compression via Distillation and Quantization." 2018.
[6] Strachan J W A, Albergo D, Borghini G, et al. "Testing Theory of Mind in Large Language Models and Humans." 2024.
[7] 参见 https://wallstreetcn.com/articles/3709410。

步推进用户扩展和模型扩展。（2）北京智源人工智能研究院创始理事长张宏江[①]指出，目前 AI 技术发展水平较 Transformer 的极限还有较大距离，当前问题可能是数据量不足，因此重心应放在尽可能扩大数据规模上。（3）零一万物副总裁黄文灏[②]更是直言"规模定律是所有你需要的"，大模型的训练动态完全可以被建模，其训练表现也完全可被预测，例如在 100M 以下规模的模型上做的实验拟合公式，可以准确预测数十亿甚至百亿参数量模型训练过程中每一步的验证损失。（4）美国 AI 公司 Anthropic 创始人兼 CEO（首席执行官）达里奥·阿莫迪（Dario Amodei）[③]认为未来规模定律大概率不会失效，即使未来大模型能力迭代速度有所放缓，这也更应该归因于计算架构等其他因素。

3. 模型层的"先发优势"是否一定成立？

在规模定律极限探讨的基础上，有关先发优势与后发优势的观点之争同样存在（见表 2.1）。在规模定律存在极限（反方观点）的假设下，当前大模型技术路线仅处于中间态，模型维度先发优势不显著，但商业视角的先发优势仍部分成立。从技术视角看，Transformer 相较于 RNN 架构、GPT 大模型相较于 BERT 大模型均为后发者，未来模型架构或迎来颠覆式创新，后发者通常承担较少的技术负债，并且迁移成本较低；基于模型架构或被颠覆的假设，后发厂商还有望节约试错成本，并通过开源模型积累工程经验，即使数据的合成能力与真实数据基础、模型成熟度有关，其在合成数据方面也具备一定追赶机遇。从商业视角看，一方面，算力成本有望随芯片技术优化而逐渐降低；另一方面，先发厂商建立的品牌优势很可能被后发厂商更完善、更贴合特定需求的产品，或针对客户的"多供应商策略"（基于供应链风险和成本考量）所抵消。因此，算力成本和品牌效应两方面均利好后发厂商；而资本和人才天然具有聚集效应，先发厂商有望率先聚拢上述资源，后来者存在无法高效实现资源汇集的风险。

在大规模定律不存在极限的假设下，工程化能力与资本正向赋能不断迭代，

[①] 参见 https://new.qq.com/rain/a/20240306A04WQJ00。

[②] 参见 https://www.zhihu.com/question/629230332/answer/3278779348。

[③] 参见 https://www.dwarkeshpatel.com/p/dario-amodei。

模型侧和商业侧的规模效应明显，先发优势显著。从技术视角看，若当前技术路线明确，先发厂商有望在持续率先完成模型迭代的同时，积累海量高质量数据和丰富的数据清洗、数据标注、模型调优等方面的工程经验，全方位持续扩大领先优势；而后发厂商或只在试错成本方面具有相对有限的后发优势。从商业视角看，在大模型商业化落地初期，先发厂商有望率先占领用户心智，推进用户扩展，由于资本、人才和品牌效应对相关厂商发展的促进作用相辅相成，更多的资本、人才积累和更快的商业化落地进程或为先发厂商带来明显的领先优势；而算力成本随着芯片优化、模型创新始终具备下降空间，后发者具备成本优势。

4. 预训练大模型的成本、性能探讨以及风险规避

预训练大模型的算力需求与参数量及训练数据量正相关。对于 Transformer 大模型，其模型训练的算力需求公式为：$C \approx 6ND$（N 为模型参数量，D 为训练数据量）。基于上面的公式，我们可以对 GPT-3、GPT-4 这类的大语言模型所需算力进行测算，若以 7 天作为单次训练时长，得出 GPT-3 这样的千亿级参数模型训练需要的 DGX A100（一款 AI 超级计算机）/H100 数量大概为 500 台/80 颗；GPT-4 这样的万亿级参数模型用 30 天进行训练，所需要的 DGX A100/H100 数量大概为 4 400 台/700 颗。

算力成本占大模型训练开支主要部分，GPT-4 单次训练成本可达千万美元级别。按照目前 DGX A100/H100 的价格，训练者如果对于训练所需要的算力都采用购置的方式，则训练 GPT-3 需要的资本开支为 3 000 万~8 000 万美元（7 天训练一次），训练 GPT-4 需要的资本开支为 3 亿~10 亿美元（30 天训练一次）。如果采用云上算力租赁的形式，按照目前 DGX A100/H100 的云上租赁价格，我们测算出 GPT-3 单次训练的成本为 40 万~120 万美元；而 GPT-4 单次训练的成本为 1 500 万~5 000 万美元。而一般语言领域的模型训练 1~3 次 epoch（全数据集）即收敛，因此采用租赁而非购置的方式一般会更为经济，但若采用购置方式，算力也可以为后续推理做准备。除了算力成本之外，研发人员薪酬成本、电费成本以及其他成本相对占比较小，并不构成主要的成本项（见图 2.8）。

表 2.1 有关先发优势和后发优势的观点之争（在规模定律极限探讨的基础上）

反方：规模定律存在极限，当前技术路线仅处于中间态，模型维度不存在显著的先发优势，但商业视角的先发优势仍部分存在

	技术视角					商业视角			
	模型架构	试错成本	工程经验	数据基础	合成数据	资本	人才密度	算力成本	品牌效应
先发优势						√	√	√	√
后发优势	√	√	√	√	√			√	√
说明	AI技术路线颠覆式创新常存，后发者通常较少的技术包袱，并且迁移成本较低	在现有模型架构被颠覆时，后发者及时更换技术路径的试错成本也更低	模型开源成主流趋势，后发者可以基于先发者的开源模型的学习发展，并积累工程经验	新模型架构往往会对数据基础提出更高的要求，先发者在数据上沉淀的时间和精力更多，仍具备先发优势	数据的合成能力与真实数据基础相关，模型成熟度高度相关，因此先发者和后发者执具优势无法确判断，但是后发者具备一定追赶机遇	在颠覆式技术的商业化早期阶段，资本往往会具备先发者靠拢	先发者凭借资本和声誉优势能够吸引大量优秀人才，从而获得持续的人才供给以及更高的人才密度	算力成本随着芯片优化、模型创新终将备下降空间，后发者享有成本优势	虽然先发者的产品更可能占领用户心智，形成口碑效应，但是现有路线存在极限时，后发者仍可通过完善产品或切入特定需求，创造品牌效应，亦可定位"多供应商策略"

AI 经济学

续表

正方：规模定律无极限，模型侧和商业侧的规模效应明显，先发优势显著

	技术视角					商业视角			
	模型架构	试错成本	工程经验	数据基础	合成数据	资本	人才密度	算力成本	品牌效应
先发优势	√		√	√	√	√	√		√
后发优势		√						√	
说明	在技术路线明确的背景下，模型架构具备高度确定性，模型迭代优化的正向循环带来先发优势	后发者有望基于先发者的经验教训，避免重蹈覆辙，从而降低试错成本	先发者具备数据清洗、模型调优等工程技术诀窍，这些往往闭源且需要实验现无法学习现有经验	数据基础与非识性数据、模型迭代数据相关，先发者往往积累了更丰富的识性数据和迭代数据，先发优势明显	数据的合成能力与真实数据基础、模型成熟度高度相关，因此当模型路线确定时，先发者在合成数据上具备显著的效率和成本优势	在颠覆式技术的商业化早期阶段，资本往往向先具备商业化率的先发者靠拢	先发者凭借资本和声誉优势能够吸引大量优秀人才，从而获得持续的人才供给以及更高的人才密度	算力成本随着芯片优化、降低，模型创新终具备创新空间，后发者享有成本优势	先发者的产品更大概率占领用户心智，形成口碑效应，而目在技术路线高度确定时，先发者的品牌效应很难被后发者打破

资料来源：中金公司研究部。

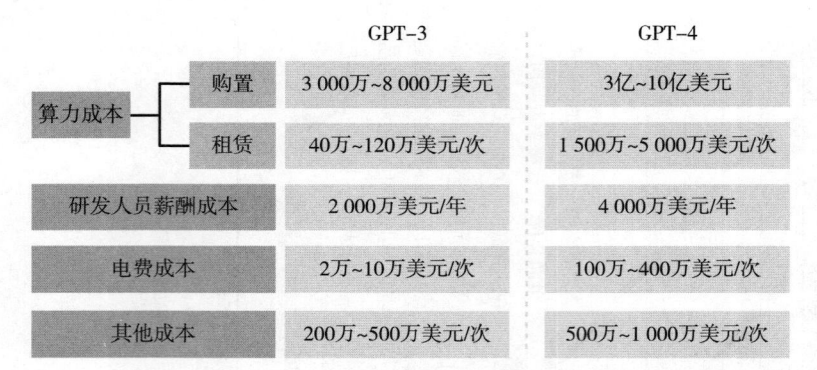

		GPT-3	GPT-4
算力成本	购置	3 000万~8 000万美元	3亿~10亿美元
	租赁	40万~120万美元/次	1 500万~5 000万美元/次
研发人员薪酬成本		2 000万美元/年	4 000万美元/年
电费成本		2万~10万美元/次	100万~400万美元/次
其他成本		200万~500万美元/次	500万~1 000万美元/次

图 2.8　GPT-3、GPT-4 级别大模型预训练的成本度量

资料来源：OpenAI 官网，英伟达官网，中金公司研究部。

　　微调大模型具备成本优势，业界对于套壳微调的性能优势存在分歧。在人工智能领域，套壳模型（wrapped model）作为一种成本较低、效益较高的模型，通过在已有的基础模型上进行微调，期望达到与闭源模型相近的性能。有研究[1]指出，OpenLlama 作为一个开源的套壳模型，其性能与基础模型 Llama 相近，这表明在同等参数量下，套壳模型能够实现与基础模型相似的性能。此外，Alpaca 模型，由斯坦福大学团队基于 Llama 7B 模型进行微调[2]，其训练成本显著低于闭源模型 GPT-3.5。Alpaca 在 8 个 80GB A100 上训练 3 小时，训练成本不足 600 美元，而 GPT-3.5 的训练成本则明显更高。在人工评估中，Alpaca 和 GPT-3.5 的获胜次数分别为 90 和 89，这显示出性能上的相似性，进一步证实了套壳模型在成本上的优势。

　　然而，业界对于套壳模型的性能优势存在不同的声音。阿纳夫·古迪班德等人的研究[3]表明，尽管套壳模型能够模仿 ChatGPT 的风格，但在事实理解和推理能力上存在不足。特别是在进行大量模仿数据的训练时，套壳模型与闭源模型之间的性能差距并未缩小，反而有所扩大。在谷歌 QA（问答）基准数据 Natural Questions（自然问题）的考核中，当数据量达到 150M tokens 时，套壳模型的准

---

[1] Geng X, Liu H. "Openllama: An Open Reproduction of Llama." 2023.
[2] Taori R, et al. "Alpaca: A Strong, Replicable Instruction-Following Model." 2023.
[3] Gudibande A, et al. "The False Promise of Imitating Proprietary LLMs." 2023.

确率不及 ChatGPT 的 50%，这表明套壳模型在未训练过的任务上的泛化能力有限。因此，有研究认为，构建更加强大的基础模型是提升性能的关键，基础模型简单地依赖套壳或模仿难以达到优秀的泛化性能。

基于主权 AI 理念，依赖开源模型存在诸多风险，中国自研大模型具备必要性。在全球化的人工智能领域，开源模型因其成本效益和易于获取的特点而广受欢迎。然而，随着地缘政治问题的凸显、交易成本的增加，传统的分工带来的效率增进正在被逐渐侵蚀。从产业链安全的角度来看，发展具有主权的人工智能技术变得尤为迫切。科技创新的激励机制往往是"赢家通吃"，但地缘政治的变化使得这种模式不再适用，从而为发展主权 AI 提供了战略机遇和经济激励。

开源社区的政治立场也可能对技术发展产生影响。例如，在 2022 年俄乌冲突爆发后，包括 GitHub 在内的多个开源社区宣布了政治立场，限制了俄罗斯对它们的使用，这一事件凸显了依赖外国开源社区的风险。此外，开源项目的可持续性依赖于项目维护者的持续投入，但维护者的变更、政策的变动或恶意操纵都可能使项目变得不再安全。除了供应链风险，依赖开源模型还可能带来合规风险和效益风险。合规风险主要体现在训练数据源的处理上，不当处理可能导致模型偏差，影响模型性能和公信力。效益风险则涉及远期维护成本和模型的可拓展性，闭源模型能够更有效地根据具体需求进行调整，而开源模型可能要借助额外的开发工作才能满足特定要求。

因此，中国自研大模型的开发不仅是技术自主和产业升级的体现，也是保障国家 AI 领域安全和推动科技经济持续稳健发展的关键。通过自主研发，中国可以更好地控制数据流向，保护用户隐私，同时确保技术发展不受外部限制。此外，自研大模型能够更好地适应中文语境和中国文化特性，提供更符合国内用户需求的智能服务。通过加强研发投入，鼓励创新合作，并结合国内外的优秀研究成果，中国有望在人工智能领域实现更多突破，为全球科技进步贡献中国智慧。

（三）应用层：经济属性带来先发优势，供需有望催化后发追赶

1. 应用软件赛道，天生具有"先发优势"特征

应用软件具备前置成本较高而边际成本趋近于零的经济属性。克里斯坦森等

人的研究指出，软件作为数字经济的典型代表，有明显的边际成本趋于零和非竞争性等属性，其变动成本低，而开发、测试等前期环节投入较高。[1] 科尔洛克的研究也指出，软件产品是信息，而不是对于企业生产有明确规模效应的物理产品。[2] 对于软件企业而言，由于代码复制的成本极低，因此通常服务一个新用户的边际成本是很低的。

掌握"标准"甚至定义"标准"有助于应用软件抢夺全球市场的关键位置（见表2.2）。软件行业的事实标准是由企业发起并被市场广泛接受的规范，比如数据库行业的 SQL 标准、办公软件领域的 .docx/.pdf 标准等。由于标准具备网络外部性和公共产品属性，企业可以通过掌握"事实标准"而在竞争中占据优势地位，例如作为全球第一个将 SQL 规则商业化为数据库产品的厂家 Oracle（甲骨文），助推 SQL 规则在1986年成为美国国家标准协会的行业标准，并借由 SQL 规则的推广使得其数据库在全球占据优势。

"标准"的力量赋予应用软件明显的"先发优势"特征，其容易形成"赢家通吃"的市场格局。首先，在应用软件行业发展的过程中，往往先发者能够抢占"标准"制定的话语权，进而在后续的市场竞争中占据优势位置；其次，应用软件具备网络效应，先发优势能帮助产品放大吸引力，巩固用户优势，形成正反馈循环，龙头公司确立行业的事实标准后，其他企业大多主动与其标准进行兼容适配，应用厂家可利用标准的网络外部性巩固其优势地位；最后，数据积累促进应用持续优化，高迁移成本、规模效应等同样促成应用软件形成"先发优势"。

2. AI 应用尚处商业化早期阶段，落地端具备加速发展潜力

场景是应用实现商业化落地的关键，AI 应用产业仍处于场景发掘阶段。从目前全球 AI 产业发展的现状来看，应用层的发展相较于模型层和硬件层都是相对滞后的，在 ChatGPT 涌现的一年多之后，全球范围的 AI 应用也再未出现别的同级别的"爆款"。无论是面向 C（顾客）端的工具类应用，还是面向 B（企业）

---

[1] Christensen L R, Ghose A, Mathur D. "The Economic Impact of Open Source Software on Competition, Innovation and Development in India." 2020.

[2] Kollock P. "The Economies of Online Cooperation: Gifts and Public Goods in Cyberspace." 1999.

端的服务类应用，现阶段的 AI 应用在与真实使用场景和需求的贴合性、刚需性、实用性上都仍有明显的提升空间，大部分的 AI 应用商业化都仍处于较为早期的场景探索和需求发掘阶段。

对于处在商业化早期阶段的 AI 应用产业，先发者的相对优势或许并不那么可靠。虽然如前文所述，"标准"能够为应用软件行业赋予明显的先发优势，但对于仍处在发展早期阶段的 AI 应用产业而言，未来真正意义上的 AI 应用商业模式和场景范式尚未有定论，AI 应用的"标准"尚未建立，因此先发者在现阶段建立的经验优势在未来也未必能够持续发挥作用。例如在 AI 和办公文档软件结合的领域，Notion AI 是第一款上市的产品，其虽然在早期迅速积累了一批由 AI 功能吸引而来的新用户，但在后续数月就由于功能和场景单一迅速流失了这部分用户。

表 2.2 AI 应用层的先发优势与后发优势

	产品视角				商业视角		
	标准	网络效应	用户积累	产品功能	商业模式	场景挖掘	试错成本
先发优势	√	√	√	√			
后发优势					√	√	√
说明	先发者通常能够抢占制定"标准"的话语权，实现竞争中的关键位置	应用软件具备网络效应，先发优势能够帮助产品放大吸引力	先发者能积累第一批原型用户，促进产品迭代	先发者积累的用户数据能够促进应用持续优化	后发者能够在已有的商业模式中做出选择并实现商业模式优化	后发者可以直接进入商业化前景更为乐观的应用场景并集中精力打磨	后发者在前期探索和试错上的投入能显著降低

资料来源：中金公司研究部。

后发者可更多聚焦应用场景落地和商业模式优化，加速跑通 AI 应用商业闭环。对于 AI 应用产业的先发者，其前期需要投入一定的精力和成本，以进行产品形态的搭建、应用场景的探索、商用模式的构想，而后再正式进入商业化落地阶段；而对于后发者而言，其在前期探索和试错上的投入能够显著降低，其可以更多地聚焦于真实应用场景的探索落地以及商用模式的优化跑通，在产品技术架构的基本功能上学习先发者，而在用户体验和商业逻辑方面力求超越先发者。

第二章　中国 AI 发展的挑战与应对

3. 中国 AI 应用产业发展面临的机遇和挑战

从需求端来看，中国市场的个人和企业用户对于 AI 应用具有旺盛的需求。自 2023 年 ChatGPT 火爆以来，海内外应用厂商积极拥抱 AI 浪潮，AI 应用持续加速繁荣。无论是通用场景还是垂类行业，C 端还是 B 端，都看到了 AI 应用的"百花齐放"，国内市场对 AI 应用的需求也持续爆发。在 B 端，激烈的竞争环境推动国内企业积极拥抱智能化，我国早已成为全球最大的工业机器人等先进智能生产工具的装配市场，全球市场占有率遥遥领先。① 在 C 端，根据中国移动互联网商业智能服务平台 QuestMobile 的数据，2024 年 1 月国内排名前十的 AI 应用 App 聚合活跃用户规模达到 5 376 万，同比增长 37 倍。② 展望未来，伴随 AI 应用功能持续完善和成熟，我们认为，下游需求也有望持续快速释放，反哺国内 AI 应用，以实现应用落地加速。

从供给端来看，中国在移动互联网时代积累的应用产品经验，能够在 AI 应用时代继续释放红利。在过去 10 多年的移动互联网阶段，中国的互联网巨头们凭借对本土市场用户需求的深刻理解实现了"弯道超车"，做出了众多"爆款"移动端 App，如社交领域的微信、电商领域的淘宝、零售领域的美团、短视频领域的抖音等，即使在海外市场，一些应用（如 TikTok）也能够凭借优异的用户体验成为流行应用。在工业生产领域，下游细分行业众多，各行业又有不同的工序，在生产过程中有不同的技术诀窍及其对应的一线数据。这导致工业领域的 AI 需求碎片化（场景多，单一产线开发成本高）、数据封闭（没有产业就没有数据），而中国庞大的工业体系不仅意味着 AI 落地的场景更加多元，更具规模优势，也意味着用于发展工业 AI 模型数据规模更大，技术迭代能力更强，国内相关供应商早已在生产流程的各环节生根、壮大。而在未来的人工智能时代，国内外底层大模型的技术和性能差距有望持续收敛，用户体验优劣或仍将是决定应用成功与否的关键，国内 AI 应用厂商也有望复刻过去移动互联网及工业互联网成功的经验，在海内外市场建立稳固的竞争力。

---

① 参见 https://ifr.org/ifr-press-releases/news/china-overtakes-usa-in-robot-density。
② 参见 https://www.questmobile.com.cn/research/report/1767395734913650890。

在AI应用领域，优秀的中国应用厂商也有机会在国内外市场突破重围。以国内市场为例，办公软件龙头金山办公凭借对本土用户需求的深刻理解推动办公软件WPS Office持续迭代并积累了广大活跃用户，其AI功能WPS AI推出之后，2024年3月底又正式开始灰度测试，进入商业化阶段。在功能上，其相比竞品微软Copilot更为简单易用，支持内容生成、数据分析、文意理解等实用功能；在多端支持上，WPS AI能够支持PC端和移动端，最大限度发挥WPS Office软件在移动端的优势；在商业落地上，WPS AI采用自下而上的商业策略，推广初期以积累客户为主要目的，而在积累AI相关活跃用户后再循序渐进，实现更高效的商业化变现，有望在第一波商业化渗透速度上超过微软。在海外市场上，通过提供卓越的用户体验，一些应用已经成功实现了快速的市场突破，如国内大模型厂商MiniMax的AI陪聊产品Talkie凭借更贴合角色的对话效果实现优于竞品的用户体验，海外活跃用户数已快速接近Character AI（一款AI聊天软件）并有望实现逐步赶超。在工业应用领域，包括海康、大华等在内的优秀供应商早已具备全球竞争力。

在AI终端领域，凭借领先的制造能力与品牌影响力，中国厂商有望引领AI时代。进入2024年，人工智能发展逐渐下沉到端侧，我们观察到AI个人计算机、AI手机发展加速：模型侧，从"暴力美学"大模型，发展到"删繁就简"轻量模型，轻量化移动模型发展迅速。Gemini Nano、Gemma、Meta Llama 2、Mixtral 8x-7B等大模型引领移动模型轻量化发展趋势。AI带来的差异化体验在激烈的竞争环境下推动了下游落地的进程，中国企业具有领先的制造能力与品牌影响力，有望引领新一轮消费电子产业创新。根据IDC及国家统计局数据，中国2023年手机产量占全球比重超过75%，连续多年年产智能手机超过10亿台。[①]国产手机品牌市占率从2004年的0.02%提升至2023年的超过45%，国产PC品牌市占率也从2004年的9.53%提升至2023年的超过35%。[②]当前在消费级无人机、家用扫地机器人、智能音箱、智能门锁等新兴消费电子领域，中国品牌已在全球

---

① 参见https://www.miit.gov.cn/gxsj/tjfx/dzxx/art/2024/art_973024044030402ab5e742405126bc9e.html。
② 参见https://www.idc.com/getdoc.jsp?containerId=prCHC51776924；参见https://www.idc.com/getdoc.jsp?containerId=prUS51604623。

遥遥领先。在新兴的智能汽车赛道，中国也具备了引领全球的实力。中国的智能终端品牌已得到全球消费者认可。

中国本土 AI 应用产业发展目前也面临诸多挑战。一是在人才和创业者层面，实际上根据我们在前文的分析，中国的 AI 人才已经成为全球产业力量中的重要部分，尤其是在 AI 应用赛道，这当中有大量华人创业者，然而我们目前看到的是，他们中的一部分现阶段仍选择在海外发展，"回流"趋势目前并不明显。包括 Luma、Lepton AI、HeyGen 等在内的许多全球范围内知名的 AI 应用创业公司，都是由华人团队组建的，但其业务目前基本都位于海外。二是在应用场景层面，现阶段国内企业服务端 AI 应用发展相较海外相对滞后，在产品成熟度、商业化进程等层面，国内面向企业的 AI 应用厂商相对海外对标厂商基本处于跟随态势，并未像面向个人的应用厂商一样做出具有差异化的应用产品，同时在规模化商业落地层面的进度也落后于海外。

原生市场环境以及基础设施现状成为主要限制因素。从市场环境来看，国内目前面向 C 端和面向 B 端 AI 应用市场均存在一些问题：从前者来看，目前中国能够规模化推广的应用场景品类相较海外有限，因此对于需要开辟新场景、新需求的 AI 应用创业者而言，短期内海外市场可能更易于开拓；从后者来看，中国过去 SaaS（软件即服务）企业服务的渗透率本身较低（中国 SaaS 市场规模仅占全球 6%[①]，远低于中国 GDP 的占比），对于企业服务类应用的付费意愿相对弱于海外，因此在 AI 应用时代对于 B 端应用的重视也会相对滞后。而从基础设施来看，目前海外的算力基础设施储备相较于国内更为充分，获得同等算力资源的难度和成本相比于国内较低。具有更高性价比的算力基础设施能够更好地支持 AI 应用发展。

在终端市场，芯片依然是核心问题。当前，一般认为，AI 个人计算机、AI 手机分别需要达到 40TOPS（每秒万亿次操作）和 30TOPS 的算力门槛，相关龙头芯片厂商均加快了 SoC（单片系统）芯片及 NPU（神经网络处理器）芯片等边缘侧芯片的算力提升速度。PC 芯片方面，AMD、英特尔、高通推出的新一代芯片算力性能强于国产芯片。手机芯片方面，根据基准测试套件 AI Benchmark

---

[①] 参见 https://www.idc.com/getdoc.jsp?containerId=prCHC50937223。

评测，高通、联发科、苹果手机的 SoC 芯片算力跑分高于国内企业如展讯、海思等的芯片。受困于国内半导体产业当前遇到的诸多限制，目前国产芯片厂商技术仍明显落后，对外依赖程度依然较高。

在 AI 领域，应用、模型、硬件三层之间相互牵引滋养，共同进步发展。硬件层和模型层性能的提升促进应用层迭代和优化，而应用层的强大能够滋养硬件层和模型层，使其更好地发展，三者相互牵引滋养。例如，GPU 的高并行计算能力可以加速深度学习模型的训练过程，模型可以通过剪枝算法减少参数量，在提高推理速度的同时提高对硬件资源的利用效率。应用层用户反馈的需求也推动硬件层和模型层的发展。例如，在自动驾驶领域，高实时性能要求推动了 GPU 和 FPGA（现场可编程门阵列）等硬件的技术发展，同时也促进了深度学习模型在目标检测和路径规划等方面的优化。

第三章

元任务与AI的经济影响

人类的工作按不同生产环节，可以拆分为一系列匹配特定场景的任务。而这些看似繁复多样的任务，按功能又可以划分为若干具有通用性的任务元素，我们把这些任务元素称为元任务。人类的总工作时间，即完成各场景任务的时间，也就等同于完成各类元任务的时间。以大语言模型为代表，当前 AI 开始呈现通用化的特点，这为 AI 执行元任务奠定了基础，或将对经济产生重要影响。

那么，AI 又会使中国经济发生怎样的变化？机器自动化时代的任务分析框架可以为我们提供一些思路。在机器自动化时代，机器通过预编程方式完成旧任务，人类则通过创造和参与新的任务深化分工。任务替代机制给我们提供了一个观察机器如何参与生产并促进增长的视角。然而，这一机制在 AI 时代面临挑战。与机器自动化不同，当前 AI 不再完全依赖预编程，开始呈现出跨任务场景的通用化特征，根据新旧任务来判断 AI 与人类的分工已变得不合时宜。

为了反映 AI 的新发展趋势，基于任务替代模型，我们构建了元任务框架，并以此来分析 AI 对经济的影响。我们将人类的元任务划分为 16 类，并认为随着技术进步，AI 完成的元任务种类逐渐增多，成本持续下降。企业部门基于成本收益考量，决定何时将 AI 融合进生产活动以执行元任务。我们绘制了 AI 执行元任务在研发端和应用端的预期成本曲线，并统计了覆盖中国 92.5%GDP 行业的工资及元任务构成，这为我们估算 AI 产品的市场价值、行业冲击和经济影响提供了基础。

相较于基准情形，我们估计到 2035 年 AI 有望使我国 GDP 增加约 12.4 万亿元，相当于 9.8% 的额外增幅，对应每年年化增速额外提升约 0.8 个百分点。[①] 未来 10 年，AI 对采矿业、医疗卫生业、资源加工业、信息服务业、租赁和商务服务业等行业的生产率提升较大，对批发和零售业、住宿和餐饮业、轻工制造业等行业的生产率提升较小。受 AI 影响，未来 5 年左右我国就业人口可能向轻工制造业、住宿和餐饮业等行业转移，但在 10 年或更长期范围则可能向金融业、信息服务业、房地产业、租赁和商务服务业、医疗卫生业等行业转移。[②]

[①] 预测数据以 2024 年为基准年，其他机构如 Goldman Sachs（高盛）等也采用类似口径预测 AI 经济影响，以便于比较。参见：Goldman Sachs. "The Potentially Large Effects of Artificial Intelligence on Economic Growth." 2023。

[②] 本章作者：周子彭、熊督闻、周彭、蔡志刚、彭文生。

一、从自动化到通用化，AI 如何影响经济

今天，人类对 AI 的探索已经超过 80 个年头，这一过程并非坦途，甚至充满艰辛与争议。1961 年，现代人工智能先驱马文·明斯基提出，他对人工智能的未来非常乐观，并且认为人工智能在他有生之年将超越人类。[①] 然而，直到他去世（2016 年），他的判断也没有成真。但不可否认的是，过去几十年，人工智能取得了长足进步。最近的技术突破，更掀起了新一轮的人工智能热潮。这也促使人们重新关注人工智能对经济的影响。针对人工智能影响经济的讨论，大致可以归为两类：一类关注的是总量问题，即人工智能可以拉动多少经济增长；另一类关注的是经济结构问题，包括产业结构，以及劳动与资本的分配结构，等等。

就第一类问题，一个重要的讨论在于人工智能是否会带来爆炸性的经济增长。在这个问题上，存在正反两派的观点，虽然双方都能找到有利于自己的论据，但又难以完全证伪对方。在 20 世纪 60 年代[②]、20 世纪 90 年代[③] 以及 21

---

① Greenberger M. *Computers and the World of the Future.* MIT Press, 1962.
② Good I J. "Speculations Concerning the First Ultra Intelligent Machine." *Advances in Computers*, 1966(6).
③ Vinge V. "The Coming Technological Singularity: How to Survive in the Post-Human Era." *Science Fiction Criticism: An Anthology of Essential Writings*, 1993.

世纪初[1]，不断有学者提出人工智能的发展会带来爆炸性的经济增长。这些学者认为，人工智能的自我强化和自我学习会促使新知识数量不断增加。按照内生增长理论，由于知识具有正外部性，知识存量越多，新知识的生产也就越快，导致生产效率提升不断加快，从而带来爆炸性的经济增长。然而，也有学者质疑这一观点，认为知识不仅存在正外部性，也存在负外部性，创造新知识需要先学习旧知识，随着旧知识的增长，学习成本也在提高。[2] 他们将此称为"知识负担机制"，并认为知识存量的提升最终使得知识的生产效率下降。此外，还有学者认为，人工智能前期的高速发展状态可能难以持续，因为容易攻克的技术问题往往最先被解决，而对于剩下的未攻克技术问题，解决难度将越来越大，这将减缓后期人工智能的发展速度。[3]

针对第二类问题，更多的探讨是围绕互补或替代关系展开的。在产业结构方面，部分学者[4]认为，AI相关产业会大幅增加供给，甚至取代部分原有产业，导致AI相关产业产出占总产出份额增大；也有部分学者认为，从长期来看，人们一直对非AI相关产品有需求，非AI相关产品与AI相关产品存在互补关系，相较于发展较快的AI相关产业，效率提升较慢的非AI相关产业所提供的产品或服务将更稀缺，而人们更愿意为稀缺的产品或服务支付更高价格，导致非AI相关产业份额增加，即"鲍莫尔病"现象。[5] 关于资本与劳动分配结构的看法，同样有两方面观点：一方面，易被AI代替的劳动者的工资和就业率随着AI成本下降而降低，导致劳动者报酬在收入分配中所占份额下降；另一方面，AI与未被替代的劳动者之间是互补关系，随着AI产业发展，与AI互补的劳动者会获得更高报酬和更多就业机会。从这个角度看，AI对与其互补的劳动者的收入份额

---

[1] Kurzweil R. "The Singularity Is Near." *In Ethics and Emerging Technologies*, 2005.

[2] Trammell P, Korinek A. "Economic Growth Under Transformative AI." National Bureau of Economic Research, 2023.

[3] Aghion P, Jones B F, Jones C I. "Artificial Intelligence and Economic Growth." National Bureau of Economic Research, 2017.

[4] Nordhaus W D. "Are We Approaching an Economic Singularity? Information Technology and the Future of Economic Growth." *American Economic Journal: Macroeconomics*, 2021, 13(1).

[5] Baumol W J. "Macroeconomics of Unbalanced Growth: The Anatomy of Urban Crisis." *The American Economic Review*, 1967.

影响是积极的。[①]实际情况中，AI 在经济结构中究竟是替代效应占主导还是互补效应占主导，则取决于 AI 的技术特征和发展路径，这也为后续研究留下了讨论空间。

虽说过去几十年受限于技术及算力约束，AI 大范围的产业融合迟迟没有发生，许多针对 AI 影响的讨论也仅停留在理论层面，但近两年以大语言模型为代表的人工智能技术新突破，却让这一情形发生了改变。定量评估 AI 的经济影响已经具备了现实意义。不过新一轮 AI 浪潮刚刚起步，评估 AI 对未来经济的影响是一件困难且不确定性较高的事情。幸运的是，机器自动化时代的任务替代机制为我们提供了一些启发。回顾过去 150 年的经济增长史，可以发现，它贯穿着一条重要的主线，就是机器自动化。工业革命以化石能源的使用拉开了工业自动化的序幕，机器不断地参与人类的各个工作环节。为了分析机器自动化对经济活动的影响，阿西莫格鲁等人提出了任务替代模型（task-based model）。[②]该模型假定人类的工作由一系列任务环节组成，随着技术的进步，机器逐步替代人类工作中特定任务环节。随着旧任务环节被机器替代，人类不断创造出新的具有比较优势的任务环节，促使人类与机器产生新的分工。阿西莫格鲁等人认为自动化和新任务环节创造共同推动了经济增长，同时新任务环节的创造还增加了新的劳动力需求，从而缓解了机器自动化带来的就业压力。任务替代机制比较好地解释了工业革命以来，大量旧岗位被机器替代但新岗位又不断产生的历史事实，同时也解释了为什么无论是 20 世纪 60 年代[③]还是 2016 年的研究[④]，都发现自动化没有导致资本收入份额的持续上升或者劳动收入份额的持续下降。

在机器自动化时代，基于任务环节来分析自动化对传统经济的影响具有合理性，但在 AI 时代，套用这一模式却会面临巨大挑战。首先，在机器自动化时

---

① Trammell P, Korinek A. "Economic Growth Under Transformative AI." National Bureau of Economic Research, 2023.

② Acemoglu D, Restrepo P. "The Race Between Man and Machine: Implications of Technology for Growth, Factor Shares, and Employment." *American Economic Review*, 2018.

③ Kaldor N. "Capital Accumulation and Economic Growth." *The Theory of Capital: Proceedings of a Conference Held by the International Economic Association*. Palgrave Macmillan UK, 1961.

④ Jones C I. "The Facts of Economic Growth." *Handbook of Macroeconomics*, 2016.

代，机器需要通过预编程的方式完成特定场景的任务环节。因此，根据新旧任务可以较好地判断机器与人的分工，但这在 AI 时代却不再适用。当前诸如大语言模型的出现，标志着 AI 已经开始具备通用化的特征，即 AI 不需要预编程，就可以跨任务、跨场景使用。比如，随着 AI 自然语言交互的通用化程度提高，AI 不仅可以完成传统的文字生成任务，也可以参与新出现的图像生成任务，甚至还可以无缝参与新出现的教学培训任务，而这在机器自动化时代是难以实现的。其次，在任务替代模型的假定中，随着人与机器分工的深化，新的任务场景会大量涌现。但是新任务的形态和种类难以提前知晓，这无疑会增大评估 AI 对未来经济影响的难度。所以任务替代模型对于解释人与机器分工的历史演进具有重要意义，但要预估未来的冲击则面临较大困难。

基于任务替代模型，为了更好地展现 AI 发展的新特点，我们构建了元任务框架，并以此来分析 AI 对经济的影响。我们改变了任务替代模型中按照任务环节或场景对任务进行分类的方式，转而按照基础功能对人类的任务进行分类。这样做可以更贴切地刻画 AI 如何在功能实现层面与人类进行分工，同时还可以简化任务分类，让估算 AI 对经济增长的影响变得更有可操作性。

二、元任务分析框架

本轮 AI 在通用化方面取得了突破，能够在不同场景中使用相同的功能。这与人类在执行不同任务时，其功能不因任务变化而改变相类似。比如，人类在阅读书籍或撰写报告时，大多会使用文字处理功能和手指移动功能，人类具备的这些功能并不会因为这两个任务场景的不同而新增或消失。而当前 AI 在两个场景中实现的文字处理或翻动纸张的功能已经接近人类。[1] 这为我们提供了一个全新的视角，即我们可以通过考察 AI 对人类在执行这些任务功能上的替代，而不是一个完整的任务，来评估 AI 对经济的影响。

---

[1] 参见 https://aiindex.stanford.edu/wp-content/uploads/2024/04/HAI_AI-Index-Report-2024_Chapter2.pdf。

（一）按功能划分的元任务

自泰勒提出"科学管理原理"以来，一些社会学家就意识到，任何工作中的复杂任务都可以由一些更基本的任务组成[1]，即便是新的任务也无外乎是这些基本任务在不同情境下的组合。事实上，虽然人类的工作按生产环节可以拆分为一系列针对特定场景的任务，但这些看似繁复多样的任务，可以按功能划分为若干具有场景通用性的任务元素，我们把这些任务元素称为元任务。

那么人类的元任务究竟应该如何划分？借鉴两位学者提出的方法[2]，我们根据任务是否涉及人际互动，将人类任务划分为个体型任务和社会型任务两大类。个体型任务指的是无须与他人互动、可以独立完成的任务，而社会型任务指的是必须与他人互动的任务。我们接着将个体型任务进一步细分为体力型任务和脑力型任务。其中，体力型任务又根据位置关系进一步细分为力量型任务、灵巧型任务和空间移动导航任务；脑力型任务则根据工作内容所需创造性的不同，分为信息处理任务和问题解决任务。信息处理任务根据处理的信息是否为编码信息分为非编码化信息处理任务和编码化信息处理任务，并可进一步分为视觉信息处理、听觉信息处理、语言信息处理以及数字信息处理4类任务；问题解决任务分为问题探索和评估，以及问题解决思路的生成与执行两类，并可进一步细分为信息收集检索任务、概念化与抽象任务、生成解决思路、计划与执行思路4类。而在社会型任务中，我们根据任务的性质，将其分为支配型任务和支持型任务，还将其进一步细分为销售／劝说／诱导、管理／监督、服务／接待、教学／培训／辅导、关怀5类任务。这样，我们总共得到了16类既具有场景通用性，又相互独立、无法替代的任务类别，我们将之定义为人类工作中的元任务，并列于表3.1中。

---

[1] Taylor F W. *The Principles of Scientific Management*. Harper & Brothers, 1919.
[2] Fernández-Macías E, Bisello M. "A Comprehensive Taxonomy of Tasks for Assessing the Impact of New Technologies on Work." *Social Indicators Research*, 2022, 159(2).

表 3.1 按功能划分的相互独立的 16 个元任务

划分维度			元任务	解释
个体型任务（无须与他人互动，完全依靠自身完成的任务）	体力型任务	固定场所任务	力量型任务	指纯粹依靠肌肉力量完成的任务，例如抬起重物、挥舞锤子等
			灵巧型任务	涉及手或手指的精确动作，使用手和手臂来操纵材料或物体，完成对材料或物体处理的任务，例如焊接、雕刻，随着技术的进步也包含操控各类设备、纺纱、织布、烹饪、清扫等
		位置移动任务	空间移动导航任务	包括在非结构化变化的空间中移动物体或自身存在的情况下找到适当的路线，例如行走、驾驶、运送物品等
	脑力型任务	信息处理任务（基于给定信息进行处理，并按照特定的方式或格式输出）	非编码化信息处理任务	视觉信息处理	通过视觉获取和理解非编码化的信息，并进行判断和输出，例如人脸识别、判断物体类型、图像和视频内容判断、描摹画等
				听觉信息处理	通过听觉获取和理解非编码化的信息，并进行判断和输出，例如：判断声音来源和类型、模仿发声等
			编码化信息处理任务	语言信息处理	对语言文字信息的处理，通常是理解输入信息的内容，或是按照给定的要求进行内容输出，例如基本的阅读、书写、倾听或朗读等
				数字信息处理	能够使用已有的公式定理、运算法则或公式等数学工具对数字进行计算、记录或呈现，使用数学图表、编制数字图表，运用公式计算方法数学计算数据，例如进行问卷调查、搜索数据库等
		问题解决任务（基于问题主动的搜索、分析和整合信息，并在此基础上产生新的内容、答案、规律或解决方案）	信息收集	查找、定位和获取解决问题所需的信息
			检索任务	查阅文献、检索音视频等
			概念化与抽象任务	利用获取的信息，结合概念化、学习和抽象等，基于某些准则和价值观进行评估，归因分析等
			生成解决思路	基于需要解决的问题，生成新的具有合理结构和模式的想法，逻辑性和全局性较高，不确定性较低，例如艺术设计、产品创意设计、营销策略设计等
			计划与执行思路	涉及有效实施解决方案所需的步骤、方法，例如制定战略规划、撰写学术文章、证明定理或定律、制作工程技术指南、规划行程安排等

AI 经济学

续表

划分维度	元任务	解释
支配型任务（意图使别人按照自己的观点或想法行事）	销售/劝说/诱导	诱导他人做某事或购买商品、服务，以及各类谈判、辩论活动，例如推销产品或服务、合同条款谈判、说服客户追加付费、说服利益相关者达成合作、研讨交流等
	管理/监督	管理或监督他人的行为，例如监督项目进度、向团队成员分配任务、考察员工绩效并提供反馈、协调团队间或个人间合作、解决团队成员冲突等
社会型任务（必须与他人互动的任务）	服务/接待	回应或满足客户、同事的要求，例如：回答客户咨询、点餐和上菜、处理客户投诉、引导参观、汇报工作等
支持型任务（给予对方信息或服务等，不强求改变对方行为动机）	教学/培训/辅导	传授知识或帮助他人提高技能，例如工作技能培训、辅导团队成员提高销售技巧、通识教育、职业培训等
	关怀	向同事、客户或患者等他人提供个人帮助、情感支持或医疗护理等，满足他人的福利需求，例如：为遇到困难的同事提供支持，协助老年顾客购买货物，确保医疗机构中患者的健康、组织团队建设活动或慈善活动等

资料来源：Fernández-Macías et al.（2022），中金研究院。

按照功能拆分元任务的方式并不唯一，但不难看出，我们这样拆分的好处在于可以确保各个元任务相互独立，功能上不会重叠。从经济学角度讲，我们剔除了这16个元任务之间的替代关系，只保留它们的互补关系。从数学角度讲，这16个元任务构成了一组任务基向量，可以组合成人类整个任务空间。这对于我们后续理解AI如何参与人类的生产活动，以及如何影响人类的就业和分配关系，具有重要的意义。

（二）元任务框架解析

我们知道，人类的总工作时间，等同于人类完成各类元任务的时间。当前AI通用能力的提升意味着AI完成元任务的能力也在不断提升，这也意味着只要我们能判断出AI可以替代人类完成什么类型的元任务，就能推导出在AI的冲击下，人类的劳动和生产结构将会发生哪些变化，以及对经济将产生何种影响。这就是我们构建元任务框架来分析AI对经济影响的原因。

类似于其他通用目的技术，AI也是通过研发、融合、增长三个步骤来影响经济的。元任务视角下，这三个步骤可以描述为：首先，研发部门通过技术进步，不断扩大AI可执行元任务的类别，同时降低AI元任务执行成本[①]；其次，当AI执行某类元任务的成本显著低于人工成本时，就会有产业愿意在生产活动中融入AI元任务，以节省开支；最后，随着AI成本的继续下降，生产活动中融入AI元任务的数量不断增加，最终推动实体经济的增长。这就构成了我们评估AI经济影响的元任务框架（见图3.1）。

使用元任务框架评估AI对经济的影响时，有几个微观问题值得注意。首先，在研发阶段，人工智能的进步主要体现在两个方面：一是AI元任务的范围扩大、AI性能上升；二是AI元任务执行成本不断下降。这里面就牵扯AI元任务等效成本的问题。格雷斯等人[②]估计，如果人工智能研发的进程不受干扰，到2027年，未经辅助的机器在各种任务中胜过人类的比例为10%，到2047年为50%。这表明，AI执行元任务的效率与人类并不相同，可能出现同等时间下，AI执行

---

① AI元任务指的是利用AI完成的元任务。AI元任务执行成本等同于AI执行元任务的成本。——编者注

② Grace K, Stewart H, Sandkühler J F, et al. "Thousands of AI Authors on the Future of AI." 2024.

元任务所完成的任务量远大于人类执行类似元任务完成的任务量，这就需要我们计算 AI 元任务执行成本时，考虑到 AI 与人类执行元任务效率的差异。其次，在产业融合阶段，在考虑是否采用 AI 来完成元任务时，企业还需通盘考虑部署 AI 的成本，这很可能会减缓 AI 与产业融合的速度，这些在后文将会详述。最后，当企业开始融合 AI 元任务时，AI 元任务执行成本降低将产生替代效应和收入效应，这会同时影响企业中 AI 元任务与人工元任务的数量，进而影响经济增长。

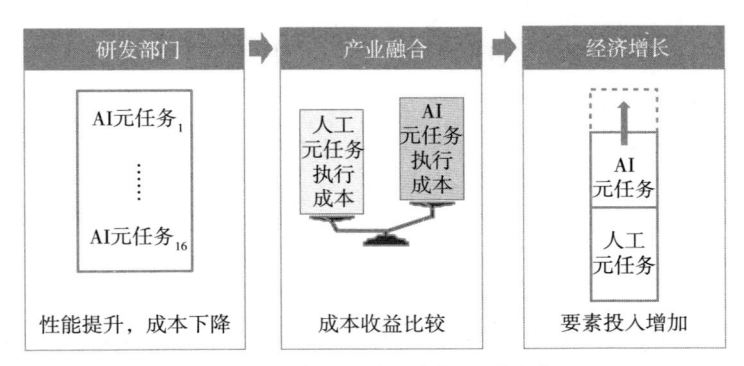

图 3.1 评估 AI 经济影响的元任务框架

资料来源：中金研究院。

（三）元任务视角下的一些问题

在本文的开头，我们提到近几年由于 AI 取得显著突破，AI 如何影响经济再次受到大家的关注，但不同学者的判断并不相同。元任务框架为我们提供了一个更为贴切的视角去回应该问题。

首先，经济会不会出现爆炸性增长？短期内这个问题的答案很可能是否定的。在元任务框架中，人类所从事的工作可以被划分为 16 个互补的元任务类别。在合理的假设下，AI 在较长时间内难以具备执行所有元任务的能力。因此，虽然随着算力成本的下降，AI 执行特定元任务的效率快速上升，但从全局来看，由于各个元任务之间的关系是互补的，所以整体经济的增速只会越来越取决于那些无法由 AI 完成的元任务的执行效率增速，这天然限制了经济出现爆炸性增长的可能。

其次，AI 究竟会替代人还是赋能人？从元任务的视角来看，AI 并不会单向赋能或替代人类。如果 AI 执行某种元任务的成本低于人工成本，对于主要从事该种元任务的劳动者而言，AI 会替代他们。不过，由于不同元任务之间存在互补关系，对于主要从事其他元任务的劳动者来说，生产效率则会因为 AI 元任务的引入而得到提升。因此，AI 与产业融合天然具备赋能人和替代人的双重效果。短期来看，如果劳动者擅长的元任务类型恰好与 AI 元任务重叠，由于能力转换需要时间，这部分劳动者很可能流入工资更低但工作内容相似的岗位，这一情况利好所擅长的元任务类型与 AI 元任务不重叠的劳动者。然而，从长期来看，人类可以调整自己的能力结构，那些 AI 无法执行的元任务将吸引更多劳动者，从而促使 AI 与劳动者之间形成更强的互补关系。

最后，人类未来就业究竟将会是一个什么形态？由于不同元任务之间的关系是互补的，因此只要 AI 还不能完全执行所有的元任务，那么人类从事未被 AI 化的元任务的价值就会增加，就业人口就会往这些类型元任务聚集。后文会谈到，根据 AI 发展趋势判断，当前较难被 AI 执行的元任务包括社会型的元任务以及问题解决思路生成与执行的元任务。从短期看，由于职业转换存在较高成本，如果一些人擅长的工作任务中，AI 可执行的元任务比重较大，那么这部分人的就业就会面临压力，但未来可能会有新的工作被创造出来，解决他们的就业问题。根据元任务框架，这些新创造的工作中 AI 无法执行的元任务比重将会非常高。这在一定程度上与阿西莫格鲁等人提出的新任务创造过程类似，但不同之处在于通过元任务视角，我们可以对新工作的属性做出大致的判断。

三、评估 AI 执行元任务的预期成本曲线

AI 如何影响经济运行，取决于 AI 执行元任务的范围以及成本，估算 AI 在各类元任务上的可行性和执行成本变化对我们评估 AI 的经济影响至关重要。本节将从 AI 的研发端和应用端两个角度来评估 AI 执行元任务的预期成本曲线。

（一）从研发端看 AI 执行元任务的成本

人工智能的研发端主要解决 AI 元任务两个方面的问题：首先，要让 AI 执

行元任务的能力达到与人类相近甚至更高水平，从而让 AI 具备替代部分人类劳动力的潜力，也就是实现所谓的技术可行性；其次，不断降低 AI 执行元任务的成本，使其变得具有经济可行性。

1. AI 执行元任务难易有别

如同人类执行不同元任务的难易程度是不一样的，AI 执行不同元任务的难易程度同样有区别，因此不同 AI 元任务具备技术可行性的时间点并不相同。基于人工智能技术发展趋势的判断，我们参考了斯坦福大学[①]、世界经济论坛[②]等机构发布的 AI 预测研究，以及格雷斯等人[③]对数千名 AI 专家关于 AI 技术未来发展的问卷调查结果，将 16 个元任务按照难易程度进行了排序。其中，体力型任务，以及脑力型任务中的数字信息处理、视觉信息处理、听觉信息处理等任务由 AI 执行相对容易，预计 2030 年之前基本上可以实现。语言信息处理、信息收集检索任务、教学/培训/辅导、服务/接待、计划与执行思路等在 2030 年至 2050 年由 AI 执行或将逐步变得可行。脑力型任务中生成解决思路，以及社会型任务中的管理/监督、关怀等任务则相对较难实现，这些任务可能在 2050 年时仍无法由 AI 执行。

2. 研发端 AI 执行元任务的预期成本曲线

通过持续的算法优化、模型迭代、大量的数据训练以及实践验证，人工智能在特定元任务执行上的性能逐步提升，同时带来成本的下降。依据现有可参考的 AI 成本以及算力成本变化趋势，我们从研发端对 2050 年前所有存在技术和经济可行性的 AI 执行元任务成本变化进行了估算。考虑到体力型任务需要与实体进行接触和互动，所以只有具身智能才能执行此任务，而脑力型任务和社会型任务则可通过线上平台提供，因此人工智能的成本估算分为两个部分，其中体力型任务执行成本主要参考人形机器人，而脑力型任务和社会型任务执行成本主要参考人工

---

① 参见 https://aiindex.stanford.edu/wp-content/uploads/2024/04/HAI_AI-Index-Report-2024_Chapter2.pdf。
② 参见 https://www3.weforum.org/docs/WEF_Jobs_of_Tomorrow_Generative_AI_2023.pdf。
③ Grace K, Stewart H, Sandkühler J F, et al. "Thousands of AI Authors on the Future of AI." 2024.

智能软件服务。人形机器人的成本主要参考工业机器人成本的历史变化趋势，其中力量型任务、灵巧型任务、空间移动导航任务三类元任务的初始执行成本，主要参考当前对应领域性能最优的人形机器人。人工智能软件服务方面，我们主要依据过往人工智能模型的训练及推理的成本趋势，推断出相关AI元任务的执行成本变化趋势。在估算AI执行元任务的成本时，我们估算的是AI执行元任务的等效成本。给定人类一小时能完成的元任务工作量，AI完成同样元任务工作量的成本即为等效成本，从而使得AI的成本可与人类的小时工资率进行直接比较。

基于上述对人工智能成本估算逻辑，我们就可以估算出研发端可以实现的AI执行元任务的实验室预期成本曲线（见图3.2）。截至2024年，AI执行力量型任务，以及数字信息处理、视觉信息处理等任务的实验室成本已降至较低水平，在2035年前，AI执行灵巧型任务、空间移动导航任务、听觉信息处理、语言信息处理、信息收集检索任务、教学/培训/辅导等的实验室成本将低于100元/小时，这些成本也将在2040年前逐步降至较低水平。在2040—2050年，难度较高的脑力型任务（包括计划与执行思路）以及社交型任务（包括服务/接待）由AI执行或开始变得可行，成本在此期间将迅速降低。对于管理/监督、关怀等难度更高的元任务，我们推测AI在2050年时还无法全面达到人类的基准水平，因此并未体现在图3.2中。

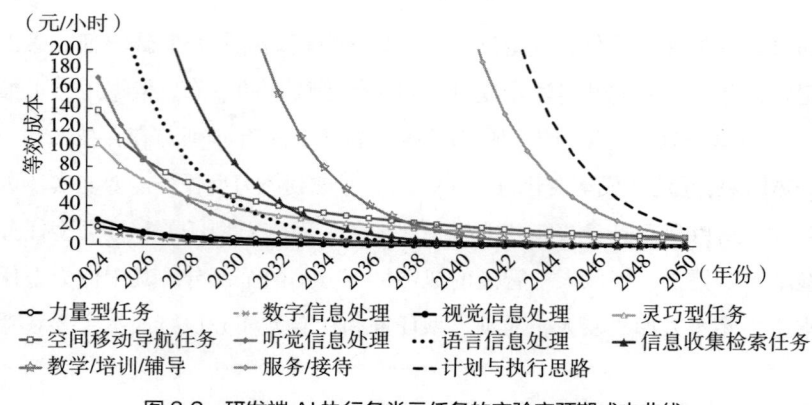

图3.2 研发端AI执行各类元任务的实验室预期成本曲线

注：图中纵轴的等效成本，指对于人类一小时工作量，人工智能完成该工作量的成本。
资料来源：Epoch AI, Artificial Analysis, Ark-invest, 中金研究院。

(二)产业融合并非一蹴而就:"索洛生产率悖论"

罗伯特·索洛发现 20 世纪 70 年代和 80 年代美国信息技术领域发展迅速,但同期美国生产力增长却出现放缓,[1] 这一现象又被称为"索洛生产率悖论"。与此前引领技术浪潮的通用目的技术相似,人工智能从研发到融合应用可能存在明显的时间滞后性,并不会立即带来经济和生产率的快速增长,从而导致"索洛生产率悖论"的现象。以电力技术和信息技术为例,在这两项技术与产业融合的初期,它们对劳动生产率的提升作用并不明显,直到之后的 20~30 年,劳动生产率的提升才变得相对明显。[2]

"索洛生产率悖论"的来源大致可以分为四类。[3] 一是"虚假的希望",指的是技术的影响实际上没有人们想象的那么大;二是"核算偏差",指的是经济统计可能存在偏差,没有正确衡量技术带来的生产率提升;三是"零和游戏",指的是技术收益被少数人垄断,无法发挥应有的经济作用;四是"技术融合和结构调整的滞后",指的是产业充分获取新技术带来的收益需要相当长的时间,技术进步短期内对劳动生产率影响较小,只有当多数产业完成互补性投资和商业模式重构后,技术进步对经济的影响才会显现。新技术的融合创新以及互补性投资的积累需要时间,这可能放缓生产效率提升的速度。在人工智能的实际应用中,"索洛生产率悖论"可能是没有办法回避的,即使人工智能执行元任务的实验室成本与人类成本已经非常接近,技术进步可能仍然无法反映在生产部门的经济增长上,而产业融合层面所遇到的部署成本或是其中的关键。

(三)考虑部署成本后 AI 执行元任务的预期成本曲线

考虑到推广新技术以及进行互补性的创新投资需要成本和时间,从产业的角度来看,考虑部署成本后 AI 执行元任务的预期成本曲线(见图 3.3)将较基

---

[1] Solow R. "We'd Better Watch out." *New York Times Book Review*, 1987, 36.
[2] Brynjolfsson E, et al. "Artificial Intelligence and the Modern Productivity Paradox: A Clash of Expectations and Statistics." 2017.
[3] 同上。

于研发端估算的曲线（见图 3.2）右移。参考电力、信息技术等与产业融合的经验，我们估算从人工智能技术的研发成功到实际融合可能存在 2~4 年的时滞。考虑到 AI 的部署还将涉及一些互补性支出，例如利用新的人工智能技术可能需要前期投入一系列机器人或服务器等专用设备，以及后期机器维护、人员培训、数据处理和应用适配等方面的支出，这些支出也会拉低 AI 执行元任务成本下行的速度。考虑到部署的成本以及部署时滞，我们将应用端 AI 执行元任务的预期成本曲线列于图 3.3。其中力量型任务、灵巧型任务和空间移动导航任务可能主要由具身机器人执行，部署时所涉及的互补性支出相对较高，因此拉低了相关 AI 执行元任务成本下降的速度。而脑力型任务和社会型任务更多通过软件服务等形式提供，对相关 AI 执行元任务的成本下降影响较小。整体而言，考虑部署成本后 AI 执行元任务的成本高于基于研发端的估算，成本下降的速度也更加缓慢，在 2050 年之前 AI 可能只在 9 类元任务上具有与产业进行融合的经济可行性。

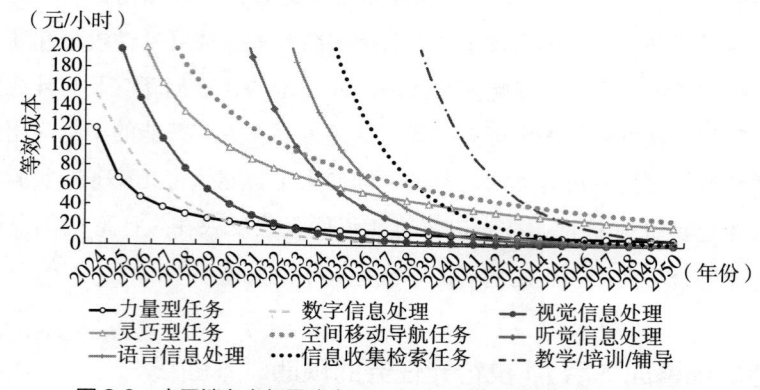

图 3.3　应用端考虑部署成本后 AI 执行各类元任务的预期成本曲线

注：图中纵轴的等效成本，指对于人类一小时工作量，人工智能完成该工作量的成本。
资料来源：Epoch AI, Artificial Analysis, Ark-invest, Mckinsey, Mecademic, Change Discussion, 中金研究院。

四、中国 AI 经济影响估算

随着产业端部署 AI 元任务成本的下降，越来越多的行业将更多使用 AI 来替代人工去完成元任务，并最终推动经济总量增长。为了考察 AI 对中国经济的影响，基于元任务框架，中金公司行业分析师估计我国各行业不同元任务的时间分布，并根据成本收益比较，估算出各行业 AI 的融合时间表以及 AI 元任务投入量的变化，从而估算 AI 对经济总量和增长的影响。[①]

（一）元任务的行业分布与 AI 融合时间表

1. 各行业的元任务分布与生产结构

在元任务框架的基础上，我们对各行业劳动者在不同元任务上的时间分配进行了估计。表 3.2 展示了各行业的元任务时间分布，其中行业按照元任务的难易程度进行排序。不难发现，虽然元任务在不同行业中的时间分布各不相同，但每种元任务在各个行业的生产经营活动中都不可或缺，这体现出各类元任务间的互补特性，同时，不同元任务在各行业的时间分配也透露出各行业的生产模式信息。

表 3.2 中一些元任务时间占比较大，达 10% 以上，部分行业的元任务时间分配有较为突出的特征。例如，交通运输及物流业在空间移动导航任务上分配了六成左右的时间，批发和零售业在销售/劝说/诱导任务上分配了四成左右的时间，居民服务业、住宿和餐饮业在服务/接待任务上分配的时间比例也较大，教育业

[①] 具体估计方法为基于供给侧厂商均衡条件下 AI 执行各类元任务的成本变化估算各年度 AI 的经济影响。其中各类元任务以互补形式构成劳动要素，劳动和资本组合形成行业产出，各行业产出形成 GDP。在具体行业的具体元任务中，如果考虑部署成本后 AI 的执行成本低于人工成本，则该任务由 AI 执行，否则由人类执行。对每个行业，我们采用 CES（常数替代弹性）函数估计元任务和总的劳动要素投入之间的关系，其中元任务之间的替代弹性系数设定为 0.5，参考：Acemoglu D. "The Simple Macroeconomics of AI." National Bureau of Economic Research, 2024。对于资本和劳动要素，我们采用柯布-道格拉斯生产函数估计劳动要素、资本要素和行业产出之间的关系。对于行业产出和 GDP 的长期估算，我们从总需求函数的视角，采用 CES 函数估计行业产出和 GDP 之间的长期关系，其中行业之间的替代弹性系数设为 0.7，参见：Nordhaus W D. "Baumol's Diseases: A Macroeconomic Perspective." *The BE Journal of Macroeconomics*, 2008, 8(1)。

表 3.2 各行业① 生产经营活动中各元任务的时间占比

单位：%

行业	力量型任务	数字信息处理	视觉信息处理	灵巧型任务	空间移动导航任务	听觉信息处理	语言信息处理	信息收集检索任务	教学/培训/辅导	服务/接待	计划与执行思路	概念化与抽象任务	生成解决思路	销售劝说诱导	管理/监督	关怀
金融业	1.7	3.8	3.1	5.8	7.3	0.7	3.9	4.1	9.2	9.9	5.3	5.7	7.6	17.4	9.4	5.1
信息服务业	2.4	6.3	6.1	8.5	4.6	1.5	6.1	4.9	4.1	12.8	5.9	3.7	8.7	10.8	11.3	2.4
采矿业	22.0	2.5	2.6	20.3	14.6	0.5	1.2	2.7	1.7	2.8	3.0	2.4	2.5	11.6	9.0	0.7
房地产业	2.4	6.0	4.0	8.0	2.4	4.0	6.0	6.0	4.0	7.4	9.4	6.0	9.4	7.0	10.0	8.0
租赁和商务服务业	1.1	4.9	5.1	5.1	4.2	4.7	4.9	4.9	5.2	9.9	5.2	5.0	5.0	19.9	10.3	4.9
水电热气供应业	3.1	9.4	4.1	11.6	7.5	0.6	8.8	6.1	6.0	6.8	5.3	6.7	5.6	8.4	5.9	4.2
医疗卫生业	2.2	6.5	6.5	6.5	5.4	1.6	6.5	7.6	7.6	8.6	7.6	5.4	6.5	7.6	7.6	6.5
资源加工业	24.9	8.4	5.5	14.9	5.8	1.4	3.4	2.7	3.2	3.7	4.3	1.6	2.3	11.2	5.5	1.3
文体娱乐业	5.5	2.8	2.8	6.7	8.4	2.1	3.8	2.5	7.1	17.6	2.8	2.8	2.2	17.4	10.1	5.7
教育业	3.0	5.0	4.0	10.0	7.0	1.0	5.0	6.0	15.0	5.0	4.0	7.0	8.0	7.0	8.0	5.0
装备制造业	5.3	6.5	3.2	12.8	6.6	1.5	4.8	5.4	5.7	9.3	7.1	2.7	6.0	10.9	7.5	4.8
交通运输及物流业	14.2	0.1	2.3	1.4	61.8	2.0	1.5	0.5	1.1	1.1	4.8	0.3	0.2	2.3	5.4	1.0

① 本章中的行业分类采用《国民经济行业分类》（GB/T 4754—2017）中行业大类，为便于呈现和读者理解，本章对部分行业名称进行了调整或精简。另外，制造业包含较多子行业，因此拆分为三类，其中，轻工制造业包含：食品制造业、酒、饮料和精制茶制造业、烟草制品业、纺织服装、服饰业、纺织业、皮革、毛皮、羽毛及其制品和制鞋业、木材加工和木、竹、藤、棕、草制品业、家具制造业、造纸和纸制品业、印刷和记录媒介复制业、文教、工美、体育和娱乐用品制造业、其他制造业、废弃资源综合利用业；资源加工业包含：石油、煤炭及其他燃料加工业、化学原料和化学制品制造业、医药制造业、化学纤维制造业、橡胶和塑料制品业、非金属矿物制品业、黑色金属冶炼和压延加工业、有色金属冶炼和压延加工业、金属制品业、金属制品、机械和设备修理业、电气机械和器材制造业、废弃资源综合利用业；装备制造业包含：通用设备制造业、专用设备制造业、汽车制造业、铁路、船舶、航空航天和其他运输设备制造业、通信和其他电子设备制造业、计算机、仪器仪表电子设备制造业、机械和设备修理业。

AI 经济学

单位：%，续表

行业	力量型任务	数字信息处理	视觉信息处理	灵巧型任务	空间移动导航任务	听觉信息处理	语言信息处理	信息收集检索任务	教学/培训/辅导	服务/接待	计划与执行思路	概念化与抽象任务	生成解决思路	销售/劝说/诱导	管理/监督	关怀
建筑业	21.7	0.9	0.6	14.0	0.4	0.6	0.9	0.9	13.4	1.1	14.2	0.9	5.6	1.0	22.8	1.2
农林牧渔业	27.5	0.6	1.9	45.1	12.1	0.9	0.8	0.6	3.8	1.1	0.7	0.8	0.7	1.0	1.2	0.9
批发和零售业	8.7	1.7	1.1	3.6	6.4	0.8	1.3	1.3	3.6	12.8	2.4	1.8	1.0	40.8	10.0	2.8
居民服务业	12.5	0.2	1.6	21.1	3.8	0.5	0.4	0.9	5.1	27.1	5.5	1.9	1.5	12.3	4.0	1.6
轻工制造业	8.3	1.5	2.0	28.8	7.5	1.0	2.8	2.0	2.4	7.2	2.7	2.5	4.0	16.6	8.1	2.4
水利和环保事业	3.6	5.8	3.9	21.6	9.4	0.6	7.7	4.3	6.4	3.5	3.3	10.2	5.0	4.8	6.7	3.2
住宿和餐饮业	6.7	0.5	1.1	10.0	5.6	2.1	1.1	1.1	5.0	37.7	1.2	1.1	3.0	13.9	5.0	5.0

注：表上方元任务按照由易至难的顺序排列。表中数据基于2024年的实际情况估计。另外，表中行数据加总不等于100是由四舍五入引起的，特此说明。

资料来源：中金研究院，中金公司研究部，国家统计局，《中国投入产出表（2020）》，《中国人口普查年鉴（2020）》。

第三章　元任务与AI的经济影响

侧重教学/培训/辅导任务。从体力型任务、脑力型任务和社会型任务三种元任务类别来看，涉及体力型任务最多的是农林牧渔业，该行业在时间分配上超过八成集中在力量型任务、灵巧型任务、空间移动导航任务三类体力型元任务中。在采矿业、水电热气供应业、制造业和建筑业等行业中，三类体力型元任务也占据较大比例，其中，采矿业、资源加工业和建筑业等行业侧重力量型任务，水电热气供应业、装备制造业和轻工制造业等行业则更偏重灵巧型任务。在服务业，特别是一些白领行业，体力型元任务的时间占比较少，而脑力型元任务及社交型元任务的时间占比较多，例如金融业，信息服务业，租赁和商务服务业，等等。

将各行业中元任务的时间占比按照各行业劳动人口占总就业人数比重加权后，可以得到我国劳动者在各元任务上的时间分配比例（见图3.4）。总体而言，我国劳动者最多的工作时间配置在体力型任务上，其次为社会型任务，虽然脑力型任务包含的元任务类别最多，但合计时间占比仅约22%。按照元任务的执行难易度来划分，力量型任务、数字信息处理、视觉信息处理、灵巧型任务、空间移动导航任务等较容易完成的元任务，合计时间占将近一半的比例，而听觉信息处理、语言信息处理、信息收集检索任务、教学/培训/辅导等元任务合计时间占比较小，其余元任务则在2050年之前可能较难与实体经济融合。这表明，未来AI与产业的融合，可能会呈现初期速度快，对劳动力市场冲击大，但中期速度变慢，对劳动力市场冲击力度减弱的特征。

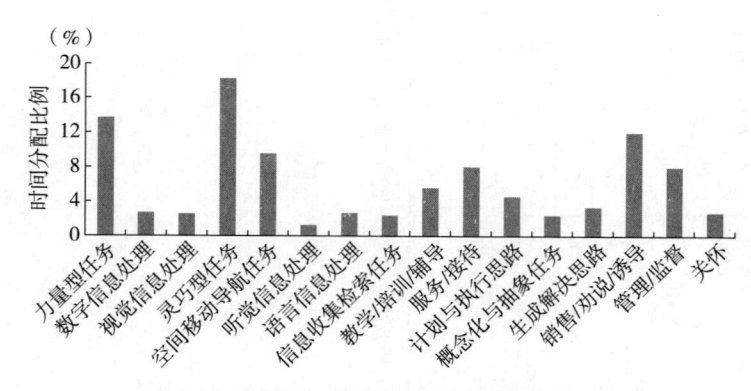

图3.4 中国劳动者在各元任务上的时间分配比例

资料来源：中金研究院，中金公司研究部，国家统计局，《中国投入产出表（2020）》，《中国人口普查年鉴（2020）》。

2. AI 与行业融合时间表

人工智能与行业融合的快慢取决于两方面的因素：一是行业工资水平的高低，其他条件不变的情况下，工资水平越高的行业，越容易与 AI 融合；二是行业元任务时间分布中，可以被 AI 以较低成本代替的元任务时间占比越高，所在行业越容易与 AI 融合。比较各行业工资水平与考虑部署成本后 AI 执行元任务的成本，我们可以估算出 AI 与各行业在不同时间的融合程度[①]，结果见表 3.3。

如表 3.3 所示，金融业、信息服务业、采矿业、房地产业、租赁和商务服务业等行业可支付工资水平相对较高，我们预计 AI 将首先进入这些行业；而批发和零售业、居民服务业、轻工制造业、水利和环保事业、住宿和餐饮业等行业工资水平相对较低，我们预计短期内 AI 与这些行业融合速度较慢。而例如采矿业、资源加工业、建筑业、农林牧渔业等行业，这些行业可能普遍存在属于力量型元任务的工作，这类任务由 AI 执行的成本较低，因此当 AI 开始与这些行业融合时，可能发生较为明显的劳动替代现象。当然，AI 技术的发展尚存在很多不确定性，表 3.3 中的融合路径仅为基于假设条件的估计，可以作为我们判断各行业融合快慢的大致参考，具体的融合程度和融合时间点可能因受到 AI 技术和行业特点的影响而有所波动。

3. AI 产业的市场空间

AI 产业的市场空间有多大，一直是 AI 从业者非常关注的问题，而元任务框架提供了一个相对直观的估算方法。在前文的讨论中，我们不仅估算了 AI 成本下降的曲线，也估算了各行业的融合时间表。利用 AI 执行元任务的成本[②]，我们就可以从产业端对 AI 的需求规模进行估算。在估算过程中，根据各行业生产结构的差异以及 AI 元任务间的互补关系，我们可以判断在不同时间点产业端对 AI 元任务的需求量。我们预计 2050 年之前，力量型任务、数字信息处理、视觉信

---

① 融合程度即 AI 执行元任务时间占总工作时间的比例。
② 本文使用考虑部署成本的 AI 元任务执行成本来估算 AI 市场空间。根据市场的定义不同，也可以选择被 AI 替代的人工的价格或者研发端 AI 元任务执行成本来进行估算。

表 3.3　各行业与 AI 融合的时间表

单位：%

行业	2024	2025	2026	2027	2028	2029	2030	2031	2032	2033	2034	2035	2036	2037	2038	2039	2040	2041	2042	2043	2044	2045	2046	2047	2048	2049	2050
金融业	0.0	1.7	5.5	5.5	8.6	8.6	8.6	14.4	14.4	21.7	22.4	26.4	26.4	30.5	30.5	30.5	30.5	39.7	39.7	39.7	39.7	39.7	39.7	39.7	39.7	39.7	39.7
信息服务业	0.0	2.4	2.4	8.7	14.8	14.8	14.8	14.8	23.3	23.3	24.8	29.4	35.5	35.5	40.4	40.4	40.4	40.4	44.5	44.5	44.5	44.5	44.5	44.5	44.5	44.5	44.5
采矿业	0.0	22.0	22.0	24.4	27.1	27.1	27.1	27.1	47.4	47.4	47.9	62.5	63.7	63.7	66.4	66.4	66.4	66.4	68.0	68.0	68.0	68.0	68.0	68.0	68.0	68.0	68.0
房地产业	0.0	0.0	2.4	8.4	8.4	12.4	12.4	12.4	12.4	12.4	20.4	24.4	24.4	32.8	32.8	38.8	38.8	38.8	42.8	42.8	42.8	42.8	42.8	42.8	42.8	42.8	42.8
租赁和商务服务业	0.0	0.0	1.1	6.0	6.0	11.1	11.1	11.1	11.1	11.1	11.1	20.8	20.8	25.7	29.9	34.7	34.7	34.7	34.7	39.9	39.9	39.9	39.9	39.9	39.9	39.9	39.9
水电热气供应业	0.0	0.0	3.1	12.5	12.5	16.5	16.5	16.5	16.5	16.5	16.5	28.7	28.7	37.5	37.5	51.1	51.1	51.1	51.1	57.1	57.1	57.1	57.1	57.1	57.1	57.1	57.1
医疗卫生业	0.0	0.0	2.2	2.2	8.6	8.6	15.1	15.1	15.1	15.1	15.1	16.8	23.2	29.7	29.7	37.3	42.7	42.7	42.7	50.3	50.3	50.3	50.3	50.3	50.3	50.3	50.3
资源加工业	0.0	0.0	0.0	24.9	33.4	33.4	38.8	38.8	38.8	38.8	38.8	38.8	40.2	40.2	58.5	58.5	61.3	61.3	67.1	70.2	70.2	70.2	70.2	70.2	70.2	70.2	70.2
文体娱乐业	0.0	0.0	0.0	5.5	8.2	8.2	11.0	11.0	11.0	11.0	11.0	11.0	13.1	13.1	23.6	23.6	26.0	26.0	34.4	41.5	41.5	41.5	41.5	41.5	41.5	41.5	41.5
教育业	0.0	0.0	0.0	3.0	8.0	8.0	12.0	12.0	12.0	12.0	12.0	12.0	13.0	13.0	28.0	28.0	34.0	34.0	41.0	41.0	56.0	56.0	56.0	56.0	56.0	56.0	56.0
装备制造业	0.0	0.0	0.0	0.0	5.3	11.8	11.8	15.0	15.0	15.0	15.0	15.0	15.0	16.5	16.5	21.2	21.2	26.6	26.6	39.4	39.4	45.1	45.1	51.7	51.7	51.7	51.7
交通运输物流业	0.0	0.0	0.0	0.0	0.0	14.3	14.3	16.6	16.6	16.6	16.6	16.6	16.6	18.7	18.7	20.2	20.2	20.7	20.7	20.7	22.0	23.1	23.1	23.1	84.9	84.9	84.9
建筑业	0.0	0.0	0.0	0.0	0.0	21.7	22.6	22.6	23.2	23.2	23.2	23.2	23.2	23.8	23.8	24.6	24.6	25.5	25.5	25.5	25.5	52.9	52.9	52.9	52.9	53.3	53.3
农林牧渔业	0.0	0.0	0.0	0.0	0.0	0.0	28.1	28.1	30.0	30.0	30.0	30.0	30.0	30.0	31.0	31.0	31.8	31.8	32.4	32.4	32.4	36.2	81.3	81.3	81.3	81.3	81.3
批发和零售业	0.0	0.0	0.0	0.0	0.0	0.0	10.4	10.4	11.4	11.4	11.4	11.0	11.4	11.4	12.2	12.2	13.5	13.5	14.8	14.8	14.8	14.8	18.3	21.9	21.9	21.9	21.9
居民服务业	0.0	0.0	0.0	0.0	0.0	0.0	12.7	12.7	14.3	14.3	14.3	15.0	14.3	14.3	14.8	14.8	15.3	15.3	16.1	16.1	16.1	16.1	21.3	42.4	42.4	42.4	42.4
轻工制造业	0.0	0.0	0.0	0.0	0.0	0.0	9.8	9.8	11.9	11.9	11.9	11.9	11.9	11.9	12.9	12.9	15.7	15.7	17.8	17.8	17.8	17.8	20.2	20.2	20.2	49.0	49.0
水利和环保事业	0.0	0.0	0.0	0.0	0.0	0.0	0.0	5.8	9.5	13.4	13.4	13.4	13.4	13.4	14.1	14.1	14.1	21.8	26.1	26.1	26.1	26.1	26.1	32.5	32.5	32.5	54.1
住宿和餐饮业	0.0	0.0	0.0	0.0	0.0	0.0	0.0	0.0	0.0	0.5	0.5	1.5	1.5	1.5	8.2	8.2	10.3	10.3	11.4	11.4	12.5	12.5	12.5	12.5	17.5	17.5	17.5

注：表中数据为各年度 AI 任务执行元任务时间占总时间百分比数值。具体计算方法为，在分析师对各行业不同元任务时间占比估计的基础上，逐年比较 AI 任务执行成本（考虑了部署成本后）和各行业劳动者工资水平，若某类元任务中 AI 执行成本低于劳动者工资水平，则该类元任务由 AI 执行。

资料来源：中金研究院，中金公司研究部，国家统计局，《中国投入产出表（2020）》，《中国人口普查年鉴（2020）》。

息处理、灵巧型任务、空间移动导航任务、听觉信息处理、语言信息处理、信息收集检索任务、教学/培训/辅导9个AI元任务会依次与产业进行融合。总的来看，我们预计产业端AI的需求规模在2030年将达到9.4万亿元，2035年为10.5万亿元，2050年为23.9万亿元。

虽然我们只是从产业端基于元任务对AI的市场需求进行了估计，但事实上这种方法同样可以比较方便地从需求侧对具体的AI产品进行市场规模预测。比如，如果我们清楚掌握了人类日常的元任务时间分布（并不仅限于产业端），就可以根据某AI产品能执行多少元任务对其市场价值进行加总，从而对该AI产品进行市场预测。以人形机器人为例，假设人形机器人早期主要完成力量型任务、灵巧型任务以及空间移动导航任务三类元任务，那么通过对人类完成这几类元任务的市场规模进行加总，就可以粗略地得到人形机器人的市场需求规模。

当然，AI要执行不同的元任务，离不开算力和模型的支持，这也需要额外的资本投入。根据中金公司分析师的预测，2030年我国AI算力硬件层（包括训练和推理侧）总体市场规模约为3.4万亿元，AI模型层市场规模约为1.8万亿元。而这些投资对于拉动我国的需求，可以扮演重要的角色。

（二）AI对我国经济总量及生产效率的影响

1. 生产率提升速度逐步提高

基于各行业的生产结构以及与AI元任务的融合时间表，我们就可以估算AI对我国GDP和全要素生产率（TFP）的影响（见图3.5）。我们预计，以2024年为基准年，AI将在2030年额外提升我国GDP约4.5万亿元，2035年约12.4万亿元，2050年约50.4万亿元，对应额外提升幅度分别为3.6%、9.8%和39.9%，对应年化增长率分别约额外增加0.5、0.8和1.3个百分点。

图3.5还展示了AI对我国TFP增速的可能影响。由于初期AI与行业的融合度相对较低，AI对我国经济总量和生产效率的提升作用较小，但随着AI与行业的融合程度上升，AI元任务执行成本下降带来的效率提升将逐渐体现为全要素生产率的提升。如图3.5所示，AI带来TFP增速的变动，它从2024年的0左右一直增加到2030年的1.2%左右，随时间推移呈现先低后高的趋势。

当然，AI对经济总量的影响还可能因为政策变化、统计测量、要素的重组、经济结构转变的黏性、技术不达预期或超预期等因素发生波动，从而带来高估或低估风险。

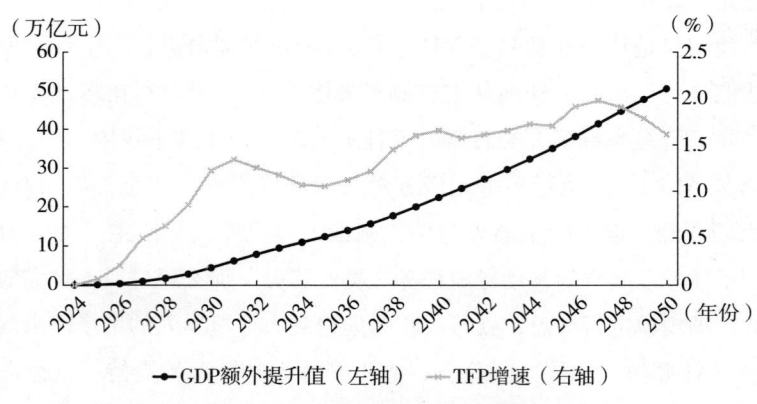

图 3.5 AI 对 GDP 的额外提升及对 TFP 增速的影响

注：图所示数据采用 2024 年的不变价衡量。
资料来源：中金研究院，中金公司研究部，国家统计局，《中国投入产出表（2020）》，《中国人口普查年鉴（2020）》。

2. 行业效率提升差异以及"鲍莫尔病"

利用行业层面的数据，我们估计了从 2024 年开始，分别到 2030 年、2035 年和 2050 年 AI 带来的各行业平均每年生产效率提升幅度（见图 3.6），以反映短期到长期各行业效率提升的程度。各行业效率的提升主要取决于两个因素，一方面是 AI 与行业的融合速度，另一方面是 AI 投入在行业生产要素投入中的占比。我们预计到 2030 年，AI 对采矿业[①]、医疗卫生业、资源加工业、信息服务业、租赁和商务服务业等行业效率提升的幅度较高，原因在于这些行业短期内更容易与 AI 融合。但是随着时间推移，AI 与各行业的融合速度可能逐步降低，与各行业的融合程度变得较为稳定，这时各行业的生产结构将扮演更重要的角色。生产要素结构中 AI 占比高的行业，将更能体现 AI 成本下降带来的效率提升。我们

[①] 采矿业与 AI 融合较早且融合程度较高，因此预计到 2030 年效率提升幅度最大。

AI 经济学

预计到 2050 年，AI 对医疗卫生业、租赁和商务服务业[①]、教育业、农林牧渔业等行业效率提升幅度较大。而住宿和餐饮业、轻工制造业等行业由于工资水平较低，生产要素结构中 AI 占比低，效率提升相对较低。

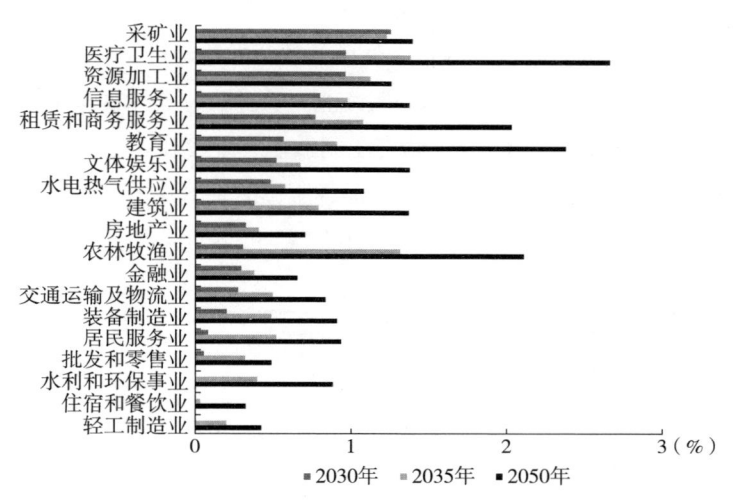

图 3.6　AI 带来的各行业生产效率提升幅度

注：图中数据表示从 2024 年开始，分别到 2030 年、2035 年和 2050 年，AI 带来的各行业平均每年生产效率提升幅度。图中行业名称按照 2030 年预测数值由高至低排列。
资料来源：中金研究院，中金公司研究部，国家统计局，《中国投入产出表（2020）》，《中国人口普查年鉴（2020）》。

短期内效率提升快的行业对经济增长贡献更大；长期来看，经济结构变动或表现出更明显的"鲍莫尔病"现象。在 AI 的影响下，各行业对 GDP 额外增长的贡献可以通过行业产值在 GDP 中的份额变化来判断，若行业份额增加，则对 GDP 增长的贡献也增加，若行业份额减少，则对 GDP 增长的贡献也减少。我们认为到 2030 年前后，各行业产品结构变化不大，受 AI 影响，效率提升较快的行业产出增长也较快，因此效率提升较快的行业对 GDP 额外增长的贡献也相对较大，如资源加工业、采矿业、信息服务业、医疗卫生业、租赁和商务服务

---

① 租赁和商务服务业早期即受益于 AI 与行业融合度高带来的好处，中长期也会享受 AI 在生产要素结构中占比较高带来的好处。

业等行业。效率提升较慢的行业，对 GDP 额外增长的贡献较小，如批发和零售业、轻工制造业等行业（见图 3.7）。但到 2035 年以后，由 AI 导致的"鲍莫尔病"现象可能表现得更加突出，即效率提升较快的行业生产成本越来越低，而效率提升较慢的行业相对成本上升，不同行业产品之间的互补效应意味着，效率提升较快的行业对经济增长的贡献反而降低，从而导致行业份额的下降。如 2050 年效率提升较快的医疗卫生业、租赁和商务服务业、教育业、农林牧渔业等行业，对 GDP 额外增长的贡献反而较低；AI 给轻工制造业、批发和零售业、金融业、房地产业等行业带来的效率提升较少，其产品或服务的供给量增长也有限，可能反而导致行业份额的增加，对 GDP 额外增长的贡献也较高。

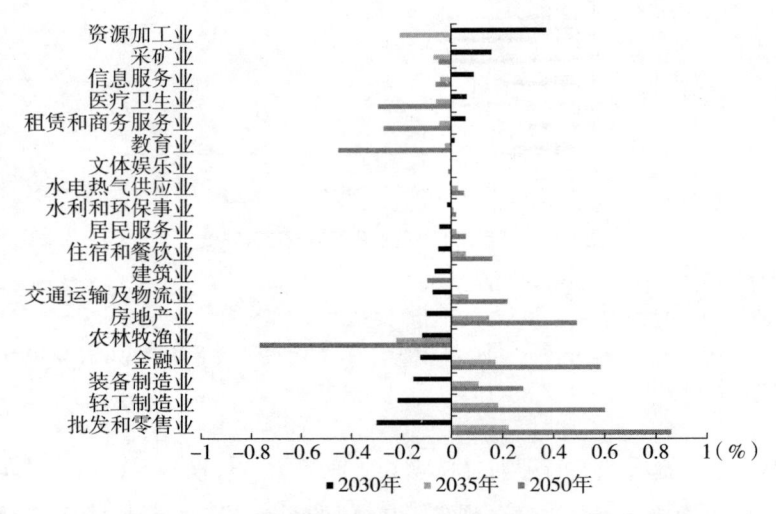

图 3.7　各行业增加值在 GDP 中份额相对于 2024 年的变化

注：图中数据表示预计到 2030 年、2035 年和 2050 年，各行业增加值在 GDP 中的份额相对于 2024 年的变化。图中行业名称按照 2030 年预测数值由高至低排列。其中，对 2030 年数据的估计是基于结构短期难以调整的假设，2035 年和 2050 年的估计基于结构长期可以调整的假设。

资料来源：中金研究院，中金公司研究部，国家统计局，《中国投入产出表（2020）》，《中国人口普查年鉴（2020）》。

（三）AI 对我国劳动力市场的影响

1. 推动劳动力市场分化

从元任务视角来看，AI 对人类的劳动是否造成冲击可以根据相关的元任务是否可以由 AI 完成来区分。对于较易被 AI 执行的元任务而言，只要 AI 的执行成本降低至人类劳动成本以下，AI 在这类任务上相对于人类就具有比较优势，这类任务也将越来越多地被 AI 所执行。对于那些难以被 AI 执行，或者 AI 执行成本较高的元任务而言，人类劳动具有比较优势，AI 对这类任务起到赋能作用，并且这些任务也将吸纳更多的人类劳动者。随着 AI 不断进步，以及其与经济不断融合，人类和 AI 将会基于不同的元任务进行分工。我们根据各行业的融合要求，对以人工完成的元任务的劳动需求量进行了估计，并将部分有代表性的元任务列于图 3.8 中。

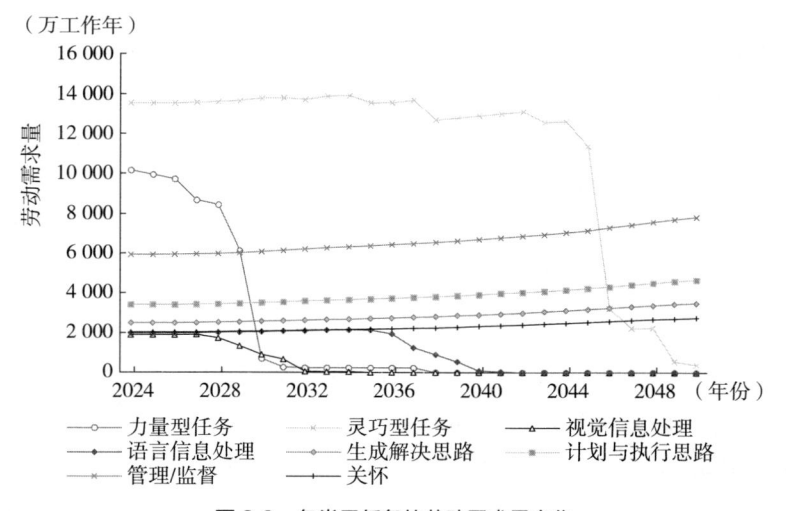

图 3.8 各类元任务的劳动需求量变化

注：图中曲线反映了全社会对各类元任务劳动需求量的变化，每工作年劳动需求量为按照劳动者每周工作 49 小时，每年 52 周计算的等效劳动量。为便于展示，图中仅包含部分 AI 元任务。
资料来源：中金研究院，中金公司研究部，国家统计局，《中国投入产出表（2020）》，《中国人口普查年鉴（2020）》。

根据与行业融合的经济可行性可以将 AI 元任务分为两类：一类是 2050 年

前已开始与实体经济融合的 AI 元任务，包括力量型任务、灵巧型任务、空间移动导航任务、视觉信息处理、听觉信息处理、语言信息处理、数字信息处理、信息收集检索任务、教学/培训/辅导等；另一类则是 2050 年前尚未开始融合的 AI 元任务。与行业融合的 AI 将会替代人类执行部分元任务，这部分元任务对劳动力的需求将随着 AI 成本的下降而不断减少，未与 AI 融合的人类劳动任务则被赋能，这部分任务对人类劳动力的需求持续增加，未来人类或将更多地执行这些较难由 AI 执行的元任务，如问题解决任务和社交型任务。人工完成的元任务的劳动需求量差异，最终将表现为人工完成元任务价格的差异，从而分化劳动力市场。

2. AI 短期替代效应较强，长期或赋能效应更强

短期内劳动者可能技能难以转换，面临 AI 的冲击，更可能在工资更低的行业寻找类似工作，但从长期看，劳动者可以进行人力资本的转换，向 AI 占比较低的行业转移。当 AI 在某些元任务上的执行成本低于人类劳动成本时，这部分劳动者可能较快地被替代，而且人类可能难以在短时间内学习到大量新的知识或技能，因此只能去其他行业寻找类似的工作。然而对于具体的某类元任务，AI 将先替代高工资行业的劳动者，这部分被替代的劳动者只能向低工资行业聚集，低工资行业劳动供给的增加又可能导致这部分行业工资进一步降低，从而导致收入差距扩大。但从长期来看，情况可能发生变化，AI 可以帮助人类节省时间，人类从而有更多的时间学习新的知识和技能，提高学习效率，并且可以有意识地从小就培养 AI 无法具备的能力。我们在分析中以到 2030 年前后的时间代表短期情况，以到 2035 年及以后的时间代表长期。

考虑到现实中，人们接受职业教育培训，或者从入门到熟练掌握工作所需技能，通常需要花费数年时间甚至更久，因此我们假设劳动者短期跨行业就业成本高，长期可以在不同行业的不同类型工作间转移，以考察 AI 对不同行业劳动人口占比的影响，并将结果列于图 3.9。基于中国的数据，我们发现短期内劳动者可能更多地向轻工制造业与住宿和餐饮业等低工资行业的同类工作转移；但从长期来看，劳动者也可能向金融业、信息服务业、房地产业、租赁和商务服务业、医疗卫生业等行业转移。为了让劳动者顺利完成技能转型和行业过渡，减少 AI 带

来的就业摩擦对劳动者的冲击，职业教育、再就业保障等措施将扮演重要角色。

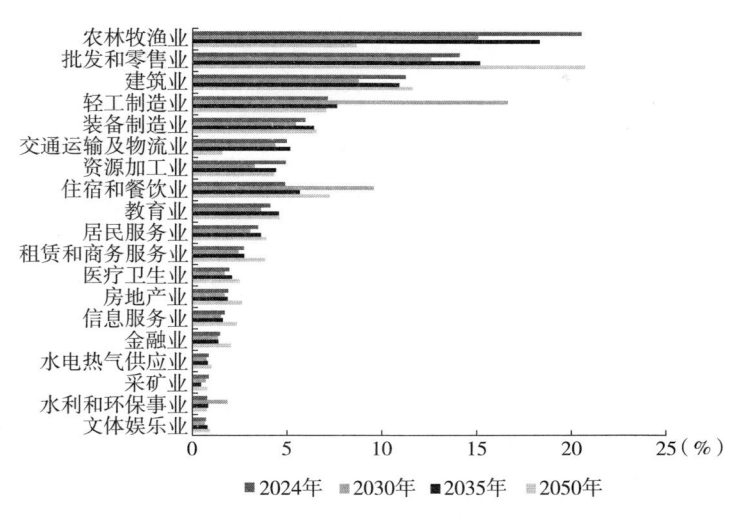

图 3.9　各行业在不同年份面临的劳动人口占比变化

注：图中数据为各年度不同行业劳动人口占总体就业人数百分比。2030 年的估算基于短期假设，即被 AI 替代的劳动者只能到其他行业从事同类元任务。2035 年、2050 年的估算基于长期假设，即劳动者被 AI 替代后可以在任意行业从事任意类型元任务。短期和长期估算均基于充分就业情形。
资料来源：中金研究院，中金公司研究部，国家统计局，《中国投入产出表（2020）》，《中国人口普查年鉴（2020）》。

对于前文估计的 AI 对中国经济影响的结果，需要注意的是，我们基于当前客观事实设定的前提假设可能在未来发生改变，从而导致结果偏离估计值，因此在对估算结果进行解析时需要考虑前提条件适用与否。经济中的其他因素，如人口结构，人力资本结构，产业结构，经济主体的偏好和预期，与 AI 无关的潜在增速等，这些均可能随时间推移发生变化，为了区分人工智能和其他因素的影响，我们仅考虑未来各年度 AI 成本变化对当前经济结构[1]的冲击，以考察 AI 对经济的净影响。需注意的是，现实情况并不一定会完全遵循这些前提假设，未来

---

[1] 各行业的劳动份额，以及产值占 GDP 比例按照《中国投入产出表（2020）》数据计算，各行业就业人数占比按照《中国人口普查年鉴（2020）》数据计算，全国就业总人数、GDP、平均每周工作小时数按照 2023 年数据计算。

如出现其他新技术突破，AI 技术进展不达预期，或是各类经济政策出台等，估计结果均有可能发生一定偏离。我们提供的估计结果仅为基于当前已有客观事实的合理预测，读者将其应用于解释未来人工智能的经济影响时，须考虑前提条件的适用性。

五、思考与启示

从 20 世纪中叶开始兴起的人工智能研究，在过去几十年的发展似乎并不及人们的预期。然而，近两年随着以大语言模型为代表的人工智能的突破，尤其是 AI 通用化能力的提升，我们相信 AI 的发展已经到了一个重要的转折时刻，它将对产业结构、经济增长、工资水平以及社会发展等方面产生重要影响。在机器自动化时代，阿西莫格鲁等人提出了基于任务类型分析机器自动化对经济影响的任务替代模型，但进入 AI 时代，这一模型面临新的挑战，需要针对 AI 通用化的特点做出调整。为了反映 AI 的新发展特点，我们将人类从事的工作划分为独立且完备的 16 个元任务，并构建了元任务框架。

基于元任务框架，我们估算了各年度 AI 对中国经济的影响。相比基准情况，我们预计 AI 的引入将在 2030 年为中国 GDP 额外提升约 4.5 万亿元，2035 年约 12.4 万亿元，2050 年约 50.4 万亿元，对应额外提升幅度分别为 3.6%、9.8% 和 39.9%，对应年化增长率分别约额外提升 0.5、0.8 和 1.3 个百分点。产业端 AI 的需求规模在 2030 年将达到 9.4 万亿元，2035 年为 10.5 万亿元，2050 年为 23.9 万亿元。未来 10 年，AI 对采矿业、医疗卫生业、资源加工业、信息服务业、租赁和商务服务业等行业的生产率提升较大，对批发和零售业、住宿和餐饮业、轻工制造业等行业的生产率提升较小。受 AI 影响，我国就业人口短期内可能向轻工制造业与住宿和餐饮业等行业转移，但长期看则可能向金融业、信息服务业、房地产业、租赁和商务服务业、医疗卫生业等行业转移。

AI 元任务框架不仅可以帮助我们估算 AI 对经济的影响，同时也为我们分析 AI 可能带来的社会影响提供了新的角度。首先，大国凭借规模优势在 AI 的产业应用中扮演着重要的角色。从经济增长的角度看，AI 元任务执行成本的下降，尽管在较长的时间范围内不会带来爆炸性增长，但却会推升经济增长率，不过产业与AI的融合摩擦，可能放缓这一过程，并可能带来"索洛生产率悖论"的现象。也正是这些摩擦的存在，使得AI与产业融合的模式创新和流程创新变得非常重要。在这一过程中，大国依靠内部规模效应，可以更快地降低AI的研发成本；借助外部规模效应，可以更快地降低AI的部署成本，从而缩短AI与产业融合的时间。另外，大国行业与市场的多样性，可以平滑AI对就业的短期冲击。因此，同等条件下，大国更容易获得AI发展的领导地位，行业结构也可能更加平衡；而小国则可能为了获得更快增长，内部产业出现向人工元任务密集领域聚集的情况。

其次，从元任务视角来看，AI并非只是单向地赋能或者替代人类，其通用化的特点已经勾勒出未来人与AI如何分工的模式。如果AI执行某种元任务的成本低于人工，AI将替代从事这部分元任务的劳动者，从事这部分元任务的劳动力将会减少。但由于不同元任务之间关系是互补的，对于那些从事AI无法执行的元任务的劳动者而言，随着AI的引入，其边际产出将提升，因此AI对他们是赋能的。所以AI天然具备赋能和替代两个效果。短期来看，这显然对那些所擅长的元任务类型与AI元任务重合的人不利，这部分劳动者将分流到工资更低的岗位。但从长期来看，由于AI无法完成的元任务劳动需求提升，将吸引更多劳动者加入，这将促使AI与劳动者之间形成更强的互补关系。根据我们对AI完成不同类型元任务的时间路径判断，未来30年，人类将越来越多地聚集在研发行业以及社会活动密集的行业中，而那些需要大量体力劳动、缺乏复杂推理创新或社会属性的工作可能会被AI承担。

再次，元任务框架也让我们多了一个角度去理解AI对收入分配的影响。在元任务框架下，由于元任务之间的关系是互补的，因此在AI替代人类劳动比例最高的行业，剩余劳动者工资水平可能增加更快。但从行业角度来看，这个结论并不必然。在各行业AI替代人类放缓的时间段，由于"鲍莫尔病"，那些AI替代人类劳动比例低的行业（往往是低收入的行业），其工资增速可能更快，直到该行业有更多元任务由AI执行。这为我们理解劳动收入占比（labor share）的变化提供了新的视角。从宏观角度来看，AI对劳动收入占比的影响也不是单向的。当某一新的元任务刚开始被AI大规模执行时，劳动者的工资议价能力受到抑制，从而导致全社会的劳动收入占比降低。但在AI元任务替代人工元任务不

第三章 元任务与AI的经济影响

那么密集的时期，随着AI元任务执行成本的快速下降，由于互补效应，人工完成AI无法完成的元任务的价格上升，将带来全社会的劳动收入占比上升。因此，AI对全社会劳动收入占比的影响很可能会出现随着时间推移反复变动的情形。

最后，AI的发展对不同人群的影响是多方面的，这让福利社会的建立具备了合理性。一方面，AI元任务执行成本的下降最终会推动社会总产出的增加，这为福利社会的建立奠定了物质基础。另一方面，如果缺少福利社会的建设，AI元任务的大规模部署将导致收入差距扩大，劳动收入占比下降，从而最终减弱社会总需求，拉低社会经济的潜在增速，并降低全社会的福利水平。随着AI元任务比例的上升，全社会能否共同享受生产效率提升带来的好处，并随着闲暇的价值提升，享受更多的休闲时光，而不是因为工资收入减少而增加劳动时间，或将成为判断AI时代一个社会好坏的重要标准。

第四章

AI对就业市场的变革

AI 对就业市场的潜在影响引发了热烈讨论。一些研究者预告 AI 将带来大规模失业，但也有声音认为，AI 带来的经济繁荣将创造新的就业机会。讨论 AI 的终极影响难免陷入科幻想象，但如果将问题明确为 AI 在可预见的未来（比如 10 年）对就业的影响，则经济学分析仍可以提供有价值的线索。

尽管 AI 在某些领域展现出超越常人的能力，但现有 AI 技术路线仍难以超越人类智能上限，也并未否定人类智能的价值和所需承担的责任。在进一步的颠覆性技术突破实现之前，AI 与人类智能的差异性和互补性意味着二者存在协作的空间。我们基于中国的招聘大数据测算了各类职业受 AI 冲击的程度。[1] AI 对职业的替代作用和增强作用并存。办公行政、运输物流、数据处理等职业被 AI 替代的风险较高，而销售、法律、管理等职业则更多受增强作用的影响。基于我们的测算，未来 10 年 AI 可能导致整体就业增长有所放缓，但并不会带来大规模失业。

我们利用中国的招聘大数据研究了 AI 对工资差距的影响。结果显示，过去几年 AI 替代效应大的职业工资增长较慢，与替代效应小的职业工资差距拉大。未来 5 年，AI 可能导致中国的劳动收入份额小幅下降。我们还分析了 AI 对人力资本的影响，结果显示学历和职业经验的市场价值可能受 AI 影响而发生调整。值得注意的是，AI 海量生成的大众化作品可能降低人类作品的市场价值和人力资本回报，进而可能限制人类智能的发展。

面对 AI 带来的就业市场变革，政策需要在初次分配和再分配阶段双管齐下。初次分配应注重对劳动者的职业培训和劳动保护，提升劳动者与 AI 协作的能力，以尽可能小的市场扭曲代价促进就业和提高劳动收入。偏向劳动者的再分配可确保 AI 发展的帕累托改进性质，促进社会对技术进步的支持。再分配的资金来源应选择扭曲性小的高累进所得税；"机器人税"可能抑制技术投资，不应作为首选。目前发达国家热烈讨论的全民基本收入可能成为 AI 时代的再分配政策选项，但实施成本高昂。对中国更具现实意义的是完善现有社保制度，尤其是善用 AI 对经济发展的促进作用，提升对弱势群体的帮助和保护。[2]

---

[1] 本章在测算中国职业的 AI 暴露度过程中使用了脉策科技首席经济学家陈沁博士提供的中国招聘大数据，在此表示衷心感谢。我们也欢迎研究者使用我们基于中国招聘大数据和本地部署的 AI 模型而构建的中国职业 – 任务岗位职责数据库。

[2] 本章作者：赵扬、吴晓慧（现任 AI 信息数据研究与应用公司 LumenAster Inc. 首席执行官，于本书写作期间在中金研究院任职）。

一、走向协作的人工智能与人类智能

人工智能已经在很多领域显示出接近或超过一般人类水平的能力，但是目前的人工智能仍然与人类智能在基本结构、学习方法和工作机制等方面迥然不同，二者各自具有比较优势。在部分工作任务中，人工智能可以高水平地独立完成，从而产生替代人类劳动的作用。但是，在很多其他工作任务中，人工智能还发挥着增强人类劳动的作用，使得AI与人类在可预见的未来仍存在较大的协作空间。

（一）AI与人类的协作空间

人工智能，特别是大语言模型（LLM），已经在自然语言处理、编程等多领域展现强大能力。例如，在美国律师资格考试、研究生入学考试等众多专业和学术考试中，人工智能已经表现出与人类相当的水平。[1]但同时，AI在实际应用中仍离不开人类的参与和指导。即使在编程这个公认的AI表现很强的领域，人类与AI的协作对于提升结果仍然重要。2024年，AI专家吴恩达展示了人类精心

---

[1] OpenAI. "GPT-4 Technical Report." 2023.

设计的AI agent工作流框架如何提升主流大语言模型的编程正确率：[①] 人类的工作可以显著提升较落后的AI模型如GPT–3.5性能，使之超越GPT–4等更先进的模型（见图4.1）。人类在设计工作流时所运用的4种技术（反思、工具使用、规划、多智能体）都体现了人类特有的思考体系和工作方式，而人类与AI模型的协作产生了大于任何一方单独工作时的效果。

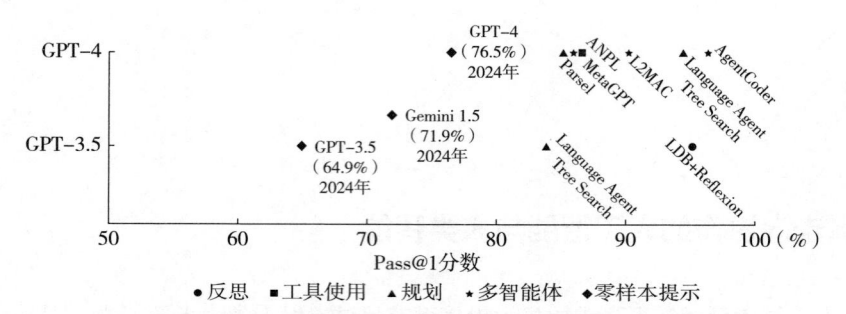

图4.1 各类AI模型在人类设计的AI agent工作流框架中展现出的编程水平

注：HumanEval是用于评估AI模型的代码生成能力的基准数据集。它由一系列编程问题或任务组成，模型通过生成代码来解决这些问题或完成任务。本图显示了各种AI模型在HumanEval上测试的性能。黑色菱形表示AI模型在零样本提示（zero-shot prompting）时的得分，零样本提示指直接要求AI完成某项任务而不给AI任何例子作为参考，是提示方法的一种，其他方法如少样本提示（few-shot prompting）则是在给AI模型布置任务的同时由人类给予几个示例。其他标识表示AI模型被置于人类安排的不同类型的"工作流"框架后的得分。横轴代表Pass@1分数，该指标表示模型在第一次尝试时可以正确解决的问题的占比，分数越高意味着模型在生成正确代码方面更加准确和高效。纵轴的GPT–4、GPT–3.5指出其水平方向右侧的各"工作流"框架是以何种LLM为基础。图反映截至2024年5月27日的模型得分和排名。
资料来源：Papers with Code，中金研究院。

大语言模型本身的训练和使用，也显示AI仍然离不开人类智能的指导。思维链提示法是一种大语言模型的提示方法，使用者在向AI模型提出任务的同时

[①] 参见 https://new.qq.com/rain/a/20240329A041XC00?。下文提及的4种工作流技术是：反思，让智能体（agent）审视和修正自己生成的输出信息；工具使用，让大语言模型调用API等进行实际操作；规划，分解复杂任务并让智能体按计划执行；多智能体（或称多代理协作），多个智能体扮演不同角色，合作完成任务。

也向其演示人类解决此类问题时的思考过程，引导 AI 模仿人类的思维方式给出答案。实验表明，思维链提示法可显著提升模型在算术与常识和符号推理等任务上的表现。[1]思维链提示法就像是人类老师对 AI 学生讲解一遍解题思路，解题的效果固然取决于学生的知识储备（类似大模型的参数量），但老师所讲解的解题思路的优劣也影响最终的解题效果。

运用合成数据训练大模型的数学推理能力，是另一个人工智能与人类智能通过协作而提升总体水平的例子。合成数据不仅模仿目标数学任务的训练集，在生成时更通过改写问题、自我验证和反向推理等方式，增加了问题和答案的复杂性和多样性。一项名为 AlphaGeometry 的 AI 研究项目使用 1 亿个合成数据点训练用于解决复杂几何问题的神经网络模型。合成数据使得该模型面对复杂问题时可以提出和测试不同的方案，令 AlphaGeometry 的解题能力不亚于人类的国际奥林匹克数学竞赛金牌得主。[2]这种训练类似高水平的人类教师为 AI 开设辅导班，变换角度出题，引导 AI 练习并提升解题水平。AI 自身的能力固然重要，但能够巧妙出题并辅导 AI 的人类教师是 AI 解题的重要协作者。

人类已然认识到了在 AI 时代与 AI 协作的重要性。荷兰人力资源咨询公司 Randstad 于 2024 年发布的世界工人调查显示，当前人们最想学习的前 5 项技能是：人工智能，信息技术与科技素养，幸福感与正念，沟通与演讲能力，管理与领导能力。[3]其中，前两项都直接与 AI 技术有关，后三项凸显人们对人类优势的理解。

（二）AI 的相对优势并不能否定人类智能的意义

规模定律所蕴含的"大力出奇迹"，被普遍认为是 AI 大模型产生了类似人

---

[1] Wei J, et al. "Chain-of-Thought Prompting Elicits Reasoning in Large Language Models." *Advances in Neural Information Processing Systems,* 2022, 35.

[2] Trinh T H, Wu Y, Le Q V, et al. "Solving Olympiad Geometry Without Human Demonstrations." *Nature,* 2024, 625(7995); Liu R, et al. "Best Practices and Lessons Learned on Synthetic Data for Language Models." 2024.

[3] 参见 https://www.fastcompany.com/91011036/the-5-skills-workers-value-the-most-in-2024-according-to-new-research。

类智能的主要原因。但是，目前学界和业界对于规模定律所能达到的能力边界仍存在激烈争议。正方坚信规模定律可以推动大模型不断进化并实现AGI，虽然AI从"一张白纸"起步，但数据、算力和参数的持续提升可以帮助AI学习积累"休谟式"不具因果性的经验知识，最终获得认识真实世界的模型。反方则质疑规模定律能推动AI实现AGI并超越人类智能，强调思维结构对于知识的重要性，类似于康德所指出的先验条件对人类认知的重要性。认知科学倾向于认为，儿童的心智不是从"一张白纸"开始，具有对数量、空间、主体和对象等若干核心领域的先验直觉，儿童基于某种"启动软件"从后天经验中进行学习。正反双方都有重量级专家学者进行激烈辩论，然而AI技术的发展实践已经开始融合正反双方的观点，人们在笃信规模定律并堆叠算力的同时，也开始对AI模型施加某种"先验"结构，以改进其性能，比如，使用有监督微调（SFT）和基于人类反馈的强化学习（RLHF）等AI模型"对齐"处理技术，在最新模型中引入混合专家架构等。

  AI相对人脑的明显优势并不能否定人类智能活动的意义。机器能储存的知识量远超人脑，计算速度也快于人类，能够归纳海量文本和数据中的潜在规律，无疑能够高效完成人类社会的多种工作。但是，我们应该更细致地分辨AI的长项与短处，以便更准确判断在可预见的未来AI与人类在工作中的关系。OpenAI的研究人员表示，虽然大语言模型只是"预测下一个单词"，但这当中包括了千百万个不同的任务或维度，包括语法、翻译、世界知识、情感分析、词汇语义学、数学、空间分析等。[①] 从ChatGPT开始，全球用户普遍感到大语言模型的语法水平非常高，但对于模型其他方面的能力，则感受不尽相同。语法是"预测下一个单词"所涉及的维度中规则性最强、可穷尽性高、可学习数据（互联网语料）最丰富的一个，而此维度正可以充分发挥AI经验主义认知的强项。但是，通过互联网语料并不能充分学习情感、数学和物理世界的知识，就好比一个通过题海战术背下各种题型的学生，尽管能在标准化考试中获胜，但不是真正的数学好。因此，尽管AI在标准化考试中战胜了人类，但这并不意味着人类的学习失去了意义。

  AI的认知起点比人类更开放，AI采用经验主义学习法能"看到"庞大数据

---

① Wei J (OpenAI). "Intuitions on Language Models." Stanford CS25 2024 Guest Lecture, 2024.

间的相关性，但在没有海量示例样本供其学习的领域，由于缺乏常识指引和理论构建能力，其结论的稳健性较低。值得指出的是，AI并非只包括GPT式的大语言模型。事实上，准确性更高的AI系统往往有更多的初始约束和更明确的学习路径或工作机制。比如，战胜了围棋世界冠军李世石的AlphaGo依托蒙特卡洛树搜索（MCTS）的机制，稍早期用于图像识别的卷积神经网络则依托适合提取图像特征的架构和使用标记过数据的有监督学习。这些约束带来的偏向性使得这类AI模型虽然泛化性和全面性不及大语言模型，但在特定任务上的准确性和可靠性更高。无论哪一种现有的AI模型，人类智能与之相比都具有更一般性的初始规则、常识直觉和理论构建能力；同时，大脑采用更稀疏、更具选择性的信息处理策略，成就了人类思考更高的效率（比如决策速度更快）与认知的稳健性和适应性（见表4.1）。

表4.1 不同类型人工智能与人类的认知能力获取机制对比

	GPTs：自回归式LLM AI	AlphaGo：游戏/决策式AI	人类
起点	一张白纸：无偏向，无结构限制	非白纸：有初始约束，限定决策流程和搜索空间	非白纸：有空间、数量、主体、对象等先验概念
学习方式	・无监督学习：观察数据，模式识别 ・有监督学习：根据示例调整反应 ・强化学习：根据奖惩规则减少有害回复，促进合意回复	・有监督学习：学习棋谱 ・强化学习：自我对弈，评估胜率，优化决策网络	・无监督学习：探索生活环境，读书 ・有监督学习：父母、老师给予示例 ・强化学习：在社会、职场中历练 ・概念掌握、理论构建、创意设计等
学习结果	获得计算型认知能力	获得计算型认知能力	获得计算型认知能力、非计算型认知能力
首要任务	预测	预测	构建世界模型

注：这里列出一些架构和工作原理不同、有代表性的AI模型，并未穷举AI模型，比如我们并未列示AlphaFold和Sora等基于扩散模型乃至更加复合型架构的AI模型。当前的LLM AI的预设结构最少，而人类的预设结构（儿童的"启动软件"）则可能是最复杂的，现有科学研究尚未能知晓其全貌。
资料来源：OpenAI，Google DeepMind，Lake et al. (2017)，Wellman 和 Gelman（1992）；中金研究院。

AI 在不同类型考试中表现有好有坏，也在一定程度上体现了其与人类智能相比各有所长。以 GPT-4 为例，其语文类考试（GRE Verbal）准确率接近 100%，但高中物理与化学考试准确率仅为 60% 左右，在 Codeforces 竞技编程、美国大学生英文文学和写作、美国 10 年级及以下学生数学竞赛 3 门测试中的准确率甚至不到 10%。[1] 在一个简单的图像推理游戏中，人类基准准确率为 95%，而 GPT-4 准确率为 69%，GPT-4V 仅有 25%。经过人类干预和针对性训练后的 AI 模型表现则显著提升，比如在自然语言推理、图像分类等任务的基准测试中，AI 模型表现出了接近或超过人类基准表现的水平；[2] 但是在行程规划等更复杂的任务上 AI 模型仍逊色不少。例如，Gemini 1.5 Pro 在人类给出 100 个示例的情况下最高也只达到 42% 的准确率，GPT-4 Turbo 表现最佳时也只有 31%；在只给一个示例的情况下二者准确率只有约 10%。[3] 对 AI 能力进行测试的平台发布了 AI 模型在数千个任务中上万个基准测试的表现[4]，结果显示，各 AI 模型在这些任务上的能力差别很大，既体现了 AI 在特定任务中的优势，也体现了人类参与协作和不断改进 AI 的空间。

　　基于目前 AI 技术的水平和发展路线，我们应客观看待 AI 的能与不能、强项与短板。由于每个人的技能不同，AI 的进步难免给人类个体带来异质性影响。对人类而言，AI 既是工具也是竞争对手。对于人类与 AI 的关系，我们既不应盲目乐观，也不宜妄自菲薄，而应发挥人类与 AI 协同工作的作用。现实中无论 AI 能力如何，在医疗等领域中 AI 虽可辅助人类，但最终决策和责任仍须由人类做出和承担，[5] 人类也不应放弃对工作所应承担的最终责任。[6] 从长期来看，人类需要坚持自身在更强大 AI 乃至 AGI 开发中的主导地位，确保 AI 与人类智能发展

---

[1] OpenAI. "GPT-4 Technical Report." 2023.

[2] 资料来源：Stanford AI Index Report 2024。

[3] Google DeepMind. "Gemini 1.5: Unlocking Multimodal Understanding Across Millions of Tokens of Context." 2024.

[4] 以主流的机器学习社区 Papers with Code 为例，截至 2024 年 5 月末覆盖 10 888 个基准测试和 4 886 个任务。

[5] Ross M, Taylor J. "Managing AI Decision-Making Tools." *Harvard Business Review*, 2021.

[6] 参见 https://plato.stanford.edu/entries/autonomy-moral/。

AI 经济学

是一种良性竞争，确保社会生产力提高的结果与人类的福祉方向一致。

二、AI 如何影响就业

AI 对就业的影响在全球范围日益引发关注。市场调查公司 YouGov 于 2023 年进行的调查显示，[①] 全球约 3/5 的受访者担心工作被人工智能取代。在亚洲，相当大比例的受访者担忧工作会被 AI 取代。印度受访者担忧的比例高达 76%，阿联酋和印度尼西亚约七成受访者表示担忧。相比之下，中国的受访者态度相对中性，表示担忧的受访者比例为 55%。国际市场研究机构益普索于 2023 年进行的覆盖 31 个国家和地区的调查也显示，[②] 全球平均有 57% 的工人预计人工智能会改变他们目前的工作方式，36% 的工人预计人工智能会取代他们目前的工作。皮尤研究中心更早的一项覆盖 10 个国家和地区的调查显示，[③] 当人们展望更长时期的未来比如 50 年时，绝大多数人认为机器人和计算机可能接管很多现在由人类从事的工作，持这一观点的受访者在希腊、日本、加拿大的比例分别高达 91%、89% 和 84%。

人们真的需要如此担忧吗？要判断 AI 对就业市场的整体影响，需要从多个角度去分析和理解。我们首先从职业层面入手，探讨在中国的职场中 AI 对不同职业的影响程度，进而总结 AI 对中国整体就业市场的可能影响。我们的研究发现，迄今为止人们过于担忧 AI 对人类劳动的替代作用，而忽视了增强作用；尽管 AI 在经济中的渗透不可避免带来就业增长的放缓和结构性失业，但是在可预见的未来 AI 导致大规模失业的现象并不会出现。

---

① 参见 https://business.yougov.com/content/46597-more-than-half-of-global-public-now-worried-about-ai-replacing-jobs。

② 参见 https://www.ipsos.com/en-ph/ai-making-world-and-most-asian-markets-nervous-about-job-security-ipsos-global-advisor-survey。

③ 参见 https://www.pewresearch.org/global/2018/09/13/in-advanced-and-emerging-economies-alike-worries-about-job-automation/。

第四章　AI 对就业市场的变革

（一）AI 对不同职业的替代效应和增强效应：一项基于中国招聘大数据的研究

现有研究采用了多种方法来评估人工智能对不同职业的影响。这些方法的基本思路都是评估在工作任务中 AI 与人类活动的重叠性，具体评估方法大致分为三类：基于专家评分的机器学习分类法，基于专利文本和职业描述的文本分析方法，以及使用大语言模型（如 GPT-4）直接评估。无论何种方法，上述研究离不开高质量的职业特征数据。目前，大多数研究使用的是美国职业特征数据库（O*NET）[1]及其他国家的类似数据库[2]。O*NET 目前包括 923 个职业，在职业涉及的任务、能力、知识、教育、技能、兴趣、工作活动、工作风格、工资和就业趋势等广泛维度对它们进行了描述。O*NET 数据从在职者或职业专家那里收集，并定期修订以跟上变化的职业环境，其最新修订是在 2019 年。[3]

基于专家评分的机器学习分类法来自弗雷等人对这一领域的开创性研究。[4]他们对 70 种职业可被机器学习和移动机器人等 AI 相关技术自动化的程度进行了专业判断，并结合 O*NET 数据判断各职业的"自动化瓶颈"，如感知、操作、创造力以及社交智慧等，最后利用这 70 种有标签的职业及任务数据，对 702 种职业的自动化概率进行测算。该方法不失为评估 AI 职业影响的科学方法，但也存在明显的问题：因为依赖专家标注和评估，结果有相当主观性。随着自然语言

---

[1] Frey C B, Osborne M A. "The Future of Employment: How Susceptible Are Jobs to Computerisation?" *Technological Forecasting and Social Change*, 2017, 114; Felten E W, et al. "A Method to Link Advances in Artificial Intelligence to Occupational Abilities." *AEA Papers and Proceedings*, 2018, 108.

[2] Georgieff A, Hyee R. "Artificial Intelligence and Employment: New Cross-Country Evidence." *Frontiers in Artificial Intelligence*, 2022, 5; IMF. "Gen-AI: Artificial Intelligence and the Future of Work." 2024.

[3] 参见 https://www.onetcenter.org/overview.html。

[4] Frey C B, Osborne M A. "The Future of Employment: How Susceptible Are Jobs to Computerisation?" *Technological Forecasting and Social Change*, 2017, 114.

处理技术的发展，一些研究开始使用文本分析方法，[①]通过分析职业任务描述与发生的技术进步（如专利或研究论文）之间的相似度，来衡量职业的 AI 暴露度。近期的研究开始利用大语言模型（如 GPT-4）来评估职业任务与 AI 能力的匹配程度，其优势在于，评估职业的 AI 暴露度更准确、更及时，也更便宜。基于 AI 庞大的知识库，其评估的准确性不亚于人类专家，而其高效率使得基于海量数据的研究成为可能。[②]

过往研究一度普遍认为那些涉及常规任务的职业，如办公行政、生产和销售等，面临较高的 AI 自动化风险；而需要更多创造力、社交技能和情感投入的职业，如教育、医疗和艺术创作，受 AI 影响较小。[③]然而近期的研究发现，随着 AI 在语言能力上的进步，法律、教育和创意设计类高技能职业也可能面临较高的 AI 替代风险。[④]现有研究存在一些共性的不足。首先，由于数据可得性问题，研究过于侧重发达国家，对发展中国家关注较少。其次，现有研究多使用美国 O*NET 数据来描述职业特征，而不同国家的职业特征可能存在差异。再次，大多数研究没有区分 AI 的替代效应和增强效应，而这两者对就业和工资的影响机制不同。最后，O*NET 最近一次全面更新是在 2019 年，导致现有研究数据较为滞后，未能及时反映过去几年 AI 的快速发展。

[①] Kogan L, et al. "Technology and Labor Displacement: Evidence from Linking Patents with Worker-Level Data." National Bureau of Economic Research, 2023; Sytsma T, Sousa E M. "Artificial Intelligence and the Labor Force: A Data-Driven Approach to Identifying Exposed Occupations." RAND, 2023.

[②] Eloundou T, et al. "GPTs Are GPTs: An Early Look at the Labor Market Impact Potential of Large Language Models." OpenAI Working Paper, 2023; Gmyrek P, et al. "Generative AI and Jobs: A Global Analysis of Potential Effects on Job Quantity and Quality." ILO Working Paper, 2023; 参见北京大学国家发展研究院与智联招聘联合课题组，《AI 大模型对我国劳动力市场潜在影响研究报告》，2023 年。

[③] Autor D, Dorn D. "The Growth of Low-Skill Service Jobs and the Polarization of the US Labor Market." *American Economic Review*, 2013; Ellingrud K, et al. "Generative AI and the Future of Work in America." MGI, 2023.

[④] Felten E, et al. "How Will Language Modelers Like ChatGPT Affect Occupations and Industries?" 2023; Eloundou T, et al. "GPTs Are GPTs: An Early Look at the Labor Market Impact Potential of Large Language Models." OpenAI Working Paper, 2023.

我们利用中国的猎聘网和智联招聘网的招聘大数据，[①]运用本地部署的大语言模型构建了中国的职业–任务/岗位职责数据库，对不同职业的 AI 暴露度进行测算和比较。为了确保与国际同类研究的结果可比，我们将中国的招聘职位按照美国标准职业分类（SOC-2018）的 6 位数层级进行分类。对于每个 SOC-6 职业，我们随机抽取约 400 条广告，总共 20 多万条广告，得到了覆盖 544 种 SOC-6 职业的任务和岗位职责特征数据。通过提取每种职业的前十大核心任务，并基于这些任务在所有招聘广告中出现的频率计算重要性权重，我们得到了一个量化的、全面的中国职业任务描述体系。据我们所知，这是国内首次基于真实就业市场数据和国际可比的职业分类体系，而非专家判断或间接映射，构建职业任务数据库的尝试。有了这一职业任务数据库，我们就可以通过使用人工智能技术对各类职业的 AI 暴露度进行测算。由于我们使用了截至 2024 年 4 月的数据，因此研究结果可以反映 AI 技术和职业任务内容的较新变化。与现有研究主要依赖美国 O*NET 数据不同，我们的职业数据基于中国招聘数据，体现了中国就业市场的微观特征。

基于上述数据库，我们让 GPT-4 等大语言模型为每种职业下的每条任务的替代效应和增强效应打分，并基于每条任务在职业描述中的重要性将它们加权汇总后得到各职业的 AI 暴露度。如前所述，让 AI 评估各职业特征任务的 AI 暴露度，这充分利用了大语言模型的文本分析能力，可行性和效果已经在同类研究中得到了确认。我们采用这一方法，不仅节省了大量时间和金钱，结果也相较专家评估更为客观中立。为弥补现有研究的不足，我们的研究扩大了同类研究的维度。首先，我们区分了 AI 的替代（自动化）效应和增强效应，分别评估其对就业和工资的影响。其次，我们考虑了三类不同的 AI 对人类职业的影响：一般意义的 AI，大语言模型 AI，以及大语言模型加人形机器人。最后，我们还考虑了 AI 的成本因素，即 AI 的成本能否在限定时间降至企业可接受的水平。

关于 AI 的替代效应和增强效应，一些文献显示，二者对就业和工资有不同

[①] 猎聘数据截至 2024 年 3 月 22 日，智联招聘数据截至 2024 年 4 月 11 日。

的作用机制和结果。[1] 替代效应减少相关就业的需求，但是增强效应由于提高劳动生产率并带来行业间溢出效应，可能提高相关就业的需求并促进工资增长。我们的测算结果显示，AI 对不同职业的影响差异显著（见图 4.2）。AI 替代作用最高的几个职业大类包括：办公室和行政支持，运输和物料搬运，计算机和数学，以及生命、物理和社会科学，等等。由于 GPT-4 认为未来 10 年内自动驾驶成熟落地的可能性高，因此运输和物料搬运大类下的很多职业 AI 替代作用得分较高。[2] 信息和数据的收集和处理，以及报告撰写等研究性工作也被认为属于大模型 AI 的优势领域，AI 替代作用得分较高。

在我们的结果中，销售、法律和管理等职业由于"包含复杂决定、细微区别、解读模糊或因情境而异的信息"被 GPT-4 评估为难以替代，同时经评估这三类职业增强作用得分较高，尤其是销售。这一结果可能与下述事实有关：招聘广告对此类职业的核心任务描述大多包含结果导向内容，而非简单由独立的动作描述组成。以电话销售员为例，现有研究一般认为 AI 替代度高，但在我们的测算中，其 AI 替代作用得分低。这并非由于成本因素，因为销售的十大核心任务 100% 通过了应用 AI 的成本测试，而是由于职业描述中包含 GPT-4 认为难以由 AI 独立完成的"销售指标达成""新客户开发""销售策略执行""客户满意度提升"等任务，完成这些任务需要个性化解决方案、同理心及对人类行为细微观察。相比之下，O*NET 对电话销售员的任务描述主要包括"电话联系客户、获取客户信息、解释产品和服务"等动作内容，如不考虑销售者对结果负责，销售职业自然容易被 AI 替代。社区和社会服务的 AI 增强作用得分也较高，主要因为"教

---

[1] Kogan L, et al. "Technology and Labor Displacement: Evidence from Linking Patents with Worker-Level Data." National Bureau of Economic Research, 2023; Autor D. "New Frontiers: The Origins and Content of New Work, 1940–2018." The Quarterly Journal of Economics, 2024; Acemoglu D, Restrepo P. "The Race Between Man and Machine: Implications of Technology for Growth, Factor Shares, and Employment." American Economic Review, 2018; World Economic Forum. "Jobs of Tomorrow: Large Language Models and Jobs." 2023; Pizzinelli C. "Labor Market Exposure to AI: Cross-Country Differences and Distributional Implica-Tions." IMF Wording Paper, 2023; Gmyrek P, et al. "Generative AI and Jobs: A Global Analysis of Potential Effects on Job Quantity and Quality." ILO Wording Paper, 2023.

[2] 本文只列示 GPT-4 Turbo (2024-04-09) 版本的评分结果。我们也使用 Claude 3 进行了评分，其对于 AI 替代潜力的评价总体而言相比 GPT-4 更加保守。

育、指导和职业辅导顾问""婚姻治疗师""心理健康辅导员"等职业既包含资料收集和答疑解惑等 AI 擅长的工作，也带有销售属性，该属性可通过 AI 得到增强。

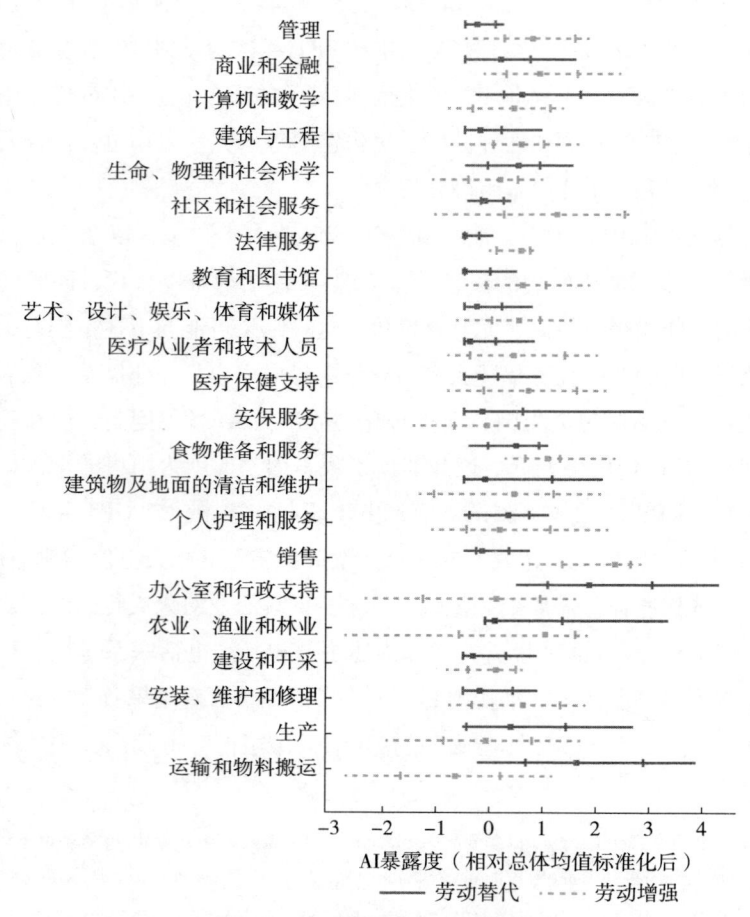

图 4.2　中国各职业的 AI 技术暴露度

注：数值大于零表示相应职业受 AI 的影响程度大于各职业的均值；方块表示中位数，竖线表示 p25 和 p75 数据点，直线两端表示 p10 和 p90 数据点。各 SOC-2 职业分类对应的两条线显示了每个 SOC-2 职业大类下 30 多种 SOC-6 具体职业的 AI 暴露度分布情况。
资料来源：猎聘，智联招聘，中金研究院。

由此引出一个有趣的问题，也是我们在本章第一节中曾简略提及的：人类和

AI，谁应该对工作的结果负责？如果人类不放弃自身对工作的责任，则这一意愿本身就会导致对于 AI 的人类工作替代性的评估得到不同结果。那么人类是否应该放弃目前承担的责任呢？工作作为一种人类社会活动的基本成分，是否内在地包含了"人类不可推卸其责任"的前提呢？对此我们难以给出答案。但有意思的是，大语言模型在对大量招聘广告进行阅读理解后，似乎并不愿轻易将工作结果的责任认定为归于 AI。

我们发现，AI 对一些职业大类下细分职业的影响存在值得关注的异质性。替代作用异质性最强的职业包括：办公室和行政支持，运输和物料搬运，农林渔，安保服务，生产，等等，表现为图 4.2 中替代作用的线段更长。以农林渔为例，其中既包括"农场、苗圃和温室工人"这种 AI 替代度只有 1/10 的体力工作，也包括"农产品分级和分类工"这种 AI 替代度高达 80% 的工作，因此存在较大的异质性。安保服务等工作也显示类似特征。值得一提的是，如果考虑到阿西莫夫为机器人制定的三条尊重人类的定律，即机器人学三定律[①]，安保服务工作的部分任务可能永远无法由 AI 来完成。这种职业内 AI 影响的异质性，提示我们在分析 AI 对就业的影响时需要加倍谨慎和细致，不能简单地将各职业约化为同质的简单动作，而需深入工作的具体情境。

有趣的是，当我们把 AI 限定为纯大语言模型时，结果显示，AI 可以完全替代人类的任务只占总任务的 2%，这使得即使不考虑成本可行性，AI 的替代作用都非常小；而 AI 可增强的任务占比高达 90%，且在所有职业大类中都有较高的增强作用得分。值得注意的是，这是大语言模型自身做出的评估。与人类的担忧不同，大语言模型似乎更倾向于将自己定位为人类的工具。当把人形机器人考虑在内时，AI 可替代的任务占比与仅考虑一般意义 AI 相比略有上升，从约 16%上升至约 23%，替代作用上升显著的职业包括：社区和社会服务，食品准备和服务（主要为餐饮类），个人护理和服务，办公室和行政支持，销售，等等。估算职业的 AI 暴露度是一个动态的过程。我们的结果只是体现了大语言模型对未

---

① 机器人学三定律：（1）机器人不得伤害人类，或者故意不作为，让人类受到伤害；（2）机器人必须服从人类下达的指令，除非这种命令会与第一定律冲突；（3）机器人必须尽力保全自身，只要不与第一或第二定律冲突。（参见杨琼：《探索机器人伦理原则》，《中国社会科学报》，2021年第2196期。）

第四章　AI 对就业市场的变革

来10年AI发展的判断，而这一判断背后的内容是我们不得而知的黑箱。此外，职业的AI暴露度只是影响就业和工资的众多因素之一，技术采用速度、经济结构变化和政策响应等其他因素也会发挥重要作用。因此，我们的估算结果可以被视为一个参考和起点，而非有关各职业劳动需求走向的决定性结论。

我们还对中国部分上市公司进行了问卷调查，收到112份有效回复，涵盖大部分行业，其中约30%是制造业企业。问卷调查的结果与我们之前的研究结果有相似之处。比如，客服、人力和行政等岗位与生产岗位未来3年内被AI替代可能性更高（见图4.3）。面对"未来3年内，是否会在贵公司出现AI替代现有职工的情况"这一问题，受访者回答"说不准"的比例达39.3%。在被问及"未来3年内，AI应用是否会让贵司产生新的工作岗位需求"时，回答"会产生新岗位，但我不知道会是什么岗位"的比例达53.6%（见图4.4）。

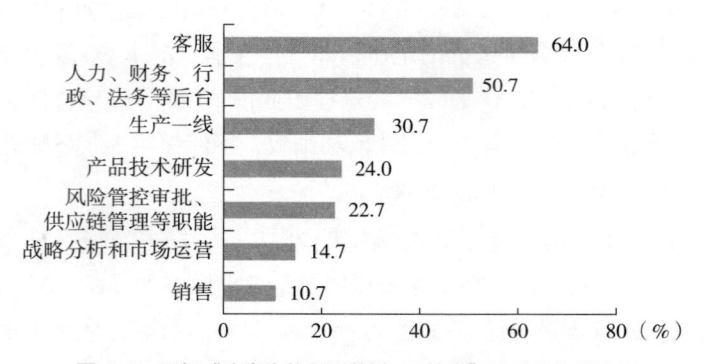

岗位	比例(%)
客服	64.0
人力、财务、行政、法务等后台	50.7
生产一线	30.7
产品技术研发	24.0
风险管控审批、供应链管理等职能	22.7
战略分析和市场运营	14.7
销售	10.7

图4.3 回复"该类岗位很可能被AI替代"的受访企业比例

注：图中数据为2024年4月中金公司进行的上市公司问卷调查结果，具体问题为"未来3年哪些岗位很可能被AI替代"。
资料来源：中金研究院。

（二）AI可能导致未来10年就业增长放缓，但不会带来大规模失业

关于AI对就业的整体影响，现有研究存在针锋相对的不同观点。部分研究认为AI和自动化技术会导致较高失业率，多项研究估计14%~56%的现有工作

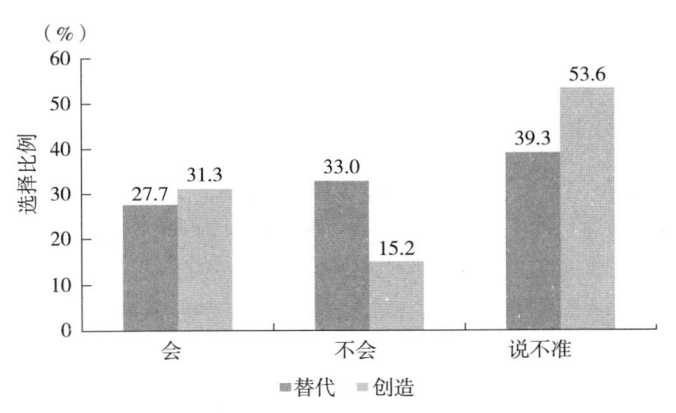

存在被自动化的高风险。[1] 然而，另一些研究则认为 AI 会带来就业增长，因为 AI 能通过提高效率和促进产业升级等途径创造就业机会，其创造就业机会的效应足以抵消替代劳动力的效应。[2] 世界经济论坛的企业调查数据显示，约 50% 的企业预计 AI 将创造就业机会，只有 25% 的企业预计 AI 会减少就业机会。[3] 总体而言，现有研究文献显示技术变革的就业影响取决于其对人类工作的替代效应和创造效应等机制的共同作用结果，整体效果具有高度不确定性。[4]

图 4.4 关于 AI 替代还是创造工作岗位的问卷回复

注：图中数据为 2024 年 4 月中金公司进行的上市公司问卷调查结果。深灰色柱表示预计 AI 替代现有岗位，浅灰色柱表示预计 AI 创造新的就业岗位。为更好对比，"会产生新岗位，但我不知道会是什么岗位"的回答在图中归入"说不准"类别。浅灰色柱数据加总不等于 100% 是由四舍五入引起的。

资料来源：中金研究院。

---

[1] Frey C B, Osborne M A. "The Future of Employment: How Susceptible Are Jobs to Computerisation?" *Technological Forecasting and Social Change*, 2017, 114; Nedelkoska L, Quintini G. "Automation, Skills Use and Training." OECD, 2018; Council of Europe. "Artificial Intelligence and Labour Markets: Friend or Foe?" 2020.

[2] Gregory T, et al. "Racing with or Against the Machine? Evidence on the Role of Trade in Europe." *Journal of the European Economic Association*, 2022, 2.

[3] World Economic Forum. "Future of Jobs Report 2023." 2023.

[4] Acemoglu D, Restrepo P. "Automation and New Tasks: How Technology Displaces and Reinstates Labor." *The Journal of Economic Perspectives*, 2019, 2.

我们利用前文测算的中国各职业 AI 暴露度，结合现有研究文献，估算了 AI 对中国就业增长的潜在影响。高更等人把 AI 暴露度与未来 10 年的就业增长率联系了起来：替代作用的 AI 暴露度上升 40 个百分位数对应未来 10 年就业累计增长率下降 4.4 个百分点；而增强作用的 AI 暴露度上升 40 个百分位数对应未来 10 年就业增长率提高 9.1 个百分点。[1] 我们根据其估算结果计算了每单位 AI 暴露度变化对应的就业增长率变化，并将这一系数应用于中国 SOC-6 职业，计算 AI 对每个职业的净就业影响。我们发现，AI 对中国不同职业的就业增长率影响各异（见图 4.5）。将各职业的净就业影响按其在中国总就业中的占比进行加权平均，[2] 即可得到 AI 对总就业的影响。我们的估算显示，AI 可能导致中国未来 10 年的累计就业增长率比基准水平低 1.8 个百分点，年就业增长率平均降低约 0.18 个百分点。对比我国庞大的就业人口和劳动力数量，这一数字带来的影响并不显著。这意味着 AI 本身在未来 10 年内并不会导致大规模失业。

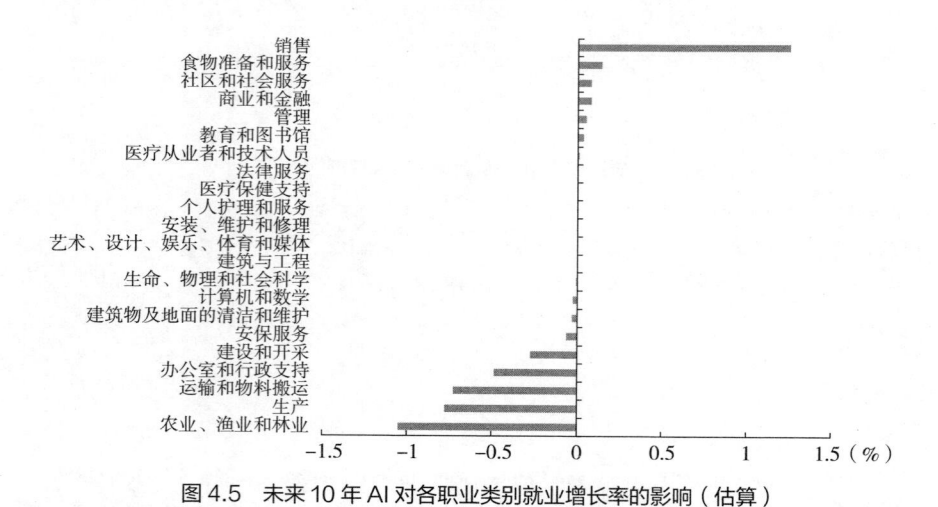

图 4.5　未来 10 年 AI 对各职业类别就业增长率的影响（估算）

资料来源：智联招聘，中金研究院。

---

[1] Kogan L, et al. "Technology and Labor Displacement: Evidence from Linking Patents with Worker-Level Data." National Bureau of Economic Research, 2023.

[2] 我们先将 SOC-6 层级的净就业影响平均汇总到 SOC-2 层级，并利用大语言模型将 SOC-2 层级的职业类别和第七次全国人口普查的职业类别进行了映射，以获得 SOC-2 层级各职业类别的就业占比。

上述估计结果当然存在不确定性。首先，这里的就业增长率变化考虑了全行业层面的生产率效应及其正向溢出效应，即受 AI 增强影响的行业会扩张，影响会溢出到其他行业，创造出新的劳动需求。如果只考虑 AI 对现有在岗人员的影响，则即使劳动增强型的 AI 也会导致失业，特别是职业内收入较高的工人失业概率将上升，这主要是新技术的引入造成现有人员的技能过时和人力资本下降（技能流失效应）导致的。这提醒我们在解读整体失业率变化时要保持谨慎，因为较为平稳的整体情况可能掩盖其中的结构性变化。其次，我们使用的是基于美国数据估计的劳动力市场微观参数，由于缺乏中国微观数据，我们目前无法估计中国的相关参数。尽管存在上述局限性，我们的估算仍为评估 AI 对中国就业的潜在影响提供了一个基础成果。

三、分化加剧是 AI 时代收入分配的特征

（一）AI 可能导致工资差距拉大

现有研究采用了多种方法和数据来评估人工智能和自动化对工资的影响。一个主要的共识是这些技术的变革可能会加剧工资不平等，但是不同研究对影响机制和程度各有主张。有实证研究发现，采用了信息技术和自动化程度较高的地区，劳动力市场出现了工资极化，[1] 中等工资的工作机会减少，高低两端的工作机会增加。[2] 根据国际劳工组织（ILO）报告，尽管技术进步会创造新的工作机会，但可能会加剧不平等，低工资工人、女性和非正规就业者的工资损失最为严

---

[1] Autor D, Dorn D. "The Growth of Low-Skill Service Jobs and the Polarization of the US Labor Market." *American Economic Review,* 2013; Frey C B, Osborne M A. "The Future of Employment: How Susceptible Are Jobs to Computerisation?" *Technological Forecasting and Social Change,* 2017, 114.

[2] Autor D H, et al. "The Polarization of the US Labor Market." *American Economic Review,* 2006; Böhm M J. "The Price of Polarization: Estimating Task Prices Under Routine - Biased Technical Change." *Quantitative Economics,* 2020, 11(2); Böhm M J, et al. "Occupation Growth, Skill Prices, and Wage Inequality." *Journal of Labor Economics,* 2024, 11(2).

重。① 也有研究认为，AI可能加速自动化进程，这可能压低低技能劳动者工资。② 相比之下，高技能劳动者和受影响较少的职业可能经历工资增长，从而加大工资差距。③

相比现有的信息技术和自动化技术，AI对工资差距的影响可能更为复杂和微妙。一些研究区分了AI的劳动替代效应和劳动增强效应，发现它们对工资和就业有不同的影响。劳动力节省型技术的内涵就是能够替代工人完成常规任务的资本质量提高（或者说在质量不变的情况下价格降低），促成资本对劳动的替代。相比之下，劳动力增强型技术能提高工人的生产效率，有利于掌握新技术的工人，但对熟练于旧技术而无法适应新技术的工人（主要是年龄大、受教育程度高且相对工资较高的人）则可能产生负面影响。总体而言，替代作用与劳动收入份额下降相关，增强作用与劳动收入份额略微上升相关。④ 还有一类观点则强调，人工智能可能通过提高生产率和创造新任务对就业和工资产生正面影响，但由于不同群体受益不均，因此会拉大不同群体之间的收入差距。比如，研发密集型的创新企业支付更高工资，这加剧了企业间工资差距。⑤ 一些基于中国数据的分析及文献综述也显示，AI提高了非常规劳动力的工资溢价，但对常规劳动力特别是某些群体（女性、高技能人群）产生了负面影响，加剧了地区、行业和群体间的收入差距。⑥

---

① International Labour Organization. "Work for a Brighter Future–Global Commission on the Future of Work." 2019; International Labour Organization. "Global Wage Report 2022–2023: The Impact of Inflation and COVID-19 on Wages and Purchasing Power." 2022.

② Brynjolfsson E, et al. "Artificial Intelligence." IMF F&D, 2023; Zarifhonarvar A. "Economics of ChatGPT: A Labor Market View on the Occupational Impact of Artificial Intelligence." *Journal of Electronic Business & Digital Economics*, 2023.

③ Ellingrud K, et al. "Generative AI and the Future of Work in America." MGI, 2023; Felten E, et al. "How Will Language Modelers Like ChatGPT Affect Occupations and Industries?" 2023.

④ Kogan L, et al. "Technology and Labor Displacement: Evidence from Linking Patents with Worker-Level Data." National Bureau of Economic Research, 2023.

⑤ Aghion P, et al. "A Theory of Falling Growth and Rising Rents." *Review of Economic Studies*, 2023, 6.

⑥ 李静等：《人工智能、劳动力任务类型与城市规模工资溢价》，《财经研究》，2023年第12期；何勤、刘明泽：《人工智能对就业规模及劳动收入的影响》，《首都经济贸易大学学报》，2023年第4期。

我们使用中国的在线招聘数据中各小类职业的工资分布数据，结合我们所测算的中国各职业的 AI 暴露度，估算了 AI 对劳动者工资差距的潜在影响。和现有文献的主流预测一致，AI 替代效应强的职业在 2018—2023 年工资累计增长率更慢。同时，AI 增强效应小的职业内部基尼系数虽然略有增加，但增幅较小。对于 AI 增强的职业，理论上有两股相反的影响工资的力量，即技能偏向型技术进步带来职业内工资极化，技能流失效应使老员工和新员工间工资差距缩小。从中国数据来看，在受 AI 增强效果影响较大的职业内部，尚无哪种效应展现出压倒性影响；进一步区分两种效应需要更加微观的劳动者层面的数据。不过，在解读 AI 对收入差距的影响时也应谨慎。鉴于大语言模型从 2023 年起才得到广泛应用，对于其对工资差距的影响，我们仍需持续观察数据以准确评估。

（二）AI 可能导致劳动收入份额下降

现有研究采用了多种方法和数据来分析劳动收入份额的决定因素和趋势。一个主要的共识是，过去几十年劳动收入份额呈现下降趋势。一些基于美国数据的研究显示，制造业劳动收入份额不断下降。对于背后的驱动原因，早期的研究强调资本深化是导致劳动收入份额下降的关键因素。[1] 近期的研究开始使用行业数据分析劳动收入份额的变化趋势，比如《经济学季刊》的一项涵盖 59 个国家和地区的研究发现，全球范围内劳动收入份额显著下降，其中约一半原因可以用投资品相对价格的下降来解释。[2] 一项基于美国行业数据的研究发现，劳动收入份额的下降主要发生在行业内部，特别是在制造业和贸易行业；因此，将劳动密集型的供应链外包可能是美国劳动收入份额下降的一个关键原因。[3] 一项基于欧洲行业数据的研究也发现，资本深化和部门就业结构的变化是导致欧洲劳动收入份

---

[1] Krusell P, et al. "Capital-Skill Complementarity and Inequality: A Macroeconomic Analysis." *Econometrica*, 2000.

[2] Karabarbounis L, Neiman B. "The Global Decline of the Labor Share." *The Quarterly Journal of Economics*, 2014, 129(1).

[3] Elsby M W L, et al. "The Decline of the U.S. Labor Share." *Brookings Papers on Economic Activity*, 2013.

额下降的主要因素。[①]近期的一些研究开始关注技能偏向型技术进步（skill-biased technical change, SBTC）对劳动收入份额的影响，指出其可以解释美国制造业部门 1970—2010 年劳动收入份额下降程度的 20%。[②]上述研究描述和解释了过去几十年间劳动收入份额的下降趋势，特别是在制造业等行业（见图 4.6）。然而，如果我们把视线拉长，过去 200 多年间的劳动收入份额变化更多呈现周期性，而没有明显的线性上升或下降趋势（见图 4.7）。这提醒我们在分析劳动收入份额变化时应有一个全面且动态的视角，过去几十年间劳动收入份额的下降固然是现实问题，但我们并不能由此得出其趋势会长期延续的判断，更无法直接推出技术进步等因素会使得劳动收入份额跌至零的极端结论。

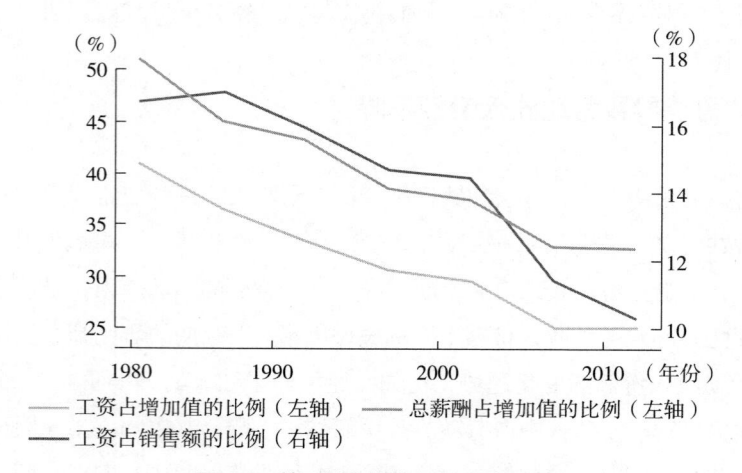

图 4.6　美国制造业劳动收入份额走势

注：图中展示了美国制造业中劳动收入份额的三种衡量标准。
资料来源：Autor et al. (2020)，中金研究院。

一些学者对 AI 时代劳动收入份额的变化做了一些预测。科里尼克等人认为，即使人工智能最终完全取代人类劳动，这也未必是个问题，因为在这种情况下，

[①] Arpaia A, et al. "Understanding Labour Income Share Dynamics in Europe." 2009.
[②] Oberfield E, Raval D. "Micro Data and Macro Technology." *Econometrica*, 2021.

虽然经济产出主要由机器创造，但劳动者的绝对收入水平并没有下降。[1] 阿吉翁等人认为，即使在 AI 技术高度发展的未来，劳动收入份额也会趋于稳定，而不是趋于零，因为自动化的实际程度是内生的，受到产品间替代性的制约。[2] 阿西莫格鲁等人提出了自动化的自稳定效应和平衡增长路径的概念。他们认为，当自动化速度超过新任务创造速度时，自动化会降低使用劳动力的成本，从而抑制进一步的自动化并创造出更适合劳动者完成的新任务。这种自稳定效应使得自动化和新任务创造以相等速度推进，从而维持劳动收入份额的稳定。针对著名经济学家列昂惕夫在 20 世纪 80 年代对机器替代人做出的悲观预测——"20 世纪早期出现的新技术使马匹变得多余……劳动力将变得越来越不重要"，阿西莫格鲁等人回应道："人类劳动力与马匹的区别在于，人类在（新技术应用后产生的）更复杂的新任务中具有比较优势，而马匹没有。"[3] 不过，由于 AI 技术的普及尚在初期，目前的实证研究很难就 AI 对劳动收入份额的影响给出确切答案。

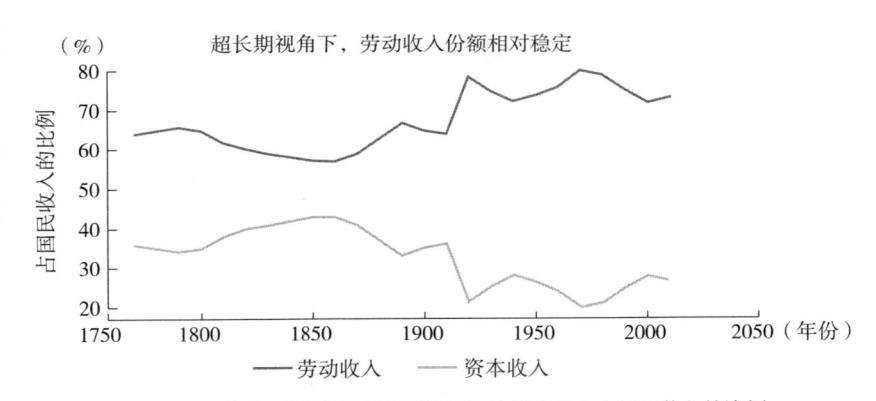

图 4.7　1770—2010 年英国劳动收入及资本收入占国民收入的比例

注：该图描绘了英国 1770—2010 年劳动收入和资本收入在国民收入中的份额走势，法国等其他一些国家与英国存在类似趋势。

资料来源：Piketty et al. (2014)，中金研究院。

---

[1] Korinek A, Stiglitz J E. "Artificial Intelligence and Its Implications for Income Distribution and Unemployment." NBER Working Paper, 2017.

[2] Aghion P, et al. "Artificial Intelligence and Economic Growth." NBER Working Paper, 2017.

[3] Acemoglu D, Restrepo P. "The Race Between Man and Machine: Implications of Technology for Growth, Factor Shares, and Employment." *American Economic Review*, 2018.

我们使用前文测算的中国各职业的 AI 暴露度和文献估算的参数,[①] 估算了 AI 对劳动收入份额的潜在影响。结果显示,未来 5 年劳动收入份额相比基准情况可能累计下降 0.73%,主要集中在办公室和行政支持、农林渔、生产、运输和物料搬运,以及销售(预计就业人口增长但工资下降)等相关职业。教育和图书馆,管理,法律服务,社区和社会服务,医疗保健支持,这些是为数不多的劳动收入份额上升的职业,但增幅不足 0.1%。我们对中国上市公司的问卷调查结果也反映了 AI 可能造成劳动收入份额下降。当被问及"您预计未来 3 年内,AI 是否会导致贵公司人力成本占经营总成本的比重下降"时,受访者回答"很可能"的比例为 45.5%,回答"说不准"的比例为 47.3%,只有 7.2% 的受访者回答"不可能"。

四、AI 可能冲击现有的人力资本积累模式

传统的人力资本理论认为,通过提高劳动者的知识技能,教育可以带来更高的生产力和收入回报。[②] 然而,人工智能的发展可能在两个方面影响人力资本积累。一方面,AI 部分替代人类劳动,可能降低某些常规技能的价值,从而削弱教育投资的边际收益率。[③] 另一方面,AI 对不同技能的影响是非均衡的:掌握与 AI 协作关键技能的劳动者,其人力资本价值可能会增加。[④]

利用 2018—2023 年招聘大数据中的相关信息,我们发现这 5 年那些高 AI 增强型的职业对教育水平的要求增幅高于低 AI 增强型的职业,而对工作经验年限的要求则增长更慢。同时,我们对中国上市公司的问卷调研也显示,AI 时代,

---

① 劳动节省型技术的冲击使未来 5 年劳动收入份额累计下降 2.5%,而劳动增强型技术的冲击带来 0.75% 的上升(但由于统计上不显著,这里按 0 来进行下一步测算)。Kogan L, et al. "Technology and Labor Displacement: Evidence from Linking Patents with Worker-Level Data." National Bureau of Economic Research, 2023.

② Becker G S. "Human Capital: A Theoretical and Empirical Analysis with Special Reference to Education." NBER Working Paper, 1994.

③ Acemoglu D, Restrepo P. "Artificial Intelligence, Automation, and Work." *The Economics of Artificial Intelligence: An Agenda*. University of Chicago Press, 2018.

④ MGI. "Skill Shift: Automation and the Future of the Workforce." 2018.

教育背景在用人单位眼中的重要性并不会降低。当被问及"如果AI在贵公司应用越来越广,贵公司未来招聘时是否会仍然重视应聘者学历或学校"时,受访者回答"是"的比例高达77.7%,19.6%的受访者回答"说不准",只有2.7%的受访者回答"否"。用人单位对学历的重视超过工作经验,也许反映的是最新技能的价值和具有"年代特征"的人力资本的贬值。人力资本的价值会受到自身获得年代或时代的影响,这就是人力资本的"年代特征"。过去某个时代的专业技能或知识,在新的技术革命浪潮面前可能显得过时。AI时代,决定人力资本积累的关键并不是学历或工作年限,而是持续学习和保持技能更新的能力。

AI对人力资本积累甚或人类智能发展的影响可能不止于此。人类智慧的进步往往建立在大量普通创作的基础之上。在艺术、科学和学术等领域,绝大部分作品都不可能达到人类智慧巅峰的水准,但它们的存在为天才的出现和杰作的诞生提供了土壤。许多伟大的科学家和艺术家都是从平凡的环境中脱颖而出,他们的成长离不开在一般性工作中的积累。即便是天才般的成就,其灵感的闪现也是建立在日复一日的思考和尝试之上的,并非与生俱来。然而,AI可能从根本上改变人类智慧发展的这一格局:AI海量生成作品的能力可能显著降低人类创作的普通作品的市场价值。这可能使得人类退出相关领域的学习和创作,也降低了伟大作品产生的可能性。比如,AI在翻译上的高效可能使得越来越少的人愿意投入大量时间专业学习外语或专职从事翻译工作,而正是长期的、专业的实践和历练造就了戈宝权、朱生豪等杰出的文学翻译家。从这个角度看,AI可能不仅没能超越人类智能,反而降低了伟大成果出现的概率。

为应对这种窘境,社会或许需要未雨绸缪,审慎对待AI的发展和应用。一种思路是为人类创作预留空间,防止大众市场完全被AI主导。这可能需要在关键领域为人工智能划定适当边界,以保护人类智能的发展空间。另一种思路是为人类创作赋予特殊价值,凸显其独特性,比如对"人类原创"进行标注和认证。如果市场能够有效地自发应对,比如建立人类和AI的分隔均衡,则在可预见的未来,这或许并非迫在眉睫的风险,也无须政策干预。但是,对于AI作品和人类作品在大众市场上的价值变化,我们应保持紧密关注。在AI时代,个人固然应注重持续学习,提升能力,社会也需要为人的发展保留市场空间,保护使人类智能得以训练的系统。

五、AI 时代的灵活就业和社会保障

AI 时代，灵活就业呈现进一步扩大的趋势。国际劳工组织定义的"非标准就业"包括临时工作、兼职工作、多方就业协作（包括平台"零工经济""按需经济"）等形式①，本章统一称之为"灵活就业"。以大语言模型为代表的本轮人工智能技术发展可能进一步增加灵活就业的占比。大语言模型可以促进员工和公司之间更自然、更高效地沟通，可以提供实时翻译功能，使人们实现跨地理边界的顺畅协作；它还可以为内容创建、客户支持和市场研究等任务提供易于使用的工具，降低成为企业家和自由职业者的门槛。2024 年的一项调研显示，近七成的受访者认为生成式 AI 会增加他们成为自由职业者的可能性。特别是技能水平高的独立工作者（跻身各自领域的前 2%）受到人工智能技术的增强，生产力提升，受访者中近一半已经在为各类企业构建生成式 AI 解决方案。②

在数字经济时代，灵活就业已成为全球总就业的重要组成部分，推动了充分就业，但与其相关的劳动保护和就业质量方面的争议也很多。截至 2021 年，中国约有 2 亿灵活就业人员，英国英格兰和威尔士约有 450 万人经常通过在线平台找到工作，日本和韩国的数字经济新政也促进"蛰居族"成为"数字游民"。③数字平台和灵活就业提高了劳动力的流动性和匹配效率，但同时灵活就业也存在诸多劳动保障问题。首先，灵活就业缺乏正规的劳动合同关系，2019 年的数据显示，中国仅约 8% 的平台从业者与平台建立了正式的劳动关系。④其次，平台的高谈判能力可能导致从业者处于相对弱势的地位。例如，有调查研究显示，外卖配送员、网约车司机等群体的工作时间较长，而在某些城市他们的净收入水平

---

① ILO. "Non-Standard Employment Around the World: Understanding Challenges, Shaping Prospects." 2016.
② A.Team. "Survey: How AI Boosts the Productivity and Earnings of Top Tech Freelancers." 2024.
③ 参见 https://www.gov.cn/xinwen/2021-05/20/content_5609599.htm；FT 中文网：《英格兰和威尔士的零工经济劳动力达到 450 万人》，2021 年 11 月 5 日；魏尚进：《让"新就业形态"照亮未来》，《复旦金融评论》，2023 年第 16 期。
④ 周畅：《中国数字劳工平台和工人权益保障》，国际劳工组织工作报告，2020 年 11 月。

也较低。① 最后，灵活就业往往存在失业保险保护不足的问题。全国整体来看，失业保险金领取人数占总失业人口的比例相对较低，失业保险覆盖率有待进一步提高。G20（二十国集团）成员在 2023 年联合呼吁应为零工和平台经济中的劳动者提供充足且可持续的社会保障。②

AI 在灵活就业领域的扩大应用趋势，也凸显了 AI 时代完善社会保障制度的紧迫性。AI 的发展可能会加剧灵活就业者面临的挑战，如 AI 替代效应可能增加工作的不稳定性。有研究显示，在 ChatGPT 推出后，AI 替代效应大的自由职业职位发布数量减少了 21%；③ 初级技能自由职业者，比如撰写公式化的 SEO（搜索引擎优化）文章或 HTML（超文本标记语言）代码、做基本的数据分析和图形设计的劳动者面临更大风险。④ 数字经济时代，零工社保较难纳入"社会统筹和个人账户相结合"，政府、企业和个体按一定比例共同承担的"三位一体"模式。⑤ 平台方和雇主方认为不应承担社保责任，而灵活就业者的缴费能力和意愿也较低，即使参保也多选择保障水平较低的方案，这会导致其退休后的养老金水平较低。⑥

为应对这一挑战，社会保障制度需要从多个角度完善。社会保障具有两种功能：强制储蓄和再分配。传统的雇佣关系中，企业承担为员工缴纳社会保险的责任，帮助员工完成强制储蓄，以避免个体不理性的跨期消费行为。但新形势下，企业难以明确一个灵活就业者是不是自己的员工，也就无法为其执行"强制储蓄"职能。从强制储蓄的功能出发，企业缴费的确定性有必要加强，这也有利于社保体系的存续。而要做到这一点，需要从签订劳动合同等环节强化企业和劳动者的法律关系和权利义务，确定缴费责任。

---

① 贾东岚、祝慧琳：《积极推动新就业形态劳动者报酬权益保障》，《中国人力资源社会保障》，2024 年第 2 期。
② G20. "Providing Adequate and Sustainable Social Protection for Workers in the Gig and Platform Economy." 2023.
③ Demirci S, et al. "Who Is AI Replacing? The Impact of Generative AI on Online Freelancing Platforms." SSRN, 2023.
④ A.Team. "Survey: How AI Boosts the Productivity and Earnings of Top Tech Freelancers." 2024.
⑤ 王勇：《新就业形态：从高效到长效》，《复旦金融评论》，2023 年第 16 期。
⑥ 蔡继明：《走出灵活就业社保困境的路径选择》，《社会保障评论》，2024 年第 1 期。

从再分配的功能看，社会保障制度是我国收入再分配的重要制度，其再分配程度主要取决于社会保险支出相对于 GDP 的比例。我国社会保险支出占 GDP 的比例从 1989 年的 1% 逐步增长到 2019 年的 11% 左右，显示出社会保障的水平在随着经济发展而不断提高，但与 OECD 国家平均水平相比仍有一定差距。政府可考虑对低收入者参保给予财政补贴，同时也应激励灵活就业者参保。国际劳工组织建议为非标准就业者提供更加灵活和可转移的社保方案。[①]农民工群体在就业市场中面临的挑战相对较多，且有一定比例的农民工从事生产、物流等受 AI 替代作用影响较大的职业，[②]而与其经济决策息息相关的农村老人的社会保障也有提升空间。[③]在保证社会保险支出稳步增长的同时，提高社保体系对弱势群体的保护力度，在 AI 时代意义尤为重大。

六、思考与启示

前文分析表明，AI 正在深刻影响劳动力市场，以常规任务为主的职业面临更高的 AI 替代风险，而更多的职业则主要受 AI 增强作用影响。在考虑到 AI 提高生产率、创造就业机会的正面效应后，总就业受到的负面影响有限。但是，各类职业都面临人工智能技术引入的扰动，即使在 AI 增强效应高的职业中，个体劳动者也面临较高的就业不确定性。同时，人工智能可能加剧工资差距，并可能导致劳动收入份额小幅下降。针对 AI 对就业市场的负面影响，政策可以在初次分配和再分配阶段均发挥作用。

（一）初次分配阶段：职业培训和劳动保护

在初次分配领域，政策主要的发力点在于促进工人获取适应 AI 时代的新技能，职业培训是现实的政策抓手，同时也可以促进劳动者就业和收入提高，对

[①] ILO. "Non-Standard Employment Around the World: Understanding Challenges, Shaping Prospects." 2016.
[②] 参见国家统计局发布的《2023 年农民工监测调查报告》。
[③] 参见中国养老金融 50 人论坛（CAFF50）发布的《中国农村养老金融调查报告 2022》。

劳动力市场的扭曲也最小。① 一方面，为提高职业培训的针对性和有效性，政府可探索创造支持终身学习和个性化培训的有利环境，② 将自身角色转变为"赋能者"，通过提供培训券、奖学金等方式，让工人自主选择和参与再培训，更好地满足不同工人的特定需求。政府应特别向就职于欠缺培训机制的中小企业和零工平台的劳动者提供这些激励方案。③ 技能培训的一大难题是，AI 的未来充满变数，培训计划需要具有前瞻性。为此，培训机构需要更新方法，将教学和学习管理流程与技术进步相匹配，利用当代技术和创新，采用基于体验的教育方式，培养学生的适应能力和终身学习能力。④ 另一方面，企业应积极提供与新技术相适应的在职培训和职业发展机会。麦肯锡对欧美发达国家企业高管的调查显示，企业本身也具备此类意愿，64% 的美国私营部门高管和 59% 的欧洲私营部门高管认为，企业应承担起主导缩小技能缺口的责任，而不是等待政府、高校或个人去做。⑤

在加强技能培训和教育的同时，政府应注意 AI 给劳动保护带来的挑战，尤其应注意 AI 在劳动场所的监控以及在招聘和考评中的使用情况。运用 AI 实施对员工的监控和算法管理，让公司实现对工作过程更多的控制，可能会给员工带来压力并降低他们的自主权。美国国家劳工关系委员会（NLRB）已经对一系列工作场所的 AI 监控行为发起调查和警告。例如，亚马逊使用 AI 追踪仓库工人的移动情况并自动生成绩效目标，这带来的结果是：员工在工作场所中走的每一步、每一次谈话和每一次上厕所都会被记录，员工交谈超过 30 分钟就会收到书面警告。皮尤研究中心在美国进行的调查显示，过半数受访者对公司使用人工智能追踪员工的移动情况、记录员工在工位的时间、精确记录员工在工作电脑上的活动等行为表示反对（见图 4.8）。此外，AI 还被用于招聘、评估和解雇决策。

---

① 与之相对，最低工资，工会和集体谈判对就业和收入的影响，以及利弊取舍在学界的争议更大。
② World Economic Forum. "The Future of Jobs." 2016.
③ OECD. "Skills Strategy 2019." 2019.
④ Padmaja V, Mukul K. "Upskilling and Reskilling in the Digital Age: The Way Forward for Higher Educational Institutions." *Transforming Higher Education Through Digitalization*. CRC Press, 2021.
⑤ Illanes P, et al. "Retraining and Reskilling Workers in the Age of Automation." MGI, 2018.

调查显示，目前有83%的美国公司在招聘和选拔中使用AI；[①]这貌似可以减少人为偏见，但如果算法是在反映过去存在歧视的历史数据基础上训练的，就存在固化既有不公的风险。

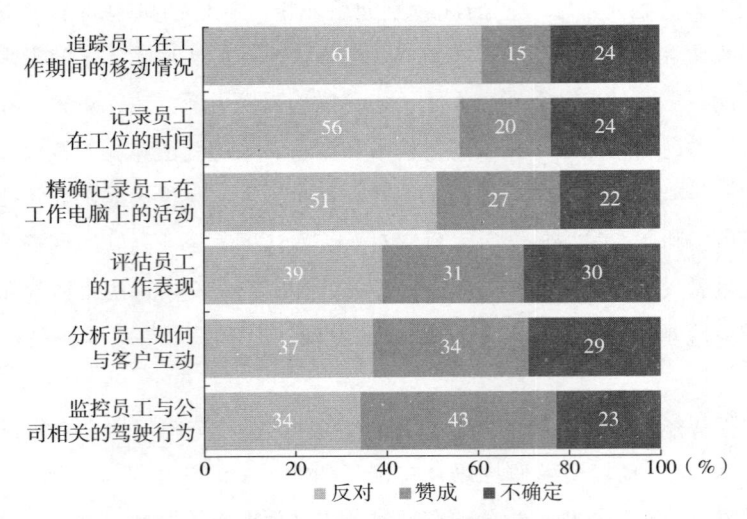

监控行为	反对	赞成	不确定
追踪员工在工作期间的移动情况	61	15	24
记录员工在工位的时间	56	20	24
精确记录员工在工作电脑上的活动	51	27	22
评估员工的工作表现	39	31	30
分析员工如何与客户互动	37	34	29
监控员工与公司相关的驾驶行为	34	43	23

图 4.8　美国人对公司使用人工智能监控不同类型工作相关行为的看法比例

注：调查时间为 2022 年 12 月 12 日至 18 日。
资料来源：Pew Research Center，中金研究院。

（二）再分配阶段：累进税和转移支付

政府在初次分配阶段的政策可以帮助劳动者获取技能、保有工作，但现实中许多人难以通过职业培训实现再就业。因此，除了提供培训机会，政府还需要考虑再分配政策，对受影响人群提供基本生活保障和支援。首先，再分配在 AI 时代不但可行，而且可以深化促进技术进步的政治基础。科里尼克等人以 19 世纪英国纺织工人破坏机器的卢德运动为例指出，如果没有适当的再分配政策，"阻止创新"就会成为处境恶化的工人们的自然反应。在一个工人占主体的国家，有

[①] 参见 https://www.npr.org/2023/01/31/1152652093/ai-artificial-intelligence-bot-hiring-eeoc-discrimination; https://www.shrm.org/topics-tools/news/employers-embrace-artificial-intelligence-hr。

远见的创新者应支持再分配，以确保工人不会因技术进步而境况恶化。创新拓展了生产可能性边界，适当的再分配政策可以使工人和企业家（创新者）共享技术进步的成果，使得新的经济均衡点落在帕累托改进区域内，即所有人的福利水平都得到提高，支持创新的政治共识得到强化；相反，如果没有适当的再分配，创新后的市场均衡更可能位于 E_1（见图 4.9），即企业家受益而工人处境恶化，这可能动摇支持创新的社会基础，阻碍技术进步的持续推进。[①]

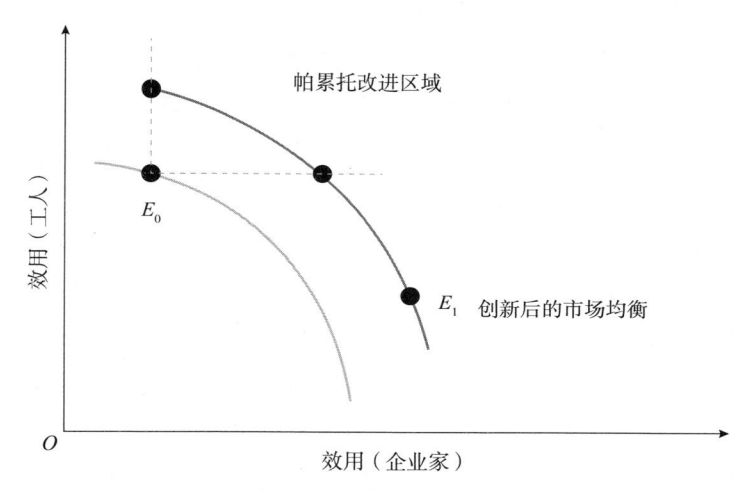

图 4.9　再分配政策影响创新后的均衡点

注：E_0 的右上方代表具有帕累托改进性的均衡点应该位于的区域。
资料来源：Korinek et al.（2017），中金研究院。

再分配方案涉及如何筹资和如何分配两个问题，即"钱从哪儿来"和"花到哪里去"。每个问题都影响再分配的效率和可行性。从融资的角度看，理论上来说，政府应该选择扭曲性最小的税收方案。比尔·盖茨、埃隆·马斯克和伯尼·桑德斯等美国政商名人支持的"机器人税"可能并不是最佳方案。[②] 舍费尔等利用包含世代交叠的宏观经济模型，试图证明对劳动收入征税是比征收机器人

[①] Korinek A, Stiglitz J E. "Artificial Intelligence and Its Implications for Income Distribution and Unemployment." NBER Working Paper, 2017.

[②] Silkin L. "Robot Tax: The Pros and Cons of Taxing Robotic Technology in the Workplace." 2018.

税扭曲更小的方案；①因为机器人税会减缓投资和经济增长，且没有再分配功能，不是实现快速且包容性增长的政策首选项。与此同时，应重视劳动收入税的分级累进，因为AI会加大劳动收入不平等，累进税率可以起到再分配作用。由于土地增值收益主要来自社会进步而非个人努力，因此对土地收益征税有利于促进社会公平；类似地，建议对因为AI应用而获得"意外收益"的要素征税，比如资本。但这需要在操作中分清获得"意外收益"的存量资本和直接投资于AI技术的新资本，②否则可能损害AI技术进步。

  分配方面，全民基本收入（UBI）作为应对技术性失业风险的一种潜在政策工具，正受到西方国家越来越多的关注。③现有研究采用了多种方法和数据来评估UBI，一个主要共识是：尽管UBI可能有助于提供收入保障和减少不平等，但其实施面临着重大的经济、政治和道德挑战。目前支持UBI的人士倡导两种方案：一种是保留大部分现有福利计划并添加适度的UBI，另一种是大幅减少或消除福利计划并通过重新分配资金来资助UBI。后一种方案的倡导者认为，这样可以缩小政府规模，提高市场效率，同时，程序的简化可降低实施的成本。一些研究认为，在比较UBI和私人保险两种保障机制时，只有当AI造成失业的因果关系的可验证性低或失业概率对技术进步的敏感度很高时，UBI才是一个更好的选项，因为此时没有合适的私人保险机制可以覆盖所有需要保障的人群。④

  UBI的批评者认为，有意义的UBI极其昂贵，以美国为例，实行UBI的成本将超过当前美国全部联邦预算。他们担心UBI可能导致现存有效的瞄准性福利计划被取消，最终反而伤害更为脆弱的人群。根据测算，如果美国每个成年人每月发放1 000美元，实行UBI的成本将占美国2023年GDP的20%。⑤在中国实行UBI的成本大概是多少？我们以第七次人口普查数据为基础，假设对15岁

---

① Schaefer A, Schneider M. "Public Policy Responses to AI." Graz Economics Papers, 2024.
② Korinek A, Stiglitz J E. "Artificial Intelligence and Its Implications for Income Distribution and Unemployment." NBER Working Paper, 2017.
③ 参见 https://www.futureofworkhub.info/comment/2019/12/4/robot-tax-the-pros-and-cons-of-taxing-robotic-technology-in-the-workplace。
④ Schaefer A, Schneider M. "Public Policy Responses to AI." Graz Economics Papers, 2024.
⑤ Ocampo J A, Stiglitz J E, Eds. *The Welfare State Revisited*. Columbia University Press, 2018.

及以上劳动人口每人每月发放 1 400 元人民币，这相当于美国标准的 1/5（与两国人均 GDP 比例接近），则实行 UBI 的成本将占中国 2023 年 GDP 的 15.4%。

  一个更务实的做法是，随着 AI 带来生产力提升和经济增长，逐步扩大现有社会保障制度的覆盖面，提高保障的福利水平。例如，政府保险计划可能比 UBI 或私人保险实现更好的保险效果，[①] 而由于 AI 的影响在职业分布上有一定的集中性，定向的失业救济金或再培训补贴可能可以更好地帮助受 AI 替代作用影响大的群体。对中国而言，现有的社会保障制度还存在不完善之处。例如，中国青年群体在就业领域面临脆弱性，而当前的失业保险制度对他们的保护力度相对较低。从事生产、物流等职业的农民工容易受到 AI 的影响，社会可进一步提升对类似人群的帮助和保护力度。中国扩大社会保障制度的覆盖面并提高保障的福利水平和公平性，在 AI 时代更具重要意义。

---

① Schaefer A, Schneider M. "Public Policy Responses to AI." Graz Economics Papers, 2024.

产业篇

第五章

AI产业化：越过第一拐点

随着 AI 技术逐步发展越过 S 曲线的第一拐点，AI 的产业化或将以前所未有的速度推进。以人形机器人为代表的具身智能发展空间广阔。人们的消费习惯以及经济的产业结构都可能随着 AI 的产业化而得到重塑。AI 作为强大的赋能工具有望增强中小企业的竞争力，但同时其接近"无限"的内容和服务供给能力也可能给现有市场带来冲击。

当前 AI 技术已经开始在诸多产业中得到应用。AI 对互联网和传媒行业的效率提升作用尤为显著，商业化应用精彩纷呈，B 端应用带来强大的内容生产能力，C 端应用则带来创作的平权。AI 在医疗健康产业中应用丰富，帮助医疗系统提效降本，但面临较多制度障碍和矛盾。AI 技术有望促进高级别自动驾驶技术加速落地，重塑汽车产业的商业模式和竞争格局。家电产业应用场景属于非标准化场景且容错率低，虽然生成式 AI 和人形机器人给该产业带来了富有想象力的前景，但目前仍有待技术成熟。

限制 AI 产业化的因素包括技术和制度两方面。在诸多值得期待的场景中，现有的 AI 技术效用尚未突破场景所需的效果阈值。制度因素则包括数据权益、版权、责任归属、伦理以及利益相关者的反对等诸多方面。在 AI 替代劳动的场景中，更容易产生限制 AI 的制度因素。综合看技术和制度两方面，AI 在 C 端的应用推广相较 B 端会更慢也更难。

全球范围来看，美国在 AI 产业链和应用推广方面处于领先地位，印度等国家也在积极推广 AI 的产业应用。中国在 AI 技术和应用方面紧追美国，但产业生态尚不完善。为促进中国的 AI 产业化发展，政策监管或需适度放松，促进 AI 的消费应用落地。值得一提的是，人形机器人有望发展成本轮 AI 技术落地的一个重要产业，而且具有高端制造业的属性。由于在制造业领域具有产业链和规模优势，中国有望在人形机器人产业取得全球领先地位。[1]

---

[1] 本章作者：赵扬、徐磊、刘泽宇、余歆瑶、肖俨衍、冯喜鹏、李子悦、何伟、白洋、张雪晴、张珺、王梓琳、郭威秀、张嘉祺、吴婉桦。

伴随着以 ChatGPT 为代表的生成式 AI 和大模型席卷全球，人们热切盼望 AI 能早日渗透、应用到日常生产生活之中。乐观者认为，AI 的消费应用场景将在可预见的未来大量涌现，因为大模型让 AI 在不少常规任务上已经超过人的标准水平，AI 对生产率的提升也有很多证据。2023 年，Gartner 认为 2~5 年内 AI 将进入商业化扩散阶段，彭博公司预计未来 10 年生成式 AI 有望在软硬件、服务、广告、游戏等众多领域创造 1.3 万亿美元收入；[①] 本书前文估计，2024—2030 年全球生成式 AI 硬件市场规模有望上涨到 1.9 万亿美元，大模型的市场规模可能达到 1.2 万亿美元。但保守者担忧 AI 的消费应用仍不成熟，面临技术和制度的强烈约束，难以落地；而且消费场景复杂多样，超出 AI 目前可预见的能力范围，同时存在不少伦理法规约束。

本章将聚焦于消费领域应用，系统地回答 4 个研究问题，以回应这些争论：第一，什么因素决定了 AI 技术的创新扩散和商业化程度？第二，AI 在消费产业内有哪些现实和潜在的应用？第三，未来 AI 应用推广面临哪些阻碍因素？第四，相比其他大型经济体，中国在 AI 应用方面有什么优劣势？

本章之所以关注消费领域，是因为消费应用是 AI 技术发展的重要拉动力。

[①] Gartner. "Hype cycle for artificial intelligence 2023." 2023. 参见彭博 2023 年研究报告《生成式 AI 机遇和颠覆：演变中的万亿美元市场》。

回顾人类的技术发展史，可以发现，需求对技术进步的作用举足轻重，[1] 消费正是需求的主要来源。消费市场通常竞争激烈，用户偏好多种多样；消费品的生命周期较短，技术迭代较快；消费场景复杂，对技术成熟度有较高的要求。这些都刺激了层出不穷的产品创新和质量提升。对于 AI 技术而言，互联网和游戏等消费类产业同样推动了其软硬件进步。在软件和算法方面，计算机科学早期就用游戏来测试算法，游戏被称为 AI 的 "杀手级应用"。[2] DeepMind、动视暴雪等公司利用 "星球大战" 等游戏开发复杂问题的 AI 算法；棋类和 Jeopardy 游戏推动了机器学习、树搜索、知识图谱、自然语言处理等核心算法的进步；玩家之间的多模态交互对感知和互动算法及硬件设备不断提出新要求。[3] 大批用户实时产生海量数据，也倒逼大数据处理技术进步。在硬件方面，游戏是高端显卡的主要应用场景，正是游戏玩家对高端显卡的旺盛需求支撑英伟达公司研发出多款高性能的 GPU，为其成为 AI 加速服务器的全球龙头奠定了基础。[4] 互联网电子商务和电竞游戏都要求 IT 基础设施满足高并发的商品浏览、交易执行、网络支付等功能需求，具备高可用、低时延的能力，这种需求倒逼了分布式 IT 架构和云计算的进步，[5] 云是 AI 算力硬件基础设施的核心部分。互联网行业还是中国 AI 加速服务器的最大销量来源，2022 年贡献了中国 AI 加速器总销量的 24%。[6] 正是因为消费应用对 AI 发展重要，它的现状和前景才值得我们关注和深思。

---

[1] Mowery D, Rosenberg N. "The Influence of Market Demand upon Innovation: A Critical Review of Some Recent Empirical Studies." *Research Policy*, 1979, 8(2); Nemet G F. "Demand-Pull, Technology-Push, and Government-Led Incentives for Non-Incremental Technical Change." *Research Policy*, 2009, 38(5).

[2] Laird J, Lent M. "Human-Level AI's Killer Application: Interactive Computer Games." *AI Magazine*, 2001, 22(2).

[3] Yannakakis G N, Togelius J. *Artificial Intelligence and Games*. Springer, 2018.

[4] 黄天擎、成乔升、唐宗其：《NVIDIA：GPU 龙头技术与生态并举》，中金公司研究部报告，2024 年 3 月 5 日。

[5] 钟华：《企业 IT 架构转型之道：阿里巴巴中台战略思想与架构实战》，机械工业出版社，2017 年。

[6] 数据由中金研究院根据清华大学全球产业研究院和浪潮信息所编《中国算力发展观察报告 2023》计算得出。

一、AI 产业化的趋势与影响

（一）AI 技术将以前所未有的速度实现产业化扩散

一般来说，一个产业的市场增长符合 S 曲线规律，会跨过两个拐点。一开始，由于基础研究和技术路线探索不确定性大，产业处于萌芽期。技术路线清晰后，有更多参与者加入、更多用例出现，同时工艺进步显著，效率加快提高，产业越过 S 曲线的第一拐点，渗透率和市场规模进入高速增长期（见图 5.1）。最后，由于科学原理探索出现瓶颈、系统过于复杂、互补技术不完备等，新技术的效率提升开始放缓，产业越过第二拐点，渗透率和市场规模都靠近天花板，产业进入成熟期。[1]

AI 技术也不例外，诸多迹象表明这个产业已经跨越了第一拐点，进入 S 曲线中的高速成长期。2006 年深度学习和 2017 年 Transformer 出现后，AI 的主流技术路线基本形成，AI 进入了大模型时代，吸引了越来越多的资本和创业者。模型训练算力的增速扩大到每年 0.5~0.7 个数量级，而 2015 年前的增速仅为 0.2~0.4 个数量级，[2] 模型性能亦随之呈指数级增长。与此同时，硬件领域的摩尔定律尚未失效，根据 Epoch AI 研究，芯片性能和单位价格所能买到的算力平均每 2~3 年增长一倍，DRAM（动态随机存储器）内存和带宽平均 4 年增长一倍。[3] 2024—2030 年全球 AI 硬件市场规模年复合增速有望超过 30%（见本书第三章）。

---

[1] Christensen C M. "Exploring the Limits of the Technology S-curve." *Production and Operations Management*, 1992, 1(4); Utterback J M. *Mastering the Dynamics of Innovation*. Harvard University Press, 1994; Sahal D. *Technological Change: Patterns of Technological Innovation*. Addison-Wesley, 1981.

[2] Sevilla J, Heim L, Ho A, et al. "Compute Trends Across Three Eras of Machine Learning." IJCNN, 2022.

[3] 参见 https://epochai.org/blog/trends-in-machine-learning-hardware。

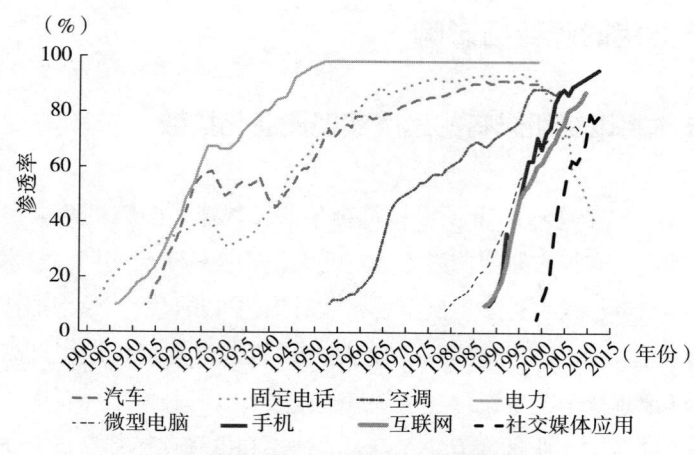

图 5.1 美国历史上典型家用产品的渗透率曲线

资料来源：Our World in Data，中金研究院。

为了在特定场景内应用，AI 技术首先要突破效果阈值，让它"能用"，满足用户的基本效用，这样才能在该场景下开始商业化。不过此时，新技术的应用成本可能很高，只有少部分用户愿意付出较高溢价来尝鲜试用，市场还处于商业化早期。随着应用规模扩大和技术进步，当技术应用成本足够低而用户效用足够高时，技术突破了成本阈值，变得"能负担"，大量用户有了支付意愿，它才能规模化扩散（见图 5.2）。

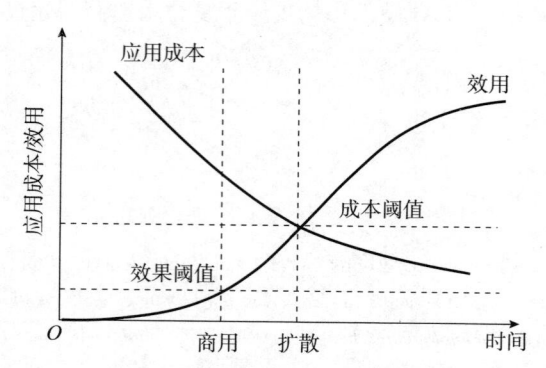

图 5.2 AI 实现商用和规模化扩散的条件——技术突破"双重阈值"

资料来源：中金研究院。

跨过第一拐点后，随着市场规模扩大、技术继续进步，AI技术能力将不断提升、成本将不断下降，在更多应用场景里突破效果和成本阈值，其扩散速度可能创历史纪录，比过去所有通用目的技术都要快。第一，随着现代信息传播速度提高，更多国家的人能在短时间内知道新技术，通用目的技术的传播越来越快（见图5.1）。现在生成式AI的扩散速度更为惊人。ChatGPT一诞生就被世界广为知晓，2个月内触达1亿用户。但这个纪录已经被Meta公司旗下聊天应用软件Threads所打破，凭借着母公司雄厚用户基础，Threads上线第5天用户数量超1亿。[1]

第二，技术开源和开放创新风潮将加速AI技术的扩散。回顾历史，开源在相当程度上推动了互联网技术的扩散。例如Apache网络服务器软件开源推动了万维网基础设施建设；国际商业机器公司（IBM）向开源社区开放软件专利，降低了创业公司进入门槛，有利于下游市场繁荣；主流的深度学习开发框架如TensorFlow、PyTorch等都是开源的，奠定了决策式AI应用繁荣的基石。[2] 如今，Llama、Mistral等知名大模型开源将通过两个途径加速AI的扩散。这些底层模型、框架和基础软件技术在大量开发者的使用中不断改进完善，提升AI技术的生产率，使其突破效果阈值。它们还能降低AI应用的综合开发成本，因为开源模型和框架能大幅提高AI产品开发者的劳动生产率，他们也能免费使用开源技术，而且各种开源的数据清洗、标注和管理工具如OpenRefine、CVAT等能让产业链分工更细致。除了开源，一些大模型会开放API或作为插件集成到现有产品，例如GPT-4集成到必应搜索、Edge浏览器的插件Sider能集成Claude、Gemini和ChatGPT等。这些都给AI产品带来了更广泛的流量，让更多人能从不同渠道接触和使用AI。

第三，AI在传播初期的使用成本显著低于互联网、固定电话等历史上的

---

[1] 参见 https://www.yicai.com/video/101804698.html。
[2] Feller J, Fitzgerald B, Hissam S A, et al. *Perspectives on Free and Open Source Software*. MIT Press, 2005; Wen W, Ceccagnoli M, Forman C. "Opening up Intellectual Property Strategy: Implications for Open-Source Software Entry by Start-up Firms." *Management Science*, 2016, 62(9).

ICT（信息与通讯技术）类通用目的技术，[①] 如前文所述，其成本未来还将继续下降。除了芯片改进，AI 算法模型的不断优化也将持续使能耗降低，提高计算效率，从而让训练和推理成本继续下探。此外，受商业竞争驱动，2024 年 5 月以来，国内外大模型如 GPT-4o、通义千问、豆包、文心一言等纷纷大幅度降价甚至免费开放。著名风投基金 a16z 的合伙人撰文提出有趣的观点：[②] 集成电路使计算的边际成本趋近于零，带动了计算机普及；互联网使信息分发的边际成本趋近于零，带动了互联网普及；现在 AI 让创作文字图片和短视频等内容的边际成本也趋近于零，难以想象未来会出现什么样的应用。

目前，AI 已经开始在国民经济与社会里广泛渗透应用。据 Statista 估算，2024 年全球 AI 相关产业规模约 1 840 亿美元，2030 年将接近 8 270 亿美元[③]，年复合增长率约 29%。在微观层面，麦肯锡调查显示，2023 年 55% 的企业或组织至少在一个业务环节中应用 AI 技术，较 2022 年提高 5 个百分点，更是较 2017 年提高 20 个百分点。[④] 2023 年，394 家《财富》世界 500 强企业在财报电话会议中提及 AI，数量较 2022 年增长 50%。[⑤] 我们在 2024 年初对国内 112 家上市公司做了问卷调查，70% 的企业回复已开始尝试使用 AI（详见本书第四章）。除了企业，消费者也积极使用 AI 技术。BCG（波士顿咨询公司）在 2023 年 9 月的调查显示，75% 的被访消费者表示曾使用过 ChatGPT 或其他 AI 驱动的服务。[⑥]

[①] GPT-4 的订阅费是 20 美元 / 月，输出价格为 0.06 美元 /1 000 tokens。开源大模型更便宜。同样是早期应用，1996 年 AOL（美国在线）提供互联网服务的价格是 19.95 美元 / 月，相当于 2023 年的 38 美元 / 月；1920 年纽约州内的固定电话服务价格为 0.35 美元 / 分钟，相当于如今的 4 美元 / 分钟，那时打到西海岸价格翻 10 倍。参见 https://zhuanlan.zhihu.com/p/341120486，https://archive.org/details/newyorkcityincl1920newy_0/page/n15，https://money.cnn.com/1996/10/29/technology/aol/，https://history.stackexchange.com/questions/35615/how-much-did-a-telephone-call-cost-in-the-usa-around-1920。

[②] 参见 https://a16z.com/the-future-of-ai-is-amazing/。

[③] 参见 https://www.statista.com/outlook/tmo/artificial-intelligence/worldwide。这里 AI 相关产业包括机器视觉、机器人、自然语言处理、机器学习、自动化和传感技术等类产业。

[④] Stanford. "Artificial Intelligence Index Report 2024." 2024.

[⑤] 同上。

[⑥] 参见 https://www.bcg.com/publications/2024/consumers-know-more-about-ai-than-businesses-think。

（二）以人形机器人为主要代表的具身智能有广阔的发展空间

AI 的应用有两大类形态。一类形态是对数据进行计算之后输出直接被用户感知的结果，由此与用户互动，可称为"数字智能"。数字智能已经表现出强大的能力和惊人的应用进展。另一类形态是与现实物理环境交互，基于物理"身体"与环境交互获取模拟信号和信息，理解问题，做出决策和行动，AI 输出的信号往往只是中间产品，必须通过物理硬件来产生三维空间内的运动行为，该类硬件被称为"具身智能"。[①]

具身智能的主要代表之一是人形机器人。人形机器人有近似于人类的外表和行动能力，以人机交互、运动控制和环境感知为核心技术。[②] 它在 AI 基础上叠加了对人体物理能力的模拟和增强，所以不仅替代人类完成智能活动，还可替代人类完成体力活动。借助于灵巧的手和足部，人形机器人能适应人类社会的现有基础设施，全面融入人类的日常生产生活场景，与人深度交互。它能像普通人一样在不同场所移动和操作，解决多项任务，展现出高于传统机器人的通用性。所以一台人形服务机器人能代替原本每个场景所需的单一任务机器人，一物多用，性价比很高。

凭借较高的智能性和情境适应性，人形机器人有望应用于人们生产生活的多个场景，替代人类进行劳动，给社会带来明显的增益。对于中国而言，其应用将能缓解老龄化社会的劳动力短缺问题。例如，我国目前失能和部分失能的老年人超过 4 000 万人，国内 80 岁以上的老人有一半需要长期家庭护理服务，[③] 机器人可"解放"大批原本需要护理老人的壮年劳动力，让他们进入社会工作。又例如，据统计，中国 2023 年工矿商贸企业生产安全事故死亡 2.1 万人，[④] 如果由机器人来替代危险工作环境下的劳动力，那么上万个破碎的家庭就能获得挽救。本

---

① Miriyev A, Kovač M. "Skills for Physical Artificial Intelligence." *Nature Machine Intelligence*, 2020, 2(11). 参见 https://www.ccf.org.cn/Media_list/gzwyh/jsjsysdwyh/2023-07-22/794317.shtml。

② Tong Y, Liu H, Zhang Z. "Advancements in Humanoid Robots: A Comprehensive Review and Future Prospects." *IEEE/CAA Journal of Automatica Sinica*, 2024, 11(2).

③ 参见 http://money.people.com.cn/n1/2019/1122/c42877-31468333.html。

④ 数据来源：国家统计局。

田公司还设想出"分身机器人"[1]，扮演人们在另一个地点的分身，人们可跨越空间远程操作。这样人们就不必因临时有急事而在办公室、家庭之间来回，能节省大量时间。

人形机器人是 AI 与高端制造业融合的典型产品，展现了 AI 价值链从信息技术服务业向制造业的延伸，潜在市场规模巨大。它涉及 AI、运动控制、仿生学、认知科学、行为科学和材料学等学科，[2] 产业链长而复杂，组成部分包含了决策系统（"大脑"）、行为控制系统（"小脑"）、感知系统（"神经"）、执行本体和能量系统等（见图 5.3）。本体和控制系统等组成部分与传统机器人有一定重合，"大脑"、"神经"和手部是人形机器人的核心特色所在，其中"大脑"和"神经"与 AI 密不可分。每个主要零部件都有较高的精度要求和技术水平。这条复杂度、精密度都很高的产业长链与汽车和智能手机有一定相似性，人形机器人一旦商业化并进入工业或生活的多个场景，有可能创造出与汽车、智能手机同样级别规模的大市场。不少市场咨询机构预测，目前到 2030 年，市场规模平均年增速超过 30%。[3] 乐观者如马斯克甚至认为，2040 年人形机器人全球保有量达 10 亿台，2060 年达 100 亿台，[4] 即使价格从现在的每台上万美元降到与智能手机同价（约 1 000 美元/台），届时市场规模也可达上万亿美元。

尽管人形机器人目前尚未突破技术效果阈值，出现了"莫拉维克悖论"现象——"电脑很容易如成人般下棋，但很难如一岁小孩般感知和行动"[5]，不过以大模型为代表的技术日新月异，让人形机器人的发展前景更为明朗，有望加快应用落地。[6] 大模型能提高人形机器人的泛化能力，让机器人更好地学习分解任务、辨识复杂物体；能为机器人在复杂场景中分解任务、执行长程任务提供支持；也

---

[1] 参见 https://www.honda.com.cn/honda/news/voice/HondaStories_20230118.html。
[2] Fukuda T, Dario P, Yang G Z. "Humanoid Robotics-History, Current State of the Art, and Challenges." *Science Robotics*, 2017, 2(13).
[3] 资料来源：Straits Research, Markets & Markets, Technavio, Market Data Forcast 等。
[4] 参见 https://new.qq.com/rain/a/20240122A08Q3C00。
[5] 刘华平、郭迪、孙富春、张新钰：《基于形态的具身智能研究：历史回顾与前沿进展》，《自动化学报》，2023 年第 6 期。
[6] 参见 https://arxiv.org/abs/2312.07543, https://mp.weixin.qq.com/s/k0-v4j0EDIn3Lz1GIkBlZw, https://www.ccf.org.cn/Media_list/gzwyh/jsjsysdwyh/2023-07-22/794317.shtml。

能让人和机器人之间的交互通过自然语言更加流畅地进行。除了大模型，机器人的训练数据积累手段日益丰富，研究者正在通过离线强化学习、仿真、共享已有数据库等方式收集训练数据，[①] 例如英伟达公司的 Isaac Sim 仿真平台、DeepMind 的 Open X-Embodiment 数据库、人工智能公司 Hugging Face 的 LeRobot 数据库等均收集训练数据。

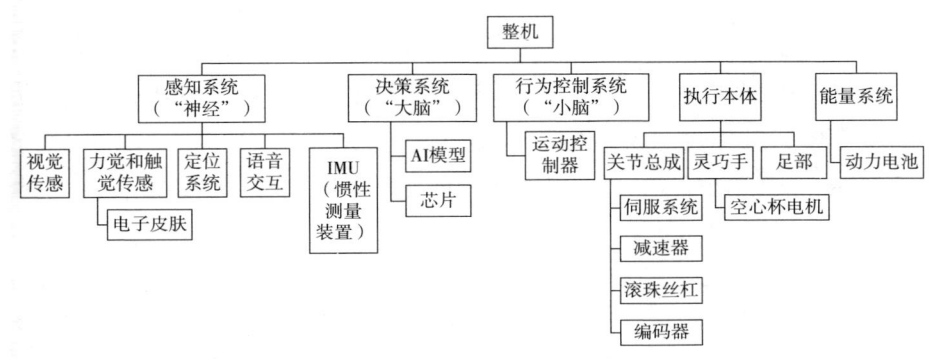

图 5.3　人形机器人产业链的主要部件

资料来源：中金研究院，中金公司研究部。

（三）AI 可能重塑人们的消费习惯和产业结构

AI 产业化之后，第一个重要的宏观意义是改变制造业和服务业的比重，未来服务业的比重可能上升，经济结构可能发生深刻变化。首先，AI 能扩大服务供给，以供给创造需求，促进服务业本身扩张。生成式 AI 能以超高的效率创作出海量的内容，提升文化娱乐等行业的供给能力，未来人形机器人也能不间断地在各种场景提供服务，由此许多服务业的"鲍莫尔病"现象显著缓解，成本降低。当服务"加量不加价"时，原本被抑制的需求能够释放，比如人们愿意看更多视频，玩更多游戏，甚至有新型服务出现。

[①] Levine S, Kumar A, Tucker G, et al. "Offline Reinforcement Learning: Tutorial, Review, and Perspectives on Open Problems." 2020.

其次，AI 使制造业的一些环节从传统的制造形态转变为服务形态，从出售商品的业态转变为出售服务的业态，价值链的重点发生根本迁移。随着 AI 广泛渗透到各种产品，竞争的关键会从硬件转向产品内的 AI 软件系统，企业通过软件系统为客户带来更优质的产品体验，软件服务成为产品的核心价值。例如，智能驾驶系统是车企竞争的关键，车企销售的重点会转向能持续升级的智能驾驶软件，用户要支付更多费用以购买软件服务来让车辆功能最大化，所以未来某种程度上车企的销售重点将转向"出行服务"。国内某著名智能电动汽车企业曾出口汽车到乌兹别克斯坦，发现随后的服务是一个大的痛点，因为过去的汽车出口是硬件商品贸易，但将来具备智能驾驶功能的整车出口要把高精地图、软件升级包等整套应用服务都包含在内，否则这辆智能汽车在海外就"又聋又瞎"。这些数字形态的出口就是服务贸易。

第二个宏观意义是 AI 技术进入消费类产业后，将改变消费三要素"人、货、场"及其关系，[1] 重构消费者的体验和购物行为。AI 的核心价值之一是定制化、个性化，更精确地匹配人和货的关系。企业用 AI 技术提早洞察顾客对新产品的需求，甚至邀请顾客共同参与设计开发产品，让产品天生就是为顾客定制，减少了后续营销成本。这既改变了货的性质，也同时改变了人和货之间的关系。例如，有研究表明，研究人员用大数据技术从全球近 1 万个网站收集了 23 万条与风筝冲浪（kiteboarding）相关的用户发帖，利用自然语言处理技术鉴别出用户的潜在需求，前瞻性开发了 26 个受到用户启发的创新产品或功能，其中一半被厂商商业化。[2] AI 也能创造新的消费场景体验。比如"虚拟试衣间"功能让消费者在不实际试穿衣物的情况下，通过上传自己的照片或视频来模拟穿衣效果，从而提供新颖的购物体验。消费者能尝试大量衣品，交易更容易促成，商家也免去了用户网上购物后又要退货的成本。

第三个宏观意义是 AI 与其他先进技术相结合，有可能改变服务交付方式、优化资源配置、提高工作效率，从而重塑经济空间布局。AI 工具改变了消费场

---

[1] 王先庆、雷韶辉：《新零售环境下人工智能对消费及购物体验的影响研究——基于商业零售变革和人货场体系重构视角》，《商业经济研究》，2018 年第 17 期。

[2] Hippel E, Kaulartz S. "Next-Generation Consumer Innovation Search: Identifying Early-Stage Need-Solution Pairs on the Web." *Research Policy*, 2021, 50(8).

景，AI试衣、远程智慧诊疗、智能客服等应用让不同服务能 7×24 小时跨地域运行，消费者和服务提供者不需要身处同一地理空间。AI 也可以帮助服务企业更有效地分配资源，比如通过更精准的预测分析来优化库存管理和物流安排，使企业在成本较低的地区设立配送服务中心，而不必局限于高成本的商业中心地带。我们可以设想，在未来 AI agent、人形机器人、数字人、智能汽车等工具落地后，agent 作为工作助理，机器人和数字人能协助人远程工作，智能汽车作为移动办公空间，这些将显著提高人并行处理、远程处理任务的工作效率，使远程工作更有可行性，减少了经济活动的地理集聚。

（四）AI 将提高中小型应用开发企业的竞争力

目前互联网传媒行业涌现出许多"小而美"的 AI 应用创业公司，虽然团队成员很少，但能做出广受欢迎的产品，企业也获得高估值。例如游戏"幻兽帕鲁"最初由 4 个人开发，聊天应用 Character.AI 团队仅 20 多人，短视频应用公司 Pika 在只有 4 个人时估值就达上亿美元。[1] 事实上，这些现象反映了 AI 有助于增强中小垂直应用企业的竞争力。中小企业活力增强将让市场格局变得更不稳定，但这样的竞争对消费者是好事。

首先，AI 技术能提高企业的生产率，节约要素投入，使企业保持组织精简。这对资源不足的中小企业、创业公司尤为重要，有助于提升它们的存活率。在国内游戏行业，本来一个游戏项目的资深原画师、美工班组、专业设计团队开支占项目开支的 30%~60%，但 AIGC 能大大缩短出品时间，人力开支显著减少，初创公司存活率从 20% 上升到 35%。[2] 其次，"模型即服务"（MaaS）将是 AI 技术供应商的主要商业模式，帮助用户节省精力。[3] 供应商为用户提供现成的机器学习模型或包装好的软件产品，用户只需在预训练模型基础上"微调"出一个适合本行业或本企业所需的模型，或者通过 API 调用模型即可。所以垂直行业的中

---

[1] 参见 https://www.zj.chinanews.com.cn/nzxzl/2023-12-04/detail-ihcvmcav5161542.shtml。
[2] 肖伟：《从节约时间到流程重组 AIGC 技术如何改变二次元市场》，《证券日报》，2023 年 4 月 6 日。
[3] 徐磊、于钟海：《服务化（XaaS）：数字经济的新商业范式》，中金公司研究报告，2023 年 6 月。

小企业用户不用操心复杂的中后台 AI 技术和资本开支问题，只需要专注于开发前台应用，发挥自己在创意、敏捷度和行业知识方面的比较优势。最后，中小企业的业务不稳定，没有太多资金，MaaS 的按需付费模式符合它们的开支需求。调用 AIGC 通常按输入输出 token 数量付费，用户无须像过往采购软件甚至私有化部署一样一次性增加大笔开支，按需付费模式能满足用户对资源的弹性需求，帮助用户节约成本。美国在 2018 年调研了全国的 85 万家企业，发现创业公司很乐于应用 AI，它们对 AI 应用的增加与收入增长有显著正相关性，也更受风险投资欢迎。[1] 另一个调研表明，目前美国年收入小于 5 亿美元的中小公司使用生成式 AI 的比例是中型公司（年收入 5 亿~10 亿美元）的 3 倍、中大型公司（年收入 10 亿~100 亿美元）的 2 倍，与大型公司（年收入 100 亿美元以上）相当[2]。

（五）AI 在部分产业中的"无限供给"能力可能冲击市场形成

目前 AI 已经能够在极短时间内生成内容、做出分析，随着技术的改进、输入输出 token 的增加，AI 将以几乎为零的边际成本在艺术、教育、培训、翻译等服务消费领域提供服务和产品。这种几乎无限的供给能力将冲击现有人类服务和产品市场的固有结构，可能破坏从业人员的职业成长体系，进而损害目前还只能由人类创作和提供的高水平产品和服务的供给机制。好莱坞演员工会对演员权益的保护，《纽约时报》为了保护其作家群体而起诉 OpenAI，[3] 都反映了 AI 给现有市场带来的冲击。

我们以绘画艺术来说明 AI 的重大影响。首先，AI 作品可能让绘画市场退化，压缩画家成长的空间。现代画家的培养和成长要经历学校学习、圈内展示、商业展示、专业杂志评论、奖项提名、作品收藏直到拍卖等一系列阶梯，[4] 他们与阶

---

[1] McElheran K, et al. "AI Adoption in America: Who, What, and Where." NBER Working Paper, 2023.
[2] MIT Technology Review Insights. "Generative AI Deployment: Strategies for Smooth Scaling." 2023.
[3] 参见 https://www.brookings.edu/articles/how-openais-sora-hurts-the-creative-industries/?utm_campaign=Brookings%20Brief&utm_medium=email&utm_content=307292066&utm_source=hs_email。
[4] 徐晓庚、何双男：《书画价格定价生成系统研究》，《艺术管理（中英文）》，2021 年第 1 期。

梯上各环节的从业者、大众消费者通过互动建设繁荣的产业链，[1] 其中大众消费者对各类画作需求的作用不可忽视。[2] 但海量的 AI 作品出现，尤其是大众消费者可自我创作后，相当一部分消费者将会被分流。市场变小，普通画家生存空间被大大压缩，耐心供养高水平画家的"土壤"变少，将"抽掉"他们经过磨炼和市场互动而从默默无闻的新人逐步成长的阶梯。其次，低成本和海量供给的 AI 作品会放慢市场对新人创作的反馈速度，使其成长变慢。艺术品的价值根本在于稀缺性。[3] 画廊商人的惯例是压低新人作品价格，通过市场销量反馈来逐步调整价格，新人作品每次售罄后会涨价，从而抬升新人身价和地位。[4] 如果 AIGC 使平均水准、满足普通大众品位的作品不再稀缺且成本低廉，这些替代品将使新人作品的销售放缓，反馈速度变慢。最后，AIGC 会导致市场上充斥风格雷同的作品，减少画家个人风格的独特性和创新性，更不利于有创意的新人获得认可。当普通人的艺术进阶道路被损害，高水平作品诞生的概率也将降低。

当然，人类现有的市场机制可能会自发调节以回应 AI 带来的冲击。在 AI 产品充斥市场的情况下，消费者对人类产品和服务的支付意愿可能会上升。市场可能会形成 AI 和人类两部分的分离均衡，但要实现这种分离均衡，需要成功建立信号机制，使消费者能够区分人类产品和 AI 产品，以便支付相应的人类产品溢价。例如，原先存在于绘画市场的专业机构可能形成一种潜在的信号机制，绘画者与学院沙龙、专业评论机构、展览会、画廊、拍卖行、艺术中间商等形成绑定关系，对艺术品创作过程进行完全记录，从而向潜在买家发出信号。教育机构可通过线下培训或建立名师档案体系等方式，向家长保证自己的教育培训是由人类教师提供的，等等。但是，并非所有市场都能够自发建立相应机制而成功分割人类产品市场和 AI 产品市场。当市场无法自发地良性回应 AI 的冲击时，适当的政策干预可能是必要的（参见第四章关于 AI 对劳动力市场影响的相关

---

[1] Becker H S. "Art as Collective Action." *American Sociological Review*, 1974, 39(6).
[2] White H, White C A. *Canvases and Careers: Institutional Change in the French Painting World*. John Wiley & Sons, 1965.
[3] 大卫·李嘉图：《政治经济学及赋税原理》，周洁译，华夏出版社，2005 年。
[4] 奥拉夫·维尔苏斯：《艺术品如何定价：价格在当代艺术市场中的象征意义》，何国卿译，译林出版社，2017 年。

讨论）。

二、AI 具有广泛的应用场景

我们从两个视角来梳理 AI 在消费类产业的现状和潜在应用。一个是经营业务视角，AI 应用可分为 B 端应用和 C 端应用，前者主要服务于企业内部用户，后者直接面向消费者。需要说明的是，有些应用的客户虽然是企业，但位于企业前台面向消费者的环节，例如客服、销售等，本文也将之归为 C 端应用。

另一个视角是 AI 提高生产生活效率的途径。从提效途径视角看，AI 应用对组织的影响可归纳为 3R，分别是替代（replace）、提升（reinforce）和创造（reveal）作用，[①] 以减少劳动要素投入或产生更多增加值。替代作用是减少投入生产的劳动量，提升作用是改善和丰富现有产品和服务，创造作用是产生"AI 原生"（AI-native）的产品、服务和商业模式。所谓 AI 原生产品，是将 AI 作为产品自然、核心的功能，而不是在原有产品上附加 AI 以将 AI 作为增值功能模块，AI 原生产品具有学习和适应能力，核心价值是与客户产生个性化的交互。[②] 由于提升和创造作用都是为企业带来增加值，本文将发挥提升和创造作用的应用统称为"价值提升型"应用，而将发挥替代作用的应用称为"节约替代型"应用。

发生在不同业务环节的应用有不同的效果和成本阈值，所以后文将以这两个视角为维度，构成一个 2×2 的矩阵，并将 AI 目前和潜在的产业应用场景放入该矩阵，以更清晰地区分不同类别应用的现状和前景。目前各个行业都有一些场景里的 AI 已突破效果或成本阈值，陆续商用和扩散，尤其是大模型的广泛应用潜力有目共睹，整体而言，AI 产业已越过 S 曲线的第一拐点。

[①] Gama F, Magistretti S. "Artificial Intelligence in Innovation Management: A Review of Innovation Capabilities and a Taxonomy of AI Applications." *Journal of Product Innovation Management*, 2023.

[②] 参见 https://www.copy.ai/blog/AI 原生 #:~:text=AI%20Native%20refers%20to%20products%20with%20AI%20embedded,new%20features%20to%20users.%20It%E2%80%99s%20basically%20an%20add-on，https://mp.weixin.qq.com/s/UMY0qZsCGh87KnW4wjfvoA。

本文将选择互联网和传媒，医疗健康，汽车，家电和服务机器人这几个消费类产业加以讨论，因为它们代表了 AI 发展的不同脉络。一个脉络是技术路线差异。正如本书第四章所述，以深度学习为代表的 AI 更接近"休谟式"的经验主义智能，基于大量数据的统计规律来推理判断，互联网和传媒产业、医疗健康产业、汽车产业的大部分 AI 应用都是采用这种形式；但在复杂三维环境中操作的服务机器人可能需要"模仿学习"，即通过观察和模仿专家的行为来学习如何执行任务，模仿学习更接近于人类从小跟随、观察父母并学习的过程。[①] 另一个脉络是产品载体差异。在互联网和医疗健康等产业中，AI 主要以数字智能形态出现，以软件形式嵌入计算机、医疗仪器系统；但汽车、机器人的 AI 是具身智能，软件系统要与硬件系统紧密结合，依托硬件实现最终目的。

（一）互联网和传媒产业受生成式 AI 技术影响大，商业化落地正在加速

互联网和传媒产业天然需要生产大量的数据和内容，线上化、数字化程度高，是目前生成式 AI 应用最活跃的产业，该产业在已有的"专业平台生产内容"（professional generated content，PGC）、"用户生产内容"（user generated content，UGC）之外实现生成式 AI 应用的落地。不论是 C 端，还是 B 端前台或中后台，AI 在不少场景都已经突破双重阈值，实现扩散。这些应用为消费者和企业节约了大量时间，或衍生出新的产品功能和商业模式。

目前成熟的生成式 AI 应用是以 ChatGPT 为代表的聊天机器人和各种模态转化产品，包括文生图、文生视频、图生文等。例如 Midjourney 是一款典型的 AI 文生图工具，仅输入少许提示关键词就可在不到 1 分钟时间内生成高质量的图片，由此大幅缩短了创作时间，降低了创作门槛。Sora 则是 AI 文生视频的典型应用大模型。AI 也能帮助创作剧本，DeepMind 推出的 AI 写作模型 Dramatron 能够实现根据用户输入的要求，自动生成人物、情节、场景描述及对话等，大幅降低和缩短创意实现的成本和时间。

---

① 张超、白文松等：《模仿学习综述：传统与新进展》，《中国图象图形学报》，2023 年第 6 期。

更为前沿的应用是 AI agent、AI NPC（non-player character，非玩家角色）和数字人等。AI agent 体现了人机协作的理想，将在业务流程自动化、个人助理等场景实现落地。近期，以 GPT-4o 为代表的大模型有望让 AI agent 产品有更强的情绪理解能力和多模态互动能力；苹果公司等推出了能识别用户界面操作的多模态模型，将推动 AI agent 在手机等终端落地。[①]AI 可制作游戏 NPC，让消费者感到更有趣，延伸出"为定制 NPC 付费"（自定义 NPC 形象性格等）、"为与 NPC 交互付费"（如部分恋爱聊天软件）等 AI 原生的商业模式（见图 5.4）。数字人可以用来模仿真人，对答交流，高度逼真，这个应用已有初步尝试，例如商汤科技制作了汤晓鸥教授的数字人，在商汤公司内部和互联网上都备受好评。

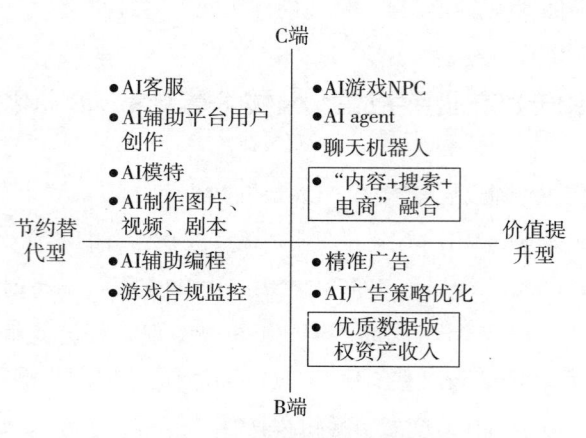

图 5.4　AI 在互联网和传媒业的应用

注：框中场景为潜在的、应用尚未落地的场景。
资料来源：中金研究院。

国内互联网和传媒业的 AI 应用渗透率在快速增长。根据数据服务公司 Quest Mobile 统计，[②]国内用户对互联网和传媒业的 AIGC 应用抱有很大热情。独立的 AIGC 应用软件（例如豆包、文心一言、智谱清言等）用户在 2023 年出现

[①] 于钟海、魏鹳霏、游航：《渐行渐近的 AI agent：能力升级，场景创新》，中金公司研究部报告，2024 年 5 月 26 日。

[②] Quest Mobile：《2024 生成式 AI 及 AIGC 应用洞察报告》，2024 年。

爆发式增长，去重后的用户总数从2023年1月的141万个增长到2024年3月的7 380万个。仅从独立应用看，AIGC在国内互联网群体的渗透率就突破了5%。按经典的罗杰斯创新扩散曲线，①在渗透率突破2.5%之后，创新就进入用户加速渗透的阶段。如果算上内嵌在传统的国民级App里的AI应用（例如淘宝里的AI识图、AI试衣间和资深导购员，美图秀秀里的图片编辑工具），由于这类App已经有过亿活跃用户，那么AI用户数量将增数倍。在B端应用方面，艾瑞咨询显示，2023年AIGC技术在中国广告主企业（即广告客户）线上营销活动中的渗透率已达48%；游戏行业多个公司如完美世界表示，已经将AI技术应用在研发的多个环节。②

在中国当前的宏观经济形势下，AI有可能促进电商和传媒消费。我国居民消费能力总体承压，消费者在选购商品时越发追求性价比。面对更谨慎务实的消费者，智能导购、智能广告可帮助企业更精准地向消费者推荐产品和服务，做好内容、搜索和电商之间的流量转化，以争夺有限的"钱包份额"。厂家、经销商可努力应用AI技术来优化生产流程和供应链，降低成本并提升效率，增加产品的性价比，从而吸引更多消费者。例如厂商可用AI技术来制作并投放广告，去掉传统广告中介，并用AI来建立广告买量推广模型，尽量节约广告预算。相比于实物消费，目前国内消费者更愿意把钱用于娱乐、旅游等用途（见图5.5）。中产以上人群在娱乐旅游等领域消费升级，2023年全国演出市场总体经济规模为739.94亿元，比2019年增长29.3%，达到历史新高。③在传媒娱乐行业的前台环节，像游戏NPC、虚拟伴侣等AI原生的产品能为消费者带来更有趣的玩法；数字导游、虚拟旅游等塑造全新的文旅模式，AIGC创造出更多虚拟现实内容，这些都能给消费者带来个性化、沉浸式的消费体验。网易的《逆水寒》、完美世界的《诛仙世界》都加入了AI NPC玩法；快手、哔哩哔哩等平台已上线AI创作工具。在中后台环节，AIGC为影视、游戏企业内容生产赋能，实现精品内容体量指数化提升。优质IP（知识产权）的多模态内容和衍生品开发后，还能满足

---

① Rogers E M. *The Diffusion of Innovations*. Free Press, 2003.
② 参见 https://rs.p5w.net/html/141746.shtml，艾瑞咨询发布的《2023年中国营销领域AIGC技术应用研究报告》。
③ 参见 http://news.china.com.cn/2024-03-21/content_117075131.htm。

不同偏好的消费者。

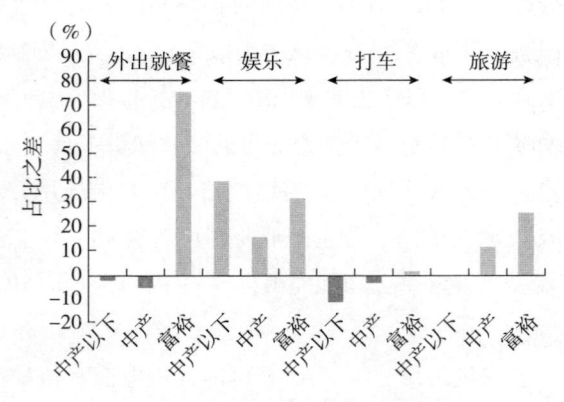

图 5.5　国内各类消费者支出结构

注：调查完成于 2023 年中。图中占比之差指的是未来 12 个月内计划买更贵产品的人数占比与买更便宜产品的人数占比之差，富裕群体定义为家庭可支配月收入 >26 400 元的人群，中产群体为 5 800~26 400 元人群。
资料来源：BCG《2023 上半年中国消费者信心报告》，中金研究院。

互联网和传媒业的 AI 应用将深刻塑造产业未来趋势。对于核心是文娱内容的传媒业，AI 应用的趋势是赋能行业生产效率提升，探索全新的内容展现与交互方式，变革娱乐休闲体验。由于传媒内容的形式多样，且更高的商业价值落在影音、游戏、融媒体这类复杂融合的内容形式上，因此行业更期待生成式 AI 迭代出多模态的内容生产能力。我们期待未来 AI 支持生成信息更丰富且逻辑更完善的内容，还支持更多维度的内容生产，例如可交互的 3D 模型等。我们也关注到，在阅读、教育、游戏 NPC 等应用上，用户体验变革有初步的进展。

未来，传媒业的 AI 应用将在 B 端展现出强大的内容生产能力，在 C 端实现创作的平权。对于 B 端 PGC 而言，多模态 AI 加速 IP 变现，有望使精品内容体量实现指数化攀升，以追求极致体验。它缩短了 IP 的开发周期，也能延展其内容层次，文字、漫画、视频等多模态内容都有可能得到呈现，它加速了优质 IP "一鱼多吃"。对于 UGC 而言，多模态 AI 提供低门槛创作工具——例如短视频应用"剪映"和音乐应用 Suno 等，让普通人也能制作较好的融媒体内容。此外，在数据版权资产开发方面，海外市场版权合作协议盈利模式、商业化前景初步显现。例如电脑软件公司 Adobe 希望摄影师和艺术家提交短视频以供模型训练，平均报酬约为 2.62 美元/分钟。[①]

在互联网业，由于提示词（prompt）技巧要求较高、效果可控性不足，当前 C 端应用商业模式并不清晰；但在 B 端，AI 与专业人工操作相结合，例如电商、短视频 KOL（关键意见领袖），赋能增效的商业逻辑更清晰，用户价值明显，这种结合是短期内主要的商业化路径。百度、腾讯、谷歌、Meta 等公司均在财报中披露，AIGC 服务了 B 端广告客户，为自己也创造了营收。中金公司研究部估计，3 年内国内服务平面设计市场的 AIGC 工具有望产生 55 亿~80 亿元营收，广告营销市场能产生 150 亿元收入。[②]

目前生成式 AI 还在早期快速渗透阶段，各家垂类工具的竞争虽然激烈，但市场蛋糕在扩大，所以竞争不是主旋律，增量市场空间充裕。在中长期，除了底层模型能力，产品落地能力、切换成本和下游应用生态将是竞争的关键。产品落地能力是指 AIGC 工具能快速精准地抓住用户痛点，紧密嵌入工作流。嵌入工作流之后，工具要比拼如何培养用户的使用习惯和积累数据资产，增强用户黏性，抬升用户切换成本，以增强自己的先发优势。AIGC 工具与当前主流互联网产品的融合度也很关键，因为用户做出图片、视频等内容后，最终要发布到电商和社交平台上去转化，所以工具能否与下游应用生态无缝融合也同样重要。例如用户使用字节跳动旗下的醒图、剪映等 AIGC 工具后，能够将所做内容一键导入抖音、头条平台，反之亦然，这就对醒图和剪映扩大用户基数很有利。

（二）医疗健康产业中 AI 的应用场景丰富，但面临不少制度障碍和矛盾的制约

医疗健康产业是 AI 应用最具潜力的行业之一。居民疾病负担来源逐渐从急

---

① 参见 https://tech.ifeng.com/c/8YiTcwMbBfc 。
② 肖俨衍、魏萌、李程浩等：《AIGC 助力生产力工具腾飞》，中金公司研究部报告，2024 年 5 月 26 日。

性传染性疾病转向慢性病，疾病谱变化使居民健康需求增加且更加复杂多样。①可是医疗服务资源供给普遍不足，尤其是发展中国家的医疗服务可及性、公平性还有较大改善空间。AI应用不仅能够提升医疗系统的效率，同时也能极大提升医疗公平性。

近年来，医疗健康领域AI产品创新活跃，在不少场景能突破效果阈值。在生成式AI出现前，利用机器学习等AI技术进行医学影像图片辅助识别已经较为成熟（见图5.6）。截至2023年11月底，国内已有122款智能软件获准入，②其中绝大部分为AI辅助影像诊断软件。2022年一项对全国3000多名影像科医生的调查表明，62.1%的医生表示其所在科室已有医学影像AI产品的应用，③大型医院普及率较高，70%以上三级医院的影像科使用了AI产品。④智能病历填写和质量控制，以及医疗保险报销和商保预授权也是机器学习算法应用比较深入的场景。

前沿的应用则来自生成式AI，它不仅在已有应用场景中有所深入，也拓展了许多新场景。2023年，谷歌开发了Med-PaLM 2大语言模型，帮助医生捕捉前沿临床知识、训练医生对话技巧，同时也能帮助患者更好地了解其自身健康状况。⑤未来，生成式AI能够利用可穿戴设备以及带有各种传感器的智能终端所收集的大量数据，加强对急性期和康复期患者的监测，提高预后质量。⑥

AI应用有望缩短创新药品研发周期。首先，AI模型可分析药物分子作用机制，有望对药物分子治病机制和毒性、安全性做出相应预测判断，缩短和降低现有人力资本密集型环节的时间和成本。AI模型也可针对现有已知分子结构给出优化建议，甚至设计生成新的药物分子，提升研发质量。其次，AI模型能够优化临床试验安排，挑选更适合的试验被试，并能基于过往案例设计适宜的临床方

---

① 刘泽宇、戴戎、赵扬：《老龄化健康需求与卫生费用的再平衡：从中国卫生费用的规模、结构和效率谈起》，中金研究院报告，2024年1月25日。
② 动脉网：《2023医疗人工智能报告》，2023年。
③ 周俊林等：《中国医学影像人工智能应用现状调研报告》，《中华放射学杂志》，2022年第11期。
④ 刘士远等：《中国医学影像人工智能发展报告（2021—2022）》，人民卫生出版社，2022年。
⑤ 中国信通院：《人工智能大模型赋能医疗健康产业白皮书（2023年）》，2023年。
⑥ Yaraghi N. "Generative AI in Health Care: Opportunities, Challenges, and Policy." *Health Affairs*, 2024.

案，缩短和降低临床试验的时间和成本。研发周期的缩短和成本的降低短期内可能带来终端消费的药品价格下降，长期内增加新分子供给，促进行业竞争。

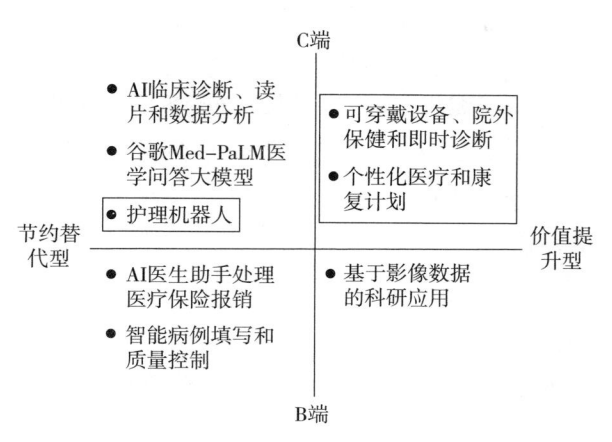

图5.6 AI在医疗健康产业的应用

注：框中场景为潜在的、应用尚未落地的场景。
资料来源：中金研究院。

AI应用还能提升医疗资源利用效率，降低医疗成本。微观层面，智能终端普及后会产生大量个体健康数据，这些数据与医疗数据结合后可建立从健康到疾病发作的全链条因果关系，使疾病预防和监测效率得以提升，或疾病在发生早期阶段即可高效率诊出，从而避免疾病进展至中末期给患者和医保系统带来巨额医疗支出，减少医疗体系的综合医疗成本支出。中观层面，AI赋能将提高普通医生的诊断和治疗水平，缩小各级医院之间的质量差别，延缓医疗服务集中化趋势，让低级别医院承担更多的治疗工作，有利于分级诊疗的实现。宏观层面，由于部署成本高，医疗服务可及性提升后，居民利用服务的频率增高，短期内AI应用可能会造成医疗费用增长，但长期看，AI提高了医疗系统的运行效率，减少了资源浪费，且提高了医疗和保健水平，总体上能降低社会成本，增加社会总福利。

然而，医疗类AI应用的推广普及相对缓慢，面临一些制度障碍和矛盾。目前的AI诊疗仍然必须由医生复核把关并承担责任，系统不能独立承担责任，所以AI诊疗系统实际上还很难真正实现帮医生节约劳动的作用。AI系统还有可能导致过度医疗或医疗不足。过度医疗的一个案例是：某地三级医院引入肺结节影像识别AI技术后，筛查人次在3年里增长73%，但当地卫生统计年鉴显示，非传染性疾病谱分布无显著改变，该技术疑似让肺结节患者过度医疗。① 医疗不足的一个案例是：美国United Health保险公司用AI系统评估患者所需的后期疗养护理时间，以此裁定保险赔付金额，系统给出的时间通常远远少于专业医生的判断，但该保险公司仍然对超出系统估计时间的护理不予赔付，引发多起诉讼。② 还有业内人士担心依赖于应用AI诊断系统可能会让病理学家的技能退化，例如在肾脏病理学检查时，他们不再亲自观察、评估基本结构要素，失去了对组织结构的深入理解。③

（三）大模型加速高级别自动驾驶落地，驱动汽车产业变革

AI在汽车消费领域的主要结合是自动驾驶，其减少了社会对司机的需求，其强大的感知决策和控制能力能辅助降低司机犯错概率，减少不良交通行为，改善交通状况。2012年以来，基于深度神经网络的自动驾驶感知和决策算法取得了快速进展，众多车企已在产品上将其商业化落地。经过10年的积累，L2级别的辅助驾驶已经普遍商用；L3级别自动驾驶在部分领先车企的产品上落地，并在高速公路等特定区域内实现路测，北京亦庄、上海嘉定等地区甚至开始了该级别出租车的示范运营；④ L4级及以上的高等级自动驾驶还只能在特定封闭场景内商用，例如矿区、港口、机场等。在现实城市道路中，各种复杂因素较多，长尾情景也有很多，自动驾驶难度系数显著增长，目前尚无L4级别的自动驾驶落地。

Transformer出现后，高级别的自动驾驶研发和落地速度有望加快。Gartner

---

① 李明、李昱熙、戴廉、李小虎：《医务人员对医疗人工智能（AI）接受度与行为反应研究》，《医学与哲学》，2019年第11期。

② 参见 https://www.cbsnews.com/news/health-insurance-humana-united-health-ai-algorithm/。

③ Fogo A, Kronbichler A, Bajema I. "AI's Threat to the Medical Profession." *The Journal of the American Medical Association*, 2024, 331(6).

④ 参见 https://www.shanghai.gov.cn/nw4411/20230601/7cbba7d29e4a4360a56a1f67dae8893c.html，https://www.36kr.com/p/2179516075946248。

公司认为，高级别自动驾驶已越过泡沫破灭后的低谷期，预计在 5~10 年内规模化扩散。[1] 大模型包括大语言模型、视觉大模型和多模态大模型，分别可用于自动驾驶的多个技术环节。[2] 大语言模型可帮助汽车更好理解乘客的指令，控制车辆参数，以满足乘客个性化需求。客户也能描述车辆状态、环境细节等，让车辆生成驾驶决策，这增强了自动驾驶系统的可解释性。大语言模型还能从文本数据中总结和提取知识，例如 ADEPT（一个自动驾驶平台）系统使用 GPT 从美国国家公路交通安全管理局的事故报告中提取关键信息，生成用于模拟和测试的不同场景代码。视觉大模型的一个作用是增强汽车对周围环境的感知准确度。例如特斯拉推出了基于 Transformer 的鸟瞰图算法技术，更准确地融合和判断多个传感器捕捉的信息。视觉大模型的另一个作用是产生更好的仿真驾驶场景，以仿真数据弥补真实训练数据的不足，提高自动驾驶模型的迭代速度。例如英伟达公司的自动驾驶仿真平台 DRIVE Sim 就可以通过合成数据工具来提高仿真场景与真实场景的相似性，清华大学人工智能研究院也在做类似仿真平台。仿真平台甚至能虚拟出一些长尾场景。大模型还可用于"知识蒸馏"，给图片打标后，去训练特定功能的小模型，例如行人注意力、意图识别等小模型。大模型也能帮助自动驾驶厂商进行数据预标注，再将预标注信息交给专业标注公司，降低人工标注的成本。

AI 将孵化汽车出行产业的新商业模式。一是智能驾驶发展将催化"无人驾驶出租车"（Robotaxi）等商业模式。Robotaxi 让人们出行的费用大幅度降低，出租车数量也能降低。对于出租车公司而言，无人车辆可实现不间断运行，资产运营效率能显著提高。二是智能软件包已经成为特斯拉、蔚来等众多车企新的营收来源，未来随着硬件成本继续降低，软件订阅收费在营收中的占比可能继续提升，将颠覆汽车销售的现有商业模式。三是高阶智驾带来的驾驶员和企业新的权责划分需要新的法规，也将重塑车险业的商业模式，责任划分、承保对象、费率水平等都会发生改变。四是用户出行数据将成为新的资产，如何合规地存储和运

---

[1] Gartner. "Hype Cycle for Artificial Intelligence 2023." 2023.
[2] Gao H, Li Y, Long K, et al. "A Survey for Foundation Models in Autonomous Driving." 2024. 另参见 https://baijiahao.baidu.com/s?id=1767217173344967829&wfr=spider&for=pc。

营这笔资产，找到合适的商业模式是一个新问题。

这一波智能化浪潮将重构汽车产业格局。首先，未来汽车的差异化将主要体现在整车中央控制的软件系统上，①包括智能座舱、自动驾驶功能、智能底盘等，智能化水平成为车企竞争的主要变量。智能化领先的车企将从中受益，获得竞争优势。其次，消费者将更加关注汽车的智能化功能和个性化体验，而不仅仅关注品牌本身。基于传统内燃机、变速箱技术体系建立美誉的经典品牌若不及时进行技术转型，品牌壁垒就会受到较大冲击。再次，在传统汽车时代，车企竞争呈现出较强的寡头垄断特点，几个大型汽车制造商占据了市场的主导地位。但在智能汽车时代，科技公司、互联网公司、软件开发商等新兴参与者入局，这些新进入者凭借在人工智能领域的技术优势和雄厚的资本，有可能挑战传统车企的市场地位，丰富竞争生态。群起的"造车新势力"就是典型。最后，传统汽车产业链的上下游分为主机厂、Tier 1（一级供应商）、Tier 2（二级供应商）等层级，提供核心硬件的一级供应商相对于主机厂可能有较大话语权，但在"软件定义汽车"的智能化时代，这个局面可能会发生变化。因为硬件变成了标准化产品，而智驾软件成为差异化关键，所以我们看到现在几乎所有有能力的主机厂都想自主研发系统，来掌控这个核心部分；一些头部智驾方案供应商也会插入这个产业链，成为介于主机厂和一级供应商之间的一道环节。这些新情况使产业上下游之间的利益格局发生了变化。

汽车企业的服务方式也会变革。售前，现在不少车企借助 AI 和 VR/AR（虚拟现实/增强现实）技术提供沉浸式、个性化的购车体验，利用 AI 聊天机器人提供 7×24 小时的客户咨询服务，提高了销售和服务效率，为消费者打造更加便捷和印象深刻的购车旅程。售后，AI 可对汽车行驶数据和维保记录进行深度分析，通过预测性维护提前发现潜在问题并提醒车主进行车辆维修，这样可以减少故障发生的概率，提升客户满意度。车机软件及时进行远程升级也是一种售后服务，让车企与客户在整个售后生命周期保持一定频率的服务沟通，可增强客户黏性。另外，由于智能座舱提供丰富的交互体验与娱乐方式，驾驶员在驾驶注意力负担减轻后就能更好地享受智能座舱的功能，甚至把汽车当作移动办公场所，那

---

① 苗圩：《换道赛车：新能源汽车的中国道路》，人民邮电出版社，2023 年。

么持续优化座舱体验和内容将是车企做好服务的又一重点。

社会的交通系统也可能随之发生变化。一是智能网联技术使车、路、云端加强互联，通过即时通信传递更快捷的车、路端信息，整个交通指挥管理系统也更加高效和智慧。交通信号灯的周期优化，使车辆行驶更为顺畅，使交通拥堵减少。二是当未来 Robotaxi 的运行效率和使用便利程度够高，用车成本低于拥有一辆私家车的成本时，人们对私家车的需求可能大幅减少，大部分人出行依靠共享汽车。届时乘用车数量会大幅减少，不论是住宅区还是公共场所都不需要再设置那么多停车位。

（四）家电产业中的 AI 应用和人形机器人的推广仍有待技术成熟

家电产业的 AI 功能集成在产品里，直接面向消费者。有些产品发挥替代作用，节约消费者的时间，例如扫地机器人、家庭服务机器人等；有些让现有家电产品功能更丰富，提升了消费者的生活品质，例如智能网络摄像头、由大模型驱动的智能家电以及智慧家居系统等。

家用垂直场景非常丰富，家电产业的惯例不是等待技术的完全成熟，而是在技术演进的过程中，将阶段性成熟的 AI 技术逐步纳入不同场景的应用里，以改善现有产品的功能，甚至会推出一些有趣的、意想不到的新应用。目前扫地机器人和智能网络摄像头是比较成熟的 AI 应用，但这里的 AI 是传统的决策式 AI 而非生成式 AI。业内认为，嵌入大模型的智能家电（音箱、电视、投影仪等）和服务机器人是未来生成式 AI 与家电结合的典型场景。

具备多模态能力的智能音箱将是家电设备的前沿应用。早期的智能音箱已有亚马逊 Alexa、百度小度、小米小爱等标志性语音交互产品，已经影响了很多消费者，那么未来该产品嵌入多模态大模型、升级换代后就是一个很自然的入口。它有望作为智慧家居控制中心，成为真正的 AI agent，具备广阔的市场空间。它具备智能化的语音交互能力，能准确地识别消费者的意图和需求，消费者可通过音箱自然轻松地控制各种智能家居设备、进行信息查询、获取娱乐内容推荐，音箱还能为消费者提供情绪价值，具备初级的情感陪护功能，甚至还能辅导小孩做作业。尽管智能音箱所依赖的生成式 AI 技术尚未突破诸多场景的效果阈值——例如对方言、口音、口语的识别能力不足，跨场景对话能力较弱，但新出的 GPT-4o 已经展现出很强的多模态识别和对话能力，可能标志着 AI 技术已接近效果阈值。

在服务机器人领域，人形机器人是未来进入家庭的理想对象，国内外不少公司做出了适用于炒菜、收纳等各种场景的原型产品。不过，技术难题和居高不下的成本让人形机器人行业还处于发展早期。[1] 第一，人形机器人有多个围绕开发设计问题的技术方案尚未收敛，产业界还在探索。[2] 比如，在模型方面，究竟是感知理解、任务决策、运动规划等每部分各做一个模型，连接组合，还是用一个类似特斯拉 FSD、Google RT 系列的端到端的统一大模型？上肢操作是用深度学习模型还是模仿学习模型？在结构设计方面，手部是采用二指方案——很多人认为采用两指夹持器（2-finger gripper）或四指就能完成大多数日常任务——还是采用完全仿人的五指方案？为了完成多种任务，是在机器人本体上像"瑞士军刀"一样集成安装多个工具，还是做一只足够灵巧的手？在传感器方面，机器人是依靠"深度相机+激光雷达"来观察外部环境，还是像马斯克提出的一样，从"第一性原理"出发单纯依靠视觉传感器？五官的传感器是像人一样安装在头部，还是安在躯干上？

第二，相比语言模型和视频模型，机器人训练较难。它的训练数据是多模态的，有些应用如炒菜机器人还需要具备视觉、嗅觉、味觉和触觉等，要识别低维的语言、图片和视频，目前记录和传递各种感觉的传感器尚不够成熟、稳定。而且，机器人在现实场景训练的数据积累速度更慢一些，不像语言和视频模型，它们很容易就从网络获得海量文字图片数据。特别是对于家用场景数据，有专家认为，"不可能有上百万群众自发愿意买一个没有什么功能的机器人到家里，用遥控器指挥机器人干事情"[3]。尽管前文说过，现在有各种仿真和共享数据库用于机器训练，但毕竟不是用鲜活的真实场景训练。

第三，平衡机器人的开发成本和容错率有较大难度，这给实现经济性目标带

---

[1] 参见 https://baijiahao.baidu.com/s?id=1778524068496294487&wfr=spider&for=pc。

[2] 参见 https://mp.weixin.qq.com/s/ve8a22HKkjZeK4VMwKwayw，https://mp.weixin.qq.com/s/cbbjeE1t0DA5O_-DaKjSgQ，https://mp.weixin.qq.com/s/iaQ3ViM8Tqacp96o2AknFQ。

[3] 参见 https://mp.weixin.qq.com/s/F7bDfo1aNqZXJZPyfqFSPA。

来了挑战。如果机器人"大脑"由深度学习模型驱动,其输出内容可能是概率性的,执行结果可能不稳定。进入日常消费场景,它可能要与老人、小孩等交互,为了避免造成伤害,机器人容错率可能较低。我们若要求机器人出错概率很低,甚至低于人类,可能要付出非常高的开发成本。在某些非结构性场景中,机器替代产生的价值不高但容错率却很低,而且机器人开发成本很高。例如,家庭清洁服务机器人只是为人们省了1个小时的打扫家务时间,对普通人而言时间价值并不是很高,消费者不一定愿意购买,可是开发一个能适应不同家居环境的机器人却非易事。

由于机器人需要一定容错率空间,所以目前在标准化场景中泛化迁移难度较低,我们预计未来人形机器人将在容错率、操作标准化程度较高的场景先落地(见图5.7)。操作标准化是指机器人要完成的动作模式较为标准、清晰,例如搬运东西是标准化任务,而护理就是高度非标准化的任务。有一些容错率极低但操作标准化程度较高的场景——例如生产线上组装动作标准化程度很高,一旦弄错,检测、停工、返修给生产线带来的成本就比较高——可能会为机器人设计固定算法以保证执行的一致性,并设定安全冗余机制以达到容错目的。此外,人形机器人在高付费能力、低精度要求场景也可能先落地。

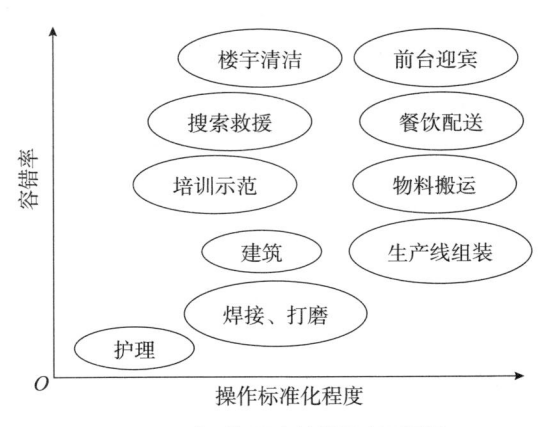

图5.7 人形机器人的常见应用场景

资料来源:中金研究院。

第五章 AI产业化:越过第一拐点

三、AI 产业化中的技术和制度障碍

尽管 AI 在消费类产业有广阔的应用前景，目前在多个场景逐渐落地，扩散速度可能高于其他通用目的技术，但扩散仍然可能重复"螺旋式上升"的历史，会遇到不少障碍，并不会一帆风顺。回顾历史，新产品和技术的扩散通常是一个有风险的过程，风险通常来自技术成本高、基础设施不足、市场前景不明朗、利益集团反对等。[1] 人们对新技术商业化的预期通常会经历"乐观—狂热—破灭—复苏"的周期，Gartner 的技术炒作曲线就是其具象化代表。[2] 根据 Gartner 在 2023 年的估计[3]，生成式 AI 正处于炒作曲线的顶点，人们对于技术抱有超越当前现实的狂热预期，技术后面应该会经历能力不达预期的低谷，还需要 2~5 年才能规模化扩散。

（一）AI 技术尚未突破诸多场景的效果阈值

AI 技术在诸多消费场景尚未突破场景所必需的效果阈值。在家电和机器人领域，家庭环境的场景复杂精细，目前的服务机器人无法成熟地应对家庭内部的非标准化工作环境。AI 技术在医疗健康业的效果障碍如下。第一，目前 AI 模型泛化能力不足，基于特定任务而开发，例如胸部 X 射线训练集模型，这种基于特定任务的范式生成的模型很不灵活，仅限于执行由训练数据集及标签预先定义的任务，而临床实践中常常出现罕见情况，被称为"看不见的长尾挑战"，这时候 AI 模型就难以灵活应用。第二，深度学习的结果还难以解释、验证和监督，由于临床端容错率较低，任何医疗过程产生的错误决策都可能直接影响患者诊疗效果及医患纠纷处理，所以 AI 诊断的可靠性、准确性和责任归属等问题是监管及商业化应用过程中人们需要给予高度关注的。第三，真实世界的精准诊疗需要的不是单一维度的医疗数据和模型，而是需要结合多个维度的信息，如检测、影像、基因、访谈等，这就决定了目前基于单一类型数据训练的 AI 医疗模型只能

---

[1] Rogers E M. *The Diffusion of Innovations*. Free Press, 2003; Díaz-Anadón L, Holdren J P. "Policy for Energy Technology Innovation." *Acting in Time on Energy Policy*. Brookings Institution Press, 2009.
[2] Linden A, Fenn J. "Understanding Gartner's Hype Cycles." Gartner, 2003.
[3] Gartner. "Hype Cycle for Artificial Intelligence 2023." 2023.

作为辅助。第四，不少医疗模型的训练数据来自特定人群，可能存在一定"偏见"，在迁移到其他国家或地区使用时，泛化能力可能不够。AI 技术在互联网和传媒业的效果障碍如下。首先，大模型的逻辑推理能力和可靠性都有待继续提高，AI agent 目前还无法处理稍微复杂的多任务。其次，不少 AIGC 工具的使用有一定学习成本，用户需花费较长时间去学习如何更好地输入提示词并适应它。

与 B 端应用相比，C 端应用的效果阈值更高，研发难度更大。C 端应用直接面对多样化、非标准化的消费者需求，对应用效果的稳定性、适应性有较高要求，如做不好将直接损害用户体验和企业营收；B 端应用功能需求较为明确，易保证输出结果符合需求，而且应用结果主要影响企业内部的成本结构和运营效率，用户对其容忍度高。以医疗健康业为例，对于 B 端应用如药物研发、临床试验方案设计优化、院内信息系统优化（如多科室会诊系统、电子病历语音录入）等，针对部分原本人力资本密集型的业务模式和业务环节，AI 或能够充分发挥其基于数据密集、统计规律分析等维度的特色以解放生产力，替代部分重复性工作（如药物分子人工枚举筛选）。但在更多直接面对患者的临床应用如 AI 影像、AI 问诊、手术机器人等场景中，AI 要赋能医护人员，给出正确决策，协助医生和患者理解诊疗行为逻辑，一旦给出错误决策，患者利益和医疗机构新产品接受度所受负面影响会很大，后续产业应用将更谨慎。

（二）不适应的制度因素是 AI 应用推广的关键障碍

除了技术障碍，制度问题是创新扩散的另一大障碍，包含监管、法律、政策、社会伦理文化等，它们都可以算作广义制度的组成部分。本文同样用 2×2 矩阵分类框架来划分制度障碍类型（见图 5.8）。

第一类制度障碍出现于 C 端的价值提升型应用。一是 AI 违规使用和欺诈风险，例如 DeepFake 进行"换脸"就深受社会担忧。二是 AI 生成的作品是否享有版权，归属于谁。国内已有多起 AIGC 相关版权诉讼，引发了广泛关注。[1]

---

[1] 参见 https://baijiahao.baidu.com/s?id=1786712555620988023&wfr=spider&for=pc，https://baijiahao.baidu.com/s?id=1792497928189026641&wfr=spider&for=pc。

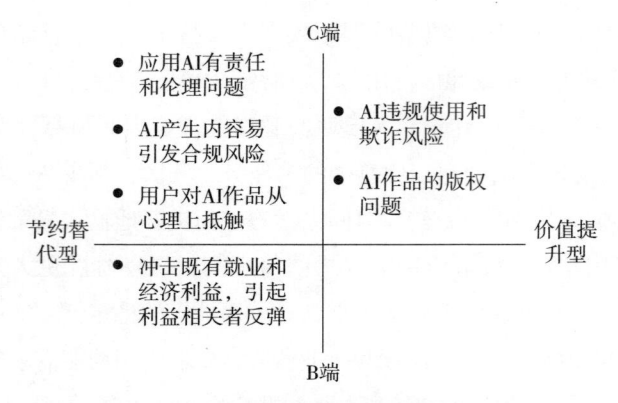

```
                         C端
                          |
        ● 应用AI有责任      |
          和伦理问题        |
                          | ● AI违规使用和
        ● AI产生内容易      |   欺诈风险
          引发合规风险      |
                          | ● AI作品的版权
        ● 用户对AI作品从    |   问题
   节约替   心理上抵触      |                价值提
   代型 ─────────────────┼───────────────  升型
                          |
        ● 冲击既有就业和    |
          经济利益，引起    |
          利益相关者反弹    |
                          |
                         B端
```

图 5.8　AI 应用的制度障碍分类

资料来源：中金研究院。

　　第二类制度障碍出现于 C 端的节约替代型应用。首先，AI 应用存在责任和伦理问题，尤其在医疗领域体现充分（见本章第二部分）。除了医疗领域，人形机器人的应用也有伦理制约，有些维护公共安全的可能涉及暴力的场景还不宜用机器人来替代，例如保安、警察等岗位。其次，大模型生产的内容很可能出现涉嫌种族歧视、性别歧视、意识形态攻击等方面的问题，引发合规风险。各国企业和监管层对此特别在意，谷歌的 Gemini 大模型生成图像甚至出现了"矫枉过正"的闹剧。最后，大众对 AI 生成的作品接受度还较低。在游戏领域里，很多用户从心里抵触 AI 作品，他们认为人的创作才有意义和价值，机器批量化生成的动画图片等没有价值且危害原来的从业者。例如育碧公司的 AI 写作工具被众多玩家批评，网易公司《世界之外》游戏的玩家也抵触 AI 美术生成的"抽卡"资源。[①]

　　第三类制度障碍出现于 B 端的节约替代型应用。最典型的就是 AI 会冲击大量既有就业和经济利益，引起利益相关者的强烈反弹。例如好莱坞演员和编剧举行了罢工，编剧工会要求公司使用 AI 工具时，不能影响雇工的原本工资，演员协

---

① 参见 https://mp.weixin.qq.com/s/SVK43cKKam6bXlCp6sz5cw。

会要求对被替代的演员设定最低补偿标准。① 另一个例子是 20 世纪 90 年代美国国会支持医疗保险公司引入 AI 系统,从而对医生诊疗决策进行监督和控费,但该系统的评估标准不够透明,会影响到医生的收入和权威,引起了医生群体反弹。②

各个场景的一个共同制度问题是数据问题。一是训练数据获取困难。例如不论是在中国还是在美国,医疗诊断数据分布都呈现碎片化,病历、药品、医保等方面数据分布在不同机构,又受隐私保护法规限制,跨机构甚至机构内部数据共享程度较低。有些专业服务业从业人员如律师、猎头等甚至不愿意分享个人掌握的关键客户信息给所在机构,导致 AI 应用很难获得数据,更难落地。③ 二是数据权益未落实,引发一系列诉讼,例如美国 Getty Images(盖帝图像)公司诉 Stability AI(一家人工智能企业)未经许可复制和抓取了大量图像,《纽约时报》也正式起诉微软和 OpenAI 未经允许抓取其文字用于训练,国内也发生了 AI 生成声音人格权侵权案。④

以上种种制度障碍可归纳为两种现象。其一,由图 5.8 可见,AI 发生替代作用的场景有更多制度障碍,而在价值提升场景的障碍相对较少。这表明社会更易接受 AI 的"增效"结果,却对 AI 的"降本"结果有重重忧虑,毕竟替代作用会更多冲击既有利益格局,引发更多利益相关者反弹。其二,C 端应用有更多制度障碍。一个可能原因是它与客户体验、企业声誉和社会安全稳定相关,问题的处理成本更高,所以监管更加严格、社会疑虑更多;而 B 端应用的风险主要与企业内部流程和运营相关,主要影响企业效率,来自外界环境的疑虑更少。另一个可能原因是 C 端应用要基于用户行为数据来改进,数据合规问题更敏感;而 B 端应用往往基于企业内部流程数据改进,数据方面的障碍更小一些。结合前文关于技术障碍的内容可发现,无论是从技术因素还是从制度因素考量,未来 AI 的 B 端应用可能更快普及,C 端应用会慢一些。

---

① 参见 https://variety.com/t/writers-strike/,https://fortune.com/2023/07/24/sag-aftra-writers-strike-explained-artificial-intelligence/。

② Dranove D, Garthwaite C. "Artificial Intelligence, the Evolution of the Healthcare Value Chain, and the Future of the Physician." NBER Working Paper, 2022.

③ 参见 https://mp.weixin.qq.com/s/2Utpr-fcrQiPotzKb24irA。

④ 参见 https://www.thepaper.cn/newsDetail_forward_27460532。

四、AI 产业化的国际比较

AI 相关企业的数量可作为衡量一国 AI 产业发达程度的一个代理指标，无论是从创业公司数量还是从所有类型企业数量看，美国均毫无悬念居于世界首位，中国、印度和英国位居前列（见图 5.9）。考虑到美国是发达国家的代表，印度是发展中国家的代表，下文将这两国与中国相比较，以取他山之石，推进中国的 AI 应用。

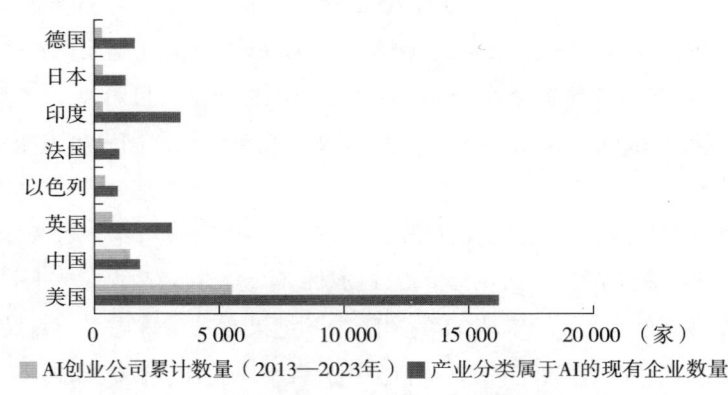

图 5.9　各国 AI 相关企业数量比较

注：此处提供了两个口径的企业数量。AI 创业公司累计数量来自 Stanford University（斯坦福大学）报告；产业分类属于 AI 的现有企业数量来自企业服务数据库公司 Crunchbase，检索条件是产业分类为"AI+Generative AI（生成式 AI）"，状态为在运营中，数据采自 2024 年 4 月 19 日。后者中有些并不是创业公司，主营业务也不一定是 AI，往往是其他产业切入 AI 的公司，例如滴滴公司。所以前者口径显示的企业数量远远小于后者。

资料来源：Stanford University，Crunchbase，中金研究院。

（一）美国的 AI 应用产业体系较完善

美国一直引领人工智能领域的发展，AI 基础研究与产业应用形成了闭环，形成了完整的产业链。2023 年全球发布的重要机器学习模型中，来源于美国的有 61 个，大幅领先于中国（15 个）；基础模型中来源于美国的有 109 个，而中国仅有 20 个。[1] 美国有一大批专注做 AI 开发工具的厂商，有效连接基础设施层和应用层，降低了开发应用的门槛。例如在游戏领域，Unity 软件公司研发了 AI 游戏引擎，英伟达推出了 ACE（数字人技术）服务，微软与 Inworld（一家生成式 AI 数字人/虚拟角色开发公司）合作打造 AI NPC 的开发工具，等等。完整的产业链催生出许多 AI 开发企业。截至 2024 年 2 月初，所开展游戏和传媒业务与 AI 相关的美国企业有 1 553 家，远高于中国（118 家），游戏产业链上游专注做工具开发的美国企业有 954 家，接近中国同类企业数量（34 家）的 30 倍。[2] 在应用层，美国覆盖场景较为丰富，有大量有创意的生活服务类应用；相比之下，中国 AI 应用以文档生成、营销、电商等商务场景为主。丰富的应用为美国 AI 基础研究积累了大量数据。2022 年中美各自发表的 AI 相关论文中，美国有 14.1% 来自产业界，而中国仅有 7.4%。[3]

美国 AI 应用产业体系完善的一个重要原因是投资供给充分。从总量看，2013—2023 年，美国在 AI 领域私募基金/风险投资机构累计投资额为 3 352.4 亿美元，是中国的 3 倍，[4] 且近年来两国的差距扩大（参见本书第十二章）。从结构看，值得注意的是，大型科技企业是美国 AI 风投的主要参与者，2023 年美国 60% 以上的 AI 领域风险投资来自亚马逊、微软和谷歌 3 家；而百度、阿里巴巴、腾讯 3 家在国内 AI 领域风投的占比仅约 22%。[5] 国内消费类产业 AI 应用和开发工具创业公司获得的大额融资不足，2023 年中国获得 1 亿美元以上融资的 14 家企业中仅有 2 家是消费类产业 AI 应用企业，且获得的融资最少，无开发工具公司；而美国同期融资最多的 14 家 AI 创业公司中，5 家企业的主营业务为开发工

---

[1] Stanford. "Artificial Intelligence Index Report 2024." 2024.

[2] 数据来源于 Crunchbase，统计日期为 2024 年 2 月 8 日。

[3] Stanford. "Artificial Intelligence Index Report 2024." 2024.

[4] 同上。

[5] 参见 https://siliconangle.com/2023/12/27/pitchbook-tech-giants-invested-generative-ai-startups-vcs-year/#:~:text=PitchBook%20estimates%20that%20generative%20AI%20startups%20raised%20about,2023%20was%20Microsoft%E2%80%99s%20%2410%20billion%20investment%20in%20OpenAI，数据由中金研究院根据 IT 桔子数据库投资数据整理。

具，另有 5 家为消费类产业 AI 应用公司。①充分的资金供给使美国 AI 企业敢于投入研发；对比之下，国内创业公司往往更倾向于做"活下去"的业务，不敢坚定不移"烧钱"搞研发。

另一个重要原因则是 AI 人才和技术供给充分。2022 年全球前 2% 的顶尖 AI 研究人员中，本科毕业于美国和中国高校的占比分别为 28% 和 26%，然而其中近 60% 的人才选择在美国工作，选择在中国工作的仅 12%。②全球重要深度学习模型的研究者主要来自美国（2022 年为 285 人），而中国的人数（2022 年仅有 49 人）甚至被欧洲超越。③另外，美国的开源社区在 AI 技术和数据集上的积累及开放度领先全球，既诞生了 PyTorch、TensorFlow 等经典 AI 开源框架，也有 Llama 等知名开源大模型。

第三个重要原因是美国对 AI 的产业需求要比中国成熟。以游戏市场为例，美国有 7 500 多家公司，为 AI 开发工具商提供了大量 B 端用户；但中国的游戏市场集中度较高，只有约 1 000 家公司，开发工具商的 B 端用户较少。而且，美国有为软件授权付费的成熟商业环境，为企业开发 AI 工具提供了良好的激励机制。

（二）印度后发追赶潜力较大

印度的 AI 基础能力落后于中国，但差距正逐渐缩小。目前印度在 GitHub 上发起的开源 AI 项目数量远超中国，然而项目质量——累计获得 star（星）的数量——暂时不如中国。④其中，从有中度影响力的 GitHub 项目占比看，印度已经超越中国，但在有高度影响力的 GitHub 项目方面，中国仍领先印度（见图 5.10）。2023 年全球发布的重要机器学习模型中，印度仅有 1 个，且并未贡献基础模型。

---

① 参见 https://baijiahao.baidu.com/s?id=1785150367128066436&wfr=spider&for=pc，https://news.crunchbase.com/biggest-us-vc-startup-funding-deals-2023/，https://news.crunchbase.com/ai/biggest-ai-startups-openai-msft-eoy-2023/。
② MacroPolo. "The Global AI Talent Tracker." 2019.
③ Stanford. "Artificial Intelligence Index Report 2024." 2024.
④ 同上。

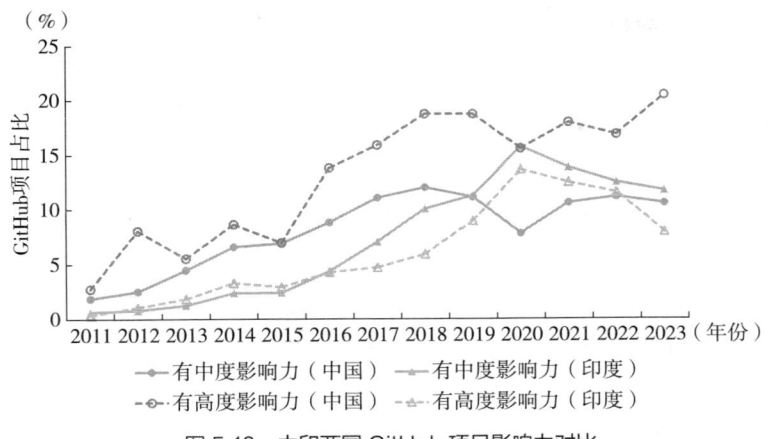

图 5.10 中印两国 GitHub 项目影响力对比

注：图中有中度影响力指的是项目在 GitHub 上被拷贝分叉（fork）6~100 次，有高度影响力指的是项目被分叉 100 次以上。

资料来源：经济合作与发展组织 AI 政策观察站（OECD.AI），中金研究院。

不过，印度政府和企业都非常重视 AI 的应用价值。印度政府在 2018 年就制定了 AI 战略规划，与中国的 AI 战略注重保持 AI 全球竞争力不同，印度的 AI 战略更注重 AI 对社会经济问题的解决价值，[1]旨在利用 AI 促进经济增长、社会发展，使印度成为 AI 的创新实验地。在该战略框架下，印度政府建立了"国际 AI 转化中心"（ICTAI），注重 AI 研究的市场转化及其在社会重要领域的开发应用。[2]印度企业很早就意识到 AI 对生产效率的提升并积极落地 AI 技术，其积极利用 AI 技术的企业占比高于中国。在非 IT 领域，印度金融、零售和医疗类企业 AI 渗透率超过 50%。[3]在 2022 年麦肯锡针对企业家的调研中，62% 的印度受访企业已经落地布局 AI 技术，高于美国（59%）和全球平均水平（50%）。[4]2023

---

[1] Kumar A. "National AI Policy/Strategy of India and China: A Comparative Analysis." *Research and Information System for Developing Countries*, 2021.

[2] 李莹莹等：《医药健康领域的国家人工智能战略发展规划比较研究》，《中国工程科学》，2019 年第 6 期。

[3] 参见 https://analyticsindiamag.com/the-state-of-ai-in-india-2022/。

[4] 麦肯锡：《麦肯锡全球人工智能最新调研：AI 在中国企业的落地进展如何？中国 AI 往哪发力？》，2022 年。AIM Research. "The State of AI in India 2022." 2022.

年 IBM 有关企业 IT 部门的调查也显示了相似结论。[①] 此外，民众对于 AI 的信任也是 AI 产业化的关键驱动因素。毕马威报告显示，95% 的印度民众愿意接受 AI 技术，87% 的民众愿意在工作中相信 AI 技术，这些比例均处于全球最高水平。[②]

印度在 AI 产业化方面具备较强后发潜力，可借助与美国的合作实现短期跨越。2024 年初，印度政府发起了 India AI 项目，开始强化对大模型的开发和算力建设。英伟达宣布与印度塔塔集团和信实工业合作，使用 GH200 Grace Hopper 超级芯片在印度建造超级计算机。[③] 部分印度 AI 企业已利用美国的公开数据进行模型训练，或利用美国的云服务进行应用开发。印度公共部门的数据开放程度也较高，牛津洞见发布的《2023 年全球政府人工智能就绪指数评估报告》显示，印度的数据开放得分非常高。

医疗卫生领域是印度 AI 应用的重要场景。可及性不足是印度卫生保健体系面临的主要矛盾。一方面，印度面临着急性传染性疾病和慢性非传染性疾病带来的双重挑战，2012 年印度传染性疾病死亡率是中国的 6 倍以上，[④] 30~79 岁人群高血压标准化发病率接近中国；[⑤] 另一方面，印度的卫生资源严重不足，2013—2021 年间印度每万人拥有的医师数、护士数、床位数都远低于中国。[⑥]《柳叶刀》公布的 2019 年全球医疗可及性与质量指数数据显示，印度得分很低。[⑦] 因此，印度政府和医院非常重视与大型 AI 科技类企业合作，以提高医疗可及性。例如，印度第二大医院 Apollo Hospital 分别与微软、谷歌合作，开发心脏病发病风险预

[①] IBM. "Global AI Adoption Index – Enterprise Report." 2023.
[②] KPMG. "Trust in Artificial Intelligence." 2023.
[③] 参见 https://nvidianews.nvidia.com/news/reliance-and-nvidia-partner-to-advance-ai-in-india-for-india。
[④] 参见《中国卫生健康统计年鉴 2021》。
[⑤] 参见 World Health Statistics 2023。
[⑥] 参见《中国卫生健康统计年鉴 2021》。
[⑦] GBD 2019 Healthcare Access and Quality Collaborators. "Assessing Performance of the Healthcare Access and Quality Index, Overall and by Select Age Groups, for 204 Countries and Territories, 1990–2019: A Systematic Analysis from the Global Burden of Disease Study 2019." *The Lancet Global Health*, 2022, 10(12).

测模型和医学影像 AI 模型；①印度政府机构 NITI Aayog 牵头，与微软和本地初创企业 Forus Health 合作，建立糖尿病性视网膜病变的早期诊断模型等。②值得注意的是，新冠疫情期间印度将 AI 技术应用于医疗卫生领域，各类面向民众和医务患者的问答机器人相继问世，政府也通过 AI 类应用程序捕捉个人生活轨迹，以此识别疫情的传播风险并采取措施。③

五、思考与启示

（一）中国需适度优化对游戏、互联网和医疗等行业的监管，以促进 AI 的消费应用

中国的 AI 应用有很大的潜力，潜在的数据资源体量和场景数量都蔚为可观。为了充分发挥 AI 潜能，促进 AI 产业更好地发展，保持在世界第一梯队，追赶美国，我们有必要坚持投入更多资金、提高大模型基础能力、建设算力硬件设施、打造人才队伍（见本书第二章）。不仅如此，我们还要及时优化对互联网、游戏、医疗等行业的监管内容和方式、营造宽松的监管环境，在这些最有希望快速渗透生成式 AI 的行业里，让企业探索更加广阔的 AI 应用场景，从而促进消费。

1. 发挥"互联网大厂"的重要作用

从数据、产品、技术和资金供给等各个角度看，互联网大厂都是推动 AI 产业进步的重要力量。它们既是 AI 技术开发的主力，拥有独特的海量数据优势，也是有丰富算力资源的公有云厂商，并由此各自开发了自己的大模型。庞大的人

---

① 参见 https://www.apollohospitals.com/apollo-in-the-news/microsoft-partners-with-apollo-hospitals-to-set-up-national-clinical-coordination-committee-for-combating-cardiovascular-diseases/；https://www.apollohospitals.com/apollo-in-the-news/apollo-hospitals-expands-partnership-with-google-cloud-to-boost-the-healthcare-ecosystem-in-india/。

② Bajpai N, Wadhwa M. "Artificial Intelligence and Healthcare in India." ICT India Working Paper, 2021.

③ 潘薇、蔡琼：《以印度为例探讨数字技术在疫情防控中的实际运用》，《中国医院院长》，2022 年第 23 期。

口基数和快速的经济增长使中国在移动互联网时代培育了全球最多的互联网用户和不少互联网大厂，他们长期以来沉淀了巨量的高质量居民行为数据，为训练复杂的大模型提供了宝贵的资源。与美国应用软件边界分明、场景较为单一不同，腾讯、美团、字节跳动等互联网大厂的超级 App 覆盖多元化的应用场景，数据维度也更加丰富，这为通过交叉场景训练 AI agent 提供了先天的便利条件。它们也是 AI 技术的重度用户，业务全链条的多个场景都有 AI 应用的潜力。一般而言，企业的技术开发与自己的业务需求紧密契合，非常有利于创新，因为业务给技术开发提供了源源不断的需求，而新技术可在企业自身业务中先行先试，企业可做到"用中学"。除了自身开发大模型，这些大厂还通过风险投资支持创业公司打造大模型。智谱 AI、百川智能、MiniMax 和月之暗面等知名国内大模型创业公司都有阿里巴巴、腾讯等大厂数亿美元的投资。

所以，建议发挥互联网大厂在研发和算力方面的领军作用。大模型研发是一项非常复杂、消耗大量资金的活动，互联网大厂是大模型研发的重要领军力量。建议推动大厂形成技术、算力、数据等的各类联盟，政府在合规前提下向联盟适当开放公共数据，与联盟共同推进技术攻关；鼓励互联网大厂进行 AI 领域风险投资，激励更多资金进场，使各类有特色的 AI 应用开发企业和拥有核心技术的创业公司在一级资本市场推动下做大做强；适当放宽对 AI 输出内容的管制，引导应用开发企业"放下包袱"，降低合规风险和成本。另外，要引导各类 AI 开发工具和基础模型的开源社区建设，以降低中小企业应用开发成本。

2. 优化游戏行业审批制度

正如前文所介绍，游戏行业的发展与竞争促进了 AI 相关软硬件技术的发展。[1] 目前国内有庞大的游戏市场——2023 年国内游戏行业产值突破 3 000 亿元，国内市场同比增长 13.95%，用户规模创历史新高。[2] 这个大规模市场将为我国 AI 在游戏行业落地，并由此拉动 AI 技术进步提供厚实的土壤。不过，我国对游戏上线的审批较严格，有 AI 原生玩法的游戏上线速度较慢，只能以服务现有游

---

[1] 中国游戏产业研究院：《游戏技术——数实融合进程中的技术新集群》，2022 年。
[2] 参见 https://www.donews.com/news/detail/3/3866273.html。

戏或出海为主，不利于创新性的中小游戏公司依托国内大市场发展。对下游应用的监管限制会传导到产业链上游，影响上游景气度。如前文所述，中国游戏产业链上游专注做工具开发的企业数量（34家）远低于美国（954家）。

美国对游戏行业的监管态度基于整体考量，注重平衡产业创新和公众利益，认为应该更多依靠行业自律，通过游戏分级实现行业良性发展。有学术研究表明，游戏本身可能带来积极影响，如增强儿童的空间认知、团队合作、社会参与的意愿和能力，甚至可作为一种教育工具，用来培养儿童学习知识、练习对话技巧以及完成任务的能力。[1] 联邦政府曾尝试出台相关监管方案，但最终未能获得参众两院通过。[2] 不过，美国的监管部门将防止未成年人沉溺游戏的责任交给了家庭，这可能会造成部分学生因为家庭管理不严而耽误学习。所以，建议我国监管部门在合理限制未成年人使用时长和付费额度的同时，[3] 优化游戏审批流程或实行备案制，让优秀的AI原生创新性游戏能及时上线，促进产业繁荣。

3. 合理分担医疗AI技术临床应用的责任风险

尽管AI在医疗健康行业的初步应用显示了其提高医疗服务可及性、可负担性以及医疗质量的潜力，但如前文所述，大规模推广面临诸多监管障碍，其中，医疗事故责任认定机制是关键的障碍之一。目前，医生仍是医疗行为的责任主体，由AI辅助决策所导致的医疗事故仍需由医生和医院担责，在AI模型可解释程度低的背景下，医生和医院会基于责任风险而延缓AI相关应用的普及，特别是在临床风险较大的治疗环节。

为充分发挥AI在医疗健康行业的潜力，建议提前研究相关监管立法，逐渐建立良好的临床AI责任风险分担机制。未来可根据医患关系变化，及时调整相关法律法规，使医生、医院以及软件开发企业合理分担医疗责任。同时，政府也可建立相关的责任保险机制，分担AI应用过程中的风险。另外，医疗保险机构也应适时调整支付方式，适时将AI服务纳入医保支付范围，鼓励医生和医院积

---

[1] Ferguson C. "Blazing Angels or Resident Evil? Can Violent Video Games Be a Force for Good?" *Review of General Psychology*, 2010, 14(2).
[2] Anna Price. "To Play or Not to Play: Video Game Ratings and the Law." 2023.
[3] 参见艾瑞咨询等联合发布的《2020年中国游戏领域未成年人保护白皮书》。

极应用 AI 服务。

（二）中国的人形机器人产业具有技术基础和规模经济优势

因为人形机器人可能是 AI 与人类生产生活融合、代替人类劳动的主要载体，所以本文最后特别探讨中国与发达国家在该产业的差距及发展潜力。特斯拉的 Optimus，OpenAI 与机器人初创公司 Figure 合作研发的机器人 Figure 01、波士顿动力公司的电动版机器人 Atlas 等是业内领先产品，已经退役的本田的人形机器人 ASIMO 曾是业内经典，国内有优必选、傅利叶、智元、字数科技、银河通用等代表性企业，它们在产品性能、目标场景、成本控制等方面各有特色。

相比发达国家，中国在两个方面有较大差距。[1]一是机器人的传统控制和驱动组件。伺服电机、减速器、控制器等工业机器人零部件的国产品牌在国内市场的占有率不到 1/3，甚至更低，人形机器人的力触觉传感器国产份额不足 20%，灵巧手核心组件高端空心杯电机的国产份额更低。我国这些组件在精度、质量和可靠性等指标上与发达国家还有较大差距，国内的高端市场仍然被外国企业掌控。与其他高端装备产业类似，我国企业落后于发达国家的原因在于工艺积累、基础材料等不足，[2]还有品牌壁垒。例如，在运动控制器领域，国内厂商在底层软件架构和动力学算法库上与发达国家有差距，而且这个领域讲究垂类经验，外资品牌在市场上有丰富经验，受到了客户认可。二是为客户提供特定场景综合解决方案的能力。要为客户提供综合解决方案，企业需整合行业生态资源，这有利于企业提高客单价和毛利，提升价值链上的话语权。在运动控制器领域，国外厂商提供控制–驱动–执行–信息–应用层的集成式解决方案，国内厂商解决方案进程相对落后，导致体量相对较小。从 2024 年汉诺威工业博览会看，在欧洲市场，中国的机器人相关企业主要为海外集成商提供零部件和设备，而非解决

---

[1] 本部分内容的参考资料包括中金公司研究部报告《产业龙头纷至沓来，人形机器人大幕拉开》《人形机器人前沿系列：力触觉，牵引感官革命》《人形机器人前沿 03：运动控制，产业命脉守护者》《特斯拉人形机器人追踪（一）：进化行至何处？》等。
[2] 中金公司研究部、中金研究院：《大国产业链》，中信出版社，2023 年。

方案。①

不过，AI 相关组件的国内外差距相对较小。在国内市场上，国内品牌的感知组件如 SLAM 定位系统和语音交互系统基本占据主导地位，视觉传感器的国产份额达 50%。决策所依赖的大模型方面，虽然我国企业与美国领先水平有差距，但差距相对有限。而且，有专家认为，一些特定任务可以先用小模型或微调的开源模型，然后将这些小模型组成一个混合专家模型完成，或通过 AI agent 来调用不同的小模型完成。②应当指出的是，虽然国内企业在 AI 相关部分与国际领先水平差距不大，但芯片这一底层组件仍受制于人。人形机器人涉及工业级的控制芯片、存储芯片等，这部分芯片的制程通常比较成熟，国内产品有一定进口替代能力；但机器人"大脑"所需要的推理芯片对算力要求较高，因为很可能机器人需要反应快速。

尽管国内外人形机器人产业整体上有差距，但国内人形机器人产业有能力追赶领先者。如前文所述，人形机器人设计的技术方案远未收敛，不少厂家做封闭的一体化自研，导致整个产业的标准化程度较低，尚未出现"主导设计"（dominant design）。这种格局下，整个产业的产品和技术多样性较高，有技术史研究表明，此时创业企业、后发企业有更多时间试错，生存概率较高。③而且，目前几乎没有成熟的商业化实例，不存在实现量产的领先巨头，后发者有机会。更重要的是，国内人形机器人产业有良好的技术基础和规模经济优势。

中国企业在人形机器人领域坚持投入研发，专利申请量和目前有效的发明专利数量众多，技术基础良好。2008 年以前，在这个领域的专利上，日本绝对领先，但 2014 年以来，中国企业专利申请增速明显。④与美国、日本相比，中国

---

① 参见 https://mp.weixin.qq.com/s/Drv9Hss1QoySK2PPdtaYuQ。

② 参见 https://mp.weixin.qq.com/s/ve8a22HKkjZeK4VMwKwayw，https://mp.weixin.qq.com/s/6-hzl3H6iCzau4IZuayoQw。

③ Suarez F F, Utterback J M. "Dominant Designs and the Survival of Firms." *Strategic Management Journal*, 1995, 16.

④ 人民网研究院发布的《人形机器人技术专利分析报告》显示，根据该院对截至 2023 年 5 月 31 日已推出双足机器人的机构专利的分析，北京理工大学、优必选公司近 5 年专利申请量和持有有效专利量都已进入世界第一梯队。

第五章　AI 产业化：越过第一拐点

的 AI 相关组件技术差距小，动力电池相关技术领先，这使国产机器人具备差异化优势。人形机器人要在复杂环境里及时决策计算，对算力有较高要求，且工作时间较长，所以其能量系统应足够强大。这要求电池具备较高容量，同时要保证安全性和轻量化，这些与新能源汽车的动力电池系统要求相似。中国在新能源汽车动力电池及热管理等相关技术上处于全球领先地位。

中国还有发展人形机器人产业的规模经济优势。第一，从产业应用的规模看，中国拥有全球最大的机器人工业应用市场。2023 年，工业机器人中国市场销量达 31.6 万台，连续 10 多年在全球份额达 50% 以上；[1] 在国内的使用范围已覆盖国民经济 68 个行业大类、168 个中类。[2] 中国服务机器人的应用市场规模仅次于美国，2024 年在全球的份额有望扩大到 36.3%。[3] 庞大的市场规模和多样化的应用场景将为人形机器人提供充足的需求，不仅有助于国内的机器人产业链降低制造成本，还能尽快积累训练数据和工艺数据，使 AI 模型和相关工业软件在应用中得到改善，进而使数据、模型和软件形成正循环。例如，智元机器人公司就有大量一线人员带着传感器在国内很多整车厂积累真实场景和数据。[4] 另外，人形机器人是 AI 和机械装备工业的交叉领域，而 AI 和机械装备工业都有显著的产业集聚效应，工业机器人也被证明如此。[5] 因此，打造区域集群对提高人形机器人企业的生产率和创新能力都有裨益。国内目前已经在北京、深圳、东莞、常州、苏州、上海等 10 多个城市建立了机器人产业集群。

---

[1] IFR. "World robotics 2023." 2023. 参见 https://news.sina.com.cn/shangxunfushen/2024-03-28/detail-inapwkpp4451042.shtml。

[2] 郭宇：《"十四五"过半机器人产业稳步推进》，《中国工业报》，2023 年 10 月 24 日。

[3] 参见 https://www.163.com/dy/article/IVDGA8UL05198SOQ.html，假设美元和人民币汇率为 1∶7。

[4] 参见 https://mp.weixin.qq.com/s/F7bDfo1aNqZXJZPyfqFSPA。

[5] Huang C, Wang Y. "Evolution of Network Relations, Enterprise Learning, and Cluster Innovation Networks: The Case of the Yuyao Plastics Industry Cluster." *Technology Analysis & Strategic Management*, 2018, 30(2). 范剑勇、冯猛、李方文：《产业集聚与企业全要素生产率》，《世界经济》，2014 年第 5 期。徐星、惠宁、韩先锋等：《人工智能驱动制造业高质量发展的复合效应研究——基于知识创造与知识地理溢出的双重机制》，《中国科技论坛》，2024 年第 1 期。周慧珺：《经济的空间集聚与人工智能发展——基于工业机器人数据的实证检验》，《产业经济评论》，2022 年第 5 期。魏嘉辉、顾乃华：《工业机器人、高技能劳动集聚与地区工业集聚》，《产经评论》，2022 年第 1 期。

第二，人形机器人与中国的诸多高科技产业技术相通。新能源汽车业的智能座舱、驱动电机、轻量化、域控制器、动力电池和激光雷达等，机械装备业的轴承、减速器、伺服电机和运动控制等，互联网和软件业的 AI 技术等，它们都会迁移复用到人形机器人中。中国拥有全球最完整的工业体系和齐全的供应链，在这些产业也有较为深厚的技术积累和供应能力，很可能对人形机器人产业有溢出效应。最典型的就是汽车产业，它和机器人产业之间以技术互通带动产业互通，不少机器人专家是从自动驾驶领域转过来的人才。首先，双方的 OEM（原厂委托制造）制造商有较多重合，特斯拉、小鹏、本田等知名汽车厂商同样是人形机器人产业的领先厂家。其次，双方的供应商有重合，中国汽车产业链上的优质供应商在精密机加工、客户服务能力、快速响应等方面锤炼出来的优势可迁移到机器人产业。据多方报道，特斯拉在中国寻找除了 AI 软件和传感器之外的不少机器人零部件的供应商。[①] 最后，双方的应用场景有重合。服务机器人全球最大的应用场景就是交通物流，2022 年该场景的服务机器人全球销量为 8.6 万台，而第二大应用场景迎宾服务的服务机器人销量仅为 2.5 万台。[②]

第三，中国有多学科、大规模的人才储备可支持研发。由于人形机器人的多学科综合性，优秀的人形机器人产品需要跨领域专家和工程师团队共同完成。中国工业体系完整，各个理工科专业培养了大量的人才，每年专科及以上理工科毕业生近 500 万人，造就了丰厚的工程师红利。2020 年，我国科学家与工程师总量为 1 900 万人，数量位居世界第一，其中 90% 不到 50 岁，正值青壮年。[③]

[①] 参见 https://baijiahao.baidu.com/s?id=1787222836062047563&wfr=spider&for=pc，https://aiqicha.baidu.com/qifuknowledge/detail?id=10140500234，https://baijiahao.baidu.com/s?id=1800974343242980511&wfr=spider&for=pc。

[②] IFR. "World Robotics 2023." 2023.

[③] 参见 CEIC 数据库发布的《中国科技统计年鉴》。

第六章

产业AI化：双刃剑效应与应对

在全球化放缓背景下,中国产业链面临着纵向卡脖子与横向去中心化两大风险挑战。要应对前者,中国需要加速追赶式创新;要应对后者,中国需要促进引领式创新。以大语言模型为代表的新一轮 AI 技术进步,在生产力层面为兼顾追赶式与引领式创新带来了新的机遇与挑战。以制造业为例,国际竞争视角下的产业 AI 化对中国而言是把双刃剑,虽有利于中国制造在质上加速追赶先发国家,但也有利于先发国家克服劳动成本高的供给劣势加速对中国制造在量上的追赶,甚至可能会削弱中国在锂电池等新兴制造领域中初步占据的领先地位,也有可能为印度等后发国家在制造业上加速追赶提供需求侧契机。

大国规模是中国在产业 AI 化过程中加速追赶先发国家的重要优势。伴随着大模型演进,在 AI 领域,规模定律越发凸显。以制造业为例,中国生产规模大意味着潜在可用数据规模也大,可支撑中国率先探索大模型等 AI 技术赋能场景。中国将潜在可用数据变为现实可用数据存在一些挑战,精密制造领域数据问题尤为严峻,需优化生产关系,除借鉴先发国家的数据库建设经验外,还需要一些具有针对性的措施,例如:加强国企面临的市场竞争约束,设置专门规则以提升国企对数据汇集和使用的重视程度;为企业尤其是民企提供专项优惠贷款,支持有利于产业 AI 化的数据收集、使用等项目;在芯片等追赶问题突出的精密制造领域,打造大企业主导的追赶式创新模式,通过纵向一体化组织架构来便利稀缺数据汇集。

产业 AI 化可能因仿制能力增强带来另一把双刃剑,即虽有利于加速追赶,却未必有利于高度依赖原创的引领式创新。对于大模型等 AI 知识产权保护而言,算法可专利性存在较大争议,大模型或激化内在的公地悲剧与私地悲剧矛盾,致使专利更多地被用作竞争工具而非用于创新激励。此外,规模定律意味着大模型更有利于大型企业增强市场势力;简单加强知识产权保护有利于进一步提升大企业对中小企业发起专利诉讼的能力,会导致大企业享受的行政壁垒也被强化。由于中小企业引领式创新意愿通常高于大企业,单纯强调加强专利保护是否能够有效促进大模型时代的引领式创新,存在不确定性。[①]

[①] 本章作者:谢超、邓学、裘孝锋、白皓、李根、郭威秀、王梓琳、张杰敏、鲁烁、孟辞、任丹霖、常菁、张嘉祺、库静兰、崔力丹、贾雄伟。

在全球化放缓背景下，中国产业链面临着纵向卡脖子与横向去中心化两大风险挑战。① 要应对前者，中国需要加速追赶式创新；要应对后者，中国需要促进引领式创新。为此，《大国产业链》一书提出了"双支柱举国体制"构想，即以"大企业＋大银行＋大政府"推动追赶式创新，以"中小企业＋资本市场＋制度建设"推动引领式创新。这是从生产关系变革角度来探索如何应对产业链的纵横挑战，那么，生产力层面有没有什么值得期待的应对方式？目前看，以大语言模型"涌现式"突破为标志的 AI 技术新进展值得关注。不过，追赶问题主要存在于制造业，目前有关大语言模型的应用探讨似乎大多集中在服务领域。这是否意味着 AI 无法加速制造业的追赶式创新？如果 AI 能够使追赶式创新能力显著增强，这是否意味着 AI 有利于中国制造对先发国家的追赶？对于引领式创新，AI 是否有同样确定的意义？如果生产力层面的产业 AI 化能够兼顾追赶式与引领式创新，这是否意味着我国无须再推动生产关系方面的变革？对于回应产业 AI 化是否有助于中国应对国际竞争下纵横挑战的关切而言，上述问题值得深入探讨，也是本章的主旨所在。

---

① 中金公司研究部、中金研究院：《大国产业链》，中信出版社，2023 年。

一、AI 助力追赶式创新的可能性

2022 年以来，人工智能大模型快速进步，AI 产业化与产业 AI 化探索快速推进，制造业也不例外。美国人工智能公司 Symphony AI 在 2023 年 11 月推出基于开源大模型 Llama 2 的工业[①]大语言模型，它在无监督阶段采用工业数据进行补充训练，能够根据文本输入信息解析机器故障情况。开发者认为，若配合预测模型，Symphony AI 有望实现基本的早期系统预警，自动根源问题寻找，制造过程和流程优化，以及预测性维护等功能。[②]但与服务业已经出现的 Sora 那种令人震撼的 AI 化进展相比，制造业 AI 化的成绩似乎要逊色一些。这也与 OpenAI 的研究相一致。在 2023 年关于大语言模型对各领域就业影响程度的分析中，OpenAI 认为，零售、金融等服务业受到的影响较大，电子产品等制造行业受到的影响有限。[③]

即便是在制造业内部，大语言模型给出的结果似乎也显示其对于制造环节的影响力不及服务环节。如图 6.1 上图所示，虽然中外大语言模型关于 AI 对各环节的影响力评估系统性强于行业分析师的判断（ChatGPT-4 更乐观些），但在产品设计、市场营销、专项服务 3 个服务环节，行业分析师与中外大语言模型的判断差别其实并不大。真正的显著分歧出现在材料开发、生产制造这两个制造类环节，行业分析师认为大模型影响力有限，文心大模型 3.5 与 ChatGPT-4 对于大模型在这两个制造环节的影响力判断虽然比人类分析师乐观，但这种信心相比于对前述 3 个服务环节还是要弱些。与此形成鲜明对照的是，关于 AI 在这两个制造环节的影响力，大语言模型尤其是 ChatGPT-4 对传统深度学习代表的小模型似乎很有信心，甚至认为小模型在生产制造环节的影响力要大于在服务环节的影响力（见图 6.1 下图）。综上，这是否意味着 AI 大模型助力制造业进步的空间有限，或者说对于通过产业 AI 化来实现制造业加速追赶而言，希望应主要寄托在

[①] 严格来讲，制造业只是工业的一部分，而非全部。考虑到制造业是工业的最主要部分，以及本文的研究目的，本文不再严格区分工业和制造业。

[②] 参见 https://www.symphonyai.com/industrial/。

[③] Eloundou T, et al. "GPTs Are GPTs: An Early Look at the Labor Market Impact Potential of Large Language Models." OpenAI Working Paper, 2023.

小模型方面,而非大模型?后文将从 AI 助力制造业的逻辑基础、可能场景以及现实挑战等方面尝试回答这个问题。

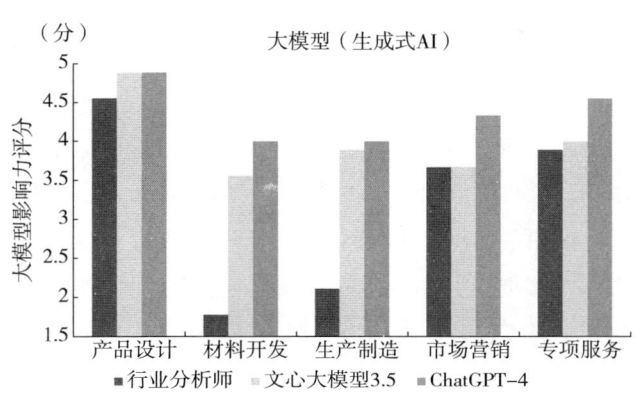

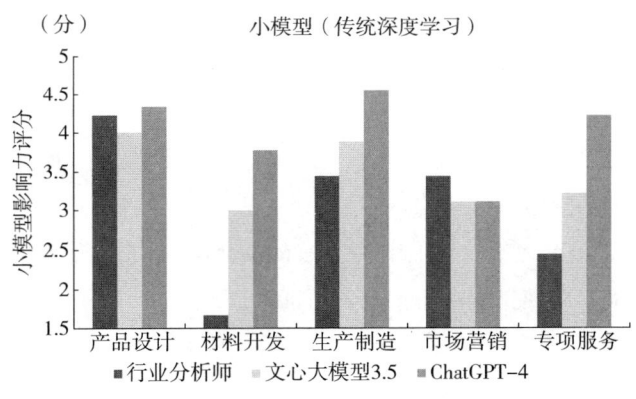

图 6.1 AI 对制造业不同环节的影响力评分

注:图中评估基于机械、电子通信、电力设备新能源、汽车、医药、家电、纺织服装、轻工家居、食品饮料 9 个制造行业。具体而言,本文将这 9 个制造行业标准化为产品设计、材料开发、生产制造、市场营销、专项服务(例如售后)5 个环节,而后经过中金公司行业分析师、文心大模型 3.5 以及 ChatGPT-4 分别对 AI 在不同行业不同环节的影响力进行打分,最高分为 5 分、最低分为 0 分,最后取 9 个行业的各环节平均分。
资料来源:文心大模型 3.5,ChatGPT-4,中金公司研究部,中金研究院。

(一)产业 AI 化赋能制造业的逻辑

关于 AI 大模型的内涵,除了广为人知的大语言模型之外,还有特斯拉 FSD

第六章 产业 AI 化:双刃剑效应与应对

等智能驾驶大模型，未来也许还会出现其他类型的大模型。也就是说，即便OpenAI关于大语言模型对各领域就业的影响程度分析是准确的，也不能延伸解读为AI大模型赋能制造业的空间有限。更重要的是，Transformer作为支撑大语言模型成功开发的关键基础算法，其的提出最初虽是为解决自然语言序列数据的处理问题，但其是普遍适用于系统性序列数据处理的。从方法论层面看，对序列数据的分析大致可以分为两类：一类是基于还原论去分析，即序列整体的信息通过对每一个局部的认识来提取；另一类是需要从系统论角度去把握，即整体包含的信息并非由局部的简单加总构成，而是由局部、局部在整体中的位置、局部与局部之间逻辑关系等多要素共同表达的。自然语言处理明显更适合采用第二类，因为语言所表达的信息不仅包含在作为局部的每一个具体词语中，也包含在以语法等语言学逻辑所覆盖的词语所在位置、词语与词语之间的关系等要素中。相较于先前的深度神经网络，以自注意力、多头注意力等机制为核心的Transformer较好解决了系统性序列数据的处理问题，能够很好地应用在自然语言处理方面，[1]最终促成了大语言模型的开发。

不过，具有系统性序列数据信息表达多要素特点的不仅有自然语言数据，一些制造领域的序列数据也具有这种特点，因而也可以使用Transformer来处理。例如，2023年已经有文献探讨使用Transformer分析转台周期性运转序列数据，以识别机器出现错误状态信息的可能性。[2]更重要的是，作为本轮AI进步焦点的大语言模型虽是基于Transformer的，但并不意味着Transformer是本轮AI进步的全部。如图6.2所示，在2017年Transformer提出后，出现快速增长的不仅是有关Transformer的文献，其他类型的AI文献也在2017年后出现加速增长态势。也就是说，至少从文献角度看，2017年后AI进步或许不能简单以Transformer算法的突破来概括，而可能呈现一种全面进步态势。大语言模型的涌现式突破也印证了这一点，它是算法、算力、数据三方面的共同进步，并

---

[1] Vaswani A, Shazer N, Parmar N, et al. "Attention Is All You Need." *Advances in Neural Information Processing Systems*, 2017, 30.

[2] Wu H, Triebe M J, Sutherland J W. "A Transformer-Based Approach for Novel Fault Detection and Fault Classification/Diagnosis in Manufacturing: A Rotary System Application." *Journal of Manufacturing Systems*, 2023, 67.

非算法的单兵突破带来了 AI 能力的全面提升。事实上，即便是 Transformer 本身也在快速演进，当前支撑各类大模型的所谓 Transformer 相较于 2017 年早期的 Transformer 已经出现了很多变化。

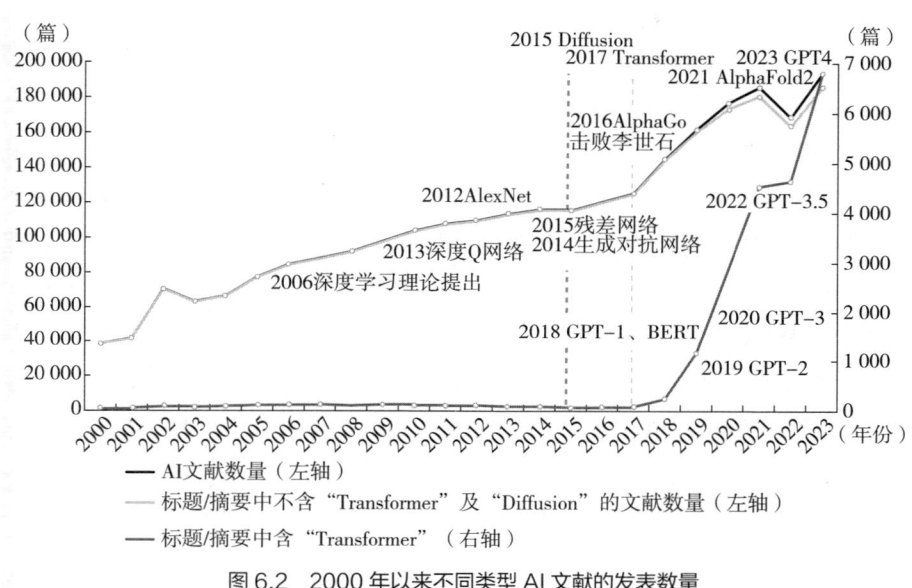

图 6.2 2000 年以来不同类型 AI 文献的发表数量

资料来源：OpenAlex 数据库，中金研究院。

得益于 AI 能力的这种全面进步，能够有效助力制造业等产业进步的科研第四范式才有望建立。回顾历史，17 世纪以前，人类普遍通过对自然现象和实验的观察与总结来获得经验证据，但缺少系统性方法、规则来表达规律，这是作为第一范式的经验范式；此后到 20 世纪中叶，科研进入作为第二范式的理论范式，即强调对自然规律做出原理性解释，在科学原理的指导下推动研究工作，如果说第一范式是只"知其然"，那么第二范式则更强调"知其所以然"；20 世纪下半叶，随着超大规模集成电路的发展，科研进入第三范式，即计算科学与模拟仿真范式，这一时期研究者普遍通过计算模型与系统模拟对各领域复杂过程进行研究；21 世纪之后，伴随传感器、边缘计算、云服务、数据库等数字收集处理相关技术的发展、普及，科研进入以数据驱动为特点的第四范式，即在算力不断增长的基础上，研究者可利用 AI 工具将经验数据、理论推导、模拟仿真等结合起来以提高研究工作的效率。①

无论是第二范式还是第三范式，均是高度依赖科学理论指导的研究范式。例如在第三范式中，仿真模拟器通常是建构在基于科学原理的建模或物理引擎之上的。强调科学理论指导产业技术也是自工业革命以来越发成熟定型的研究范式，20世纪40年代《科学：无尽的前沿》对此也进行了系统化阐述。② 然而，"理论是灰色的，现实之树常青"，这个特点在制造领域尤为显著。很多制造落后问题或者追赶问题，根源并不在于科学原理方面，而是出现在制造工艺方面；或者说对于导致制造落后的诸多现实工艺问题，人类现在的科学认识还一时难以给出充分的科学理论解释。但早在工业革命之前的第一范式即已证明，即便"不知其所以然"，仅凭"知其然"的经验认识依旧可以推动生产力进步。不过，对于高度复杂的现代制造而言，人类智能在形成经验认识效率方面存在处理大数据、高维数据的能力不足等问题，而这正是AI的长处。因此，相比于单纯强调科学理论指导产业实践的科研范式，AI主导的第四范式可能更适合助力制造业等产业进步，这也是AI赋能制造业的逻辑基础。接下来，本章将结合汽车产业链的具体场景来探讨AI赋能制造业的可能性。

（二）场景探讨：以AI赋能汽车产业链为例

中国拥有全球规模最大、门类最齐全的工业体系，拥有联合国产业分类中所列41个工业大类，207个工业中类，666个工业小类的全部门类。因此，在有限篇幅中详细阐述AI对所有类型制造业或者不同行业的所有制造环节的赋能作用是很难的。本文选择以汽车产业链为例进行典型场景分析，主要出于如下考虑（见图6.3）：（1）汽车产业链比较复杂，不仅涉及零部件等常规制造环节，也涉及车规芯片等精密制造环节；（2）中国是全球第一大汽车生产国、消费国、出口国，整体生产规模大，但以毛利率衡量的竞争力仍有待提升，这与中国制造整体

---

① Tansley S, Tolle K M. "The Fourth Paradigm: Data-Intensive Scientific Discovery." 2009.
② Bush V. "The Endless Frontier: A Report to the President on a Program for Postwar Scientific Research." 1945.

庞大、局部待强的特点比较一致；（3）汽车产业链既包含规模较大的汽车底盘等传统制造，也包含规模较大的电动化、智能化等新兴制造，这也与中国制造目前的新老转换格局比较类似；（4）如前文所述，在全球化放缓背景下，中国制造面临着纵向卡脖子和横向去中心化两大风险挑战，当前中国新能源汽车面临的去中心化风险已经开始显现，在自动驾驶 AI 训练芯片等高端芯片上，卡脖子风险也不容忽视。

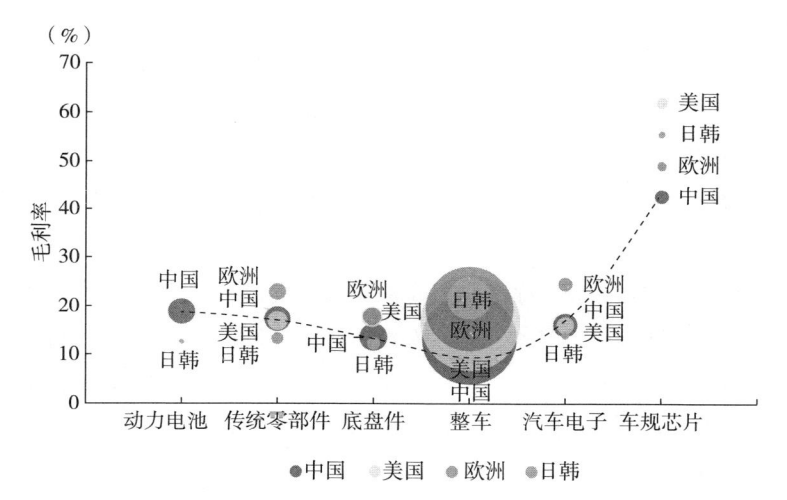

图 6.3　整体庞大、局部待强的中国汽车产业链国际比较（2022 年）

注：图中圆圈大小代表营收规模，传统零部件包含汽车热管理零部件、内外饰、结构件等，底盘件包括传动系、行驶系、转向系、制动系等，汽车电子包括电子电气架构、车内通信、电控、域控制器、传感器等，车规芯片主要为车规 MCU（微控制单元）、算力芯片。
资料来源：相应公司年报，中金公司研究部，中金研究院。

与此同时，借鉴 ISA-95 的划分标准[①]，可以将制造场景问题大致划分为材料层、环节层、系统层三类：材料层问题主要涉及材料性能关键特征识别、材料性能预测、材料加工过程优化等；环节层问题主要涉及机械设备加工、运行等过程

[①] Arinez J F, et al. "Artificial Intelligence in Advanced Manufacturing: Current Status and Future Outlook." *Journal of Manufacturing Science and Engineering*, 2020, 142(11). ISA-95 标准是国际自动化学会（ISA）制定的国际标准，作为从生产流程控制到业务决策和管理各层级建立信息交流的通用框架，它致力于降低各系统的风险、成本和错误率。

第六章　产业 AI 化：双刃剑效应与应对

处理，例如实现故障识别和误差修正、过程参数优化和部件选型，以及预测性维护等环节的优化等；若将每个制造环节抽象为点，这些点与点之间或者环节点集群所涉及的整体问题则可归类为系统层问题，它包括整体流程优化，质量控制，以及资源调度、分配等。

综上，结合中国汽车产业链在传统制造、电动化、智能化领域面临的国际竞争形势，下文将重点探讨AI通过识别、诊断、预测、决策[1]等方式，助力整车制造、锂电池材料开发以及芯片制造环节优化等问题。

首先，在系统层面，以汽车底盘为代表的整车制造环节是中国在传统汽车制造领域需要攻破的重要堡垒之一。整车制造既包含了传统的燃油车制造，也包含了新兴的电动汽车制造。从整体的营收规模来看，中国整车制造规模已经较大，与美国、欧洲大致相等，远超日韩。但从以毛利率衡量的竞争力来看，中国还落后于其他老牌汽车强国。这背后既有品牌偏见等主观因素，也有整车制造工艺有待进一步提升的问题，尤其是在对整车质量具有重要意义的底盘领域，中国在系统集成与调校优化方面仍有提升空间。汽车底盘具备多个子系统，开发阶段需注重各个子系统的协同开发。受限于整车研发历史较短，中国底盘系统的调校能力相较于老牌汽车强国有所欠缺。AI方法的赋能有助于中国底盘调校能力实现追赶。例如，基于道路平整度，车辆速度和质量，以及悬挂状态等数据，汽车厂商可利用长短期记忆网络（LSTM）等深度神经网络方法进行AI训练学习，助力悬挂系统控制、调节优化，最终实现通过AI赋能调校底盘舒适性的目标。[2]汽车制造环节间流程优化、环节问题早期预测等也是AI能够在系统层发挥作用的重要体现。例如，当下消费者对汽车个性化产品的高需求容易导致序列生产混乱，有可能造成运营成本上升。有研究表明，通过机器学习模型分类识别，50%左右的序列偏差可以提前预测，这有利于减少生产中断、提高生产效率、优化供

---

[1] Wang-J, et al. "Deep Learning for Smart Manufacturing: Methods and Applications." *Journal of Manufacturing Systems*, 2018, 48.

[2] Dridi I, Hamza A, Yahia N B. "Control of an Active Suspension System Based on Long Short-Term Memory (LSTM) Learning." *Advances in Mechanical Engineering*, 2023, 15 (2).

应链管理。[1] AI 也可以预测、识别汽车零部件尺寸的变异，在早期介入，以减少缺陷向下游生产环节的传播，从而提升厂商整体质量控制能力。[2]

其次，在材料层，AI 有望增强中国在动力电池新材料方面的开发能力。如图 6.3 所示，中国汽车产业链虽然在整车制造方面仍有所落后，但在汽车电动化方面已经具有领先优势。以动力电池为例，无论是以营收规模衡量的量的方面还是以毛利率衡量的质的方面，中国均有明显优势，这在很大程度上受益于中国制造的规模经济效应。不过，动力电池作为新兴产业，技术路线仍在持续演进，尤其是新型锂电池材料的开发仍有颠覆现有产业格局的可能性。在这方面，作为后发者的中国尚未建立起生产规模上的领先优势，仍存在一定的追赶空间。AI 有望通过赋能材料属性预测、特征材料筛选、最优成分配比等方式推动新材料开发加速。[3]

传统的化学材料合成一般基于已有研究，人为挑选材料组成成分和配比，通过实验筛选符合设定标准的目标材料，耗时可能长达 10~20 年。[4] 目前比较前沿的新材料开发模式是基于元素周期表中的代表元素，根据基本晶体结构原理形成大量简单分子结构，而后通过实验、模拟计算等对分子属性特征因子和材料属性进行分析，从而筛选出符合目标属性的材料，AI 凭借已有的材料数据库可以大幅加速这一过程。另外在材料属性预测方面，AI 算法也可以通过大量已知晶体结构和材料属性数据库进行挖掘，进而识别出不同材料之间的结构相关性与属性相关性，并根据所训练模型推断和预测新材料的晶体结构与构效关系。在新材料预测方面，与 AlphaFold 预测蛋白质结构相类似，AI 可通过训练学习已有元素

---

[1] Stauder M, Kühl N. "AI for in-Line Vehicle Sequence Controlling: Development and Evaluation of an Adaptive Machine Learning Artifact to Predict Sequence Deviations in a Mixed-Model Production Line." *Flexible Services and Manufacturing Journal*, 2022.

[2] Peres R S, et al. "Multistage Quality Control Using Machine Learning in the Automotive Industry." *IEEE Access*, 2019, 7.

[3] Schleder G R, et al. "From DFT to Machine Learning: Recent Approaches to Materials Science–a Review." *Journal of Physics: Materials*, 2019, 2(3); Pyzer-Knapp E O, Pitera J W, Staar P W J, et al. "Accelerating Materials Discovery Using Artificial Intelligence, High Performance Computing and Robotics." *npj Computational Materials*, 2022, 8(1).

[4] 杨小渝等：《支撑材料基因工程的高通量材料集成计算平台》，《计算物理》，2017 年第 6 期。

组合可能性，预测新的材料方案。[1]

　　值得注意的是，除了利用 AI 提升现有开发流程效率的案例外，也有探索 AI 在材料开发中发挥实验助手功能的案例。例如 2024 年的一篇文章显示，中国科技大学一科研团队利用神经网络等算法实现了科学实验的全流程自动化，[2] 使得规模化的高效的 AI 实验发现成为可能。在开发 AI 化的实验助手方面，也有文献在探讨应用大语言模型的可能性。借助统筹利用搜索引擎和编程软件等工具，大语言模型能够通过自动搜寻已有文献库中的化学反应等信息来完成实验设计、试剂比例计算等工作；在具体实验阶段能够通过自动查阅本地硬件 API 控制文件并接入云实验室的方式实现对实体实验仪器的控制。[3] 在这个过程中，大语言模型发挥着规划员、调度员的功能，衔接串联起整个实验流程，在新材料开发中起到了科研助手的作用。这些案例也展示了大语言模型的另一种应用可能，即并非完全替代传统数字工具（例如搜索引擎）、传统深度神经网络（小模型），而是可以实现彼此间的互相赋能，或者说通过由大模型统筹小模型、数字工具乃至实体设备的方式，从调度控制、运行操作等层面打造更有效的 AI 实验助手，以进一步提升材料等的开发效率。

　　最后，在环节层，芯片问题在很大程度上反映的是精密制造存在短板。对于汽车产业链的转型升级而言，电动化只是第一步，未来更广阔的空间在于智能化。目前，在 SoC（单片系统）、MCU（微控制单元）等中低端芯片上，中国虽然有所落后但并不存在追赶问题；在自动驾驶 AI 训练芯片等高端芯片上，该类芯片对算力、功耗比和制程的要求较高，英伟达处于领先位置。目前中国很多汽车企业是基于英伟达的芯片打造自动驾驶训练中心，全球化放缓或在一定程度上

---

[1] Schleder G R, et al. "From DFT to Machine Learning: Recent Approaches to Materials Science–a Review." *Journal of Physics: Materials*, 2019, 2(3); Pyzer-Knapp, E O, et al. "Accelerating Materials Discovery Using Artificial Intelligence, High Performance Computing and Robotics." *npj Computational Materials*, 2022, 8(1).

[2] Zhu Q, et al. "Automated Synthesis of Oxygen-Producing Catalysts from Martian Meteorites by a Robotic AI Chemist." *Nature Synthesis*, 2024, 3(6).

[3] Boiko D A, et al. "Autonomous Chemical Research with Large Language Models." *Nature*, 2023, 624 (7992).

影响中国自动驾驶训练与现有车型 L2+ 级辅助驾驶功能验证和升级迭代，以及对高级别自动驾驶功能汽车的量产落地进度。如果无法尽快实现芯片产业链突破，国产汽车在电动化阶段累积的优势可能面临被智能化削弱的风险，这不利于产品竞争力的持续提升，最终或将出现销量和驾驶数据的规模劣势、代际差距扩大。[1]

对于高端芯片制造而言，EUV（极端紫外）光刻机是推动芯片进入更先进制程的关键。EUV 光刻机由诸多精密零部件组成，物镜是重要组成部分之一。加工物镜涉及超精密磨削、超精密抛光、镀膜等精密制造步骤，高度依赖于超精密磨削机床主轴、转台、导轨、刀具等硬件，以及数控系统软件等所能达到的制造精度。当前国际先进的超精密机床分辨率可达 0.1nm，定位精度可达 1nm，高频粗糙度约为 0.1nm。[2] 目前，国产磨削机床与国际先进水平仍存在一定差距，主要壁垒存在于系统设计、硬件材料、数控系统等方面。单从 AI 赋能超精密磨削机床来看，也存在如何优化系统、开发材料等问题，这在一般原理上与前述 AI 赋能锂电池材料开发和实现底盘系统优化并无本质不同，因而应重点关注 AI 如何提升加工精度。

通常而言，机床刀具运行轨迹由数控系统的运算规则控制，但受到热变形等因素影响，真实的刀具运行轨迹与数学公式经常并不吻合，从而影响加工精度。数控系统可以借助机器视觉、强化学习、深度神经网络等 AI 技术，通过调节刀具轨迹与运行参数的方式进行误差补偿，以提高加工精度。例如，可以建立光学超精密车床加工模型，改进蛙跳算法，优化径向基函数神经网络权值，以缩窄轨迹跟踪误差。[3] 在实际的产业应用中也有相关探索。例如，2021 年发布的华中 9 型智能数控系统，在数理模型和大数据模型融合建模的基础上，借助深度神经网络模型来归纳机床热变形规律、预测零部件误差，以实现刀具轨迹误差补偿、工艺优化效果，从磨削速度、轮廓补偿以及砂轮修整控制等方面提升磨削机床工作精度。

---

[1] 中金公司研究部、中金研究院：《大国产业链》，中信出版社，2023 年。
[2] 王磊、卢秉恒：《中国工作母机产业发展研究》，《中国工程科学》，2020 年第 2 期。
[3] 张樊、王晶：《基于人工智能技术的复杂光学曲面加工轨迹跟踪》，《激光杂志》，2023 年第 11 期。

二、跨越数据门槛：将可能转变为现实的关键一环

（一）产业 AI 化的双刃剑效应：是加速追赶，还是被加速追赶？

无论是从科研第四范式角度对 AI 产业赋能逻辑的探讨，还是结合汽车产业链对材料层、环节层、系统层的 AI 赋能分析，前文这些有关 AI 助力制造业进步可能性的阐述不仅对中国适用，对其他国家同样适用。这意味着产业 AI 化不仅有利于中国追赶先发国家，也有可能导致中国制造被加速追赶。例如，美国虽然在精密制造领域领先于中国，但在常规制造的规模方面，美国是落后于中国的，很重要的一个原因在于美国劳动力成本远高于中国。但这个劣势有可能因大模型进步而得到一定程度弱化。在本轮 AI 进步之前，已经有研究表明，美国制造业中平均每增加 1 个机器人，将会取代 3.3 名工人的岗位。[①] 伴随着大模型的涌现式突破，本文认为，人形机器人有望进一步增强对劳动者的替代能力。也就是说，美国制造未来可能面临这样一种供求态势：需求侧，去中心化为美国制造带来订单；供给侧，《通胀削减法案》促成大量投资，大模型赋能下的人形机器人有望缓解劳动供给约束。在此背景下，美国制造有望在产量方面实现对中国的加速追赶。

更加值得注意的是，对于技术路线仍在持续演进的锂电池等新兴产业，新型材料开发有可能重塑现有的产业格局。如图 6.4 所示，2024 年 1 月发表的一篇文章表明，美国已经在这方面展现出利用 AI 开发新型锂电材料的潜力。[②] 具体而言，美国太平洋西北国家实验室（PNNL）与微软 Azure Quantum（量子云计算服务）的研究员进行了联合研究，主要步骤如下：（1）基于 54 种锂电池潜在元素，利用无机晶体结构数据库（ICSD）和 PyMatGen 程序包生成约 3 260 万种潜在材料；（2）从约 3 260 万种潜在材料中，利用 ML（机器学习）算法对热力学稳定性等属性进行筛选，将备选材料锁定至约 59 万种；（3）围绕电子、电化学等目标特

[①] Acemoglu D, Restrepo P. "Robots and Jobs: Evidence from US Labor Markets." *Journal of Political Economy*, 2020, 128(6).

[②] Chen C, et al. "Accelerating Computational Materials Discovery with Artificial Intelligence and Cloud High-Performance Computing: From Large-Scale Screening to Experimental Validation." 2024.

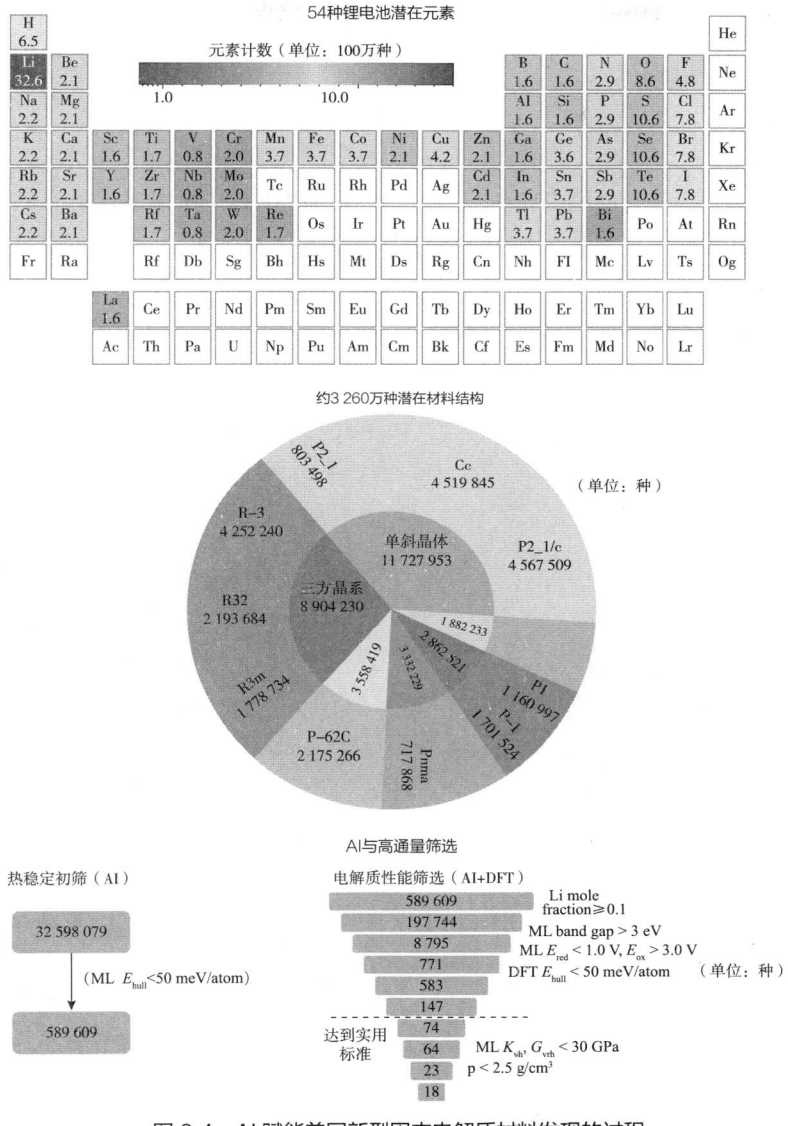

图 6.4　AI 赋能美国新型固态电解质材料发现的过程

资料来源：Chen et al. (2024)，中金研究院。

征，基于机器学习算法进行筛选，将备选材料进一步锁定至 771 种；（4）利用密度泛函、分子动力学验证、ML 算法等将目标材料进一步锁定至 18 种；（5）最

第六章　产业 AI 化：双刃剑效应与应对

终由专家从 18 种候选材料中选出一种最优材料。整个材料发现过程的基础是用来训练 AI 模型的、包含 12 万条材料数据的 Materials Project 2021 数据库，以及能够有效学习处理庞大数据库的 M3GNet 深度神经网络架构，人工参与程度相较于传统材料开发方法显著降低。

本章认为，有可能因本轮 AI 进步而实现对中国制造量的加速追赶的不只有美国，还有印度。如果说人口红利是造就中国制造目前庞大规模的重要因素之一，印度在这方面也有潜力。印度制造业劳动力成本低于中国，2023 年劳动力数量接近 6 亿人，仅次于中国的近 8 亿人，位居全球第二。印度人口年龄结构较年轻，未来劳动力总量有可能进一步增长。更重要的是，根据世界银行数据，印度劳动人口平均受教育年限上升很快，1980 年仅有 2.46 年，2020 年已上升至 7.8 年。过去几十年一直不乏关于印度制造即将腾飞的猜测，[①]但一直未得到事实验证。为此，出现了各种各样的解释，诸如印度储蓄不足等。[②]如果从发展经济学"大推力"角度看，可能还有一个解释，那就是印度制造的外需不足，这导致印度难以摆脱制造业发展不足的困境。但本轮 AI 进步有可能加速这种局面的改变。AI 大模型显示出越来越强的通用性，具有显著促进生产力发展的潜力，因而也难免对现有国际生产关系造成冲击，或进一步加大全球化放缓与去中心化压力，从而可能为印度制造提供助力其加速追赶中国制造的"大推力"。

（二）从规模定律到规模经济：关键在于产量规模优势能否转化为数据规模优势

综上，本轮 AI 进步有可能通过人形机器人等具身智能方式缓解美国劳动力不足约束，也有可能因加大全球化放缓与去中心化压力而给印度制造带来外需扩张机遇。因此，AI 能够助力制造进步，不仅意味着中国制造获得在质上加速追赶先发国家的机遇，也意味着美国、印度获得在量上加速追赶中国制造的可能。

[①] 参见 https://www.mckinsey.com/industries/industrials-and-electronics/our-insights/a-new-growth-formula-for-manufacturing-in-india。

[②] 参见 https://www.bloomberg.com/opinion/articles/2023-10-02/india-s-economy-will-stumble-because-of-low-savings。

中国面对 AI 这把双刃剑，规模定律或成为 AI 助力中国加速追赶，而不是被加速追赶的支撑因素。

对于大模型的涌现式突破，OpenAI 将其归结为规模定律。[①] 值得注意的是，既定算法下的规模定律，并非仅是指数据越多越有效，而且呈现一种 S 曲线形态（见图 6.5）。也就是说，规模定律并不是说伴随着数据投入量的增加，模型效果呈现规模报酬不变的线性增加态势，而是在数据规模达到一定程度后模型效果出现规模报酬递增，因而呈现出"数据门槛"现象。与此同时，规模定律并非大模型所独享，深度神经网络也具有这种效应。[②] 两者结合起来意味着，并不存在全局最优的 AI 模型，或者说只有数据投入量达到某种程度之后，一种 AI 模型才能体现出相较于其他模型更好的效果。从训练数据量来看，支持向量机、决策树等传统机器学习、浅层神经网络、深度神经网络发挥性能优势的对应数据规模依次升高（见图 6.5）。

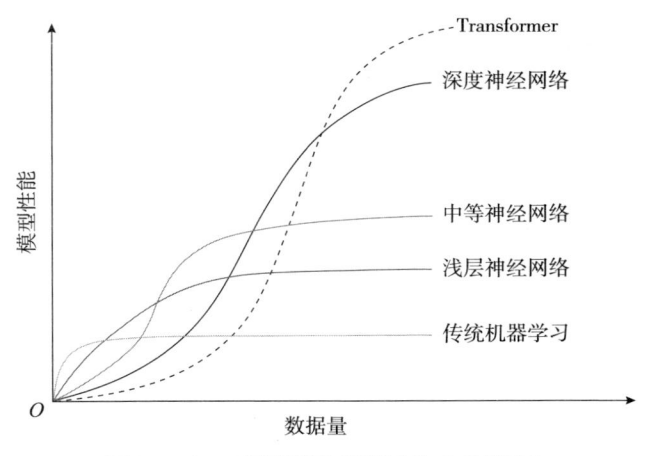

图 6.5 各 AI 模型数据量规模定律 S 曲线形态

注：Transformer 的 S 曲线为本文依据规模定律的一般规律绘制，目前笔者尚未观察到其的第二拐点。
资料来源：Tang et al.（2018），中金研究院。

---

① Kaplan J, McCandish S, Henighan T, et al. "Scaling Laws for Neural Language Models." 2020.
② Hestness J, et al. "Deep Learning Scaling Is Predictable, Empirically." 2017.

一些有关 AI 模型的量化研究，也发现了这种"数据门槛"现象。以深度神经网络模型为例，有研究发现，充分发挥模型潜能所需投入的数据量达到 7 万条以上，当训练数据量小于 5 000 条时，深度神经网络模型相较其他模型并无优势；[1] 利用同一算法进行岩石图像识别，在有 7 000 条训练样本时准确率仅有 70%，10 万条训练数据量则能将识别准确率提高到 90% 以上。[2] 这也在一定程度上解释了为什么 1943 年沃伦·麦卡洛克和沃尔特·皮茨即已提出神经网络的计算模型，但直到 2010 年以后该模型才在各领域大放异彩，或许这在很大程度上得益于过去几十年数据经过积累达到了模型有效发挥效果所需的门槛。

这个角度也有助于理解为什么前文说大模型虽然是本轮 AI 进步中最吸引眼球的焦点，但并不是本轮 AI 进步的全部。因为伴随着传感器、互联网、云计算等技术的普及，各领域可用数据规模实现显著增长、数据质量得到明显提升，出现了许多标准化、规模化、可以用于 AI 模型训练的数据库，使很多非 Transformer 架构的模型也得以跨越数据门槛，支撑 AI 模型近些年在各领域实现了性能突破。以材料领域为例，美国奥巴马政府早在 2011 年便推出材料基因组计划（MGI），这是广泛利用 AI 模型加速新型材料发现、缩减合成周期的重要基础。在该计划推动下，美国于当年开始推动材料工程数据库（Materials Project）等标准化、高质量的材料数据库建设。数据库建设与数据积累是需要时间的，前文提到的美国太平洋西北国家实验室，之所以能够于 2024 年初在 AI 赋能锂电池材料开发方面取得进展，在一定程度上便是得益于 Materials Project 在 2020 年版本中积累了较完备的数据集（见图 6.6）。[3]

从这个角度看，虽然本轮 AI 进步有可能在中长期削弱中国制造劳动力成本低、外部需求大的优势，但短期内无法撼动中国已经形成的较大生产规模优势。如图 6.7 所示，在常规制造方面，无论是在新三样（新能源汽车、锂电池、光伏

---

[1] Passafaro T L, et al. "Would Large Dataset Sample Size Unveil the Potential of Deep Neural Networks for Improved Genome-Enabled Prediction of Complex Traits? The Case for Body Weight in Broilers." *BMC Genomics*, 2020, 21.

[2] Dawson H L, et al. "Impact of Dataset Size and Convolutional Neural Network Architecture on Transfer Learning for Carbonate Rock Classification." *Computers & Geosciences*, 2023, 171.

[3] 参见 https://matsci.org/t/materials-project-database-release-log/1609/11。

产品）代表的新兴领域，还是在老三样（服装、家具、家电）[1]代表的传统领域，中国生产规模均位居世界前列，很多领域都达到了全球份额过半的水平。而且在锂电池、新能源汽车、纺织服装、家电等领域，之所以中国制造占全球制造的比重较高，很大程度上是因为中国自身需求占全球需求的比重也很大，这也是相关产业应对去中心化压力的重要保障。

中国制造庞大的生产规模意味着可用数据的潜在规模也是非常庞大的，中国不但有能力支撑深度神经网络模型的广泛应用，也有能力支撑自身率先探索大模型与制造业的结合问题。因此，面对产业 AI 化带来的双刃剑效应，中国究竟是能够抓住加速追赶的机遇，还是主要面临被加速追赶的挑战，一定程度上要看究竟是中国能够率先将生产规模优势转化为数据规模优势，还是美国能够率先利用 AI 削弱自身的劳动供给约束，再或者是看印度能否率先抓住去中心化机遇大力发展制造业。

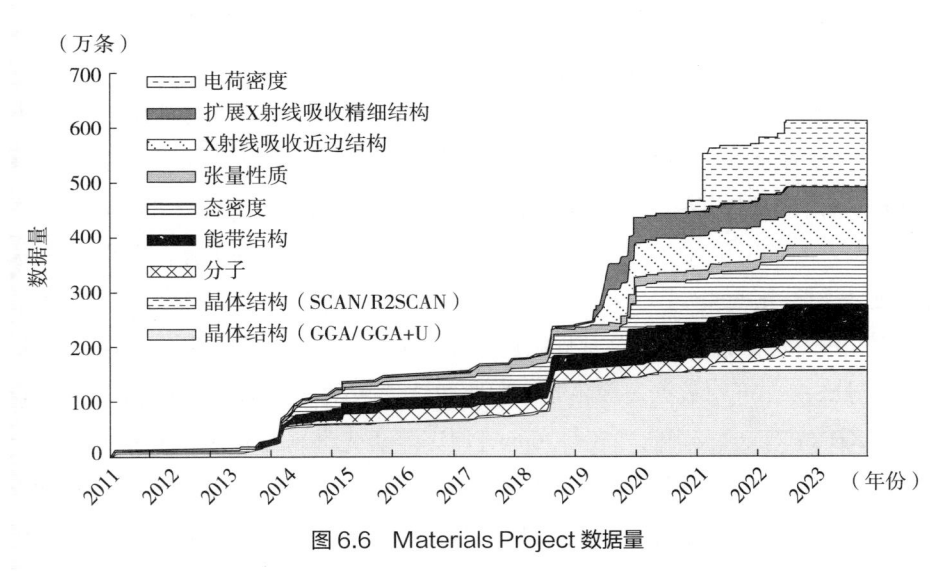

图 6.6 Materials Project 数据量

资料来源：Materials Project，中金研究院。

---

[1] 参见 http://paper.people.com.cn/rmrb/html/2023-12/11/nw.D110000renmrb_20231211_4-01.htm。

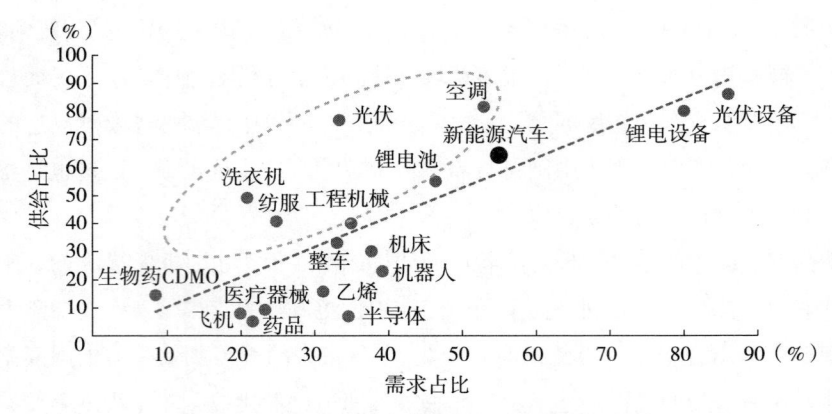

图6.7 2022年各行业中国供给、需求占全球的比重

资料来源：工信部，各国行业协会与上市公司网站，中国机床工具工业协会，中国光伏行业协会，印度品牌价值基金会（IBEF），高工机器人，高工锂电，医械数据云，弗若斯特沙利文，产业在线，Wind，Bloomberg，Statista，BP，SIA Factbook，EVTank，IBISWorld，MarkLines，WSTS，BNEF，Reuters，S&P Global，Euromonitor，Textile World，Market Research，Aero Dynamic Advisory，Off-highway，USGS，MB，Grand View Research，IQVIA，中金公司研究部，中金研究院。

对于精密制造而言，从AI助力加速追赶的原理角度看，其与常规制造区别不大。以AI赋能先进制程的EUV光刻胶开发为例，它与AI赋能新能源锂电池材料开发有着相似的路径：AI模拟配方实验过程，根据每种化合物的性能参数，将筛选出来的可用化合物进行模拟实验，选出更加符合要求的组合，不断调整在光刻机上实际测试的次数，并不断调节配方组成和比例，反复测试以完成开发。但在实践中，中国精密制造与常规制造存在一个重要差异，即前者起步晚、产量少，这导致潜在可用数据规模不足。以先进光刻胶的开发为例，现阶段中国可量产的KrF光刻胶主要用于250~130nm制程；[1]更先进制程的ArF光刻胶尚处于研发阶段，量产规模不大、数据积累不足；由于缺乏EUV光刻机配合，我国在最先进制程的EUV光刻胶方面能够积累的有效数据更为有限，研发也因而受到限制。

但这并不意味着AI无法赋能中国精密制造，该领域可以更多重视小模型的作用。如前文所述，AI模型规模定律呈现S曲线形态，这意味着并不存在全局

---

[1] 中金公司研究部、中金研究院：《大国产业链》，中信出版社，2023年。

最优的算法。对这个规律的更严格证明体现为"没有免费午餐定理"，即没有算法能够在任意数据集下均优于其他算法，每一种算法都存在优势区间。[1] 这意味着虽然大模型在训练数据量足够时，能够获得很好的性能表现；但当可用数据量有限时，无论是在预训练阶段还是在强化学习精调阶段，大模型的表现未必优于小模型。

也就是说，不同场景、不同类型问题的解决无须都依赖大数据支撑下的大模型，小模型在数据不足的情况下，有可能实现更优的效果。例如在石油工程领域的管道腐蚀度预测场景中，与数据依赖性较高的深度神经网络模型相比，SVM等数据依赖性低的模型更易实施、精确度更高。[2] 根据美国安全与新兴技术中心的研究，中国在小模型方面与美国各有千秋，在强化学习、迁移学习等领域具有一定优势。[3] 考虑到精密制造领域卡脖子造成的大模型算力约束后，中国更有理由在数据稀缺的精密制造领域重视小模型的使用。因为中国常规算力规模庞大，不存在明显的算力约束，能够支撑小模型的广泛应用。

需要强调的是，传统"十倍经验法则"认为，机器学习训练数据量至少需要模型参数的 10 倍，[4] 也有研究认为，训练基于深度学习算法的模型，每个被识别对象的训练样本规模要达到 5 000 个以上。[5] 也就是说，即便是使用小模型，其对数据规模也是存在一定要求的。更重要的是，小模型对数据需求量较小，只是相对于大模型成千上万亿参数规模的庞大数据需求量而言，并不是相对于制造业领域能够采集的数据规模而言的。制造业数据采集面临着商业和技术两个方面的障碍。根据美国国家标准与技术研究院（NIST）的研究，工业部门潜在数据规模远超金融部门，位居各产业门类首位，但相关数据具有一定私域性，导致

---

[1] Wolpert D H. "The Lack of a Priori Distinctions Between Learning Algorithms." *Neural Computation*, 1996, 8 (7).

[2] Pan Y, et al. "Detecting Web Attacks with End-to-End Deep Learning." *Journal of Internet Services and Applications*, 2019, 10(1).

[3] Chahal H, Toner H, Rahkovsky I. "Small Data's Big AI Potential." Center for Security and Emerging Technology, 2021.

[4] Alwosheel A, et al. "Is Your Dataset Big Enough? Sample Size Requirements When Using Artificial Neural Networks for Discrete Choice Analysis." *Journal of Choice Modelling*, 2018, 28.

[5] Goodfellow I, Bengio Y, Courville A. "Deep Learning." 2016.

能够汇集起足够规模数据以训练 AI 模型的企业较少。① 对于很多制造类企业而言，数据中包含着大量商业机密，甚至可能承载着企业核心竞争力，因而庞大规模的潜在数据被商业壁垒分割成一个个数据孤岛，它们难以汇集起来从而达到有效支撑小模型应用的规模。大语言模型的开发则不同，虽然需要的数据规模极其庞大，但互联网上有海量公开数据可供使用，足以构建起能够支撑大模型规模定律的数据库。另一个制造领域数据的采集困难体现在技术层面。对于 AI 模型的训练而言，需要的不仅是数据，而且是高质量数据。与训练大语言模型的互联网文本数据相比，制造业生产过程和机器所处场景千差万别，相关数据的采集频率、格式、精确度等存在巨大差异，实验数据、模拟数据、分析数据以及模型预测数据等生成数据面临着不同程度的不确定性、一致性、完整性、可重复、透明度乃至成本等问题，② 导致企业在整合提炼有价值的高质量数据方面存在较大的技术难度，③ 因此，制造领域数据采集需要权衡各类数据优劣，对齐数据处理工具以及不同场景数据的处理标准。

但正如美国国家标准与技术研究院指出的，如果能够实现工业数据的有效整合，便能够通过 AI 赋能的方式激发工业数据的巨大隐含价值。④ 也就是说，一旦工业数据汇集成高质量的工业数据库，便有望将 AI 技术层面的规模定律，转化为经济层面的规模经济效应。因此，即便工业数据库的数据汇集面临诸多挑战，美国政府还是锐意推进相关数据库建设，例如，2011 年，"先进制造业伙伴关系"（AMP）提出了建立制造业数据库相关倡议；2022 年，《先进制造业国家战略》倡议使用数字制造技术，要求制定数据兼容性标准，以实现智能制造的无缝集成，并提出通过研究发展机器学习、数据访问、机密性、加密和风险评估技术增加人工智能技术在制造业的适用性，这些突出了建立数据标准、增强数据共

---

① NIST. "Towards Resilient Manufacturing Ecosystems Through Artificial Intelligence." 2022.
② Ramalli E, Pernici B. "Challenges of a Data Ecosystem for Scientific Data." *Data & Knowledge Engineering*, 2023, 148.
③ Cui Y, et al. "Manufacturing Big Data Ecosystem: A Systematic Literature Review." *Robotics and Computer-Integrated Manufacturing*, 2020, 62.
④ NIST. "Towards Resilient Manufacturing Ecosystems Through Artificial Intelligence." 2022.

享的必要性。[①]

由于材料在众多制造业，尤其是在精密制造、新兴制造领域的基石性作用，2011年美国推出的材料基因组计划成为奥巴马政府旨在重振美国制造业的重要倡议之一。[②] 该计划聚焦生物、能量储存、轻质结构等9大关键材料领域，63个重点方向，对量子信息技术、太空探索、可持续能源、生物科技等领域提供了重要支持。材料基因组计划的根本目标是通过整合实验、算力和理论，利用基于实验数据开发的高端仿真工具、模型和分析代码共享系统等，完成材料开发范式向实验和计算，以及理论和数据利用深度融合的转变，以加速新材料的开发与落地。在该项计划中，数据、知识共享是核心（见图6.8）。[③] 该计划旨在通过理论研究和实验探索以及产学研间的紧密合作，在材料发现、开发、性能优化、设计整合、验证、制造以及落地等环节实施知识共享机制。材料信息基础设施特别是数据库建设是知识共享机制的重要组成部分，获得了美国主要政府部门的重点支持。Materials Project数据库作为材料基因组计划中材料信息基础设施的关键数据库之一，在美国能源部资助下由加利福尼亚大学伯克利分校建立。截至2024年5月，已有46万多个注册用户，包含15.4万种材料、17.2万种分子的组成与性质数据，已成功支撑多种新型电池材料的开发工作。[④] 为响应材料基因组计划，美国国家标准与技术研究院分级材料设计中心建立了材料数据设施（Materials Data Facility）以整合、管理中心的材料数据，并在美国能源部支持下建立DLHub来支持AI模型开发，以帮助研究员对材料数据进行进一步挖掘，目前已在电池、显微镜等材料领域取得成效。

---

① NSTC. "National Strategy for Advanced Manufacturing." 2022.
② NSTC. "Materials Genome Initiative Strategic Plan." 2014.
③ NSTC. "Materials Genome Initiative Strategic Plan." 2021.
④ 同上。

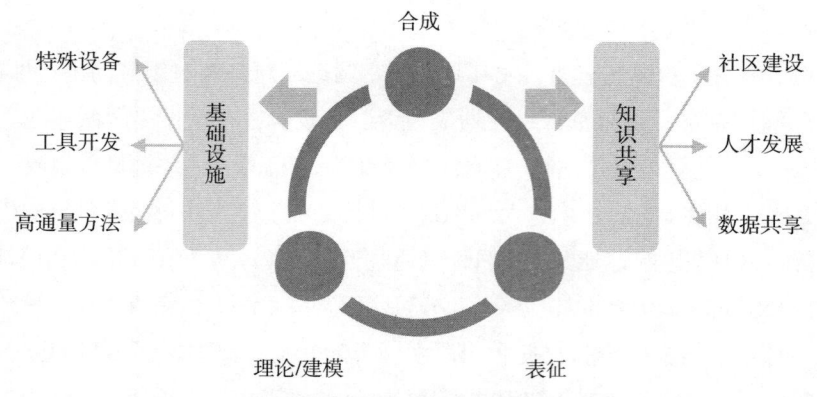

图 6.8 美国材料基因组计划知识共享示意

资料来源：美国国家科学技术委员会，中金研究院。

从前述材料数据库的建设来看，美国有这样几个经验值得参考。（1）在建设之初，根据技术层面的轻重缓急原则确立数据库建设步骤：按照不同物理尺度，分短期和长期确定了数据及其标准方面需要解决的主要问题。例如在宏观尺度下认定多场景数据标准的不统一为主要问题，微观尺度下则认为数据检索与存储可能是需要应对的主要挑战。此外，还梳理了不同制造领域面临的紧迫性问题，例如在高温合金方面数据的自动提取以及热机械疲劳优化模型等亟待提升，电力存储领域则亟须标准化的仿真分析工具并需增强开发与应用落地间的合作联系。[1]（2）在中长期规划中重视数据标准一致性和配套分析工具研发，以降低数据在科研、商业间的流通共享成本，不断提升数据库建设在经济层面的可持续性。例如，对于数据及其分析工具，力求达到跨领域、不同研发环节间标准的一致性，以降低知识流通成本。为尽可能发挥 AI 在材料开发方面的革命性力量，按照便利 AI 使用的方式来建设数据库。（3）数据库建设与使用并重，采取项目激励等多种措施积极推动数据库的广泛使用，以构建有利于提升数据库社会收益与可持续性的生态，这也成为提升数据库建设质量的重要约束机制。美国能源部、国防部、国家标准与技术研究院、国家科学基金会等作为主要参与机构，在自身深度参与材料数据共享与应用的同时，也会通过多种方式着力推动学术界、产

---

[1] NIST. "Building the Materials Innovation Infrastructure: Data and Standards." 2012.

业界对材料数据库的高效利用。[①]一个比较典型的代表是美国国家科学基金会于 2012 年成立的"设计材料以革新和工程化我们的未来"（Designing Materials to Revolutionize and Engineer our Future，DMREF）计划，旨在为小型研究团队提供持续 4 年、金额在 150 万~200 万美元的资金支持，以激励其利用 AI 与自动化高通量方式进行材料开发研究，从而有效促进材料数据库的使用。[②]

中国制造领域相关数据库建设仍有待完善。以前文所提的锂电池新型材料开发为例，如图 6.3 所示，无论是从以营收规模衡量的量还是从以毛利率衡量的质的角度看，中国锂电池产业在全球均处于领先位置，意味着中国应该更有能力构建起支撑 AI 赋能锂电池材料开发的数据库。但至少从公开案例来看，反而是锂电池产业规模有限的美国似乎在这方面走得更快些（见图 6.4）。除了 AI 赋能锂电池材料开发所需数据并不完全依赖锂电池产业自身提供外，更一般地看，中国尚未将制造业产量规模优势有效转化为数据规模优势，可能也是一个不容忽视的原因。对此，工信部曾在 2020 年做出这样的总结：[③]企业在数据层面存在问题，例如信息化基础差、设备接口不开放等，造成数据采集不上来；企业数据底账不清，不知道自己有哪些数据、分布在哪里，大部分工业数据处于"睡眠"状态；设备不互联、通信协议不兼容等造成不同数据不匹配、不互认，数据孤岛现象普遍；数据失真、失准及一致性差等因素导致数据汇聚质量不高。在应用层面，大部分企业应用是单点的、局部的、低水平的。它们对数据不重视，"不想用"；数据分析的手段、人才等缺乏，"不会用"；对数据应用规律缺乏认识，认为数据应用投入大，"不敢用"。产量规模优势尚未有效转化为数据规模优势，或许在一定程度上解释了为什么中国头部制造类企业应用 AI 的比例较低（见图 6.9）。

[①] MGI. "Materials Genome Initiative Fourth Principal Investigator Meeting." 2018.
[②] 参见 https://new.nsf.gov/funding/opportunities/designing-materials-revolutionize-engineer-our。
[③] 参见 https://www.cac.gov.cn/2020-05/16/c_1591178516877644.htm。

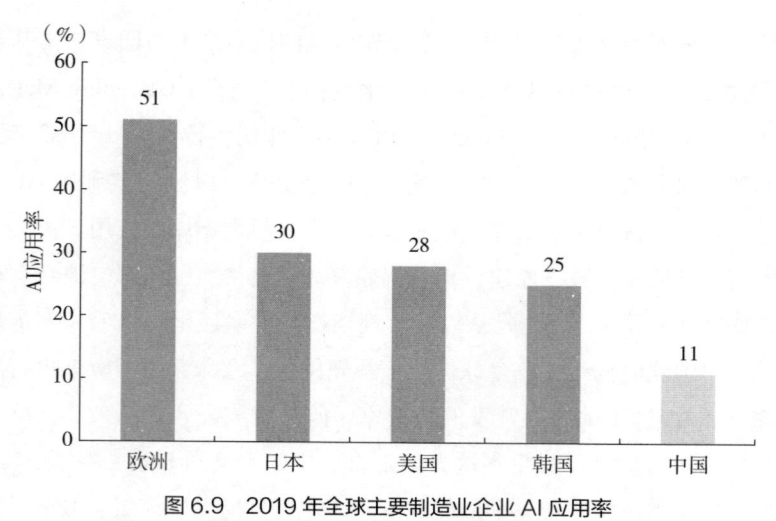

图 6.9　2019 年全球主要制造业企业 AI 应用率

注：本图基于全球排名前 300 的制造企业数据计算。其中，美国 89 家，欧洲 73 家，韩国 12 家，日本 44 家，中国 32 家。
资料来源：Capgemini Research Institute，中金研究院。

这背后可能存在我国工业数据库起步较晚的因素。例如，美国于 2011 年提出了"先进制造业伙伴关系"计划[①]，德国于 2013 年提出了"工业 4.0"，它们均强调加强制造业数据的采集和利用力度。中国则是在 2015 年的《中国制造 2025》中提出了工业大数据建设计划，相关政策起步晚于美德两国。2020 年，《工业和信息化部关于工业大数据发展的指导意见》等文件，强调了工业数据汇聚、共享、应用，提出统筹建设"国家工业大数据平台"等，目前相关数据库仍在建设过程中。更重要的原因或许还是在于微观方面。除了前述美国制造业数据采集面临的商业与技术障碍外，中国制造业数据采集还存在如下特殊困难。

首先，中国制造从产量视角看整体规模大，从毛利率视角看局部待增强，部分企业难以承受数据采集等产业 AI 化举措成本开支。根据 IDC & 量子位 2019 年的人工智能行业调研问卷结果，33% 的中国企业认为难以负担投资 AI 技术的成本。这个原因对于存在卡脖子或去中心化风险的行业而言尤为值得重视。因为

[①] 参见 https://obamawhitehouse.archives.gov/the-press-office/2011/06/24/president-obama-launches-advanced-manufacturing-partnership。

AI 经济学

这些领域的企业往往生存环境更为恶劣，承受数据采集等产业 AI 化举措成本投入的能力更弱。

其次，作为数据采集的关键支撑产业，中国传感器产业与先发国家仍有一定距离。2020 年第十六届全国敏感元件与传感器学术会议指出，中国传感器行业设计和应用技术落后发达国家 15~20 年，产业化技术方面的差距更是达到 20~25 年。[①]

再次，由于产权激励等，部分企业对于数据采集及其 AI 化使用的重视程度不足。类似于合资模式下中国汽车工业"以市场换技术"策略的成效不高，[②] 在将生产规模优势转化为数据规模优势、利用 AI 把量的优势转化为质的优势方面，民营车企和造车新势力的积极性要高于其他类型的车企。

最后，与常规制造相比，产业链过于割裂是精密制造领域汇集数据面临的特殊挑战。由于中国精密制造起步较晚、产量较少，行业可汇集的潜在数据总量不如常规制造那么大，产业链过于割裂的组织模式进一步限制了可用数据规模。以面临着严峻卡脖子风险挑战的芯片产业链为例，形成于全球化繁荣时期的分工协作模式并不利于不同企业间的数据汇集，过去几年甚至出现了进一步割裂产业链的迹象，加大了稀缺数据汇集与使用困难，既不利于技术层面的 AI 规模定律作用发挥从而加速突破追赶问题，也不利于发挥规模经济效应从而增强产业 AI 化的成本承受能力。

除针对上述原因补齐真实数据短板外，另外一条可能但具有争议的路径是充分利用仿真与合成数据。根据数据的生成方式，仿真与合成数据可大致分为两类。一类是基于演绎构建逻辑，通过预先设定的规则或开发的物理引擎对目标进行公式化计算，例如英伟达开发的工业元宇宙 Omniverse，已在西门子风力发电叶片优化、百事集散中心吞吐量优化，以及英国原子能管理局的核聚变反应堆有所应用。[③] 计算仿真的精确度依赖于预设模型的复杂度与最小单位的精细度，较精确的仿真系统需要先进算力支持，而先进算力本身便是中国制造需要加速追赶

[①] 中国仪器仪表行业协会传感器分会、中国仪器仪表学会传感器分会、中国仪器仪表学会仪表元件分会、传感器国家工程研究中心：《中国传感器（技术、产业）发展蓝皮书》，第十六届全国敏感元件与传感器学术会议，2020。

[②] 中金公司研究部、中金研究院：《大国产业链》，中信出版社，2023 年。

[③] 参见 https://www.nvidia.com/en-us/omniverse/solutions/digital-twins/。

的领域。更重要的是，演绎构建逻辑下的计算仿真高度依赖先验性的理论知识，对理论规则的精细度有较高要求。然而从目前的科学进展看，不同尺度下的物理、化学基础理论不同，难以统一，描述微观粒子的量子理论较难与宏观视角的相对论在同一理论框架下，因此当前仿真系统及其所基于的理论均有适用尺度空间上的限制。例如材料领域的密度泛函、分子动力学、有限元分析分别代表从原子、微观到宏观尺度的模拟方法，统一的框架或通用目的仿真系统暂未形成。总之，如果仅试图通过仿真来缓解制造业现实数据的采集不足问题，难度和复杂度可能也不小。

另一类是基于归纳构建逻辑对可能性空间进行补充。当前，AI生成数据是归纳构建逻辑下仿真与合成数据的典型代表，目前已经能够将某一类场景下的AI生成数据用于训练另一场景下的AI模型。例如，特斯拉、小米等都已开始使用虚拟生成道路场景，来训练自动驾驶大模型。即便在同一场景下，某一算法架构下的生成数据也能对另一架构下的模型进行训练补充。例如2024年基于Diffusion算法的蛋白质预测模型AlphaFold 3，就利用AlphaFold 2所生成蛋白质结构数据进行了补充训练。[1]需要指出的是，虽然有观点认为Sora存在成为通用目的物理世界模拟器的可能，[2]但这也存在一些争议，例如，目前的Sora仍只是依靠潜空间（latent space）拼贴和数据插值，内部物理模型无法推广至新的情况；Sora无法代替流体动力学模拟器设计新飞机；[3]生成逼真视频不代表系统理解物理世界，Sora与世界模型的因果预测非常不同；[4]Sora无法判断全局合理性，忽略物理过程临界态等。虽然这些可能只是Sora的阶段性困难，但至少从目前来看，Sora还无法肩负起通用目的物理世界模拟器的重任。

---

[1] Abramson J, et al. "Accurate Structure Prediction of Biomolecular Interactions with AlphaFold 3." *Nature*, 2024.

[2] 参见 https://openai.com/index/sora/。

[3] Francois Chollet X 账号。

[4] Yann LeCun X 账号。

三、新矛盾：利于追赶，未必利于引领式创新

如前文所述，AI 生成数据在可靠性、场景合理性等方面存在争议，所以 Sora 能否弥补真实数据的不足具有不确定性，但 Sora 依然有可能通过增强仿制能力来助力追赶加速。所谓仿制，通常也称逆向工程，一般是指通过分析已有产品、设备或系统等的结构、功能、工作原理等内容，获得设计、制造等方面的技术信息和数据的方法，它广泛应用于从制造到服务的各个领域。制造业的机械设计和模具制造，软件业的代码结构和功能分析，半导体行业的芯片设计，等等，均是仿制的重要应用场景。与此同时，所谓追赶式创新，是指创新方向、路径都是大致确定的，后发国家需要大致沿着先发国家走过的路加速追赶。这意味着，增强仿制能力在加速追赶式创新的过程中大有可为，而产业 AI 化有助于显著增强仿制能力。

一方面，产业 AI 化可以对传统仿制工艺中数据采集和数据分析等环节进行赋能。例如在制造业中，逆向工程一般包括数据采集，数据处理，三维建模，分析和测试，以及原型制造和生产等环节，这些都是 AI 擅长或可以有效赋能的领域。另外，AI 赋能仿制在与 3D 打印等其他制造技术结合后，能够进一步提升仿制效率。例如，AI 可以利用机器学习和图像识别相结合的方式，先通过微断层扫描得到部件每一层的图像，再使用机器学习方法，根据图像数据推断出具体的 3D 打印路径等参数，而后将相关参数输入 3D 打印装置中，以实现对仿制对象的逆向开发。[①] 此类仿制通常也被称为利用 AI 的仿制。

另一方面，伴随着算法优化、算力提升和数据积累，基于 AI 的新型仿制将越发成熟。如果说传统仿制不但强调"知其然"，也强调"知其所以然"，那么这种新型仿制的一个重要特点就是不再追求"知其所以然"，而是只要能够获取足够多的交互数据，AI 便可以在无须探讨仿制对象真实开发逻辑的情况下，重现内在逻辑或许不同但外在形象、行为结果相近的成果。目前，这种新型仿制的一

[①] Yanamandra K, et al. "Reverse Engineering of Additive Manufactured Composite Part by Toolpath Reconstruction Using Imaging and Machine Learning." *Composites Science and Technology*, 2020, 198.

些实际案例主要集中在软件和游戏领域。例如在2020年，英伟达利用神经网络模型，通过提取屏幕画面和键盘操作细节，在不借助游戏引擎的情况下，不但成功复刻了《吃豆人》游戏（1980年发行的街机游戏），甚至可以生成符合仿制对象风格的全新游戏布局画面。① 本轮AI大模型的发展有望进一步增强新型仿制能力，例如前面提到的Sora在技术层面展示了大模型对3D建模的强大仿制能力，有望将新型仿制对追赶式创新的助力作用延伸到制造业等更多领域。

总之，无论是基于AI赋能制造业的逻辑与场景分析，还是从中国制造具有将产量规模优势转化为数据规模优势的潜力分析，再或者从AI技术进步在两个方面增强仿制能力的角度看，产业AI化均有助于后发者加速追赶式创新。但正如本章开篇所述，对于当下中国而言，重要的不只是追赶式创新，中国还需要增强引领式创新能力。产业AI化有助于加速追赶式创新的逻辑，是否同样适用于引领式创新？鉴于AI增强仿制能力，AI是否会因导致搭便车的创新者增加而抑制引领式创新？下文将对此进行探讨。

（一）产业AI化对于引领式创新的双刃剑效应：增强能力 vs 抑制意愿

对于引领式创新而言，仿制能力增强是把双刃剑。一方面，AI对创新能力的增强具有一般性，不仅会增强仿制型、追赶式创新，也会增强原创型、引领式创新。以制药公司Insilico Medicine研发用于治疗肺纤维化的创新药为例，如果采用传统的药物研发方法，其大概需要花费4亿多美元，时间可能长达6年；在AI技术的赋能下，传统研发周期长、不确定性高的问题得到了明显缓解，该公司仅用两年半就完成了临床试验的第一阶段，成本也仅为预计的1/3。② 在一般性的新产品开发中类似效果也存在。2018年德国一项有关创新的调查显示，在使用AI的企业中，25%的新产品研发与AI使用有关；使用AI的公司推出新产

---

① Kim S W, et al. "Learning to Simulate Dynamic Environments with GameGAN." Proceedings of the IEEE/CVF Conference on Computer Vision and Pattern Recognition. 2020.
② Ren F, et al. "A Small-Molecule TNIK Inhibitor Targets Fibrosis in Preclinical and Clinical Models." *Nature Biotechnology*,2024.

品的可能性比不使用 AI 的公司高 8.5%，而且更可能推出原创程度更高的全球首创类产品。① 更重要的是，仿制能力增强有助于被仿制的新技术、新产品以更低廉的价格快速扩散，降低了使用新技术、新产品进行衍生创新的成本，这个机制既有利于追赶式创新，也有利于引领式创新。

另一方面，仿制可能降低引领式创新意愿。罗默等认为，垄断利润是研发投入的发动机。② 引领式创新作为一种差异化竞争策略，有望给创新者带来垄断性的超额利润，从而激励创新者从事引领式创新活动。仿制能力增强意味着引领式创新带来的市场壁垒会被削弱，差异化竞争带来的超额利润空间会缩小，因而仿制有可能抑制引领式创新意愿。一项有关仿制药的实证研究显示，仿制药在某个细分领域的占比（数量指标）每增加 10%，该领域的原研药的早期创新成果数量会减少 6.74%。③ 但也有另一种观点认为，仿制品加剧市场竞争，由此导致的产业平均利润率下降可能会促使企业加强引领式创新，以规避同质竞争、维持超额利润。④

综上，无论是 AI 技术进步本身还是由此带来的仿制能力增强，对于追赶式创新的促进作用都比较确定，对于引领式创新的影响在逻辑与实证含义上却是矛盾的，同时存在抑制和增强两种可能。鉴于传统深度学习时代的大量理论文献与实证案例尚且得不出确定结论，缺乏经验数据的大模型对于引领式创新的意义，更是不得而知。本文认为，与其执着于探讨有没有清晰明确的结论，不如从更具有现实意义的角度出发探讨如何趋利避害，以尽可能发挥大模型对于引领式创新的积极作用，削弱其消极作用。要实现这个目标，一个常见的思路是加强专利保护。如前文所述，垄断利润是研发投入的发动机。从引领式创新的角度看，垄断

---

① Rammer C, Fernández G P, Czarnitzki D. "Artificial Intelligence and Industrial Innovation: Evidence from German Firm-Level Data." *Research Policy*, 2022, 51(7).

② The Committee for the Prize in Economic Sciences in Memory of Alfred Nobel. "Economic Growth, Technological Change, and Climate Change." 2018.

③ Branstetter L, Chirantan C, Higgins M J. "Generic Competition and the Incentives for Early-Stage Pharmaceutical Innovation." *Research Policy*, 2022, 51(10).

④ Aghion P, et al. "Competition and Innovation: An Inverted-U Relationship." *The Quarterly Journal of Economics*, 2005, 120(2).

利润不仅来自差异化竞争策略（即引领式创新带来的市场壁垒），很大程度上也来自专利制度对于原创技术、产品等的保护（即专利制度赋予引领式创新的行政壁垒）。新制度经济学先驱、诺贝尔经济学奖获得者道格拉斯·诺思在《西方世界的兴起》一书中高度评价了专利保护制度在英国18世纪工业革命兴起中扮演的重要角色。现代专利私权制度建构在美国1836年颁布的《专利法》基础上，核心理念是以公开知识换取一定期限的垄断权利，通过授予使用、销售和进一步开发其发明的专有权来实现创新成果货币化，对美国经济及其创新能力产生了重要影响。[1]

由此而来的推论似乎是，即便大模型因显著增强仿制能力导致引领式创新自发形成的市场壁垒被削弱，但只要增强专利保护制度，依旧可以防止仿制对引领式创新造成抑制作用。事实上，目前确实也有诸多文献要求在AI时代加强知识产权保护，范围涵盖算法、软件、开源内容等相关领域。[2] 问题是这些工业时代的经验和深度神经网络时代的讨论，是否适用于大模型时代？有关公地悲剧与私地悲剧的讨论或有助于回答这个问题。

（二）公地悲剧 vs 私地悲剧：大模型时代加强专利保护未必有利于引领式创新

虽然过去数百年的历史经验，似乎能够一再印证知识产权保护对于创新尤其是引领式创新具有积极意义，但这并不意味着加强知识产权保护必然有利于引领式创新。知识产权保护制度，存在着公地悲剧与私地悲剧的内在冲突。所谓公地悲剧是指创新具有正外部性，如果没有知识产权保护制度，人人便都可以免费或者低成本地使用创新成果，由此形成的搭便车问题造成创新投入不足，不利于增进社会福利。因此，加强知识产权保护有助于将创新正外部性内

---

[1] 袁峰：《专利制度的历史变迁——一个演化论的视角》，中国人民大学出版社，2021年。
[2] 杨延超：《人工智能对知识产权法的挑战》，《治理研究》，2018年第5期；Picht P G, Freund B. "Competition (law) in the Era of algorithms." Max Planck Institute for Innovation & Competition Research Paper, 2018；付娜、毕春丽：《开源软件与标准协同发展中的知识产权问题研究》，《信息通信技术与政策》，2023年第7期。

部化，以防范公地悲剧，提高创新者的积极性。阿罗在理论层面也证明了这一点，即专利制度对于技术创新的激励作用是重要的，解决了创新收益独占性问题。[1]

但这并不意味着一味加强知识产权保护必然有利于创新。因为创新尤其是引领式创新之所以能够促进经济增长、增进社会福利，不只是因为能够实现 0 到 1 的突破，还因为创新成果可实现由 1 到 n 的扩散，并可通过对其他领域的广泛赋能衍生出更多引领式创新。因此，过度强调知识产权保护虽有可能提高 0 到 1 的突破概率，但也会增加创新成果由 1 向 n 扩散的成本，并不利于充分发挥原始创新对于经济增长、社会福利与衍生创新的积极作用，反而造成"私地悲剧"问题。例如，"专利蟑螂"[2]"专利丛林"[3]"垃圾专利"[4]"许可费膨胀"[5] 等现象都是专利保护中私地悲剧问题的体现。

因此，考虑到上述公地悲剧与私地悲剧的内在冲突，我们不宜将专利保护有利于创新过度延伸为加强专利保护必然有助于创新。有研究表明，在创新周期短、技术交叉复杂度高的行业中，专利更多地被用作竞争工具而非用于创新激励。[6] 这意味着在这些行业一味强调加强专利保护可能会激化私地悲剧与公地悲剧之间的矛盾。大模型也具有创新周期短、技术交叉复杂度高的特点，因此有必要慎重对待以强化知识产权保护来促进引领式创新的思路，尤其是应重视如下两

---

[1] Arrow K J. *Economic Welfare and the Allocation of Resources for Invention*. Macmillan Education UK, 1972.

[2] "专利蟑螂"也称专利流氓，主要表现为滥用专利诉讼权利，以获取不正当经济利益。比如，通过收购劣质专利，再以起诉或诉讼相威胁，向其他使用其专利的企业实施敲诈，以获取巨额和解费或赔偿金。蔡元臻：《美国专利蟑螂的新近立法评析及其启示》，《知识产权》，2021 年第 1 期。

[3] "专利丛林"指在专利系统中，由于专利技术的重叠性和技术被多个主体拥有，专利的应用和创新被阻碍的一种现象。这种现象通常与高科技产业紧密相关，如半导体、生物技术、计算机软件和互联网等领域。袁晓东、侯帆：《专利丛林：内涵、测量与解决机制》，《知识产权》，2019 年第 6 期。

[4] "垃圾专利"指那些没有实际贡献或价值，对社会和市场秩序无益的专利，可能会造成社会资源浪费。樊耀峰、崔越：《垃圾专利的鉴定、成因与对策》，《经济研究导刊》，2011 年第 31 期。

[5] "许可费膨胀"指的是拥有垄断地位的单个专利权人在专利有效期内对专利产品收取过高价格的行为。丁茂中：《论专利高价许可的反垄断规制》，《知识产权》，2016 年第 3 期。

[6] 张平：《互联网开放创新的专利困境及制度应对》，《知识产权》，2016 年第 4 期。

个可能加剧私地悲剧问题的方面。

第一，在大模型时代加强知识产权保护，可能会强化囚徒困境，造成交易成本上升与社会无谓损失增加。当前的专利制度保护的主要是发明创造，它主要包括产品专利和方法专利。专利权给予发明者一定时间内的创新收益独占权。专利一般需要公开详细信息，专利保护期满后该发明通常成为公共产品。在 AI 三要素中，算法和数据是主要的知识创造体现。一般而言，数据并不属于专利保护的范畴，但一些被认定为具有独创性的数据内容选择和编排，仍可以获得版权方面的保护。模型是 AI 技术的核心，与之相关的算法保护虽然重要但存在较大争议。单纯的 AI 算法属于智力活动规则和方法的范畴，通常被认为不可申请专利。当前的算法，通常需要与技术特征（需具备明确具体的技术手段、技术问题、技术效果）作为一个整体来进行专利申请。另外，软件往往受版权相关法规保护，因此理论上也可以将 AI 算法视为软件的一部分加以保护。不过，版权只是保护算法的表现形式，而并非算法的核心思想，实践中依旧可绕开算法代码这种表现形式而对算法进行事实上的使用。

更重要的是，由于算法可专利性本身存在较大争议，因而要求加强 AI 算法保护的观点在实践中面临着是否可行的挑战。以大语言模型核心算法 Transformer 为例，谷歌从 2018 年开始为 Transformer 相关技术进行了一系列的专利申请。在中国，国家知识产权局虽在 2024 年批准了谷歌"基于关注的图像生成神经网络"的专利申请，但也驳回了谷歌以"基于注意力的序列转换神经网络"为名提出的关于 Transformer 的另一项专利申请，理由是该申请不属于专利法意义上的技术问题。[①] 美国对算法专利的处理也比较谨慎。这一方面是因为美国知识产权保护是高度分权的，即美国专利审查呈现出不同行政层级、司法部门间互相制衡的特点。更重要的是，由于算法作为新兴领域，专利适用性往往存在较大争议，导致相关政府部门倾向于谨慎应对。以美国最高法院在 2014 年 Alice

---

[①] 参见 https://cpquery.cponline.cnipa.gov.cn/。谷歌有限责任公司于 2018 年 5 月提交了"基于注意力的序列转换神经网络"的发明专利申请（申请号：201880007309X），截至 2024 年 5 月，该申请已被驳回，案件状态为"等待前置审查返回"。谷歌有限责任公司于 2018 年 10 月提交了"基于关注的图像生成神经网络"的发明专利申请（申请号：2018112704649），2024 年 3 月 12 日该专利的发明授权被公告。

Corp. Pty. Ltd.（一家私人有限公司）诉 CLS Bank Int'l（一家银行）案中创立的两步法原则为例：第一步是判断专利主张是否涉及自然法则、自然现象或抽象概念；若涉及，第二步再判断是否有额外要素（如具体的技术方案），将抽象概念转换为具体的发明。[①] 但该原则仍较为模糊，不同部门对同一问题的理解并不完全一致，导致存在即便被美国专利商标局（USPTO）授予了算法专利但依然无法得到美国法院专利保护的风险。以 2021 年 Trinity Info Media 公司诉 Covalent 公司为例，Trinity Info Media 公司起诉对方侵犯了自己两项与"基于用户调查数据的信息推荐系统"算法有关的专利（美国专利编号 9087321 和 10936685），美国联邦巡回上诉法院在 2023 年 7 月的判决中支持了对 Trinity Info Media 公司的专利驳回决定，认为案件中所涉及的"两项算法专利"属于抽象概念，不具有可专利性。[②]

也就是说，由于存在较大可专利性争议，即便算法按技术方案等标准成功获批专利，后续也可能因专利挑战被专利局撤回，或在专利诉讼中被法院认定专利无效。或许也是因为这个原因，谷歌公司虽然申请并获批了 Transformer 专利，但并没有借此对 OpenAI 或者其他使用 Transformer 的公司提起侵权诉讼。然而有意思的是，根据美国专利商标局对 AI 的专利分类，2000 年以来被授予的各类 AI 专利数量出现了大幅增加。[③]

既然申请专利也不能确保自身的独占性，那为什么 AI 企业还要花费成本积极地为算法等寻求专利保护呢？一个可能的解释是：这是专利保护制度给 AI 企业造成的囚徒困境。由于 AI 模型尤其是大模型所使用的算法比较复杂，所以各创新者之间存在大量的交叉引用情况。以大模型为例，虽然 Transformer 是核心算法，但这并不意味着大模型在开发中仅用到 Transformer，例如，在 AlphaFold 3、Sora 等对生成式功能要求更高的大模型中，Diffusion 的重要性同样不容忽视。这样一个技术交叉度较高的特点叠加专利保护制度，导致 AI 企业不得不广泛申

[①] 参见 https://supreme.justia.com/cases/federal/us/573/208/。
[②] 参见 https://www.bitlaw.com/source/cases/patent/Trinity.html。
[③] USPTO 将 AI 专利分为知识处理、语言技术、AI 硬件、进化计算（如遗传算法）、自然语言处理、机器学习、机器视觉、计划控制 8 类，每项专利可能属于多类。

请专利、积累专利组合，以建立起可以确保"相互毁灭"的专利防御机制，[①]从而防止被其他公司反诉。很明显，这种专利保护情形更多的是提高了全社会的交易成本，而非激励创新。

第二，规模定律意味着大模型更有利于增强大企业的市场势力，这种情况下持续强化知识产权保护可能不利于促进引领式创新。来自德国的2018年的创新调查显示，与小企业相比，大企业的AI利用率明显更高：当企业员工规模在100人以下时，企业AI使用率不足10%；而员工规模大于1 000人的企业，AI使用率可达30%以上。[②]一项基于美国2010—2018年的实证研究也表明，现金更充裕的企业对于AI投资的增长更快，而对AI投资越多、初始规模越大的企业，销售额增加得越明显。[③]如何理解这种AI与大企业更加匹配的特征？一个可能的解释是规模定律，即AI性能往往伴随着参数规模的扩大而提升，这背后是算法优化、算力增长、数据增加的支撑。无论是哪个要素的进步都是需要大量资源投入的，因而AI模型技术层面的规模定律，在经济层面的一个重要含义便是自发的有利于大企业的"强者恒强"。

然而，中小企业才是引领式创新的主体。[④]因为引领式创新通常具有较强的颠覆性和不确定性，这意味着大企业推动引领式创新可能会给现有业务带来较大风险，甚至可能会颠覆大企业已经占据的市场优势地位，因此大企业尽管有很强的引领式创新技术能力，但将引领式创新技术转化为引领式创新产品的动力相对不足。相较之下，中小企业想要击败占据市场主导地位的大企业，往往只能依靠换道超车式的颠覆性创新，因此中小企业通常更有引领式创新意愿。[⑤]这一规律在大模型开发中再次得到印证。谷歌作为大型科技企业，率先开发出Transformer是其强大的AI创新能力的一个体现，但谷歌之所以迟迟未将该算法

[①] 参见 https://www.businessinsider.com/google-patents-weapon-ai-competitors-openai-chatgpt-2023-5。

[②] Rammer C, Fernández G P, Czarnitzki D. "Artificial Intelligence and Industrial Innovation: Evidence from German Firm-Level Data." *Research Policy*, 2022, 51(7).

[③] Babina T, et al. "Artificial Intelligence, Firm Growth, and Product Innovation." *Journal of Financial Economics*, 2024, 151.

[④] 中金公司研究部、中金研究院：《大国产业链》，中信出版社，2023年。

[⑤] 同上。

进一步开发为具有引领性的创新产品 ChatGPT，一定程度上是担心它可能会对搜索引擎广告这一核心业务的收入产生负面冲击。① 此外，与中小企业相比，大企业天然地更受到舆论关注，引领式创新的颠覆性效果可能因为引发舆情而影响大企业经营的稳定性，也会导致大企业产生规避激进的引领式创新的倾向。例如 2020 年谷歌搜索引擎中的 AI 技术偏见造成负面舆情，在一定程度上抑制了谷歌对 AI 的应用意愿。②

然而，规模定律意味着中小企业的生存空间可能因 AI 的发展而受到遏制，因为它们潜在可用数据规模本身就小，也没有支撑算力增长与算法优化的足够资源。当前，大模型展现出远超传统深度神经网络模型几个数量级的规模效应，这意味着大模型对大企业市场势力的赋能作用可能也会远超传统 AI 模型，大模型或将进一步增强大企业相对中小企业的竞争优势，压缩中小企业的生存空间。

与此同时，一些大企业存在侵犯中小企业知识产权的行为，并将专利保护变成一种针对中小企业进行不公平竞争的策略。以美国专利挑战为例，它是指第三方向美国专利商标局下设的专利审查与上诉委员会提出对已授予专利有效性的异议或重新审查请求。③ 根据美国专利商标局的数据，2021 年其受理的专利挑战审查申请中，有超过 80% 来自 10 家大型企业。④ 这意味着如果在大模型时代进一步加强知识产权保护，大企业的市场势力不但会因为规模定律而得到自发增强，还会因为行政力量进一步增强专利挑战的能力。本文认为，这将导致中小企业生存空间受到因大模型增强的大企业市场壁垒与行政壁垒的双重挤压，因此大模型时代下加强知识产权保护可能不利于促进引领式创新。例如，谷歌作为 Transformer 的开发者和专利拥有者，如果严格保护其对 Transformer 的专有权，OpenAI 或许难以基于该算法去开发大语言模型；对于大模型开发所需要的海量

---

① 参见 https://www.businessinsider.com/chatgpt-may-hurt-googles-ad-business-former-exec-says-report-2022-12。

② 参见 https://www.forbes.com/sites/richardnieva/2023/02/08/google-openai-chatgpt-microsoft-bing-ai/?sh=d287dfc4de4f。

③ 参见 https://www.uspto.gov/learning-and-resources/newsletter/inventors-eye/patent-trial-and-appeal-board-who-are-they-and-what。

④ 参见 https://hbr.org/2022/08/big-tech-has-a-patent-violation-problem。

数据，如果每一位数据来源方的知识产权被严格保护，则 OpenAI 可能迟迟无法汇集起足够规模支撑模型的涌现式突破的数据。①

四、思考与启示

综上所述，以大模型为代表的本轮 AI 技术进步，在生产力层面展示了兼顾追赶式创新与引领式创新的可能性。从国际竞争角度看，AI 的产业赋能作用具有双刃剑效应，既有利于中国制造在质上加速追赶先发国家，也有利于先发国家克服劳动力成本高的供给侧劣势加速对中国制造在量上的追赶，甚至有可能颠覆我国在新兴产业方面暂时确立的优势格局。更重要的是，大模型等 AI 技术进步有可能进一步强化先发国家的去中心化动机，为印度等后发国家制造业加速追赶提供需求侧契机。在 AI 带来的这种复杂国际竞争形势下，大国规模优势是产业 AI 化助力中国制造加速追赶的根本保障。在常规制造方面，无论是在"新三样"代表的新兴领域，还是在"老三样"代表的传统领域，中国生产规模均位居世界前列，很多领域都达到了全球份额过半的水平。与此同时，从传统深度学习到大模型，AI 的规模定律现象越发凸显，数据在大模型时代的重要性进一步上升。中国制造庞大的生产规模意味着可用数据的潜在规模也是非常庞大的，可支撑中国率先探索大模型与制造业的结合问题。

但是，中国常规制造的生产规模优势转化为数据规模优势，还面临着一系列挑战，例如数据采集不上来，大部分工业数据处于"睡眠"状态，数据孤岛现象普遍，数据汇聚质量不高，许多企业存在"不想用""不会用"数据以及"不敢用"数据应用等问题。对于追赶问题比较突出的芯片产业链等精密制造领域而言，数据问题更突出一些。这些领域起步晚、产量少，潜在可用的数据规模不如常规制造那么大，产业链割裂进一步加大了稀缺数据的汇集困难，不利于 AI 赋能精密制造加速追赶。值得注意的是，随着国际竞争逐步加剧，各国对数据安全和隐私问题的关切日益加深。2024 年 2 月，美国总统拜登签署《关于阻止

---

① 参见 https://www.nytimes.com/2023/12/27/business/media/new-york-times-open-ai-microsoft-lawsuit.html。

受关注国家获取美国人大量敏感个人数据和美国政府相关数据的行政令》，可能影响受关注国家对美国国家生物技术信息中心（NCBI）高通量基因表达数据库（GEO）、癌症基因组图谱（TCGA）、美国食品药品监督管理局不良事件报告系统（FAERS）等的访问使用。

  这意味着加速完善国内数据采集、存储与使用分析的生态已经刻不容缓。在这方面，美国材料基因组计划相关数据库建设经验具有一定启发意义：（1）根据技术层面的轻重缓急确立数据库建设基本原则；（2）在中长期规划中重视数据标准一致性和配套分析工具研发，以降低数据在科研、商业间的流通共享成本，提升数据库建设在经济层面的可持续性；（3）既重视统筹各政府部门，从而形成支持数据库建设的合力，也重视通过经济激励等方式推动数据库在产业界、学术界的广泛使用，从而提升数据库社会收益和政治可持续性，也为高水平建设数据库提供外部约束。不过，对我国而言，更重要的还是针对我国数据汇集、处理的现实问题采取针对性措施，例如：加强国企面临的市场竞争约束，设置相关考核规则以提升国企对数据汇集和使用的重视程度；为企业尤其是民企提供专项优惠贷款，以支持企业进行数据库建设等 AI 化改造；在芯片等追赶问题突出的精密制造领域，着重打造大企业主导的追赶式创新模式，通过纵向一体化组织架构来便利稀缺数据汇集。

  值得强调的是，在易被卡脖子的精密制造领域，潜在可用数据规模本就不大，产业链过度割裂更加不利于 AI 赋能。在这方面英特尔的经验值得借鉴。英特尔官网在 2022 年对 AI 赋能芯片制造的实践进行了披露，包括先进过程控制、自动缺陷分类、根本原因分析等一系列产业 AI 化实践（见图 6.10）。英特尔之所以能够实现 AI 赋能，一定程度上得益于纵向一体化的产业组织模式，该模式能够在涉及几十个掩膜层、数百个工艺步骤、数千台设备的庞大生产场景中实现各环节联通与高标准、高质量的数据提取，进而支撑产业 AI 化的赋能作用。

  除了旨在加大真实数据汇集力度的上述措施外，AI 在未来有望成为弥补数据短板的重要方式。目前来看，由于 AI 生成数据在可靠性、场景合理性等方面仍存在较大争议，其短期可能还无法有效弥补真实数据不足。不过，AI 在增强仿制能力方面的潜力依旧值得重视，由此 AI 也带来了另一种双刃剑效应，即 AI 增强仿制能力虽有助于追赶式创新，但 AI 对高度依赖原创的引领式创新的意义却并不清晰。一方面，仿制能力增强有助于新技术、新产品以更低廉的价格快速扩散，降低了使用新技术、新产品进行衍生创新的成本，这个机制既有利于追赶式创新，也有利于引领式创新；另一方面，对于创新意愿而言，仿制能力增强侵蚀引领式创新者的垄断利润，有可能抑制引领式创新意愿，但仿制品加剧了市场竞争，由此导致的产业平均利润率下降可能会促使企业加强引领式创新，以规避竞争、维持超额利润。实证方面，关于仿制究竟会促进还是抑制引领式创新也是莫衷一是。

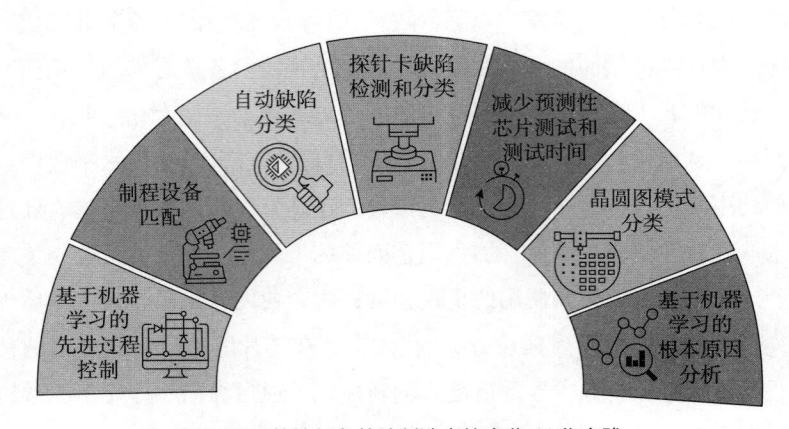

图 6.10 英特尔在芯片制造中的产业 AI 化实践

资料来源：英特尔官网。

有鉴于此，在大模型等 AI 技术进步进一步增强仿制能力的背景下，我们需要采取措施来尽可能发挥 AI 进步对于引领式创新的积极效应，削弱其抑制作用。一个常见思路是加强知识产权保护，现在也不乏主张加强对算法等 AI 知识产权保护的观点。就理论分析而言，由于知识产权保护内在固有的公地悲剧与私地悲剧冲突，一味强化知识产权保护未必能够起到促进创新的效果。伴随着 AI 进步，尤其是大模型的发展，知识产权保护制度内在的矛盾冲突存在激化可能性。例如，若严格保护算法专利，则大模型的诞生时间可能会被拖后；若过度保护数据的知识产权归属，则可能足够支撑大模型"涌现"式突破的数据量迟迟达不到。更重要的是，大模型时代下，大企业的市场势力会因规律定律而得到自发增强；此时如果进一步加强知识产权保护，则意味着大企业对中小企业发起专利诉讼的能力将进一步提升，结果会导致大企业享受的行政壁垒受到强化。但大企业引领式创新意愿通常低于中小企业，中小企业才是引领式创新的主力。因此，在大模型自发强化大企业市场势力的背景下，单纯强调加强知识产权保护是否有利于引领式创新具有较大不确定性。

第七章

AI的能耗焦虑：增长极限与绿色困境

本轮 AI 快速发展引发了两种能耗焦虑：一是能耗是否会成为 AI 产业发展的瓶颈；二是 AI 能耗是否会影响绿色转型进程，对于我国而言，就是是否会影响双碳目标的实现。围绕这两种焦虑，我们从 AI 产业自身的能耗、AI 在电力消费端和供给端的应用，以及 AI 给我国经济系统带来的能耗三方面进行了分析。

AI 产业自身主要有模型训练和推理两个耗能环节。近期来看，由于 AI 产业处在发展之初的快速增长期，所以约束主要来自供给端。我们从供给端进行测算，结果表明，我国 AI 发展带来的智算中心电耗或将在 2030 年最高达到 4 300 亿度。远期来看，AI 产业能耗与用户需求量和任务复杂度密切相关。如果任务复杂度不变，用户需求量上升将带来 AI 能耗的线性上升，但任务复杂度上升将带来 AI 能耗的超线性上升。同时，两股力量会抑制能耗的飙升，一是用户对性价比的要求会抑制产业对 AI 性能的极致追求，二是 AI 产业对芯片、服务器和数据中心能效提升的驱动力会随着产业规模的扩大持续强化。

AI 技术能否在行业应用中发挥节能潜力呢？一方面，在电力消费端，AI 能提高单个设备的运行效率和优化技术系统的运行流程，从而提高能效，这主要发生在生产制造环节、建筑用能和交通运输领域。另一方面，在电力供给端，AI 还能够在一定程度上帮助未来的电力系统促进绿电发展，包括对绿电供应系统和绿电消纳体系的优化。

综合来看，AI 的发展将会如何影响我国绿色转型进程？我们构建了 CGE（可计算一般均衡）模型，从系统性的角度考虑 AI 对能耗和碳排放的影响。结果显示，近期来看，AI 在我国的大规模应用将带来能耗总量的上升，但是否会带来碳排放总量上升，是否会有助于降低能耗强度和碳排放强度，等等，均存在不确定因素。如果大力推动 AI 在高耗能行业节能领域的应用，并加强 AI 对绿电发展的支持，或将有助于抵消 AI 能耗快速增长对我国绿色转型的负向扰动影响。[①]

[①] 本章作者：陈济、熊家昕、郑宽、林欣月、曾韬、曲昊源。

人工智能的快速发展正引发人们对其能源消耗的普遍担忧。国际能源署（IEA）在2024年的报告中预测，由于AI发展和加密货币的增长，全球数据中心的用电量将在未来几年内翻倍。[1] 2022年，全球数据中心的用电量约为4600亿度，到2026年这一数字可能达到1万亿度以上，大致相当于日本的发电量（2022年日本发电量为1.013万亿度）[2]。总体而言，AI发展引发的能耗焦虑主要集中在两个问题上：首先，AI带来的能源消耗是否会影响该产业的持续发展；其次，AI的广泛应用是否会导致碳排放的增加，进而对全球实现碳中和的目标构成威胁。为了深入分析本轮AI快速发展对我国能耗的影响，我们首先回顾了历史上通用目的技术大规模应用对全球能耗产生的影响的规律，并以此探讨了AI是否将遵循同样的规律；然后，我们从AI大模型自身能耗、AI给用能部门带来的能效提升以及AI对绿电发展的赋能等方面分析了我国AI的能耗影响，并构建了一个CGE模型，测算了AI对我国绿色转型的影响（见图7.1）。

---

[1] IEA. "Electricity 2024." 2024.

[2] 参见 https://www.iea.org/countries/japan/electricity。

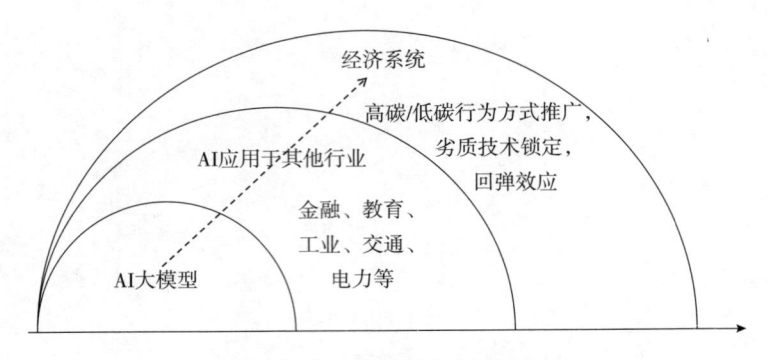

图 7.1　AI 对绿色转型的影响路径分析

资料来源：中金研究院。

一、通用目的技术与全球能耗

回顾历史，我们似乎可以发现通用目的技术的应用与全球能耗存在一定的联系。从蒸汽机、内燃机和电力等与能源利用相关的通用目的技术，到互联网这类信息技术，在应用的初期都增加了全社会对能源的消耗，能源通用目的技术更是全球能源消耗总量快速上升的直接驱动因素。

但是，能源通用目的技术与信息通用目的技术对全社会能源强度的影响似乎存在差异。能源强度反映的是创造单位经济价值所需要消耗的能源。如图 7.2 所示，自 19 世纪初开始，全球能源强度表现为先上升后下降的态势，在 20 世纪中期前后出现拐点，整体趋势呈现倒 U 形。[1]美、欧等主要经济体的能源强度变化也遵循此规律，拐点集中在 1970—1980 年。[2]有研究指

---

[1] Fouquet R, Hippe R. "The Transition from a Fossil-Fuel Economy to a Knowledge Economy." *Handbook on Green Growth* Edward Elgar Publishing, 2019.

[2] Reddy A K N, Goldemberg J. "Energy for the Developing World." *Scientific American*, 1990, 263(3); Kander A, Lindmark M. "Energy Consumption, Pollutant Emissions and Growth in the Long Run: Sweden Through 200 Years." *European Review of Economic History*, 2004,8(3); Kander A, et al. "International Trade and Energy Intensity During European Industrialization, 1870–1935." *Ecological Economics*, 2017, 139.

出，① 这背后的主要原因是通用目的技术驱动产业结构变化。前两次工业革命主要是围绕蒸汽机、内燃机等能源通用目的技术。这些能源技术能够提供的能量密度更高，这正是工业发展所需要的，而更重要的是，随着这些能源技术的不断进步，单位热值能源的开发成本能够持续下降，这也导致企业倾向于投入更多能源来扩大生产，而不是寻求更加高效的节能生产技术。这也许可以部分解释，为什么在全球经济结构迅速从以第一产业为主向以第二产业为主转移的过程中，能源强度会随之持续上升。反观信息通用目的技术，当它在大规模应用时，全球能源强度却在持续下降。我们可以将此简单解释为：这是因为它恰好处在全球主要经济体从以第二产业为主向以第三产业为主转移的过程中。但这可能反映了一个更底层的逻辑，即通用目的技术已经从能源技术向信息技术转变，后者将不断提高人类的能源利用效率。②

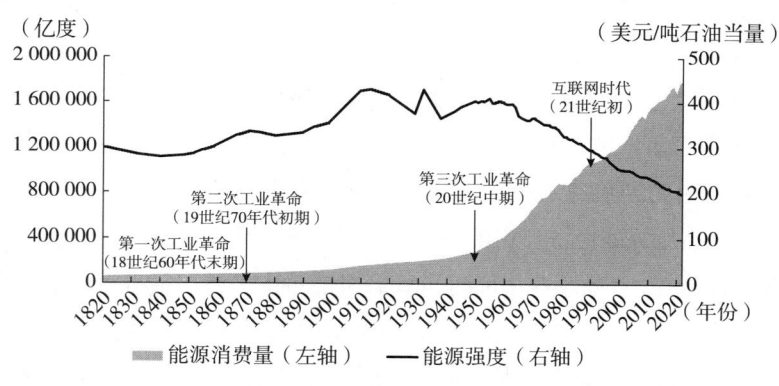

图 7.2 19 世纪初以来的全球能源消费量与能源强度变化

资料来源：BP，Our World in Data，中金研究院。

我们可以具体看看 21 世纪初以来互联网技术应用与能耗的关系。互联网在刚开始普及时，也曾经引发能耗焦虑，其底层逻辑与 AI 一样都是计算量增加带来了电耗增量。根据国际能源署的分析，③ 虽然全球互联网在 2015—2022 年用户

---

① Nielsen H, Warde P, Kander A. "East Versus West: Energy Intensity in Coal-Rich Europe, 1800–2000." *Energy Policy*, 2018, 122.

② 吴军：《全球科技通史》，中信出版社，2019 年。

③ 参见 https://www.iea.org/energy-system/buildings/data-centres-and-data-transmission-networks。

数量增长了78%，流量增长了600%，但除去加密货币挖矿后的数据中心总能耗仅增加了20%~70%，数据传输的网络能耗仅增加了18%~64%。互联网技术应用领域能效的提升主要得益于IT硬件性能的显著提升，数据中心冷却技术的优化，以及数据中大型化和高效化等因素。也就是说，随着互联网技术应用规模的扩大，该领域能效在不断提升，这使其能耗总量并没有持续高速增长，能耗增速随着用户数量的增长在持续收敛。而且，随着互联网用户增速的放缓，其应用领域能耗也将趋于稳定。

AI作为一种信息通用目的技术，其能耗是否会遵循历史上信息技术发展的规律呢？更具体一些，AI的发展虽然也会加速全球能耗的增长，但是否会在大规模应用的过程中不断提高自身能效，并赋能其他经济部门提高能效，最终使能耗增速逐步收敛，并为全球能耗强度下降做出贡献？有研究认为，长期来看，虽然AI会带来全社会用能增加，但由于能源效率提高、清洁能源的利用等因素，AI大概率不会扭转能源强度下降的趋势。[1]但值得注意的是，短期来看，本轮AI进步对能源强度的影响还存在两个不确定因素。一是生产率增长的滞后。1987年，索洛指出，信息技术进步并没有在宏观经济统计数据中体现出相应的生产率增长，因此即使在大范围应用的情况下收益也颇微。[2]有研究指出，若是前沿技术传播对提高经济产出的效果存在滞后性，或者生产率提高仅发生在技术生产部门而未发生在技术应用部门，AI有可能再次上演"索洛生产率悖论"[3]，从而拉低能源强度分母的增速。二是能源需求价格弹性。若随着新能源成本下降驱动电力价格下降，能源需求量增加，所谓的回弹效应出现[4]，则能源强度分子的增速会拉高。并且，当能源成本在总生产成本中所占份额很低时，企业可能会

---

[1] Castro D. "Rethinking Concerns About AI's Energy Use." 2024.

[2] Solow R. "We'd Better Watch out." *New York Times Book Review*, 1987, 36.

[3] Brynjolfsson E, McAfee A. *The Second Machine Age: Work, Progress, and Prosperity in a Time of Brilliant Technologies*. W.W. Norton & Company, 2014; Acemoglu D, et al. "Return of the Solow Paradox? IT, Productivity, and Employment in US Manufacturing." *American Economic Review*, 2014, 104(5).

[4] Kaack L H, et al. "Aligning Artificial Intelligence with Climate Change Mitigation." *Nature Climate Change*, 2022, 12(6).

缺乏在节能方面投资的动力。[①]综合这两方面来看，虽然 AI 的能耗增长模式看似与信息技术类似，但 AI 可能引发"粗放型"能源消费模式，进而使得人类创造经济价值时的能源效率降低的结果并不能排除。

以上是我们对 AI 能耗增长逻辑的探讨，主要目的不是给出具体答案，而是为接下来分析我国 AI 能耗问题做铺垫。

二、AI 大模型自身的能耗

（一）AI 创造新需求带来新增能耗

AI 技术的应用创造了新的消费场景，通过新供给拉动新需求，直接带来电力消耗的增加。与 AI 相关的新需求场景广泛体现在消费类产业、金融业等中。在本书第五章中，我们探讨了 AI 在互联网、游戏、传媒、医疗服务、家电等多个消费类产业中的应用潜力。AI 在这些场景的应用实质上是 AI 创造了新的生产和服务方式，从而培育了新的市场需求，AI 多元化应用需求也推动了 AI 产业自身的能耗增长。

从 AI 在这些产业中的应用形式来看，无论是直接提供 AI 软件服务，还是提升硬件产品智能化水平，最后都会反映在推动 AI 性能提升和 AI 推理需求扩张上，进而表现为 AI 训练环节和推理环节用电量的增长。在 AI 软件服务方面，例如，游戏行业主要可以利用 AI 进行人物设计、游戏场景生成及画面字幕制作等，传媒行业可以应用 AI 进行内容创作，金融和医疗行业可以应用 AI 进行数据标准化处理和智能客服提供，等等。在硬件产品领域，智能家电是在传统家电的基础上集成了 AI 算法，通过增加传感器获取实时数据，以进行智能决策，也相应地增加了边缘计算或云端计算的推理能耗。而人形机器人等产品对智能化要求更高，对应需要更多维的数据、更强的算法和更大的算力支持，同

[①] Mulder P, et al. "Dynamics and Determinants of Energy Intensity in the Service Sector: A Cross-Country Analysis, 1980–2005." *Ecological Economics*, 2014, 100; Fouquet R. "Lessons from Energy History for Climate Policy: Technological Change, Demand and Economic Development." *Energy Research & Social Science*, 2016, 22.

样也会增加算力能耗。

AI大模型能耗本质上来自算力能耗，算力能耗可以进一步分解为两大因素：一是算力规模，二是算力能效。因此，估算AI产业自身的能耗需要具体分析这两个方面的变化。

算力规模方面，AI大模型主要在训练和推理两个环节消耗算力。不论是哪个环节，大模型的理论算力需求均与其自身的参数量和所处理的数据量呈正相关。[①]然而，推理和训练的理论算力需求并不足以全面反映实际的算力消耗量，我们还应考虑模型在服务器运行时的算力利用率。

伴随AI大模型算法规模的扩张，网络通信带宽瓶颈和运行故障率成了制约模型运行效率的两大因素。[②]从实际运行情况来看，大模型的算力利用率的确在下降。GPT-3训练一次需34天，使用1 024颗A100芯片，算力利用率为44%~52%[③]；GPT-4训练一次使用了约25 000颗A100芯片，耗时90~100天，算力利用率降

[①] Kaplan J, McCandlish S, Henighan T, et al. "Scaling Laws for Neural Language Models." 2022.
在Tansformer的注意力机制下，训练和推理的理论算力需求可分别简化为以下公式：训练环节理论算力需求 =6× 参数量 × 词元数，推理环节理论算力需求 =2× 参数量 × 词元数。

[②] 一方面，为了支持大模型的训练，采用多机多卡组成的大集群进行分布式训练已成为一种常见做法，但在分布式训练下集群中，网络通信或数据缓存等方面问题都会造成大模型训练效率降低。大模型训练过程中会通过checkpoint机制来定期保存模型参数（即权重），以确保训练的连续性。当模型参数量较大时，checkpoint的写入时间会增加，这会导致GPU的利用率下降。例如，对于一个拥有1 750亿个参数的GPT-3模型，如果文件系统的写入速度为15GB/s，完成一次checkpoint的写入可能需要2.5分钟，这就意味着在这2.5分钟内GPU资源被闲置，造成了资源浪费。另一方面，大模型训练时需要长时间占据规模庞大的GPU集群，这导致单个节点发生故障就会使得整个训练中断，且故障原因和位置难以迅速界定，从而造成运行效率降低。以Meta的OPT-17B模型训练为例，理论上在1 000个80G A100 GPU上训练3 000亿个词语需要33天，但实际训练耗时90天，其间共发生了112次故障，其中大部分是硬件故障，整个过程手动重启35次，自动重启约70次。受限于这两个方面，尽管GPU芯片峰值算力在持续提升，但模型运行过程中单卡实际计算吞吐量无法达到其性能峰值。（参见中国智能算力产业联盟、人工智能算力产业生态联盟、商汤科技智能产业研究院等联合发布的《新一代人工智能基础设施白皮书》）。

[③] Narayanan D, et al. "Efficient Large-Scale Language Model Training on GPU Clusters Using Megatron-LM." 2021.

至 32%~36%。① 推理环节面临低成本与低延迟上的权衡，为了实现高并发需求和低延迟输出，则需要增加冗余芯片数量，这反过来又会导致芯片算力利用率的降低。推理环节的算力利用率问题在 GPT-4 时代拥有上万亿个参数的模型中进一步凸显。GPT-4 模型使用了混合专家架构，在这一架构下输入词元长度的增加导致内存带宽成为瓶颈，它需要使用更大的算力集群，进而导致算力利用率大幅降低。②

进一步地，对于 AI 大模型训练和推理能耗，我们还需进一步考虑算力能效，即单位算力需要的能耗。由此得到：

$$能耗 = \frac{理论算力需求}{算力利用率} \times 单位算力能耗$$

（二）近期 AI 能耗增长有限

由于算法规模的扩张，AI 大模型对服务器计算能力和高吞吐量互联等方面的要求较高，其训练和推理通常由 CPU（中央处理器）搭载 GPU、FPGA、ASIC 等加速芯片组成的 AI 服务器来执行。智能算力正是反映了 AI 服务器提供的计算能力，能够较好地反映 AI 大模型发展带来的算力扩张。③

近期，考虑到智能算力规模扩张和算力能效提升的相对可预见性，我们可以自上而下地估算智算中心的用电量，以大致预测 AI 带来的智能算力增长对能耗的潜在影响，从而对 AI 技术发展导致的能耗增长的趋势进行初步评估。据 IDC 等测算，2023 年中国智能算力预计达到 427 EFLOPS（与 FP16 等效算力，本章

---

① Patel D, Wong G. "GPT-4 Architecture, Infrastructure, Training Dataset, Costs, Vision, MoE." SemiAnalysis, 2023, 10.

② 同上。

③ 根据中国信通院发布的《中国算力发展指数白皮书（2022 年）》，算力分为基础算力、智能算力和超算算力三类。其中，基础算力反映基于 CPU 芯片的服务器所提供的计算能力，采用单精度浮点数（FP32）计算能力来衡量；智能算力反映 AI 服务器提供的计算能力，采用主流的半精度浮点数（FP16）计算能力来衡量；超算算力反映超级计算机等高性能计算集群所提供的计算能力，采用双精度浮点数（FP64）计算能力来衡量。

后文测算均基于 FP16 算力规模），其中训练算力占比约为 60%。[①]

为了测算智能算力所需的能耗，我们需考虑算力增速和算力能效这两个重要假设。对于智能算力增速，要考虑两种情况：一是基准算力增速假设，根据中国通服数字基建产业研究院《中国数据中心产业发展白皮书（2023 年）》的估算，2022—2027 年中国智能算力年复合增速超 50%，我们以 50% 作为 2022—2030 年中国智能算力规模的基准增速；二是高算力增速假设，根据华为在 2021 年 9 月发布的报告《智能世界 2030》中的估算，2030 年全球智能算力将达到 105 ZFLOPS（每秒 10^{21} 次浮点运算），较 2020 年增长 500 倍，年复合增速超过 80%，我们假设中国算力规模与全球算力规模同速增长，以 80% 作为 2022—2030 年中国智能算力规模的乐观增速。

对于算力能效改进，也要考虑两种情况：一是算力能效弱改进，假设中国未来智能算力均由国产芯片供应，当前中国训练和推理算力能效均为目前国产先进芯片的峰值算力能效，并且 2030 年中国新增训练和推理算力能效达到目前世界先进智能算力能效水平；二是算力能效强改进，假设中国新增训练和推理算力能效均跟随世界最优算力能效水平改进。

基于上述假设，我们分别测算了以下 4 种情景下智算中心用电增长情况（见图 7.3）：基准算力增速＋算力能效弱改进，基准算力增速＋算力能效强改进，高算力增速＋算力能效弱改进，高算力增速＋算力能效强改进。具体来看，当前智能算力产生的全年电耗十分有限，在算力能效弱改进和强改进假设下，2023 年智算中心用电规模估计值分别约为 170 亿度和 130 亿度，对全社会用电规模造成的影响较小。在基准算力增速假设下，算力能效弱改进时 2030 年智算中心用电量会达到约 1 350 亿度；若能实现算力能效强改进，则 2030 年用电量仅约为 650 亿度。在高算力增速假设下，算力能效弱改进情景下，2030 年智算中心用电量将高达 4 300 亿度左右；若能实现算力能效强改进，则 2030 年用电量约为 2 100 亿度。

上述 4 个情景下的分析表明，在基准算力增速下，若算力能效改进幅度较小，相对于我国全社会用电总量而言（2023 年全社会用电量约为 9.22 万亿度），未来智能算力带来的用电增量影响将有限，可能并不会造成我国电力短缺；但是

[①] IDC、浪潮信息：《2022—2023 中国人工智能计算力发展评估报告》，2022 年。

在算力高速增长的情景下，算力能效改进变得十分关键，若算力能效改进幅度较小，将导致智算中心用电量大幅增长。假设我国全社会用电量从 2023 年到 2030 年保持 6% 的增速，AI 产业用电量占全社会用电量的比例将从 2023 年不到 0.2% 上升至 2030 年的 3.1%。

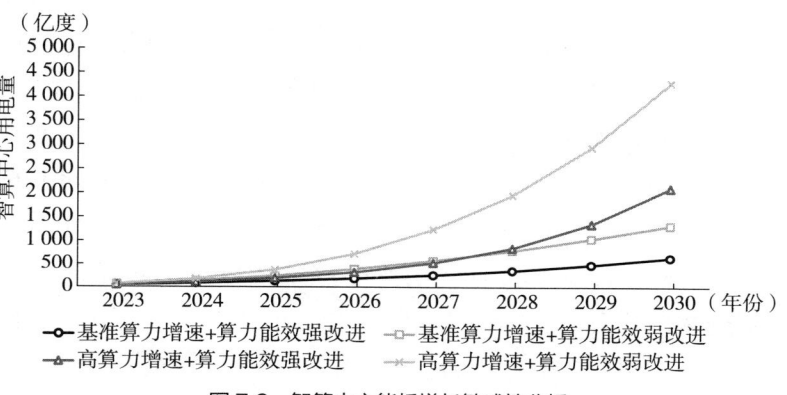

图 7.3 智算中心能耗增长敏感性分析

注：PUE（电能利用效率）相关假设参考工信部关于新建数据中心 PUE 要求。根据 IDC 预测，本图假设中国新增智能算力中推理算力占比从 2023 年的 40% 线性提升至 2027 年的 70%，并且 2027 年后这一比重维持在 70%。

资料来源：中金研究院。

由于 AI 大模型依赖于大规模集群算力，一个普遍的担忧是，芯片集中部署带来的能耗功率增加可能对区域电网造成冲击。从国内已建成的大型智算中心看，上海临港商汤科技装配式数据中心作为亚洲最大的人工智能计算中心之一，其额定电力负荷约 100MW，[1] 不到上海市近两年最大电力负荷的 0.3%，[2] 整体冲击有限。即便考虑使用更大功耗的芯片，以集中部署 10 万颗 H100 芯片为例，每颗芯片的最大功率为 700W，GPU 总消耗功率达到 70MW，进一步考虑整个服务器的功率消耗（以 GH200 单机柜为例，每个机柜配置 16 颗 H100 芯片，每个

---

[1] 上海临港商汤科技装配式数据中心计划建成后可容纳 1 万个 8kW 机架，全年平均 PUE 值需低于 1.276，成为亚洲最大的人工智能计算中心之一，其用电负荷约 100 MW［中国通服数字基建产业研究院：《中国数据中心产业发展白皮书（2023 年）》］。

[2] 参见 https://www.shanghai.gov.cn/gwk/search/content/8cd8e51540534c908c2d69565bf41c63。

机柜的功率消耗约为 30kW），整个数据中心的总功率消耗也只有 187.5MW，该功耗还不足一个 50 万吨产能的小型电解铝工厂功耗的 1/5，而根据目前国内电解铝行业 60% 配建自备电厂的方式，一台 300MW 的火电机组即可满足数据中心所有用电需求。对于未来可能出现的超大型数据中心，例如微软和 OpenAI 目前正在建设的名为"星际之门"（Stargate）的超级数据中心，预计电力需求可能达到 5 000MW，①其用电需求也可以通过 GW 级的大型火电或水电自备电厂得到满足。

  相比于传统高电耗产业，以 AI 大模型为代表的新兴高电耗产业对绿电的需求量往往更高。一方面，高科技企业为了提高企业形象和市场竞争力，往往更有意愿践行 ESG（环境、社会和治理）责任，即在能源使用方面更倾向于环境溢价更高的绿电，如全球加入 RE100（一个全球性创新倡议组织）的 430 多家企业中，约 55% 为高科技企业。②另一方面，从具体实施方案看，数据中心类的高电耗产业主要通过加大自供与外购绿电比例、迁移至绿电保障能力更强的地区等方式实现高比例绿电供应。这方面，虽然同为数据中心产业大国，但中美有一定差异：美国电力需求基本稳定，近期在产业回流及 AI 等新兴产业迅速增长刺激下重拾增势，虽其电网发展相对停滞，加之本身分布较分散且互济能力有限，电力设备存在老化失修等问题，网络阻塞较严重，通过大规模电网扩容提高供给程序烦琐、阻力较大，但美国电力市场及其金融衍生品市场相对发达，因此，其数据中心主要通过直接购买绿电、签订再生能源购电协议、购买独立/非捆绑的能源属性证书（energy attribute certificates，EACs），以及自建分布式电源，甚至直接入股或收购核电等清洁能源供应商等方式提高绿电供应占比。如微软与美国最大独立核电运营商星座能源（Constellation Energy）合作，后者为微软位于弗吉尼亚州的数据中心供电，可解决其 35% 的电力供应问题，加上风光供电，其可基本实现 100% 零碳电力供应。③美国电力相关企业也在此番 AI 浪潮下受到资本市场追逐，Vistra、Constellation Energy、NRG Energy 等发电或零售企

---

① 参见 https://www.thepaper.cn/newsDetail_forward_26870493。
② RE100 是由两个国际非营利性组织——气候组织（Climate Group）和碳信息披露项目（Carbon Disclosure Project，简称 CDP）——共同发起和管理的一个全球性创新倡议组织，旨在应对全球变暖，加入该组织的企业必须公开承诺 2050 年前达成 100% 再生能源目标。参见 https://www.there100.org/re100-members?items_per_page=All。
③ 参见 https://www.constellationenergy.com/newsroom/2023/Constellation-signs-hourly-carbon-free-energy-matching-agreement-with-Microsoft-to-support-a-clean-powered-data-center.htm。

业的股价在 2023 年 5 月至 2024 年 5 月一年涨幅均超过 1.5 倍。[①]

在中国，随着经济增长，电力需求仍保持较快增长，因此整个电力系统仍处在发展扩张期，且我国电网本身覆盖范围大、互济能力强、输配电设备较新，电网保障能力较强，因此数据中心等新兴的高电耗产业更倾向于向绿电资源丰富且电价相对较低的西部、北部地区转移，如内蒙古、新疆、青海、云南、贵州、四川、重庆等地。通过"公网电+自建新能源"的方式，这些产业可实现高比例绿电供给。如位于青海的中国电信（国家）数字青海绿色大数据中心，作为全国首个大数据中心领域源网荷储一体化绿电智慧供应系统示范样板，白天机柜主要采用自建太阳能发电系统发电，夜晚通过专用的储能放电进行供电，结合可溯源绿证的公网电，基本可达到 100% 绿电供应，同时利用网储互动进行削峰填谷，进一步降低运营成本。[②] 未来，随着构网型 UPS（不间断电源）[③]、小型模块化反应堆（SMR）[④] 等技术的日益成熟，核风光储等更多样的供电方式不仅可实现智算中心的电力供给保障，而且可促使高电耗产业根据数据中心负荷特性更灵活地组建虚拟电厂、参与电网需求响应或辅助服务市场，解决电耗焦虑问题的同时增加盈利。

从宏观层面看，我国也在积极优化"算力与电力"的投资布局，大力推进"东数西算"战略，即在西部、北部绿电富集区，布局以 AI 训练、存储等高时延业务为主的数据中心；东中部围绕负荷中心，布局以 AI 推理、智能网联等低时延要求业务为主的数据中心。按照本章前文"高算力增速+算力能效弱改进"情景下 2030 年智算中心用电量 4 300 亿度考虑，我们的测算表明，未来若一半的智算中心布局在西部、北部地区，则智算中心可实现绿电消纳约 2 100 亿度（约占当年绿电总消费量的 4%），实现碳减排约 1.7 亿吨（占全国能源消费碳排放总量的近 2%）。

（三）远期 AI 能耗增长：算力规模和能效的提升，哪个更快？

长期来看，AI 大模型的算力能耗变化取决于算力能效的改进能否跟得上算

[①] 参见 https://wallstreetcn.com/articles/3715013。

[②] 参见 https://www.escn.com.cn/20231018/6de8d38a4417465ebd46398c5f369d815/c.html。

[③] 参见 https://www.36kr.com/p/2245881508900481。

[④] 参见 https://mp.weixin.qq.com/s/oVQHovMEEIBSxLQdOssKzg。

力规模的增长（见图 7.4）。算力需求规模受到 AI 大模型自身发展趋势和用户需求的影响，算力能效在芯片、服务器和数据中心层面均有较大提升空间。

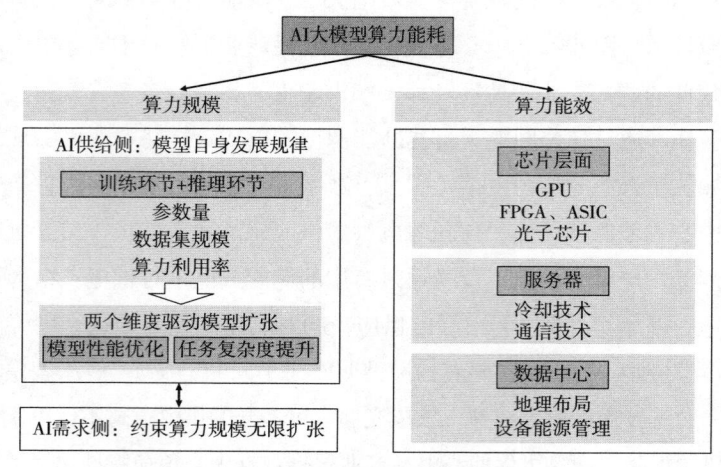

图 7.4　AI 大模型算力能耗受影响机制分析

资料来源：中金研究院。

1. AI 算力需求扩张逻辑

远期来看，我们认为 AI 大模型算力扩张有两个逻辑。一是对于同一类型任务的模型性能提升而引致的模型扩张，例如进行文本生成的诸多大模型，算力需求将随着模型迭代带来的参数量和训练数据集的增加而扩张。Transformer 架构突破了以往模型规模扩大但性能提升趋于收敛的限制，呈现出模型规模扩大且损失度相应降低的特征，因而，以 GPT 为代表的 AI 大模型走向了以扩大参数规模和训练数据集规模为核心的"规模制胜"路线。例如，GPT-2 的参数量为 15 亿个，而 GPT-3 的参数量激增至 1 750 亿个，GPT-4 更是达到了 1.8 万亿个。[①] 在训练数据集方面，GPT-2 使用了约 40GB 的文本数据，GPT-3 则使用了高达 753GB 的文本数据，而 GPT-4 的训练数据集规模更是达到了 40 000GB。[②] 简单对比，GPT-4 的参数量是 GPT-3 的 10 倍，训练数据集的规模更是后者的 53 倍，

---

① Castro D. "Rethinking Concerns About AI's Energy Use." 2024.
② Thompson A D. "What's in My AI?" 2022.

因此，大模型在单次训练过程中的电耗呈现指数级增长，这也引发了人们对于未来 AI 模型能耗可能无限扩张的焦虑。

对于完成特定任务而言，我们认为，模型性能改进带动的算力需求规模增长可能是有限的，这主要是由于可使用的训练数据集有限。有研究显示，用于大模型训练的高质量数据可能在不久的将来就被用尽。[①]训练数据集的有限性同样也意味着模型参数量不可能无限扩张，OpenAI 开启的大模型时代是基于规模定律的，GPT 的成功也确实验证了模型扩张可以带来性能表现的突破，但根据第二章关于 DeepMind 提出的 Hoffmann scaling law 和 OpenAI 提出的 Kaplan scaling law 的讨论，可以明确，规模定律发挥作用是基于模型参数量、数据集的共同扩张。尽管 DeepMind 和 OpenAI 提供的最优扩张比例不同，但是可以确定，在给定训练数据集规模的情况下，参数量扩张带来的性能提升是收敛的，[②]规模定律无法突破数据集有限性的约束。

二是处理的任务复杂度提升带来模型复杂度的提升，进而导致算力需求扩张幅度进一步跃升。先前的能耗对比仅关注了大语言模型的模型扩张和能耗增长，仍局限在单一任务下。本轮生成式 AI 接连突破了语言生成、图片生成和视频生成 3 种任务类型，任务复杂度的提升正是推动 AI 能耗快速增长的另一个关键因素。伴随任务复杂度的提升，模型复杂度、训练数据集规模以及推理输入词元的规模均成倍增长。对比图片生成和文本生成，在训练数据集方面，Google 基于 Transformer 架构搭建的可以进行图片生成的多模态大模型 Gemini 的训练数据集包含视频网站 YouTube 上 93.6 亿分钟的视频及字幕，总数据集规模约为 GPT-4 的两倍；在模型复杂度方面，尽管目前 Google 尚没有公布关于 Gemini Ultra 模型参数量的技术细节，但根据半导体产业分析机构 SemiAnalysis 的估计，总体来看，Gemini Ultra 模型训练算力可能达到 GPT-4 的 5 倍。[③]以 Sora 为代表的视频生成大模型则进一步推升了训练和推理的算力需求，参考中金公司研究部报告《AI 浪潮之巅系列：Sora，算力需求的"奇点"时刻》，Sora 在训练阶段的

[①] Villalobos P, Sevilla J, Heim L, et al. "Will We Run out of Data? An Analysis of the Limits of Scaling Datasets in Machine Learning." 2022.

[②] Hoffmann J, et al. "Training Compute-Optimal Large Language Models." 2022.

[③] 参见 https://www.semianalysis.com/p/google-gemini-eats-the-world-gemini。

理论算力需求大约是 GPT-4 的 10 倍，而在推理阶段的理论算力需求则大约是 GPT-4 的 2 000 倍[①]。

在任务复杂度增长趋势下，模型算力需求扩张而引致的能耗增长焦虑需要重点关注（见表 7.1）。为了说明这一问题，我们基于当前的算力能效技术发展水平和中国市场进行一个定量测算，来说明从语言生成到视频生成能耗增长上限可能有多高。

首先，假设看一个类似于 GPT-4 的语言大模型从模型训练到在中国市场广泛应用会造成多少新增电耗。GPT-4 单次训练时长约为 95 天，OpenAI 将 GPT-3.5 迭代到 GPT-4 大概用了 1 年时间，一整年的时间足够 GPT-4 训练 3.8 次，那么仅这个模型的训练能耗可能达到 50GWh×3.8=190GWh。如果考虑 2019—2023 年推出的全部大模型数量约为 100 个，[②] 同时 GPT-4 是这约 100 个模型中训练能耗较高的，并假设每个模型均训练了一年时间，那么可以推算出训练总能耗的上限约为 100×190GWh=190 亿度电。接下来，考虑 GPT-4 在中国全面应用产生的推理能耗，目前我国上网人数已经达到 10.92 亿，[③] 假设每人每日搜索 10 次，则年耗电量为 8.7Wh/次 ×10.92 亿 ×10 次 ×365≈346.8 亿度。[④] 加总来看，总耗能约 536.8 亿度电。这个电耗是什么水平呢？对比互联网和芯片企业，2022 年，谷歌和台积电分别消耗电力 223 亿度和 224 亿度；对比我国全社会用电量来看，2023 年我国全年电力消费超过 9.2 万亿度，其中规模以上工业用电 8.9 万

[①] 在训练数据集方面，Sora 使用的数据量每分钟可能多达 100 万个词元，若使用 YouTube 在一年间上传的所有视频进行训练，训练视频时长可以达到 158 亿分钟。在模型架构方面，Sora 采用了 Transformer+Diffusion 的复合模型架构，即便 Sora 模型参数相较于 GPT-4 从 1 800 亿个降至 300 亿个，但由于 Sora 运算使用的词元长度远大于 GPT-4，注意力机制的计算项不可忽略。若不采用输入截断技术，长词元所带来的计算量要远大于短词元，则会进一步导致训练和推理算力增长。此外，在推理环节，Diffusion 模型在推理生成图片的过程中需要反复迭代来生成图片信息，经典模型 Stable Diffusion 推理时迭代数量通常设置为 30~50 次，后经过算法优化可以降低到 20 次左右，而语言类模型 GPT-4 则无须多次迭代即可输出结果。

[②] 参见 https://hai.stanford.edu/news/ai-index-state-ai-13-charts。

[③] 参见 https://www.gov.cn/yaowen/liebiao/202403/content_6940952.htm。

[④] Patel D, Wong G. "GPT-4 Architecture, Infrastructure, Training Dataset, Costs, Vision, MoE." SemiAnalysis, 2023, 10. GPT-4 由于参数规模增长和芯片利用率下降，单次推理成本是 GPT-3 的 3 倍，假设能耗和算力呈线性对应关系，那么 GPT-4 推理能耗为 2.9Wh/次 ×3=8.7Wh/次。

亿度。①我们认为，在可见范围内，文本生成大模型的电耗还不足以引发能源危机。

假如一个类似于 Sora 的视频生成大模型在中国市场广泛应用，那会产生多少新增电耗？基于 Sora 训练环节的理论算力需求为 GPT-4 的 10 倍，我们线性推算 Sora 的单次训练能耗，大概是 50GWh×10=5 亿度电。但目前我们尚不知道 Sora 训练阶段的具体技术细节，所以模型训练总能耗仍有待测算。由于训练用能仅仅是 AI 大模型推广的前期固定成本，与用户需求规模无关，而推理环节则反映了 AI 大规模推广后的持续运营能耗，因此，大规模应用后的潜在推理耗电量更值得关注。

下面分别考虑两个情景下的推理能耗。第一个应用情景：如果当前全网新增视频均由 AI 生成，Sora 生成长度为 1 分钟 30 帧的视频需要用电 17.4 度，②2022 年全网新增视频 5.62 亿小时，③若全部由 Sora 生成，则用电量将达到 5 867 亿度，约为全社会用电量的 5%。第二个应用情景：考虑到供给创造需求，AI 视频生成带来文生视频模型的全面应用，例如，应用在小说中，文字生成对应的视频内容，进而可能导致视频生成总量快速增长。对比来看，2022 年，我国电视剧仅制作发行 160 部、动画片发行 331 部，2023 年，国产影片总共 971 部，④小说数量远超当前的视频数量，以小说龙头企业为例，阅文集团 2021 年旗下作品达到 1 450 万部，仅 2021 年全年新增 120 万部作品，新增字数超过 360 亿。⑤总结来看，文生视频模型的应用潜力远超文本生成类模型。

值得注意的是，算力规模的扩张程度还取决于用户对性价比的要求。与任何一种新技术和新产品进入市场一样，用户对算力的需求一定会在性能与成本之间找到阶段性平衡。在性能水平满足绝大多数用户的使用要求之后，"以价换量"会成为 AI 开发的改进重点。因此，用户对"性价比"的需求也会限制 AI 模型算力

---

① 参见 https://www.nea.gov.cn/2024-01/18/c_1310760885.htm。
② 基于 Sora 生成 1 分钟视频的算力需求是 GPT-4 生成 2 000 个词元文本的 2 000 倍，我们经线性推算，其大致用电量是 8.7Wh×2 000=17.4 度。
③ 参见《2022 年全国广播电视行业统计公报》。
④ 同上。
⑤ 参见《阅文集团 2021 年年度业绩报告》。

规模的持续扩张,它会在AI模型实现规模定律可支撑的模型性能极限之前,提前达到增长上限。以GPT-4模型迭代为例,OpenAI近期发布的GPT-4o模型并没有大幅扩张训练数据集,而是更多地追求更快速的响应、更低的运行成本。[①]

表7.1 3种生成式AI任务类型对比

任务复杂度提升,AI能耗呈指数级增长 →

任务类型	文本生成	图片生成	视频生成
典型模型	GPT	Gemini、DALL-E	Sora
方法	Transformer	Transformer 或 Diffusion	Transformer + Diffusion
模型复杂度	*	**	***
训练数据集规模	*	**	***
训练/推理能耗	*	**	***
模型训练能耗的边界	训练数据量有限,单一任务下的通用模型训练能耗有限,但任务越复杂,模型训练能耗将呈指数级增长		
模型推理能耗的边界	推理总能耗=单次推理能耗 × 用户使用次数,用户使用次数有上限		

注:(1)以Sora为代表的视频生成模型能耗的变化仍需要根据未来模型技术细节披露来确定;(2)表中*越多代表对应指标的数值越大。
资料来源:中金研究院。

2. 算力能效长期改进空间巨大

算力能效提升包括芯片、服务器和数据中心3个层面。

芯片层面,GPU芯片技术的能效提升仍有空间。GPU凭借高效的并行计算性能成为AI大算力时代的核心算力设施,2014—2024年,英伟达通过不断优化芯片架构设计,实现了GPU算力和能效的显著提升,甚至提出了"黄氏定律"。[②] 从P100到B100芯片,英伟达GPU芯片在8年间单位算力能耗平均每年下降了40%。GPT-4训练能耗的优化可直观展示GPU算力能效改进的效果。OpenAI在进行GPT-4的预训练时,实际使用了25 000颗A100芯片,服务器的总功耗约达到了20MW;如果采用H100芯片,所需芯片数量可以减少到8 000颗,服

[①] 参见2024年5月中金公司研究部报告《软件及服务——AI动态跟踪:OpenAI引领AI交互新纪元,发布突破性无延迟多模态GPT-4o模型》,该报告提出,"GPT-4o生成速度是GPT-4 turbo的2倍,价格减半,为开发者提供了更高效、成本效益更高的服务"。

[②] 参见 https://blogs.nvidia.com/blog/huangs-law-dally-hot-chips/。

器的功耗相应降低到 15MW；而如果使用最新的 B200 芯片，仅需 2 000 颗即可满足需求，服务器的功耗更是降至 4MW。[①] 这些数据表明，随着 GPU 技术的不断进步，AI 大模型的能耗问题有望得到有效缓解。

GPU 替代技术或能使算力能效实现大幅提升。尽管目前通用 GPU 芯片是智能算力的核心部件，但由于 GPU 架构最初并非针对 AI 而设计，仍需进行取指令、指令译码、指令执行等，能耗水平较高。同时，高能耗水平也意味着对于需要密集 GPU 集群进行训练和推理的数据中心，单 GPU 的高功耗叠加高密度导致硬件散热需要更多的冷却设备和相应更多的电费投入。目前，相关的替代芯片也逐渐受到市场重视，主要包括专用 ASIC 芯片和灵活可编程 FPGA 芯片两类，这两类芯片的算力性能和能效都优于 GPU 芯片。[②] 从应用前景来看，FPGA 芯片仍处在发展初期，还需要突破编程复杂、编译时间长、整体运算能力不高等瓶颈，而 ASIC 芯片有较长的开发周期和较高的研发费用，还存在成本高问题。远期来看，光子芯片可能替代电子芯片，带来算力能效的颠覆性改进。随着集成电路的不断发展，传统的电子集成电路在带宽与能耗等方面逐渐接近极限，而光子芯片采用频率更高的光波作为信息载体，相比于电子集成电路和电互联技术，光子集成电路与光互联展现出了更低的传输损耗、更宽的传输带宽、更短的时间延迟等特征。

服务器层面，制冷技术和通信架构两个方面有待改进。首先，在制冷技术方面，液冷成为大功耗算力部署下的关键冷却技术。与普通服务器 750W 到 1 200W 的标准功耗相比，AI 服务器由于配置多个系统级芯片，在运行 AI 模型时会产生更多的能耗，以英伟达 DGX H100 服务器为例，其搭载 8 颗 H100 80GB 的 GPU，最大系统功耗达到 10.2kW，英伟达推荐单机柜部署 4 个

---

① 计算方法如下：（1）考虑 A100 芯片，英伟达 DGX A100 服务器配置 8 颗 A100，功率为 6.5kW，则总消耗功率 =25 000÷8×6.5kW≈20MW。（2）考虑 H100 芯片，英伟达 GH200 单机柜配置 16 颗 H100，则 8 000 颗对应 500 个机柜，单机柜对应消耗功率约为 30kW，总消耗功率约为 500×30kW=15MW；（3）考虑 B200 芯片，英伟达 GB200 NVL72 单机柜配置 72 颗 B200，则 2 000 颗对应约 28 个机柜，单机柜对应消耗功率约为 143kW，总消耗功率为 143kW×28≈4MW。参见 2024 年 3 月中金公司研究部报告《英伟达 GTC 深度洞察（二）：液冷发展趋势确立，赋能算力密度提升》。

② 中金公司研究部：《AI 基础设施系列：东数西算蓄势待发，AI 芯片有望受益》，2022 年 3 月。

DGX H100 服务器，对应功耗达到 40.8kW。传统风冷技术既无法满足服务器硬件散热需求，又存在制冷能效低的问题，传统风冷的 PUE 高达 1.5，而采用液冷技术有望降至 1.05。[①] 其次，服务器网络通信优化也是提升算力利用率、减少能耗的关键。前文提到，通信带宽制约算力效率是导致 GPT-4 算力利用率低的一大因素，这也造成了能源的浪费，因而如何改善存算效率十分重要。以英伟达 H100 服务器为例，PCI-e 5.0 总线只能提供 128GB/s 的带宽，而英伟达 H100 服务器内部采用异构网络架构，借助 NVLink 和 NVSwitch 互联技术绕开 PCI-e 总线限制，使得服务器内部和服务器之间可以实现多对多 GPU 通信，NVLink 4.0 最高可实现带宽 900 GB/s，支持在节点间拓展、创建高带宽的多节点 GPU 集群，可显著提升集群性能。

数据中心层面，通过优化地理布局和设备能源管理，数据中心整体能效得以改善。在地理布局方面，"东数西算"战略可以帮助数据中心充分利用西部低气温条件来降低数据中心综合 PUE，并且由于我国约 61% 的可再生能源分布在西部、北部地区，但本地负荷仅占 35%，所以我国可以在通过优化数据中心的空间布局来保障数据中心能源供给的同时就近消纳西部绿色能源。在设备能源管理方面主要有三点。一是进行数据中心负载管理，从而提高设备运行效率。通过负载管理，数据中心可以确保所有设备都在其最高效的工作点运行，例如，CPU 在中等负载下通常比在低负载或过载下更节能。二是通过监测设备运行负载，进行硬件电源开关优化决策，避免容量闲置和能源浪费。三是建立并实施能源回收系统，如利用服务器产生的热量进行供暖或将其用于其他用途。

三、电力需求侧：AI 促进用能场景能效提升

数字化、智能化技术赋能终端用能部门以提高用能效率并非一个新话题，AI 技术的应用也不例外。这类技术提高能效主要有两条路径：一是提高单个设备的运行，二是优化技术系统的运行流程。

---

① 中兴通讯：《液冷技术白皮书》，2022 年 11 月。

（一）制造业：AI 赋能生产节能

制造业可以根据生产流程特征划分为流程型制造业和离散型制造业，AI 针对这两类制造业的能效优化侧重点不同。其中，流程型制造业是以可回收资源等资源为原料，通过物理变化和化学反应，经过连续复杂生产过程，提供原材料和能源的基础工业，包括石化、造纸、水泥、有色金属、钢铁、制药等行业；离散型制造业也称离散工业，是指以离散单位（如零件）为基础的生产行业，产品往往由多个零件经过一系列并不连续的工序最终装配而成，典型的离散工业包括机械制造、汽车制造和电子设备制造等行业。挖掘前者的能效提升空间主要在于优化生产流程，而提升后者的生产能效主要是依靠提高设备综合效率（overall equipment effectiveness，OEE[①]）。

对于离散型制造业，AI 提升设备综合效率主要通过两种方式。一是通过优化排产计划来减少物料等待时间和提升有效产量，减少生产过程中单个节点流动限制造成的瓶颈。例如，AI 应用到汽车涂装产线中，可以根据历史排产信息和能耗数据进行分析建模，基于不同生产介质、不同生产计划、不同生产班次以及车间之间来料供给的级联信息，来优化未来的排班排产计划。二是通过应用于设备维护预测。设备故障会导致能源耗损与生产停滞，进而会造成能源浪费，将工业智能算法和模型与厂务系统的大数据分析相结合，通过分析设备运行数据，对设备状况进行能耗与健康状态的预测与诊断，可以降低设备老化、故障造成的能源浪费。

对于流程型制造业，生产流程的优化具体需要 AI 解决如下难题：生产运行数据测量难，运行状态建模难，智能控制和优化决策难。比如，原料变化频繁，生产过程涉及物理化学反应，机制复杂；生产过程连续，不能停顿，任一工序出现问题必然会影响整个生产线和最终的产品质量；部分产业的原料成分、设备状态、工艺参数和产品质量等无法实时或全面检测。AI 可以从两个维度帮助实现流程型制造业的能效提升。一是更好地处理制造流程中产生的非结构化数据，提升系统故障识别和辅助决策能力。现有的系统难以自动化处理非结构数据，难以

---

① 参见 https://www.ibm.com/cn-zh/topics/oee。

支撑复杂的知识自动化软件平台，给辅助操作工人决策带来挑战，AI 的应用在推动实现控制、优化、决策一体化等方面可以发挥作用。[1] 二是实现多模块的复杂决策。流程工业的工艺生产系统多参数、多变量、变量间相互干扰大，因此对先进控制和闭环的实时优化的需求较大，而 AI 在优化复杂系统决策方面具有更强的能力。

以钢铁制造为例，宝武"黑灯工厂"通过智能化改造实现了工艺流程的整体优化，包括：基于人工智能的视觉检测，让检测效率提升了 70%；基于数字孪生，用人工智能技术构建一个"钢铁工业大脑"，实现智能生产。[2] 总的来看，智能化改造使得这座工厂综合污染物吨钢排放量下降 30%，生产效率提升 30%，产能提升 20%，吨钢能耗下降 15%，加工成本下降 10%。[3] 施耐德电气的先进过程控制（advanced process control，APC）也是一个很好的案例。APC 集成了 AI 和大数据分析的先进算法，将传统的单值控制转变为更为灵活的区域控制，能够基于当前的控制状态，预测未来的生产运行情况，从而实现提前预判和控制变量的及时调整。通过实时、在线优化，APC 系统能够精准定位设备的最优工作状态及其相应的生产参数，充分挖掘设备的潜力，实现闭环控制。这种智能化的控制方式，使得操作人员能够更加高效地进行操作，不仅降低了能耗，还提升了产品的质量和生产效率，同时减轻了操作人员的劳动强度。以一个年产 320 万吨熟料的水泥生产线为例，在引入 APC 系统后，该生产线的熟料标准煤耗量下降了 1.87%。[4]

此外，AI 还可以与工业互联网结合，建立智慧能源管理系统，统一调控厂区的所有用能和供能设备。该管理系统综合各类用能设备的运行数据，可分析确定企业经营生产的高耗能、高碳排环节，并提供智能科学的优化建议。同时，可结合可再生能源发电功率预测结果，以安全性和经济性为目标，制定工厂内部及厂区范围的多能源协同策略，保证多种能量来源之间的平滑切换，实现用能设备运行于最优效率区间和绿色低碳生产。

---

[1] 中国电子技术标准化研究院、深圳华制智能制造技术有限公司、东北大学：《流程型智能制造白皮书》，2019 年 7 月。

[2] 参见 https://www.thepaper.cn/newsDetail_forward_16743623。

[3] 参见 https://new.qq.com/rain/a/20230709A03Y2U00.html。

[4] 参见 https://www.thepaper.cn/newsDetail_forward_13576584。

（二）建筑节能：AI 提供精细化建筑节能方案

AI 提高建筑能效主要是通过建筑能源管理体系的优化来实现。维持室内环境的稳定，确保建筑使用者拥有一定水平的舒适度是传统建筑设备控制系统的首要目标，而非能源管理。因此，建筑用能设备通常采用静态控制以便维持稳定运行，确保建筑内环境的稳定性。这种控制方式在一定程度上牺牲了用能效率。因为建筑的能耗与外界气候环境和建筑内的活动都有关系，建筑设备如果完全追求室内舒适度的稳定性，将带来额外的能耗损失。更加智能的建筑能源管理系统，可以通过更精准预测和控制，使得建筑设备兼顾能效和舒适度双重目标。然而，实现建筑能源管理系统的智能控制会面临诸多挑战，包括：用能设备类型多、功能和性能差异大，建筑内的可调节资源（如照明、空调、电梯等）分布在不同的区域，用户行为的不确定性高，等等。另外，建筑能源管理系统是一个复杂的、高度耦合的有机系统，存在数据孤岛和局部反馈控制瓶颈，难以实现全局优化和控制。

AI 可以通过精细化监控和预测赋能建筑节能。AI 算法可以收集和分析建筑的能源消耗数据、环境数据和运行数据，筛选出对能源消耗有显著影响的关键特征，并进行可视化分析，从而训练出最优的模型并应用于能源管理。当 AI 算法中台与物联网设备相连接时，可以实时获取信息并进行智能决策控制，实现节能降碳。同时，AI 系统能够对设备运行状态进行实时监测，快速定位故障点并进行预测性维护，提升设备运维响应速度。总结下来，AI 技术可以从时间、空间和用户特征 3 个维度进行建筑能耗管理系统的设计，实现精细化节能管控，从而提升建筑能效。大量文献也展现了 AI 算法在建筑节能中的应用潜力，例如，机器学习算法可以帮助建筑物能源成本节省 35%，供暖、通风、空调设备节能 25%，人工照明系统节能 50%。[①]

---

① Lee D, et al. "Universal Workflow of Artificial Intelligence for Energy Saving." Energy Reports, 2022, 8.

我国也有 AI 技术应用于建筑节能的实践案例。例如，施耐德与某大型地产企业合作，利用机器学习算法为建筑能源管理提供优化方案。具体而言，包括以下 3 方面的能效改进：一是进行建筑物内部冷热负荷预测，根据历史数据，构建多种时间相关序列模型，选出结果最优模型以供应用；二是冷站启停策略优化，根据未来冷负荷预测数据，应用运筹优化等算法，求解最优空调开关策略；三是海水泵群控策略，根据对未来散热负荷侧预测数据，求解最优海水泵房开机策略。目前这种 AI 算法优化策略已经应用在中国的 9 个物业管理项目中，累计部署 23 944 个表计和网关，自 2019 年这一项目实施开始，已经实现用电费累计节省 9.5%。[1]

除了赋能传统建筑物精细化能源管理以外，AI 在 BIPV（光伏建筑一体化）建筑和被动式建筑等新型绿色建筑运营管理中有广阔的应用前景。一方面，AI 可以赋能 BIM（建筑信息模型）以辅助新型绿色建筑的节能设计。[2] 人工智能可以直接参与建筑物立面、门窗、屋顶等设计，[3] 具体而言，可以通过以下几方面设计来直接降低建筑物整体能耗：一是无热桥设计，通过结构设计避免热桥效应，即防止热量通过建筑结构的某些部分快速传递；二是进行高效窗户和外门的设计，使用多层玻璃窗户和高效外门，以减少热量流失并提高隔音效果；三是优化建筑物自然通风设计；四是设计紧凑的建筑形态，减少外围的表面积，从而降低热量的流失；五是优化遮阳设计，通过遮阳设施避免夏季过多热量进入，同时在冬季允许阳光进入以获得自然光照和热量。另一方面，AI 优化 BIPV 绿色建筑光伏系统的设计和运营。[4] 在光伏系统设计方面，AI 可以辅助设计师进行光伏系统的布局和设计，通过分析建筑结构、日照情况、能源需求等因素，优化光伏板的放置和配置方案；在建筑物光伏供能管理方面，AI 可以基于天气信息预

---

[1] 参见施耐德调研案例。
[2] 李河玉、孟瑶、施健儒：《AI 牵手 BIM，对建筑业的经济意义》，《工程学研究与实用》，2024 年第 8 期。
[3] 周子骞、高雯、贺秋时等：《建筑设计领域人工智能探索——从生成式设计到智能决策》，《工业建筑》，2022 年第 7 期。
[4] 李岩、刘元芳、姜业超等：《基于 BIM 的建筑光伏系统模型设计与热辐射仿真分析》，《黑龙江科学》，2023 年第 24 期。

测光伏系统的发电功率，并与能源管理系统结合，实现更准确的能源规划和管理。[①]例如，广联达发布了建筑行业 AI 大模型 AecGPT。基于一站式 AI 原生应用开发平台（广联达行业 AI 平台），该大模型具有 320 亿个参数和亿级词元的行业知识增强技术，覆盖建筑行业规划、设计、交易、成本、施工、运维及综合管理 7 个领域 20 个细分专业领域。[②]

（三）交通领域：自动驾驶提升交通系统能效

从单车用能来看，自动驾驶功能的引入或使得高电耗软硬件、车重和风阻的增加推高能耗。自动驾驶汽车要实现可替代人的感知、规划控制和执行功能，需要依靠各类高耗能软硬件增强自身性能。一方面，以多组激光雷达、毫米波雷达、摄像头为代表的感知解决方案，以高算力芯片、域控制器融合为代表的规划控制方案，以线控底盘、轮边电机为代表的电控执行方案，这些都是耗电量较高的软硬件设备，随着自动驾驶智能需求等级提升而不断增加的相关设备必然使汽车整体的电耗水平升高。另一方面，为保证功能安全（functional safety，FS）和预期功能安全（safety of the intended functionality，SOTIF），自动驾驶汽车需要在硬件和算法上进行相应的冗余设计和备份处理，这将增加其自身电耗；同时，激光雷达等高耗能设备的加装以及冗余备份设计，会带来车身增重和风阻增加，从而进一步增加单车电耗。

以 L5 级自动驾驶为例，单车实现 L5 级自动驾驶需要 1 500TOPS 以上的算力支持，按照当前可支持该级别的主流车规级 SoC 芯片能耗 3~5TOPS/W 测算，仅算力功耗就达 0.3~0.5kW。[③]根据特斯拉、福特、Waymo 等多家公司的汽车数据，电脑及算力功耗仅约占全部功耗的 41%，[④]则 L5 级自动驾驶系统带来的额外功耗

---

① Zhao H. "Intelligent Management of Industrial Building Energy Saving Based on Artificial Intelligence." *Sustainable Energy Technologies and Assessments*, 2023, 56.
② 中金公司研究部：《广联达：建筑 AI 大模型发布，施工聚焦项目级标准化产品》，2024 年 5 月。
③ 36 氪研究院：《2023 年中国自动驾驶行业研究报告》，2023 年 1 月。
④ Gawron J H, et al. "Life Cycle Assessment of Connected and Automated Vehicles: Sensing and Computing Subsystem and Vehicle Level Effects." *Environmental Science & Technology*, 2018, 52(5).

将达到 0.75~1.25kW，若按照速度 50km/h 的百公里电耗 15 度考虑，该系统百公里电耗将达到 1.5~2.5 度，相当于整体电耗增加 10%~16.7%。当然，单车自动驾驶系统也可以通过减少刹车等控制手段实现一定程度节能效应，根据清华大学等机构研究，[1] 相较于熟练驾驶员驾驶，单车自动驾驶节能效应为 5%~9%，但显然这部分动力能耗的降低不足以抵消自驾系统本身的能耗增加，总体看，单车自动驾驶仍将带来 1%~10% 的能耗增加。

从系统用能来看，V2X 智能互联可有效降低自动驾驶整体能耗。自动驾驶的节能效应还需要通过系统层面的优化协作实现，且呈现出明显的规模效应，即接入自动驾驶交通系统的车、路、云基础设施越多，节能效应越明显。根据相关研究测算，[2] 若考虑不同情景下的 V2X 互联协作方案（车与车、车与基础设施、中央控制等），多车系统优化实现，自动驾驶可进一步节约动力能耗 25%~30%。即便考虑自驾系统自身能耗，系统优化后的自驾交通综合节能效应将达到 10%~20%。

四、电力供给侧：AI 赋能新型电力系统建设

虽然 AI 应用会增加能源消耗，甚至在部分地区、部分时段带来能耗焦虑，但在供给侧，无论是从全球还是从我国看，无论是从潜在的资源量还是从当前已有的发电量看，丰富的绿电资源均可以完全应对 AI 或者数据中心可能带来的能耗焦虑。然而，电力作为一种尚不具备大规模储存、需要实时平衡的特殊能源，尤其是对于以风电、光伏电为代表的不稳定的绿色电力，保障电力稳定供给的关键，是建立一个坚强智能的电力系统。

事实上，对于电力系统的数字化、智能化改造一直在进行，尤其是近些年随着 AI 技术的再次兴起，相关的电力改造项目也呈现出快速增长的态势。根据能源研究机构 BNEF 追踪统计，[3] 2021—2023 年的电力领域的智能化改造项目年均增长率达到 32%，尤其是 2023 年，AI 相关电力项目数量是 2022 年的两倍。然

---

[1] 参见 http://www.zqrb.cn/gscy/qiyexinxi/2023-01-11/A1673429848822.html。

[2] Qu X, et al. "Automation and Connectivity of Electric Vehicles: Energy Boon or Bane?" *Cell Reports Physical Science*, 2022.

[3] 参见 https://www.bnef.com/insights/ 3324。

而，当前电力系统的智能化建设仍以数字化改造和传统 AI 技术应用为主，以深度学习算法和生成式 AI 为代表的先进 AI 技术应用总体上占比较少。未来，随着以大语言模型为代表的先进人工智能技术加速迭代，电力系统在源网荷储各个环节积累的海量状态监测、规程经验、控制记录等多源异构化数据有望被进一步唤醒，叠加更加先进智能的学习算法的高效赋能，它们将助力打造更加坚强智能的数智化电力系统，并提升绿电消纳能力、促进绿电发展（见图 7.5）。

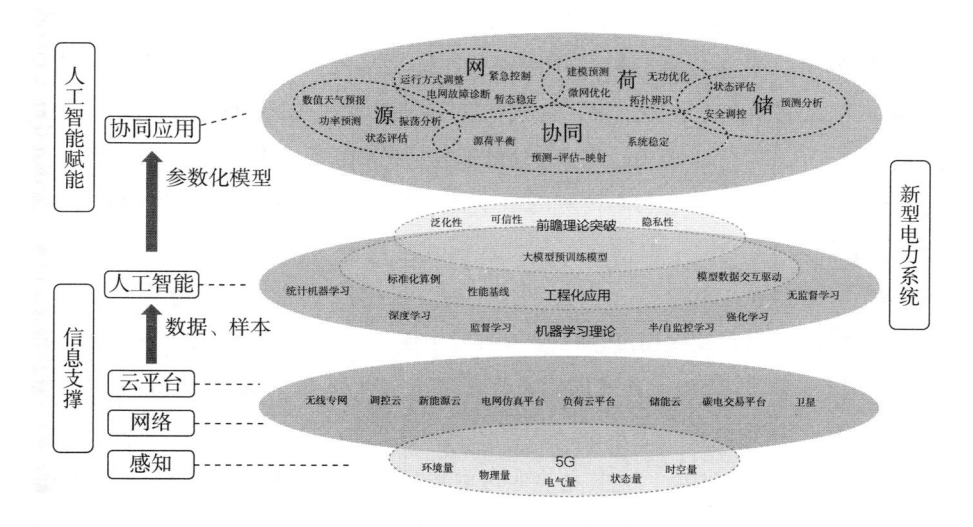

图 7.5　AI 赋能新型数智化电力系统示意

资料来源：刘吉臻（2020），中金研究院。

（一）电源侧：AI 赋能新能源发电

利用 AI 提高新能源发电能力主要体现在两方面：一是通过 AI 大模型提升新能源发电功率预测精度，从而增加新能源出力的稳定性和可靠性；二是通过 AI 智能设计优化风光发电厂的布局，从而提高整体发电效率。

在新能源出力预测方面，过去主要通过物理模型、统计模型和数值天气预报等相关方法，这些方法在环境条件相对稳定时，可以实现未来 4 小时到 24 小时的预测准确率达到 75% 以上。① 然而，这些方法在不同时间尺度下均存在短板：在短时间尺度上（分钟～小时），传统方法难以高效处理极端天气等小概率天气事件快速变化所产生的大量数据，导致预测偏差较大；在长时间尺度上（跨季～跨年），传统方法也较难克服误差累积导致的预测精度下降等难题。

AI 的引入及其快速发展——尤其是大模型的应用——改变了这一局面。在短时间尺度的预测中，AI 凭借强大的实时数据处理能力，尤其是捕捉非线性、复杂关系的能力，可以更好地应对复杂环境变化，从而提高预测精度；在长时间尺度的预测中，AI 可以通过持续学习和自我优化来提高预测能力，即随着时间的推移，可以滚动修正预测结果，这就弥补了原来预测方法中误差会随时间叠加的缺陷，从而提高了预测精度。以大地量子公司的新能源智能管理平台为例，作为一家专注于新能源发电功率预测的数字技术研发公司，其最新研发的基于 AI 预测的气象模型 Simba，预报效率是传统模式计算的 50 000 倍，短时日内功率预测精度可达到 90% 以上，小时级别预测精度可达到 95% 以上；在周级别的气象要素预报测试中，预报精度也已超越欧洲中期天气预报中心（ECMWF）的高分辨率预报模型（HRES）和美国国家海洋和大气管理局（NOAA）的全球预报系统（GFS），达到世界一流水准。②

在提高发电功率方面，尤其是克服风电场尾流效应影响方面，AI 效果显著。风电场的尾流效应是指在风流经一个风力涡轮机后，其下游的风速会减弱，从而影响下游其他涡轮机的发电效率。为了克服尾流效应，传统方法包括优化风电场的布局、采用更高效的涡轮机设计等，这些方法虽然在一定程度上减少了尾流效应影响，但仍然受限于对复杂流场行为的理解和预测能力。近期，美国国家可再生能源实验室提出了一种利用图神经网络（GNN）的工厂级优化方法，并评估了美国 6 800 多个陆上风电地点的土地节约和尾流转向的经济效益。该方法可动态调整风力涡轮机叶片桨距角和涡轮机偏航角，从而通过优化风机的动态运行模式提高风机的生产效率，同时缩短原来风机间受尾流效应影响不得不保证的安全间距，使单个风电场的土地需求平均减少 18%（范围 2%~34%），美国国家可再

---

① 参见国能日新发布的《两个细则下的考核——功率预测手段在过去一年中的提升》。
② 参见 https://www.terraqt.com/data-analytics-ai-startup/。

生能源实验室预计这一方法可帮助风电场年收入增加 370 万美元（每 MW 对应年均收入增加 1.3 万美元）。①

（二）电网侧：AI 多模态识别及动态优化提升电网安全可靠性

电网的智能化应用主要体现在智能监控、辅助决策、智能检修及运维等方面。其中，智能检修、运维两种应用相对成熟且较为广泛。传统电网管理模式主要停留在状态监测水平，即以响应式和计划性维护为主，通常只能在故障发生后发出警报，提示故障位置，预测潜在故障源和分析故障原因的能力较弱，因此无法提供有效的检修维护策略。

随着无人机和自动机器人等技术的迅速发展，自动巡检设备搭载前端 AI 应用，可以实现跨区域的实时巡检与快速定位维修，扩大电网巡检范围，大幅提升巡检能力和效率。同时，其搭载的智能传感装置使电力系统数据获取能力大幅提升，电力系统不仅可以通过 AI 除雾或夜视功能增强低可视条件下的状态监测，而且可以通过红外识别、噪声识别等技术获取传统手段"看不见"的数据，感知能力大幅度提升。在此基础上，电力系统利用 AI 大模型可以高效地处理和学习传统方法无法利用的非结构性数据，从而建立先进的设备缺陷及检维修记录的学习模型，识别电网运行中潜在的缺陷和危险。例如，国网山东省电力公司联合中国科学院开发的"基于无人机前端 AI 自适应巡检技术"实现了黄河沿线 1 315 米的 1 000 千伏输电导线的精细化巡检，自动识别电网缺陷，缺陷发现率约 80%，巡检效率提高了 8 倍以上。② 巡检设备结合快速发展的边缘计算技术，在无人机上部署先进的 AI 算法，实现了在数据产生的地点对输电线路进行自动和高精度检查。这种技术的引入不仅提高了巡检的效率和缺陷识别的准确性，还减少了巡检工作对人工的依赖，降低了巡检成本和风险。AI 模型还可基于红外、温度、水浸、噪声等多维智能感知与识别技术，实现对电力设备运行状态的实时

---

① Harrison-Atlas D, et al. "Artificial Intelligence-Aided Wind Plant Optimization for Nationwide Evaluation of Land Use and Economic Benefits of Wake Steering." *Nature Energy*, 2024.

② 参见 https://baijiahao.baidu.com/s?id=1777562264592618624&wfr=spider&for=pc。

诊断。国网电力空间技术有限公司联合华北电力大学等单位基于"最小化标注＋阶梯式学习＋干扰点屏蔽"等方法研发了输电线路红外缺陷智能识别系统，实现了红外缺陷隐患的智能识别，模型识别准确率达到了 90% 以上，大大弥补了人眼检测的缺陷，并提升了检测效率和精准度。[1]

此外，基于 AI 技术的输电线路动态评估（DLR）也可有效提升电网的输电容量。DLR 是通过实时监测输电线路的状态（如温度、张力、弧垂等）和环境条件（如环境温度、日照和风速等），基于摩尔根公式对线路安全负载进行计算，在确保输送电力安全的前提下，尽可能提升线路的载流量，从而实现线路输电容量的最大化利用。[2] 然而，由于一定安全裕度下现有大部分输电线路尚未发挥最大潜力，所以输电系统通过 AI 模型可以更精确监控并预测线路及其周围环境数据，并利用专业模型快速评估及调整电网输电状态，从而最大限度提高输电线路容量。[3] 爱沙尼亚的输电系统运营公司 Grid Raven 公司开发了基于 DLR 技术的电网数字孪生 AI 预测技术，风力预测比国家预报准确 40%，可更为可靠地增加电网容量，可将电网输电能力提高 30%。[4]

（三）负荷侧：AI 助力电网"盲区资源"聚合利用

随着电动汽车、储能技术、分布式新能源等新型负荷的大规模广泛接入，电力系统内部的运行特征发生了较大变化，其对负荷侧资源的管理越来越重视。然而，负荷侧资源类型繁杂，分布分散，运行状态随机，且易受天气等随机事件影响，要有效控制负荷侧资源并非易事，甚至不少地区存在管理"盲区"。传统的管理模式虽然已经开始利用数字化手段，但主要依赖于结构化数据和标注信息，对于非结构化数据的处理能力不足；特别地，对于具有非线性和高度随机性的负荷资源，传统数学建模方法难以实现精确控制。因此，要应对这些挑战，需要更智能的技术。

---

[1] 参见 http://www.xinhuanet.com/science/20230814/d2cdc4e6421842b19621ebddc89baa10/c.html。
[2] 张启平、钱之银：《输电线路实时动态增容的可行性研究》，《电网技术》，2005 年第 19 期。
[3] 参见 https://finance.sina.com.cn/esg/2023-11-18/doc-imzuzutp2383462.shtml。
[4] 参见 https://www.gridraven.com/。

电力系统已经安装了大量智能电表、传感器和监测设备，具备较好的数字化基础。其通过 AI 大模型强大的预判推理，不仅可以进一步提升负荷预测精度，而且可以针对更加泛化的用户行为进行聚类分析，创建不同用户群体的用电特征画像，在不影响用户用电习惯的情况下，提供个性化的用电指导。电力系统基于这些分析建立 AI 驱动的智慧能源单元，可以更好分散负荷资源，实现优化整合。例如，通过虚拟电厂技术，将分散的能源资源（如家庭太阳能、风能、储能等）整合为一个可调控的整体，利用电能管理系统（EMS）调控电动汽车的充放电过程，实现电力负荷、电动汽车、分布式新能源等"盲区资源"的柔性调控。[①]

另外，借助 AI 在局部配电网或微电网实现负荷侧资源优化利用的经验，电力系统可进一步发展基于 AI 专用模型的多要素数据驱动微电网运行自适应和自寻优模型，实现有限节点的快速寻优。国网电力科学研究院应用了人工智能领域的 Attention-LSTM 算法，有效增强了电压控制的自适应性和优化能力。有研究结果显示，在相同条件下，采用此 AI 算法可以将电压偏差有效控制在较小的数量级范围之内，相应减少变压器和电容器的总调整操作次数，比传统方法分别减少了 8.16% 和 11.26%。这不仅提高了电网的安全性和区域电网的运行效率，而且有效延长了变压器和电容器的使用寿命，提升了整个电力系统的经济性。[②] 同时，小范围的区域资源优化调控也为下一步基于 AI 的大电网智能调度辅助决策提供了参考。

五、AI 会影响我国绿色转型吗

本章的前文分析了 AI 大模型自身能耗是会快速增长的，这显然不利于我国绿色转型；但与此同时，我们也发现，AI 的应用在提高用能部门的能效、助力绿电的发展两个方面有助于我国绿色转型。这样的"一增二减"使我们很难综合判断 AI 对我国绿色转型的影响。此外，从更大范围的经济系统来看，AI 的发展

---

① 王成山、王瑞、于浩等：《配电网形态演变下的协调规划问题与挑战》，《中国电机工程学报》，2020 年第 8 期。
② 王浩哲、丁爱飞、陆继翔等：《计及新能源接入的地区电网人工智能无功优化》，《电网与清洁能源》，2023 年第 1 期。

还会对能源使用和供给产生外溢效应,从而影响绿色转型。例如,AI 应用可能会引发所谓的"回弹效应",即虽然单位能耗有所下降,但由于技术进步带来经济活动的扩张,总体能源消耗量仍然呈现增加的态势。并且,单一部门的产出增长也会带动上下游产业发展,从而造成更多的能源消费。再比如,AI 的发展可能创造新的消费模式,并引发全社会用能和碳排放的增减。例如,自动驾驶技术的广泛应用,一方面可能会使人们减少公共交通出行,增加碳排放;另一方面也可能使人们购车需求减少,导致汽车制造产量减少,从而降低汽车及其上游制造业的碳排放。当我们考虑这些更为复杂的外溢效应时,分析 AI 对绿色转型的影响则变得更为困难。

可计算一般均衡(CGE)模型是基于一般均衡理论、产业结构关系以及投入产出数据构建的量化模拟系统,可以从系统性的角度测算外部冲击对宏观经济及行业的影响,分析经济和环境变动情况。因此,我们尝试构建了 AI-CGE 模型[1],以量化 AI[2] 对中国绿色转型的整体影响。为检验本章前文介绍的 AI 节能应用和促进绿电发展两大减碳路径的效果,我们设置了 3 种模拟情景。(1)基准情景(BAU):无 AI 应用,经济增长参考中金公司宏观团队基于"2035 年实现经济总量或人均收入翻一番"进行的预测[3],根据"2030 年碳强度比 2005 年下降 65%"的目标外生给定碳排放约束路径。(2)AI 应用情景(S1):根据本书第三章中元任务模型得到的执行各类元任务的 AI 成本以及 AI 在各行业中的融合程

---

[1] CGE 基础模型包括生产模块、收支模块、贸易模块、动态模块和闭合模块。为了将 AI 引入模型,我们嵌套自下而上的元任务模型(参见本书第三章)。在生产模块中,设定 AI 作为一种生产要素,与劳动、资本合成新增加值束,进入各行业的生产活动。各行业 AI 要素的初始值依据中金研究院和中金公司研究部测算的不同元任务对应 AI 的市场规模加总得到。进一步,为了研究 AI 发展对能源消耗和碳排放的影响,在 AI-CGE 模型中,本章新增了能源模块和碳排放模块。能源模块由化石能源(煤炭、石油、天然气)和电力两大部分组成,其中,电力能源系统由火电和新能源构成。在此基础上,基于煤炭、石油、天然气、火电和新能源的能源结构由模型内生并随时间动态变化。能源部门与非能源部门构成中间投入,再与由 AI、劳动和资本构成的增加值束共同合成总产出。碳模块由单位能耗碳排放因子矩阵组成,该因子矩阵受到减排技术(绿电)、碳汇、碳捕捉和封存等气候友好型技术应用的影响。初始年份的碳数据来源于中国碳核算数据库(China Emission Accounts and Datasets,CEADs)。
[2] 此处的 AI 包含传统 AI、大语言模型、人形机器人等。
[3] 中金公司研究部、中金研究院:《碳中和经济学:新约束下的宏观与行业分析》,2021 年 8 月。

变，将这两个外部变量纳入 CGE 模型进行冲击。(3) AI 节能情景（S2）：在 S1 情景的基础上，参考本章前文 AI 在制造、建筑和交通领域的应用表现，冲击相关领域的能源技术进步，设定 AI 应用使制造领域节能 10%~20%，建筑、交通领域节能 10%~15%[①]。基于对这 3 种情景的分析，我们试图从 AI 带来的能耗总量和碳排放总量，以及能耗强度与碳强度这两个维度来探究 AI 对我国绿色转型的影响。

（一）AI 如何影响我国能耗和碳排放总量

我们使用 CGE 模型进行模拟，结果表明，AI 的应用会导致我国总能耗上升，具体而言，到 2030 年，AI 应用情景能耗将相较于无 AI 应用情景增加约 2.8 亿吨标准煤（见图 7.6）。其中，AI 应用带来的全社会用电量将达到约 8 000 亿度。需要强调的是，AI 带来的全社会用电量源自 AI 技术本身带来的电力需求增长，以及 AI 应用带来的技术进步引发其他相关产业的扩张所带来的电力需求增长。此外，CGE 模型模拟结果也表明，如果 AI 能够在制造、建筑和交通等用能部门用于能效提升，将抵消掉约 2 亿吨标准煤的能耗增长（如图 7.6 所示，AI 节能情景相较于 AI 应用情景的节能量）。

在碳排放方面，如图 7.7 所示，根据我们的 CGE 模型测算，到 2030 年，由 AI 应用带来的碳排放将会比基准情景增加 2.2 亿吨碳排放。如前文的讨论，AI 可以通过提高用能部门能效和赋能绿电发展两个方面抵消自身发展带来的碳排放。根据我们的测算，AI 通过提高用能部门效率可以贡献 1.3 亿吨的减排量（如图 7.7 所示，AI 节能情景相较于 AI 应用情景的减排量）。但即便如此，届时的碳排放总量相较于无 AI 应用情景仍将增加 0.9 亿吨。若想尽可能抵消因 AI 应用增加的碳排放，甚至释放更多的减排空间，则需要加大发展绿电的力度。假设我国到 2030 年能够实现非化石能源发电量占总发电量 50% 的政策目标，[②] 这意味着

[①] 数据来源于中金公司调研所得数据。

[②] 国家发展改革委和国家能源局印发的《能源生产和消费革命战略（2016—2030）》提出，到 2030 年，非化石能源发电量占全部发电量的比重力争达到 50%。

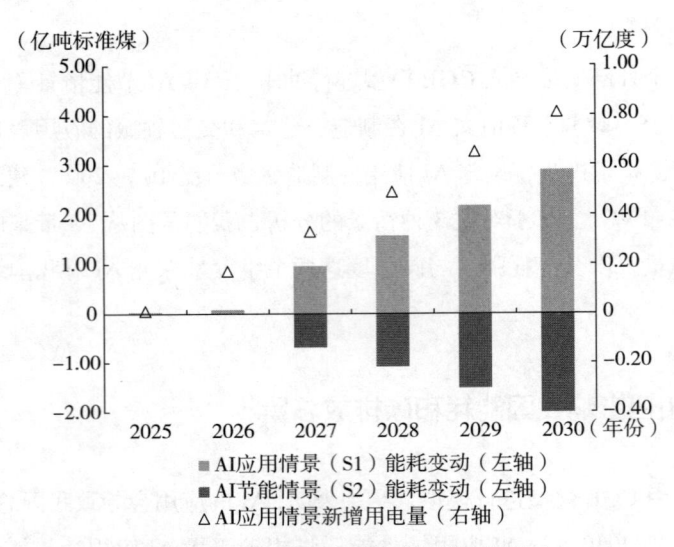

图 7.6 AI 应用对全社会能源消费增长的影响

注：AI 应用情景（S1）能耗变动是相比于基准情景的变动，AI 节能情景（S2）能耗变动是相比于 AI 应用情景（S1）的变动。
资料来源：中金研究院。

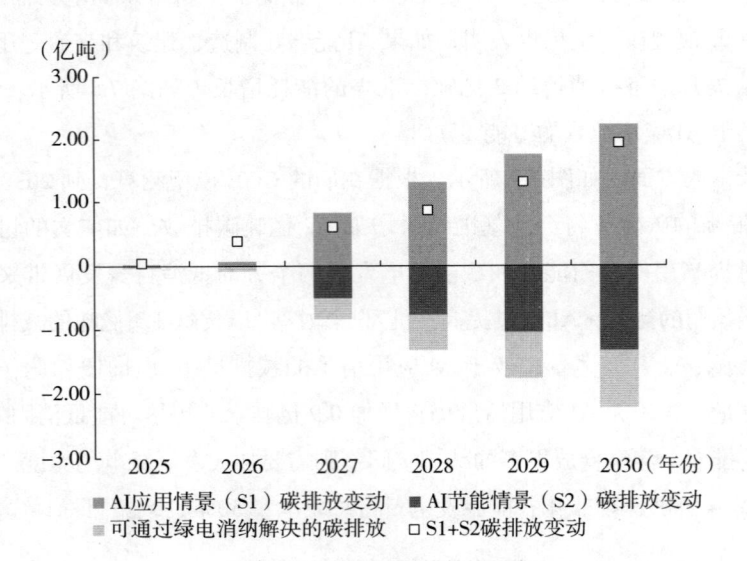

图 7.7 AI 应用对碳排放的影响

注：AI 应用情景（S1）碳排放变动是相比于基准情景的变动，AI 节能情景（S2）碳排放变动是相比于 AI 应用情景（S1）的变动。
资料来源：中金研究院。

AI 经济学

272

要保证 AI 至少不带来新增碳排放，AI 应用带来的 8 000 亿度新增电耗中约有一半需要由绿电供应，即约 4 000 亿度。假设现有装机的使用率保持不变，考虑到新能源装机的年均增速，我们认为，这部分用电量需要通过进一步发展新能源装机规模来实现。具体而言，按照基准情景预估的装机节奏，我们估算出，到 2030 年累计新能源装机量将达到 24 亿千瓦，在这个基础上，要实现 AI 新增电耗全部由绿电供应，需要额外累计新增 2.6 亿千瓦新能源装机量。

（二）AI 如何影响我国能源与碳强度？

我国绿色转型除了关注能耗和碳排放总量，也注重能源强度和碳强度变动，这反映了我国在实现碳减排的同时保障经济合理增长的诉求。AI 对能源强度的影响到底是正向的还是负向的，主要看其能耗增长是快于还是慢于其创造的 GDP 增速。正如第一节中所阐述的，AI 发展初期对 GDP 的影响可能相对滞后，这与"索洛生产悖论"一致。但是，AI 发展初期需要消耗大量能源，用于相关基础设施建设、训练模型和推理，这将导致 AI 发展初期能源强度更可能不变甚至有所上升。当 AI 发展对 GDP 的影响开始凸显，且自身能效利用率持续提升时，我们预计 AI 应用会使能源强度出现下行趋势。不过，从更远期来看，AI 对 GDP 增长的带动作用最终可能会随着其普及率趋于稳定而进入收敛的阶段，即 AI 对 GDP 的拉动作用最终将逐渐减弱，而 AI 能够给用能和供能带来的效率提升作用也会减弱，毕竟各应用场景下的效率提升空间有限。这就意味着，AI 推动全社会能源强度下降的作用可能会消减，甚至会推动能源强度上升。

根据我们的 CGE 模型测算，图 7.8 所示的 AI 应用情景，在 AI 应用的初期，相比于无 AI 应用的基准情景，能源强度没有太大变化，之后才逐步与基准情景拉开距离，到 2030 年可以带来 1.1% 的下降幅度。值得注意的是，我们仅对 2035 年之前的情景进行了模拟分析，在此之后 AI 对能源强度下降的贡献是正还是负仍存在不确定性。若想让 AI 更大程度地发挥其对能源强度下降的推动作用，需要 AI 在节能领域发挥更加积极的作用。正如本章前文所研究的，AI 在制造、建筑、交通领域的应用能够发挥出节能增效的作用，可以在拉动经济增长的同时实现生产用能更少、能源强度降低的效果。CGE 模型分析显示，图 7.8 所示的

AI 节能情景，能源强度下降的区间进一步拉长，下降幅度也进一步加深，2030年能源强度比基准情景下降2.2%。具体来看，在节能减排工作重点关注的高耗能工业领域（钢铁、有色、石化、化工），AI 都发挥了较显著的能效提升作用，2030 年钢铁、有色、石化、化工单位增加值能耗分别下降 1.5%、1.6%、1.3% 和 1.9%，2035 年进一步下降到 3.0%、3.3%、2.0% 和 3.6%。

单位国内生产总值二氧化碳排放（碳强度）下降也是我国碳达峰目标的重要内容。在这方面，我国的目标是，到 2030 年，在 2005 年的基础上碳强度下降 65% 以上。AI 技术可以通过赋能能效提升以及支持绿电发展推动该目标实现。我们的 CGE 模型结果显示，至 2030 年，即使不考虑 AI 在提高能效方面发挥特殊作用（AI 应用情景），碳强度相较于无 AI 情景（基准情景）也可以下降 1.25%；若 AI 能够更有效用于能效提升（AI 节能情景），碳强度相较于基准情景将进一步下降 2.5%；若 AI 能在发展绿电方面发挥更积极的作用（AI 节能情景 + 绿电消纳），碳强度相较于基准情景更将下降 3%（见图 7.9）。值得注意的是，与能源强度变化一样，AI 带来的碳强度变化也会出现平台期现象。

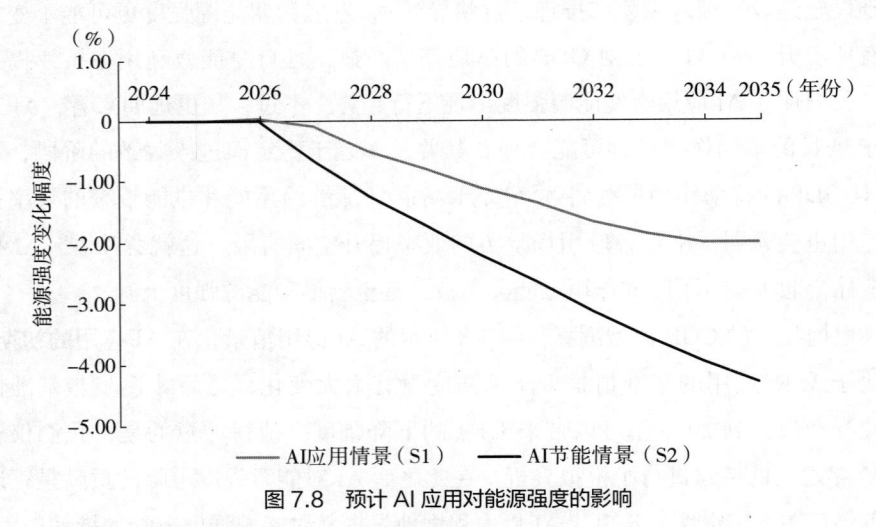

图 7.8　预计 AI 应用对能源强度的影响

注：图中曲线表示能源强度相比于基准情景变化幅度。
资料来源：中金研究院。

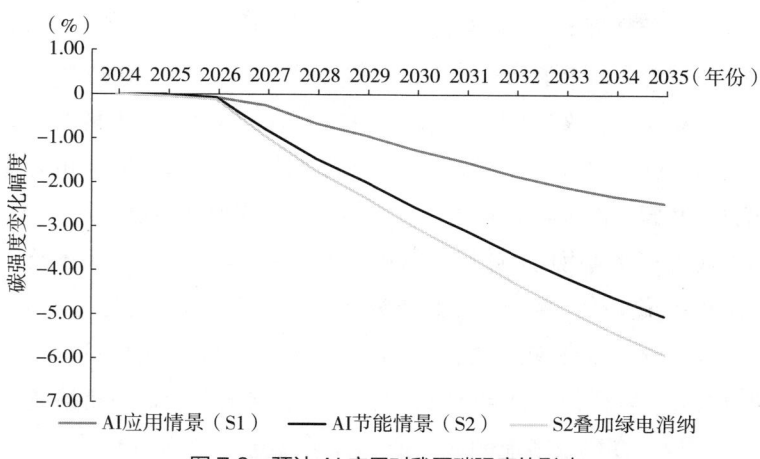

图7.9 预计AI应用对我国碳强度的影响

注：图中曲线表示碳强度相比于基准情景变化幅度。
资料来源：中金研究院。

六、思考与启示

综上分析，我们认为，AI对我国能源系统的冲击总体可控，但存在不确定性。与AI相关的两个能耗焦虑有其内在的合理性，值得我国在发展AI产业的初期尽早研究，未雨绸缪，提前采取相应行动，尽可能为AI产业的发展创造良好的能源供给环境。与此同时，也要尽可能避免AI产业对我国绿色转型可能产生的冲击。

第一，引导和推动AI大模型产业自身的能效改进。具体来看，需要在芯片、服务器和数据中心3个层面进行改进和优化。芯片层面，我国目前在GPU芯片能效技术方面仍与世界领先水平有一定差距，尤其在AI训练芯片方面，需要大力支持芯片全产业链的技术研发。服务器层面，AI服务器算力提升使得智算中心单机柜功率密度大幅增长，它需要使用液冷技术实现有效降温，这使得液冷技术相较于传统风冷技术更易实现成本经济性，市场有动力自发推动液冷技术在AI服务器上的广泛普及；在服务器高速通信技术方面，我国与世界领先水平也存在一定差距，需要强有力的技术研发支持。在数据中心层面，打造绿色智算中心样板工程，通过优化空间地理布局来利用清洁能源，推动区域间的算力与绿电资源协同，实现资源的高效利用和优化配置。

第二，注重与现有节能政策体系的有效衔接，精准支持 AI 技术对能效提升的赋能。节能和提高能效是我国实现高质量发展的必由之路，也是当前我国政策引导和鼓励的转型方向。[①] 推动数字化、智能化技术在制造、建筑和交通等用能部门应用，是我国节能政策框架的重要内容之一。因此，节能政策对 AI 技术的支持具体表现为充分利用现有政策体系和财政资源，识别重点应用场景和重点技术路线，给予系统支持。例如，在制造节能领域，推动智慧能源管控系统建设，提高对相关技术研发和设备购置的财税支持，开展试验和示范项目，鼓励用能企业与科研机构和投资机构以合同能源管理等方式开展合作，激发市场活力，推动项目可持续实施；在建筑节能领域，推动 AI 与建筑节能和绿色建筑深度融合，强化对建设绿色建筑智能化运行管理平台的支持力度，加速 AI 绿色建筑科技创新成果转化，支持引导企业开发相关设备和产品，推动可靠技术工艺及产品设备的集成应用。

第三，建立以清洁能源为主、更加坚强智能的电力系统。无论是以 AI 为代表的高科技产业发展，还是高度电气化的社会用能需求满足，都离不开一个以清洁能源为主、更加坚强智能的电力系统。AI 技术在优化电网调度、提升能源利用效率和促进新能源消纳方面存在较大应用潜力。当前，AI 对于电力系统的赋能主要体现在新能源发电功率预测、电网智能监控检修、负荷侧资源柔性调控等方面，而 AI 对于大电网整体优化调控的辅助作用等有待进一步挖掘。另外，我国丰富的绿色电力资源、广域互联的大电网和良好的数字化基础，为加强 AI 赋能新型电力系统和智慧能源系统建设提供了有利条件。下一步，需持续加强对 AI 技术在能源电力领域应用的支持力度：对于已见成效的技术应用，通过税收优惠、研发补贴等方式给予相关企业一定经济激励，尽快形成可复制的商业模式并进行推广，持续增强我国能源电力系统整体智能化水平，同时注意相关技术标准和运行规范的制定或修订。对于新兴的前沿技术研发及应用：一方面，加大风险投资等资本市场支持力度，鼓励科技型初创企业勇于投入、创新，并加强专

---

① 《坚持不懈推进节能和提高能效》一文论述了我国在节能和提高能效方面的政策导向和实际成效，载于 2023 年 7 月 12 日的《人民日报》。

利保护及数据隐私保护；另一方面，对于与大电网优化调控相关的 AI 技术，由于关系重大基础设施安全，这类技术创新可由电网公司牵头，联合发电及电力装备制造企业，以及专注于 AI 研发的科技企业、高校及科研机构等打造攻关团队，尽快突破高随机状态下的电力系统潮流方程快速收敛技术难点，打造全域自动感知的智慧调控大脑，为我国双碳目标顺利达成及产业绿色转型提供坚实物理基础。

第八章

AI大模型：如何改变金融行业

大模型的出现给 AI 与金融的结合带来了更大的想象空间。本章旨在通过梳理当前现状、讨论未来趋势、分析潜在影响，针对性地回答 3 大关键问题。

一是大模型当前在金融行业的应用现状如何。当前，大模型的应用主要聚焦于业务场景简单的非决策类环节，如智能客服、业务助理等，而在对金融专长要求更高、涉及强金融建议和核心决策任务的业务场景中仍难以落地。从业务流程角度看，各类金融机构已在尝试通过应用大模型赋能前台营销运营、中后台运营支持环节，而在核心分析决策环节上，大模型更多对前端信息收集和后端内容生成输出提供辅助，从而提升效率；从业务场景角度看，大模型在支付、信贷、投顾、投研、保险等领域均已有应用落地。

二是大模型对金融行业未来发展可能产生的影响如何。我们认为其将从 3 个方面给金融行业带来影响。（1）在应用趋势上，大模型未来有望与小模型协同互补，在更多细分场景落地。同时，大模型作为业务助理的能力有望赋能更多业务环节，此外，智能客服有望升级用户交互体验并重塑金融机构展业模式。（2）在赋能空间上，从"需求–渠道–供给"框架出发，我们认为大模型对财富管理、资产管理的赋能空间可能相对更大，在保险、信贷领域亦有望实现一定的价值创造。（3）在产业格局上，大模型有望升级长尾客群交互体验、形成新的服务入口/超级应用。在行业格局层面，我们认为，既存在"马太效应"，又存在"乘数效应"，大型机构或将重新排位，部分中小机构有望"弯道超车"。

三是大模型未来对金融系统可能带来的影响如何。从效率、普惠、安全视角来看，大模型有望减少金融系统信息不对称、提升整体效率，同时，有望降低用户交互门槛，提升客户触达能力和定价效率，从而赋能普惠金融。在安全方面，我们认为，大模型在金融领域的应用存在较多风险，包括大模型本身的技术风险，大模型加剧现有金融风险，以及带来的潜在新型金融风险，而如何进行适当监管和有效应对将是重中之重。我们观察到，海外监管机构在部分领域已有探索和尝试，关于未来，我们建议加强多方协作共建基础设施，明确分级分类监管持牌制度，鼓励完善机构内部风控制度，发展风控技术，等等，从而防范风险。[1]

---

[1] 本章作者：姚泽宇、张帅帅、苏杭、严佳卉、侯德凯。

一、大模型在金融行业的应用现状

大模型的出现给 AI 与金融的结合带来了更大的想象空间。相较于金融领域被广泛应用的传统判别式 AI，大模型具有更强的通用泛化能力，能够处理复杂多样的任务，如信息理解、内容生成、多轮对话等，在金融领域存在较大的价值创造空间。例如，据麦肯锡测算，[1] 大模型有望给全球金融行业每年带来 2 500 亿～4 100 亿美元的增量价值，对应 9%~15% 的营业利润增厚空间；根据清华大学经济管理学院联合度小满等发布的《2024 年金融业生成式 AI 应用报告》，大模型驱动的新商业模式有望为金融业带来 3 万亿元规模的增量商业价值。

当前，金融机构主要将大模型应用于业务场景简单的非决策类环节，而在核心决策环节应用大模型仍面临较大挑战。从业务流程角度看，大模型已开始赋能前台营销运营、信息收集整理、中后台运营支持等环节；从业务场景角度看，各类金融机构已开始尝试将大模型应用于支付、信贷、投顾、投研、保险等细分领域。

---

[1] McKinsey & Company. "Capturing the Full Value of Generative AI in Banking." 2023.

（一）落地应用现状：大模型在金融行业主要应用于业务场景简单的非决策类环节

目前，国内外各类金融机构正在积极探索大模型落地场景，金融从业者对大模型工具的需求和使用也与日俱增。在金融机构层面，根据英伟达发布的针对近 400 家金融机构的调研，[①] 43% 的金融机构已经在使用大模型，主要用于报告生成（37%）、客户体验及活跃度优化（34%）、合成数据生成（33%）和营销（32%），另有 55% 的金融机构正在研究并考虑应用大模型；在金融从业者层面，根据麦肯锡 2023 年调研数据，[②] 金融行业从业者反馈"在工作中常规使用大模型"、"在生活中常规使用大模型"和"在工作和生活中均常规使用大模型"的数量占比达 42%，而这一比例在麦肯锡 2024 年调研数据[③] 中上升至 48%。

整体而言，我们观察到，在金融行业大模型当下主要应用于业务场景简单的非决策类环节。其中，大模型在支付、信贷、保险、财富管理等场景均有应用落地，而且主要赋能客户服务、数据挖掘、业务助理等环节。而在对金融领域专业能力要求较高、涉及提供强金融投资建议、需要承担核心分析决策任务的业务场景和业务环节中，大模型应用落地仍然存在较大约束和挑战，大模型难以直接替代专业人员完成分析决策任务，更多是作为辅助核心决策人员展业的助手。具体来看，我们认为，大模型在金融领域应用的边界和约束主要包括：金融领域专业能力仍有欠缺，难以提供涉及较严监管领域的复杂金融投资建议，在核心分析决策环节无法替代人工，等等。

在金融专业能力方面，由于金融服务存在时效性强、精确度高、专业壁垒高等特点，当前大模型在金融领域仍然存在专业短板，难以厘清较为复杂的金融逻辑，因此，将大模型直接应用于相关专业任务的效果较差。目前，金融行业中的大模型更多是发挥通用泛化能力优势，赋能基础业务环节和通用场景，如交互对话、信息整理、内容生成等。同时，在提供金融服务方面，大模型目前已较能胜

[①] NVIDIA. "State of AI in Financial Services: 2024 Trends Survey Report." 2024.
[②] McKinsey & Company. "The State of AI in 2023: Generative AI's Breakout Year." 2023.
[③] McKinsey & Company. "The State of AI in Early 2024: Gen AI Adoption Spikes and Starts to Generate Value." 2024.

任常规的基础金融对话，如金融资讯分享、业务办理等，但在专业度高、个性化强、业务复杂且涉及严监管领域的金融服务中，由于大模型能力有限、应用效果较差，且存在监管合规风险，大模型目前难以直接对客提供专业金融服务，仍需人工介入，以满足服务质量要求和合规要求。此外，在除金融专长仍有待提升之外，大模型亦面临生成内容不可控（如"幻觉"问题）、可解释性差等问题。应用大模型进行决策判断的可行性较低，且传统 AI 在部分金融分析决策任务中的应用（如风控授信、理赔定价等）已较为普及和成熟，大模型替代传统 AI 的意义不大。当前大模型主要负责赋能语义理解、信息归纳、内容输出等环节，并在部分任务场景中与传统 AI 互补协作，以提升效率。

（二）展业流程角度：大模型正在赋能金融业务各细分环节

我们观察到，大模型在非核心决策业务环节中已有落地应用，且已能创造一定的业务价值。我们将金融业务流程拆解为营销运营、分析决策、中后台运营支持（见表 8.1）。

在营销运营环节（包括面向客户的营销获客、产品推介、客户运营等），大模型能够较好地赋能前台对客环节，并可赋能前台对客服务员工，从而提升展业质效。一方面，大模型作为 7×24 小时在线的智能客服，可优化客户交互体验，向客户提供金融资讯分享、业务办理等不涉及强金融建议的金融信息数据服务，并调用专业金融知识库及工具向客户提供关于财富管理、保险产品信息等方面的基础金融咨询服务，例如，蚂蚁集团基于金融大模型开发的智能金融助理"支小宝 2.0"能够进行理财和保险领域的专业知识问答，其深度服务过的用户相比未服务过的用户，频繁交易的比例下降了 60%。[①]

另一方面，大模型作为业务助理赋能销售、投资顾问、保险代理人等，从而可以扩大服务半径（如素材设计、物料制作），洞察归纳客户需求（如智能协呼、商机挖掘等），提升产品推介质效和客户转化率（实时全域信息搜索、提供个性化销售话术建议等）。同时，大模型还可以通过调用优秀销售顾问展业经

---

① 参见 https://baijiahao.baidu.com/s?id=1796035016142319411&wfr=spider&for=pc。

验、内部数据知识库等方式赋能展业人员，使其提升业务水平。例如，工商银行在远程银行领域，应用大模型赋能事前运营、事中辅助和事后质检等环节，使得平均通话时长压降10%，座席服务效率提升18%；[1] 摩根士丹利与OpenAI合作，利用GPT-4赋能财富管理员工，使他们能实时、高效调用内部专业知识库，提升了服务效率和服务质量。[2]

表8.1 大模型在金融领域赋能的各细分场景及业务细分环节

业务流程×金融业务		银行	证券	基金	保险
		支付	信贷	财富管理	资产管理	保险
营销运营	（直接对客）智能客服	智能客服	智能客服	智能客服（智能投顾）		智能客服
	（间接对客）赋能服务顾问		电销/催收回访/质检	投顾业务助理	机构销售业务助理	保险代理人业务助理
分析决策	数据收集、整理、读取		整理多模态数据、生成合成数据	整理多模态数据、征信报告解读	客户需求洞察、产品组合研究	会议纪要总结、增量信息整理等	客户需求、市场趋势风险特征洞察
	分析、判断		风控、清结算	信用评估、定价、授信、违约预测	产品组合配置	投资建议、投资决策	风险评估、产品定价设计
	决策结果输出		支付交易报告	信用评估/审批报告	产品组合报告、研究报告等	投研报告	研调方案、产品报告
中后台运营支持	风险管理、交易执行、IT、行政、人力资源	内部运营降本增效				

（大模型较能胜任／大模型难以胜任）

资料来源：蚂蚁研究院，OpenAI官网，中金公司研究部。

在分析决策环节（包括与金融产品设计、风险定价、投资建议及决策相关的信息读取、分析决策、结果输出等），大模型主要作为业务助理赋能投资顾问、投研分析师、信贷审批人员、精算师等分析决策人员以及传统AI模型，在决策前

---

[1] 参见《工商银行率先建成全栈自主可控的千亿级AI大模型技术体系并全面领跑行业创新应用》，载于2024年1月的《金融电子化》。

[2] 参见 https://openai.com/index/morgan-stanley/。

的信息获取和归纳环节，提升数据收集的广度、深度和效率，在决策后，提高内容生成和输出效率，从而提升核心分析决策人员以及传统 AI 模型算法的生产力。

而由于大模型目前在金融专业能力、输出结果稳定性、可解释性等方面仍有较大不足，大模型在直接承担分析决策任务方面的落地应用较少，且面临一定的监管合规风险。同时，传统 AI 在分析决策核心环节的应用已较为成熟、效果较好。我们认为，目前大模型替代传统 AI 进行分析决策的空间和意义均不大。

此外，在中后台运营支持方面，大模型更多作为通用工具推动金融机构内部运营降本增效，具体包括风险管理、质控合规、舆情监测、交易执行、行政、IT、人力资源等方面。

（三）业务场景角度：大模型赋能五大细分金融场景

在通用的内部办公应用场景之外，大模型在支付、信贷、投顾、投研、保险五大金融业务场景中均存在落地应用。

在支付领域，大模型主要应用于提升支付机构的风险识别及反欺诈能力。其中，支付机构利用大模型获取、整理、分析多模态数据，丰富风控数据维度；此外，支付机构利用大模型生成大量合成数据，以训练、优化现有风控及反欺诈算法。例如，万事达利用大模型建立合成数据集，以优化风控模型。

在信贷领域，大模型主要应用于营销获客、客户运营、贷后催收、信息抽取整理环节，从而提升客户转化率，提高风险定价质效，减少贷款坏账损失，但目前，仍不能直接应用于风控决策领域，无法替代现有决策系统。

例如，工商银行通过二次训练形成了千亿元级金融行业大模型，在对公信贷领域使用大模型赋能贷前尽调报告编写、贷中风险评估提示、贷后客户舆情分析等信贷服务环节。[1] 网商银行升级"大雁系统"，将大模型作为后台风控系统的助手，提供客户经营评分和画像，帮助金融机构识别小微客户。[2] 度小

---

[1] 参见《工商银行率先建成全栈自主可控的千亿级 AI 大模型技术体系并全面领跑行业创新应用》，载于 2024 年 1 月的《金融电子化》。

[2] 参见 https://baijiahao.baidu.com/s?id=1796025767499568415&wfr=spider&for=pc。

满开发"轩辕"金融大模型,将大模型应用于对互联网文本数据、征信报告的解读,并从中抽取多维度风险变量,进而辅助风控算法。①还在代码助手领域通过大模型辅助生成代码,将公司整体研发效率提升20%,在客服领域通过大模型推动服务效率提升了25%,在智能办公领域通过大模型使意图识别准确率达到97%。②此外,奇富科技推出金融行业大模型"奇富GPT",并将大模型应用于通话质检、电销、广告、客服领域,使电销转化率提高超过5%、生成话术优质率达70%。③但是,大模型当前在信贷业务中仍无法应用于精准度要求较高的授信、审批等核心决策领域。例如,网商银行表示,并未将大模型应用于授信环节;④奇富科技表示,大模型虽然能解决许多交互问题,但可能无法直接应用于风险决策领域。⑤此外,度小满表示,大模型目前不能直接用于风险决策,但结合传统风控决策引擎,可以有效提高处理非结构化信息的能力。⑥

在财富管理(投顾)领域,大模型主要应用于营销获客、客户运营、产品推介等环节,可覆盖从客户获取、留存到转化的全过程。

大模型能够赋能销售团队,提升人效和服务水平,并有效识别潜在用户;同时,大模型有助于财富管理机构完善内容生态,提供更有温度的客户陪伴;此外,大模型亦能够赋能产品推介过程中的信息传递,让投顾人员更高效地洞察用户需求偏好,匹配合适的金融产品服务。例如,蚂蚁集团基于蚂蚁金融大模型赋能理财选品、产品评测、行情解读、资产配置等财富管理服务,同花顺基于底层大模型HithinkGPT,打造智能外呼、社区内容生成、问财等多项功能,赋能财富管理业务。

在资产管理(投研)领域,大模型通过对信息的高效收集、整合、加工,可提升投研及投资的"搜""读""算""写""用"五大环节的效率。

---

① 参见 https://baijiahao.baidu.com/s?id=1759881389269554848&wfr=spider&for=pc。
② 参见 https://www.cet.com.cn/itpd/itxw/3483017.shtml。
③ 参见 https://baijiahao.baidu.com/s?id=1785703849139777744&wfr=spider&for=pc。
④ 参见 https://baijiahao.baidu.com/s?id=1796025767499568415&wfr=spider&for=pc。
⑤ 参见 https://www.leiphone.com/category/fintech/5FZPcWlGQRqyganW.html。
⑥ 参见 https://new.qq.com/rain/a/20231215A04M6Q00。

其中，在搜索环节，大模型能够通过对多渠道、多模态信息进行整合，快速响应数据收集请求，提升投研投资活动获取信息的效率；在读取环节，大模型能够提炼核心内容，提升投研人员的信息处理效率；在运算分析环节，大模型能够辅助分析投资观点和决策的内容。

此外，在写作环节，大模型可以承担初步的投研材料生成工作，相关功能目前已被部分金融机构嵌入投研工具，[①] 从而解放投研人员生产力。最后，在知识复用环节，大模型的应用有助于提升机构内部知识库的检索效率，便利信息调用，减少重复劳动。目前，已经有多家金融科技公司将大模型应用于语音转写、会议纪要、知识检索等功能，并切入资产管理领域中。

在保险领域，大模型主要应用于渠道营销、核保理赔、辅助产品研发等非核心决策环节。在渠道营销方面，大模型能够帮助收集营销素材，作为智能客服向客户推荐个性化的保险产品，作为业务助理赋能保险销售人员，为其提供个性化的保险销售建议和销售策略。

在核保理赔方面，大模型能够辅助人工核保、辅助收集理赔文件、审核真实性等。此外，在产品设计方面，大模型可帮助保险精算人员更好地洞察客户需求、市场趋势和风险特征，提升信息获取效率。例如，互联网保险公司 Lemonade 基于 GPT-3 打造销售机器人玛雅（AI.MAYA），[②] 向客户推荐个性化的保险产品并提供咨询服务；同时，根据众安保险与众安科技 2023 年 5 月共同发布的《AIGC/ChatGPT 保险行业应用白皮书》，某再保险公司正在计划研发智能保险设计平台，其中，大模型将帮助精算师更高效地获取信息，并基于已有数据和知识库生成多种保险方案。

二、大模型对金融行业未来发展可能产生的影响

展望未来，伴随大模型能力提升以及在金融行业的进一步落地应用，我们认为，大模型有望推动金融行业提升效率，并为产业协作和行业格局带来深远影

---

① 参见 https://finance.eastmoney.com/news/1355,202405073068674065.html。
② 参见德勤 2023 年发布的《金融 AI 赋能传统金融机构的应用与展望》。

响。具体来看，我们从应用趋势、赋能空间、产业格局 3 个方面对大模型在金融行业应用的发展趋势进行探讨。

（一）应用趋势展望：大小模型协同发展，业务助理嵌入更多场景，智能客服精简、重塑展业模式

当前，大模型仍存在专业能力有限、生成结果不可控、算法可解释性较差等问题，在合规性和适当性等方面仍缺乏一定保障。然而，我们认为，伴随技术进步带动大模型能力边界提升，以及新解决方案的出现减少大模型短板，大模型赋能金融行业的空间未来仍有望进一步打开。

具体来看，在落地应用的发展趋势上，未来大模型与小模型或有更多协同，从而赋能更多金融业务场景。其中，大模型的比较优势在于语义理解、信息归纳、内容生成，而传统的判别式 AI 优势在于可控性强、精确度高，适用于资产定价、风险管理等高精度的分析决策环节。我们认为，未来二者有望协同互补、赋能更多金融场景，其中，大模型可用于拓宽传统 AI 获取信息的维度、提升输出结果的效率，而传统 AI 则可作为被大模型调用的专业插件，提升大模型输出内容的专业度和精确度。

同时，伴随大模型能力增强，其作为更多金融从业者业务助理的价值创造空间或将进一步打开。一方面，有望从简单协助收集、处理、呈现信息，逐渐延伸至辅助核心分析决策，例如生成具有一定业务价值、可供专业人士参考的决策建议等；另一方面，亦有望扩大赋能半径，覆盖更多业务环节，如辅助产品设计、风控审批、投资研究等。目前，已有金融机构探索大模型在投研核心分析环节的辅助应用。例如，摩根大通基于 GPT-4 研发的 IndexGPT 被用于创设主题投资指数，能够基于特定主题生成一系列关键词并匹配相关主题领域的股票；[①] 桥水基金联席首席投资官克雷格·詹森（Greg Jensen）表示，ChatGPT 3.5 在内部测试中已达到初级员工水平，并且公司正在尝试将 ChatGPT 与其他统计模型结合

---

① 参见 https://www.pymnts.com/news/artificial-intelligence/2024/jpmorgan-chase-unveils-ai-powered-tool-thematic-investing/。

来提升预测能力，但詹森不认为 AI 能够完全取代人类员工。[①] 此外，亦有学者发现，大模型可以基于新闻标题解释短期股价波动的原因。[②]

此外，未来金融机构亦有望基于大模型发展智能客服，进而简化、重塑展业方式。其中，智能客服或可统筹任务分解、流程规划、工具调用、内容整合等工作，并结合 API、外部插件等，实现多种能力的统一调度和集成，进而精简业务流程，提升金融机构展业质效；同时，未来智能客服可能会对长尾用户获取服务的入口和交互的方式产生影响，为长尾客户提供更加"千人千面"的高质量定制化服务，在一定程度上重塑金融机构对客展业模式。

（二）赋能空间展望：财富管理及资产管理或是大模型在金融行业中赋能空间最大的细分领域

从"需求－渠道－供给"框架出发（见表 8.2），考虑到各细分金融场景在信息不对称、决策流程、服务周期、服务频率、供需匹配效率、分析决策的不确定性和主观因素影响程度等方面均有较大差异，我们认为，大模型对财富管理、资产管理的赋能空间或最大，对保险、信贷领域亦有一定赋能空间，而对支付赋能空间或较小。

具体来看，在需求侧，财富管理、资产管理领域的信息不对称程度高，且决策流程长，大模型能够通过赋能金融服务交互、投资者教育等环节，提升投资者的信息收集、分析能力，以及金融认知水平，进而减少信息不对称，提升投资者决策质量。

在渠道侧，财富管理、资产管理领域的服务周期长、服务频率较高、供需匹配效率较低，而大模型有望赋能营销获客、客户运营、产品推介等环节，使渠道侧展业人员能够高效地提供更有温度的客户陪伴以及更加专业的金融服务。

在供给侧，相较于信贷、保险、支付领域在核心的定价、风控等决策环节主

---

① 参见 https://markets.businessinsider.com/news/stocks/chatgpt-passed-investment-test-ai-artificial-intelligence-investing-bridgewater-2023-7。

② Lopez-Lira A, Tang Y. "Can ChatGPT Forecast Stock Price Movements? Return Predictability and Large Language Models." 2023.

要应用高确定性、高精度的传统 AI 模型来完成相关工作，财富管理、资产管理领域的分析决策仍含有较多主观判断，且产品服务的不确定性较大（如收益率波动等），而大模型能够赋能专业人员，使他们能够扩大信息收集半径，提升分析决策效率，从而为客户提供质量更高的金融服务。

表 8.2 "需求－渠道－供给"框架中大模型赋能空间示意

	需求侧		渠道侧——营销、运营			供给侧——分析决策	
	信息不对称	决策流程	服务周期	服务频率	供需匹配效率	不确定性	主观因素影响程度
支付	较低	短	极短	高	高	低	低
信贷	较高	中	较长	较低	较高	低	较低
财富管理	高	长	长	较高	较低	较高	较高
资产管理	高	长	长	较高	中	高	较高
保险	高	长	长	较低	低	低	较低

资料来源：中金公司研究部。

从业务环节来看，大模型在财富管理、资产管理业务的营销获客、客户运营、产品推介、投资投研 4 个环节中可能具有较大的应用空间。

在潜在业务增量方面，目前，财富管理、资产管理市场仍存在用户渗透率较低、投资者体验较差、投资收益率不理想等多种问题，大模型有望提升获客转化率、客户留存率、投资收益率和产品服务体验。具体来看，在投顾领域，大模型有望助力财富管理、资产管理机构升级展业模式，提供更加专业、更加定制化的资产配置服务，并加深客户信任，由卖方投顾向买方投顾转型；在投研领域，客户对信息分析和输出结果的时效性、专业度具有较高要求，大模型能够发挥理解、推理、生成等方面的优势，辅助投研人员高效展业。

在应用落地空间方面，相较于风控、交易、IT 等中后台支持赋能环节，券商、银行、基金公司、互联网及三方平台的财富管理、资产管理业务在营销获客、客户运营、产品推介、投资投研 4 个环节中仍存在较为显著的痛点，目前部分机构已有初步应用落地。展望未来，我们认为，相关业务环节或是较为优质的大模型应用场景，各类机构有望通过将大模型技术与业务场景进一步深度融合来补足能力短板、解决业务痛点。

（三）产业格局展望：需求侧、渠道侧或将形成新的服务入口和流量分发逻辑，供给侧既有"马太效应"又有"乘数效应"

我们从服务范式、产业协作、竞争格局3个维度探讨大模型对金融行业格局的影响。其中，在服务范式方面，我们认为，大模型在服务长尾客群方面有望产生较大影响，可能形成新的服务入口和超级应用（如智能客服），而在面向高净值客户及机构/企业客户服务商时将更多是渐进式提效赋能。

在产业协作方面，考虑到金融业务兼具强监管属性和高专业壁垒，科技公司难以取代金融机构，二者将形成"竞合"关系。同时，基于规模效应，未来与金融机构合作开发大模型的服务商可能主要集中在少数技术领先的科技公司，这使得后者在一定程度上对金融体系具有较大潜在影响，或将成为新型的具有系统重要性的金融基础设施。

此外，在竞争格局方面，我们认为，既存在"马太效应"，又存在"乘数效应"，即大型机构与中小机构的整体差距可能将进一步拉大。其中，在头部机构中，能够更好地将大模型应用于金融业务的大型机构更有望脱颖而出，这使得头部机构之间重新排位；同时，部分具有一定禀赋、占据同业领先位置的中小机构亦有望在细分领域打造精品服务和品牌效应，实现跨越式发展。

1. 服务范式：大模型有望在面向长尾客群的金融服务中产生较大影响

在互联网时代，数字平台的兴起重塑了传统金融机构基于线下网点所建立的服务体系，以及相应展业模式下的竞争格局。特别地，在长尾客群方面，线上服务能够低成本、高效率地满足用户的大部分金融需求，而互联网运营能力更强、数字服务生态更加完善、深度洞察用户需求痛点的大型数字平台得以切入多个金融服务场景，并在一定程度上对传统金融机构产生了颠覆性影响，与此同时，积极顺应技术发展趋势、主动应用数字技术赋能业务的部分金融机构亦推动了自身的快速发展。

展望未来，我们认为，大模型亦有望在服务长尾客群方面产生较大影响。具体而言，大模型有望给长尾客群带来交互体验的升级并打造新的服务入口和超级应用，进而对面向长尾客户的流量分发和金融服务模式产生深远影响。例如，智能客服能够通过语言交互方式更加精准洞察用户需求，并为用户提供更有温度的服务体验，强化用户使用习惯，使得自身成为用户获取各类金融服务的一站式聚合入口，而智能客服提供商则可能成为新的超级应用，并改变渠道侧的流量分发逻辑。

同时，我们认为，在服务高净值个人客户与机构及企业客户方面，大模型对金融业务将更多是渐进式提效赋能。对相应客群而言，线上渠道无法完全满足其多样化、定制化的金融服务需求，传统金融机构仍需主要通过线下面对面的交流加深客户信任，并依托金融领域的业务专长提供更加专业化的服务，实现与客户关系的维系。而在线下展业过程中，我们认为，高净值个人客户与机构及企业客户获取服务的方式较难被大模型颠覆，大模型将更多作为赋能金融机构和金融从业者的工具提升线下服务质效。

2. 产业协作：大模型在金融领域的价值创造更多体现为业务驱动，科技公司与金融机构更多体现为"竞合"关系

我们认为，科技公司与持牌机构将形成"竞合"关系，而非简单替代关系。一方面，金融行业兼具强监管属性和高专业壁垒，且对金融信息的时效性有较高要求，金融机构和提供第三方大模型技术服务的科技及创业公司由于产融分离、持牌经营等因素，未来可能更多形成合作关系。特别地，在供给侧，仍然需要由具备金融专长、牌照资源的金融机构和金融科技公司提供优质金融服务，而不具备牌照资源、业务专长、业务场景的科技及创业公司仍需依赖持牌机构提供高质量数据和专业认知，以训练打磨大模型在金融行业的应用。其中，用户交互体验较为领先、占据服务入口的科技及创业公司可能在需求侧获客、渠道侧流量分发方面与金融机构形成"竞合"关系。

另一方面，金融机构出于自身业务禀赋、人力资源、技术储备等多方面的考虑，未来亦有可能更多采取与第三方服务商相互合作的方式来加强大模型能力建设。具体来看，目前金融机构较多与大模型供应商合作开发，而部分技术布局领先、牌照资源完备、业务场景丰富的大型金融科技公司正在基于自研大模型赋能金融场景，并且有望在未来向其他金融机构输出技术能力。

3. 竞争格局：既有"马太效应"的加剧分化，又有"乘数效应"的重新洗牌

我们认为，大模型在金融领域对行业格局的影响既存在"马太效应"，又存在"乘数效应"（见图8.1）。其中，具备牌照资源、金融专长、业务场景、数字能力的头部金融机构及大型金融科技公司有望推动头部机构之间重新排序，同时，部分处于领先位置的中小机构亦有望在垂直领域打造精品服务，实现跨越式发展。

在"马太效应"方面，我们认为，大模型的应用可能推动金融行业集中度进一步提升。由于在技术投入、业务禀赋、人力资源等方面存在门槛，大模型的应用可能推动行业集中度进一步提升。头部金融机构拥有资金预算和业务规模优势，掌握更多主动权，而大部分中小机构受限于资金预算约束，以及相对有限的业务规模和专业人才资源，与头部机构的整体差距可能将被拉大。

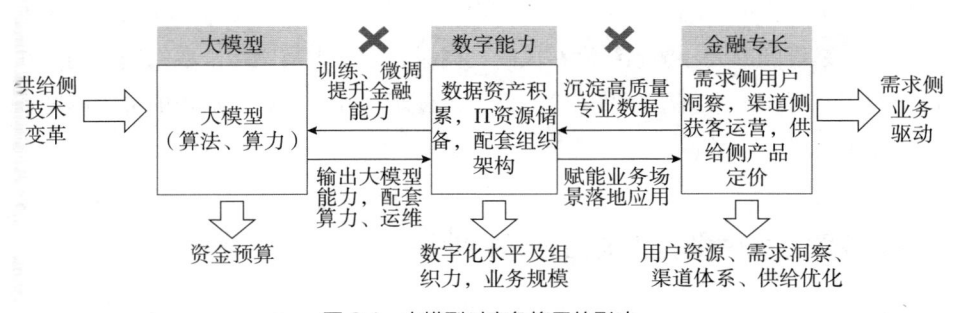

图8.1 大模型对竞争格局的影响

资料来源：中金公司研究部。

在"乘数效应"方面，我们认为，在金融行业，除体量优势外，数字能力、金融专长等禀赋可能更为关键，头部金融机构及大型持牌金融科技公司可能重新排序，部分中小机构亦有望"弯道超车"，实现跨越式发展。大模型需要紧密结合金融领域的高质量数据和专业认知，以提升金融服务能力，进而应用于具体业务场景的对客服务，赋能从业人员并创造业务价值。相较于部分仅拥有体量优势的头部机构，我们认为，在供给侧拥有更强金融业务专长和数字能力，在渠道侧拥有更强获客及运营能力，在需求侧拥有用户资源且对需求深入洞察的头部金融机构及持牌的大型金融科技公司更有望脱颖而出，并带动行业重新洗牌。而部分数字能力领先、在细分领域具有较强金融专长、在同业处于头部位置的中小

机构，以及对金融业务痛点洞察力强又兼具技术实力的金融科技公司，亦有望"弯道超车"，实现跨越式发展。

三、大模型对金融体系的整体影响

考虑到大模型技术仍在持续迭代发展，其在金融领域的落地应用亦在早期，我们认为，需要动态、辩证地看待大模型对金融体系的整体影响，并聚焦效率、普惠、安全三个方面来看。（1）在效率方面，我们认为，大模型有助于降低信息不对称程度和交易成本，有望推动金融行业生产力变革，从而提升金融市场有效性，并提升金融行业服务实体经济的质效。（2）在普惠方面，我们认为，大模型有助于进一步加强金融服务可得性，提升社会公众金融素养和金融能力，给发展普惠金融带来积极影响。（3）在安全方面，我们认为，大模型自身存在一定技术风险，未来可能放大金融系统潜在风险，同时，未来大模型在金融系统中的潜在广泛应用亦可能带来新型金融风险，而平衡创新与安全、设立适当的准入制度和监管要求将是重中之重。

（一）效率：大模型有望助力金融行业提升效率

1. 大模型整体上有望助力金融行业供需双方减少信息不对称，提升效率

大模型能够助力供需双方提升金融信息数据收集、整理、分析的广度、深度和效率，从而减少信息不对称，降低交易成本，促进金融行业生产力变革。在供给侧，大模型应用落地有助于金融机构提高风险定价能力，提升金融服务质效，并通过推动金融机构降本增效降低金融服务成本，从而进一步打开金融行业潜在让利空间，提升金融行业服务实体经济的能力；在需求侧，大模型有助于客户降低信息获取成本，提升金融认知能力和金融素养，还能辅助优化金融决策质量，并倒逼金融市场主体提高信息透明度和运行效率，提升金融市场有效性，推动金融行业健康发展（见图 8.2）。

AI 经济学

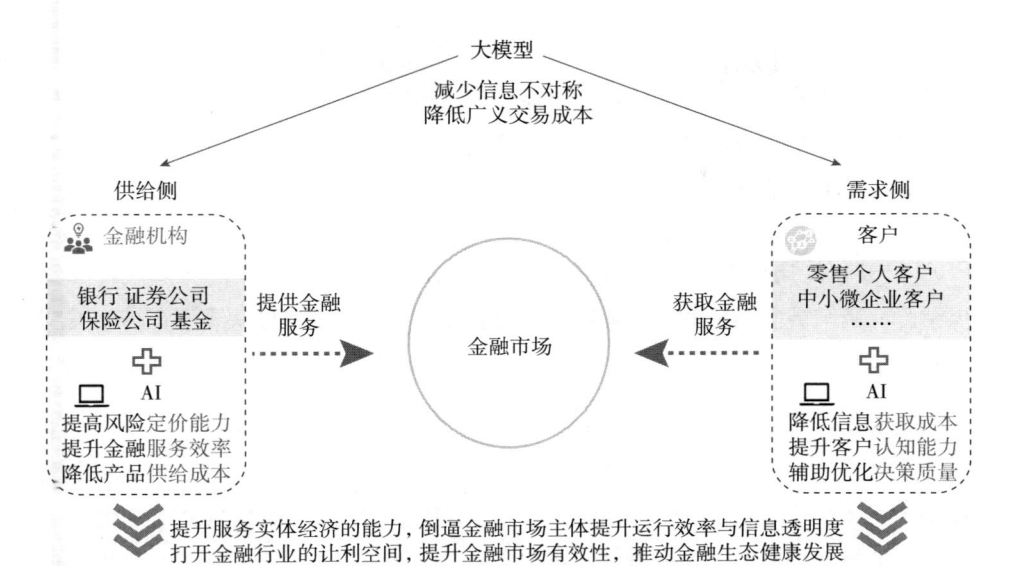

图 8.2 大模型提升金融行业效率的机制示意

资料来源：中金公司研究部。

2. 产业 AI 化视角：金融行业适合大模型应用落地，大模型亦有望全面助力金融行业提升效率

金融行业具有信息数据密集、人才智力密集、业务场景及展业流程多样复杂等特征，适合大模型应用落地，大模型亦有望全面助力金融行业提升效率。

在信息数据维度，金融机构沉淀了如交易执行、风控授信、产品设计、投研报告、客户画像及用户反馈等丰富的高质量金融数据资产，有助于训练大模型在细分领域的专业能力。在人才智力维度，金融行业作为人才智力密集型行业，在人力资源方面存在较大的持续投入，而相较于过去已广泛应用的传统 AI，大模型在信息理解、逻辑推理、内容生成方面具有更强的优势，能够助力金融机构优化人力资源投入结构，提升金融专业人才的生产力，从而实现降本增效。在场景流程维度，金融行业各细分领域业务场景多样，且各业务前、中、后台展业流程较为复杂，相较于局限于特定工作场景和任务要求的传统 AI，大模型具备更强的泛化能力，能够跨场景处理多样化的工作任务，从而在金融行业中实现广泛应用和赋能。

相较于已经在金融行业广泛应用的传统 AI 技术，大模型在信息理解、逻辑推理、内容生成方面具有比较优势，能够广泛适用于各类金融业务场景和业务环节，助力金融机构降本增效，辅助金融从业者对客展业，提升用户交互体验，实现业务层面的价值创造。

3. AI 产业化视角：大模型对金融行业需求侧和渠道侧可能产生较大影响，而在供给侧，目前更多仍是渐进式赋能，未来能否产生颠覆效应取决于潜在技术发展边界

基于前文对大模型在金融行业应用发展趋势的讨论，我们认为，大模型有望在需求侧给长尾客户带来交互体验的升级，形成新的服务入口，进而为涌现出大模型范式下的金融超级应用提供土壤，并有望重塑渠道侧的流量分发逻辑。此外，在针对高净值个人客户与机构及企业客户的金融服务方面，当前金融机构仍需要通过线下专家面对面提供专业服务，大模型在相关客群服务方面仍较难替代金融专业人才和持牌机构。

在供给侧，当前大模型在金融行业的应用主要聚焦于业务场景简单的非核心决策环节，更多体现为渐进式赋能，这主要是由于大模型当前通用能力仍有待提升，金融专长仍有欠缺，并受金融服务高专业壁垒和高精确度要求等因素的制约。然而，展望未来，由于技术迭代发展仍有不确定性，大模型赋能金融业务的空间可能持续扩张，我们认为，亦不能排除大模型颠覆金融业务模式的可能性。未来，若大模型在通用能力、金融专长、内容生成稳定性等方面大幅提升，其可能会给金融行业供给侧的部分场景和业务带来颠覆性影响，例如，作为智能投资中枢进行盈利预测，在符合监管合规和风险管理要求的基础上完成投资决策并进行资产配置，等等，进而重塑当前金融机构的组织架构和展业模式。

（二）普惠：大模型有望提升金融机构风险定价能力，降低服务成本，进而推动金融服务下沉，赋能广大普惠客群

针对普惠金融，2023 年 10 月 11 日发布的《国务院关于推进普惠金融高质

量发展的实施意见》①指出，主要目标是"未来五年，高质量的普惠金融体系基本建成"，其具体包括：（1）基础金融服务更加普及；（2）经营主体融资更加便利；（3）金融支持乡村振兴更加有力；（4）金融消费者教育和保护机制更加健全；（5）金融风险防控更加有效；（6）普惠金融配套机制更加完善。对应来看，我们认为，大模型有望从多个方面对发展普惠金融产生积极影响。

首先，在交互方式上，大模型有望降低用户交互门槛和使用成本，通过智能客服语音对话、文字对话等方式精准洞察用户需求，高效匹配适当的金融服务，从而减少"数字鸿沟"问题，并提升金融服务的用户满意度。此外，长期来看，大模型亦有望通过多轮对话、智能问答等方式赋能金融消费者教育和保护环节，降低供需双方信息不对称程度，提升社会公众的金融素养和金融能力，强化重点群体的判断能力和风险责任意识。

其次，在客群触达上，在数字金融较为广泛地触达长尾客户并提供标准化、低门槛的金融服务基础之上，大模型则有望更进一步地在充分明确客户需求和风险偏好等基础之上，助力金融机构向客户提供更加定制化、个性化的金融服务，让更广泛的客群享受到更优质的金融服务。

最后，在定价效率上，大模型通过抓取更多样化的数据，或有望助力金融机构改进授信风控模型、提高承保理赔效率等，从而进一步提升小微个体户、涉农主体等客群的金融服务可得性以及所获金融服务的质量（见图8.3）。

	传统金融	数字金融	大模型+金融
交互方式	实体网点 →	线上网点 →	智能客服
客群触达	较难触达长尾客户 →	向长尾客户提供标准化服务 →	向长尾客户提供个性化服务
定价效率	数据有限，定价效率低 →	海量数据，定价效率较高 →	多模态数据、非结构化数据，部分提升定价效率

图8.3 大模型对普惠金融的影响

资料来源：中金公司研究部。

① 参见 https://www.gov.cn/zhengce/zhengceku/202310/content_6908496.htm。

（三）安全：大模型的应用可能带来一定的金融风险，进行适当监管将是重中之重

我们认为，虽然大模型可以通过降低信息不对称程度来减少金融系统的信用风险，但大模型在金融行业的广泛应用整体上可能给金融系统带来更多风险，具体表现为：（1）大模型技术自有的风险可能传导至金融系统；（2）大模型放大金融系统现有的潜在风险；（3）大模型与金融业务的深度融合形成潜在的新型金融风险（见图8.4）。未来，伴随大模型在金融行业的进一步应用，我们建议相关监管机构、金融机构、第三方技术服务商等"未雨绸缪"、加强合作，建立适当的风险管理制度和监管框架，防范潜在风险事件发生。

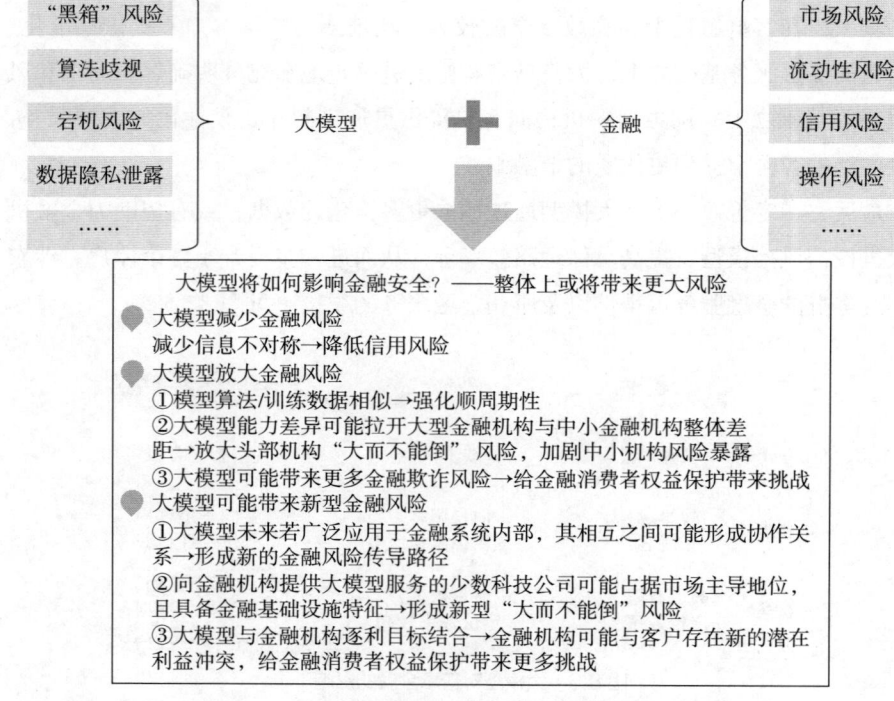

大模型{"黑箱"风险；算法歧视；宕机风险；数据隐私泄露；……}

金融{市场风险；流动性风险；信用风险；操作风险；……}

大模型将如何影响金融安全？——整体上或将带来更大风险

● 大模型减少金融风险
  减少信息不对称→降低信用风险
● 大模型放大金融风险
  ①模型算法/训练数据相似→强化顺周期性
  ②大模型能力差异可能拉开大型金融机构与中小金融机构整体差距→放大头部机构"大而不能倒"风险，加剧中小机构风险暴露
  ③大模型可能带来更多金融欺诈风险→给金融消费者权益保护带来挑战
● 大模型可能带来新型金融风险
  ①大模型未来若广泛应用于金融系统内部，其相互之间可能形成协作关系→形成新的金融风险传导路径
  ②向金融机构提供大模型服务的少数科技公司可能占据市场主导地位，且具备金融基础设施特征→形成新型"大而不能倒"风险
  ③大模型与金融机构逐利目标结合→金融机构可能与客户存在新的潜在利益冲突，给金融消费者权益保护带来更多挑战

图 8.4 大模型的应用整体上可能给金融系统带来的风险

资料来源：中金公司研究部。

1.大模型可能引发更多金融风险，给金融系统安全带来挑战

首先，从大模型本身来看，其在输出内容可控性、可解释性、算法歧视等方面仍存在一定挑战，在金融行业的应用可能将相关风险传递至金融系统，并引发风险事件。

其中，在输出内容可控性方面，大模型通过压缩海量信息形成了较为强大的通用泛化能力，在内容生成环节具备一定的创造力，与此同时也伴随着"幻觉"问题带来的输出结果不可控的痛点。同时，若训练数据不完备、质量较差，大模型可能会生成低质量的错误内容，导致结果不可用，甚至误导金融机构和金融消费者的判断和决策。

在可解释性方面，由于大模型复杂程度较高，其在内容生成方面可能存在更为严重的"黑箱"问题，内容生成的结果和过程难以被清晰地解释，所以金融机构难以在事前、事中、事后对其进行有效的风险溯源和管理。

在算法歧视方面，由于大模型基于海量数据进行训练，若底层数据本身存在偏见和歧视，可能会导致大模型在内容输出、决策生成方面亦存在偏见，进而导致金融服务存在歧视性定价、设定歧视性服务门槛等风险。

其次，从金融行业自身风险来看，大模型的应用可能加剧金融行业本身的顺周期特征，引发系统性风险；同时，未来大模型的广泛应用可能对金融行业上下游协作和行业格局产生深刻影响，加剧"大而不能倒"风险，亦可能使部分中小机构在竞争压力下加速出清、暴露风险。此外，大模型可能会放大金融消费者信息泄露、遭受金融欺诈等风险，给金融消费者权益保护带来更多挑战，同时其自身存在的潜在歧视及偏见问题若没有被有效控制，亦将损害金融消费者权益。

具体来看，金融行业存在顺周期性，而大模型的应用可能进一步加剧顺周期特征，放大相关风险。例如，在算法、数据方面，如果大量金融机构在业务中采用了相同的基座大模型，或其训练的数据趋同使得模型参数相似，可能会导致金融机构产生相近的决策判断，从而放大"羊群效应"，加剧资产抛售、银行挤兑等风险。

同时，在竞争分化方面，大模型可能推动金融行业竞争分化，使得头部大型机构更加"大而不能倒"，中小机构加速出清并产生风险。有观点认为，大模型

能够缩小中小金融机构和大型金融机构的技术差距。^①例如，中小金融机构可以通过公有云 API 或私有化部署方式按需引入大模型，以灵活满足业务需求，提升技术水平。然而，亦有观点认为，大模型训练门槛非常高，需要警惕中小金融机构在大模型时代"技术掉队"。^②

如前文所述，考虑到金融行业的专业壁垒，大模型在金融行业应用过程中仍需引入大量的高质量金融专有数据和金融认知，以提升专业度，叠加资金预算和业务规模的约束，我们认为，大模型的应用整体上更可能推动金融行业格局进一步分化、市场集中度进一步提升，加剧头部机构"大而不能倒"的问题。同时，虽然在同业中处于相对领先位置的中小机构有可能在细分领域借助大模型技术实现跨越式发展，但从全局视角来看，大模型能否推动大量中小机构拉近与头部机构的差距仍有待观察。因此，我们认为，不应低估大模型加剧金融行业两极分化的潜在风险。

在金融消费者权益保护方面，大模型可能带来更多金融欺诈、歧视、偏见等风险和问题。例如，大模型可以通过仿造更加逼真的用户音频、图像等信息，绕过金融机构风控审核并获得授权，或者编造虚假信息以误导投资决策，等等；此外，若大模型不当采集金融训练数据，则可能导致在内容生成时泄露用户隐私信息；同时，大模型技术内在的问题和缺陷可能导致金融服务存在歧视和偏见，进而损害金融消费者的合法权益。

最后，未来大模型与金融业务的深度融合可能会产生新型金融风险相关问题，包括新型"大而不能倒"风险、潜在利益冲突、新型风险传导路径等。

其中，在新型"大而不能倒"风险方面，未来，伴随规模效应下大模型服务商格局的变化，金融机构合作开发 / 采购的基座大模型如果主要由少数大型科技公司提供，这将使得大量金融机构依赖于少数第三方服务商，从而加强了相关技术服务商对金融系统的潜在影响力；此外，考虑到基座大模型通常与部分大型科技公司云业务捆绑销售，这可能进一步加大金融机构对少数第三方的依赖程度。而对于向金融机构提供大模型服务的大型科技公司，其自身的运营透明度、系统

---

① 参见 https://www.jiemian.com/article/11010876.html。
② 参见 https://baijiahao.baidu.com/s?id=1777024252117356323&wfr=spider&for=pc。

稳定性等均对金融系统的稳定具有重要影响（见图8.5），实质上具备系统重要性金融基础设施的特征，有可能形成新型"大而不能倒"风险。

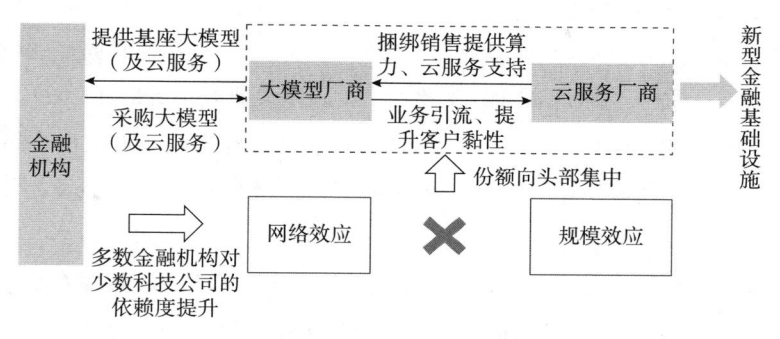

图8.5 未来大部分金融机构对少数科技公司的依赖机制示意

资料来源：中金公司研究部。

在金融机构展业过程中，大模型的应用可能产生新型利益冲突，例如，在推介产品或服务时，大规模可能会出于公司利益最大化考虑生成决策建议。同时，由于大模型自身可解释性较差，或难以明确其具体决策逻辑以及溯源相关责任主体，所以潜在利益冲突较难被解决。

此外，大模型之间的相互影响尚不清晰，如果大模型在金融领域被广泛应用，未来大模型之间可能存在相互协作关系，进而可能带来新的风险表现形式和新的金融风险传导路径。

2. 海外监管动态：针对金融消费者权益保护和新型"大而不能倒"风险，海外已有监管要求和正在制定监管法案，同时，相关机构亦对其他潜在风险表示担忧

我们观察到，海外监管机构正在持续关注包括大模型在内的AI技术可能产生的金融风险，并且有监管机构针对部分重点领域已出台或正在计划出台有针对性的监管要求。

其中，美国监管机构针对大模型技术存在的潜在偏见及歧视风险，以及金融消费者权益保护和潜在利益冲突等方面提出了监管要求。同时，美国部分金融监管机构亦对顺周期性加剧、新型"大而不能倒"风险等表示担忧。

例如，美国证券交易委员会（SEC）近年来多次提示AI对金融系统的风险，

包括大型金融机构依赖少数 AI 算法做出投资决策从而加剧金融系统脆弱性，[1] AI 强化决策一致性和"羊群效应"，AI 加大金融业务之间的风险关联度，以及技术快速迭代下的监管缺位等风险。在新型"大而不能倒"风险方面，SEC 提示，或可通过监管金融机构和 AI 服务商的合同条款，以及直接监管向金融机构提供 AI 服务的第三方服务商来减少。[2] 此外，美国国会研究服务局在 2024 年 4 月发布的金融服务中的 AI 及机器学习报告亦讨论了 AI 在金融领域的潜在风险和相关政策议题，包括模型算法歧视、模型可解释性、模型集中度，以及相关系统性风险、市场操纵、利益冲突等。[3]

目前，欧盟已形成了针对人工智能的监管法案，其对人工智能在金融领域的应用亦提出了监管要求。具体来看，欧洲议会于 2024 年 3 月投票通过《人工智能法案》[4]，基于人工智能的不透明性、复杂性、对数据的依赖性、自主性等技术特征，将人工智能划分为不可接受、高风险、有限风险、低风险（或极小风险）4 类（见图 8.6）。其中，金融行业的人工智能主要被归为高风险等级，例如，对于金融机构部署者而言，其遵循欧盟相关金融服务监管要求即被视为履行了高风险人工智能系统部署者的监控义务，同时，拟用于评估自然人信用度或确定其信用评分的人工智能系统，以及在人寿保险和健康保险方面拟用于自然人风险评估和定价的人工智能系统均被列入高风险等级。

此外，2024 年 5 月，欧洲央行亦针对大模型如何影响金融稳定性进行了探讨（见图 8.7）。[5] 整体来看，欧洲央行认为，尽管金融领域的大模型应用仍处于初期阶段，但为了防止其对金融消费者权益造成损害，以及保证金融市场的正常运作，仍需要对大模型的应用进行监控，同时，未来若大模型导致市场失灵且审慎监管框架无法应对，则可能需要考虑针对大模型在金融领域的应用采取额外监管措施。

---

[1] 参见 https://www.politico.com/news/2024/03/19/sec-gensler-artificial-intelligence-00147665。
[2] Gensler G, Bailey L. "Deep Learning and Financial Stability." 2020.
[3] 参见 https://crsreports.congress.gov/product/pdf/R/R47997。
[4] 参见 https://artificialintelligenceact.eu/the-act/。
[5] 参见 https://www.ecb.europa.eu/press/financial-stability-publications/fsr/special/html/ecb.fsrart202405_02~58c3ce5246.en.html。

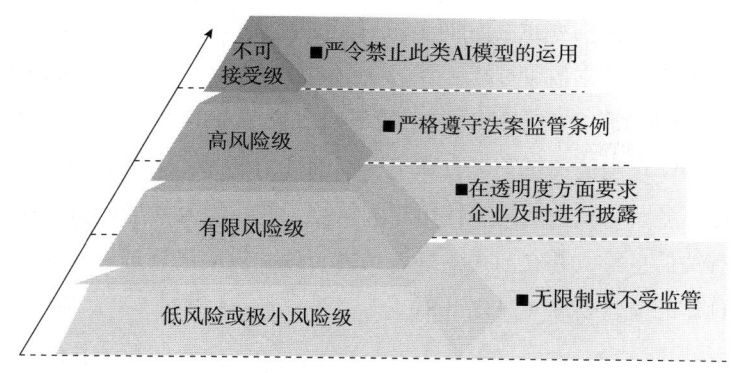

图8.6 欧盟对人工智能的分级分类监管

资料来源：欧盟《人工智能法案》，中金公司研究部。

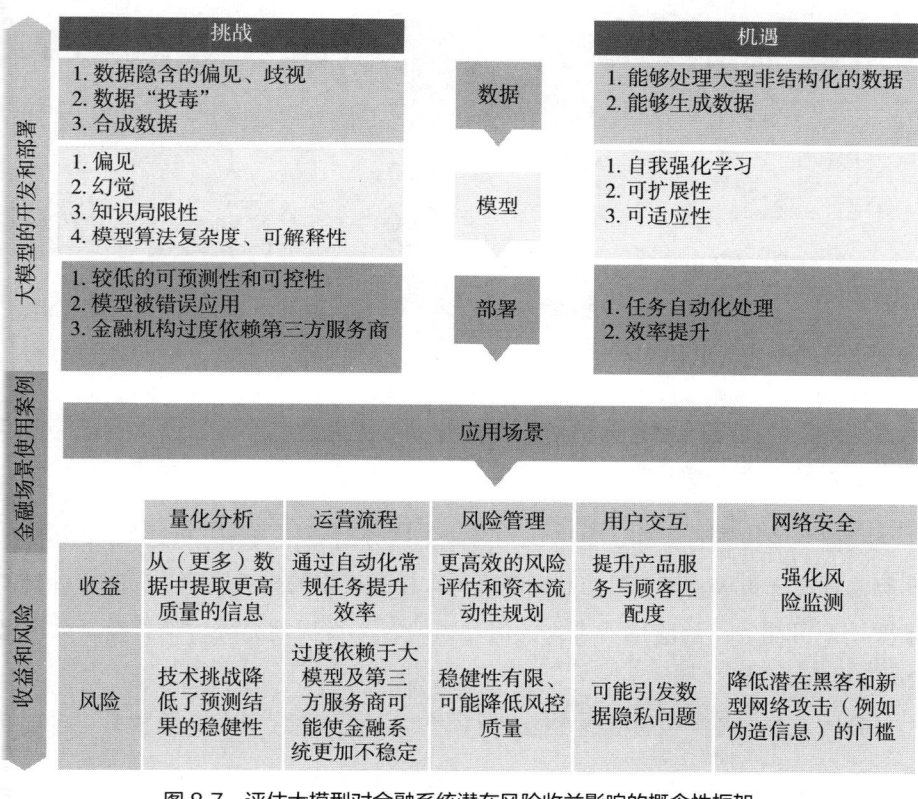

	挑战		机遇
大模型的开发和部署	1. 数据隐含的偏见、歧视 2. 数据"投毒" 3. 合成数据	数据	1. 能够处理大型非结构化的数据 2. 能够生成数据
	1. 偏见 2. 幻觉 3. 知识局限性 4. 模型算法复杂度、可解释性	模型	1. 自我强化学习 2. 可扩展性 3. 可适应性
	1. 较低的可预测性和可控性 2. 模型被错误应用 3. 金融机构过度依赖第三方服务商	部署	1. 任务自动化处理 2. 效率提升

金融场景使用案例	应用场景

		量化分析	运营流程	风险管理	用户交互	网络安全
收益和风险	收益	从（更多）数据中提取更高质量的信息	通过自动化常规任务提升效率	更高效的风险评估和资本流动性规划	提升产品服务与顾客匹配度	强化风险监测
	风险	技术挑战降低了预测结果的稳健性	过度依赖于大模型及第三方服务商可能使金融系统更加不稳定	稳健性有限，可能降低风控质量	可能引发数据隐私问题	降低潜在黑客和新型网络攻击（例如伪造信息）的门槛

图8.7 评估大模型对金融系统潜在风险收益影响的概念性框架

资料来源：欧洲央行，中金公司研究部。

第八章 AI 大模型：如何改变金融行业

英国相关监管机构亦正在对向金融服务部门提供数据技术服务（包括 AI 在内）的关键第三方设立监管要求。2023 年 12 月，英格兰银行、英国金融行为管理局、审慎监管局联合发布针对向金融部门提供服务的关键第三方的咨询意见书，[①] 对包括 AI 在内的关键第三方提出了基础规则要求，包括正当从业，负责任地组织管理事务，具备有效的风控策略和风控系统，以及对监管机构保持开放和及时披露有关信息等，并在公司治理、风险管理、供应链管理、技术稳健性等方面提出了具体的监管要求（见图 8.8）。

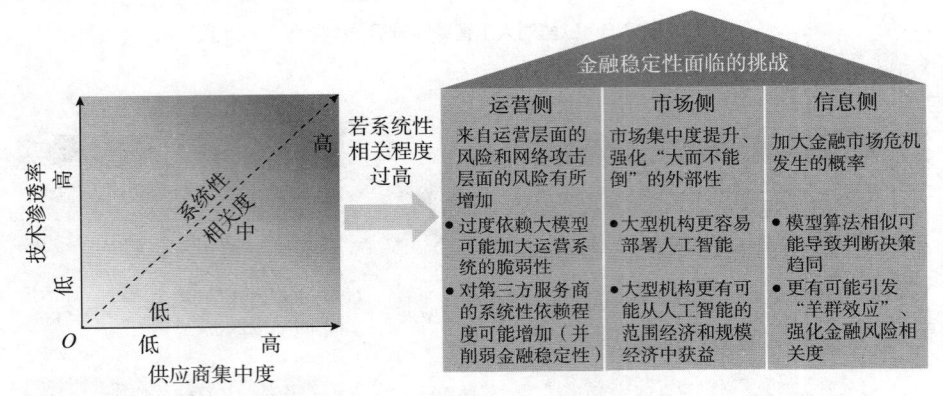

图 8.8　大模型可能会系统性放大金融稳定性方面的潜在挑战

资料来源：欧洲央行，中金公司研究部。

3. 政策建议：加强行业各方协作，探索分级分类监管制度，鼓励发展风控技术及完善内部风险管理制度

我们认为，监管机构、金融机构及技术服务商等相关各方可通过加强合作、明确监管合规要求、完善风控制度等降低大模型带来的相关风险，同时，针对未来大模型可能的广泛应用所带来的潜在风险，亦需提前充分讨论，在事前积极防范。

具体来看，各类金融机构在探索大模型应用的同时，亦需加强提升自身数字

---

① 参见 https://www.bankofengland.co.uk/prudential-regulation/publication/2023/december/operational-resilience-critical-third-parties-to-the-uk-financial-sector。

化水平和人才资源储备，避免大模型应用受自身能力约束。此外，考虑到中小机构面临资金预算和业务规模约束，其可能在大模型应用发展过程中"掉队"并引发风险事件，未来头部金融机构及提供技术服务的科技公司或可在政府部门及监管机构牵头下协作发挥"头雁作用"，共建共享金融大模型、行业数据库、算力资源池，明确数据、代码开放共享标准，降低中小机构部署应用大模型的成本门槛，推动金融行业整体高质量发展。

同时，考虑到金融业务的强监管属性，我们建议未来探索大模型在金融行业各领域应用的分级分类监管制度，基于不同金融业务场景和业务流程的风险特征、重要性以及大模型适用性等因素，或可因地制宜设定准入标准和备案机制，必要时亦可讨论制定有针对性的监管措施。此外，针对向金融机构提供大模型服务的关键第三方服务商，或可进一步完善事前风险评估机制和备案制度，并对其内部运营及风控机制做出规定。未来伴随大模型的发展及其在金融行业的广泛应用，若少数第三方服务商对金融行业具有潜在系统重要性影响，实际上具备金融基础设施特征，监管机构或亦可针对其设立持牌准入制度等有针对性的监管要求。

此外，我们建议，相关各方合作发展大模型风险管理技术，完善内部风控合规制度。技术服务商、金融机构、监管机构未来可通过合作完善内外部风险管理制度，并在审慎合规框架下鼓励优化防范大模型相关风险的技术解决方案，降低大模型技术内在风险，预防大模型应用引发的潜在金融风险。

在输出内容可控性方面，相关各方或可通过结合外部专业数据库等知识增强工具约束大模型的输出内容，提升输出结果的专业度和精确度，此外，亦可通过在内容生成环节设定过滤标准，进行实时风控检测，从而拦截大模型输出的有害、错误、隐私信息。在歧视及偏见问题方面，在事前，金融机构及监管机构等或可对模型输出内容进行评估和反馈，技术服务商或可基于反馈构建对大模型的强化激励信号，进而提升模型价值对齐程度。在算法一致性方面，金融机构与科技公司或可探索更多样化的算法架构和模型应用，例如，基于金融机构专有金融业务数据和差异化的金融专长构建具有个性化特征的金融大模型，从而缓解模型趋同风险，同时，亦可探索大模型与小模型的协同发展，构建多样化的模型协同生态。

而金融机构在满足监管部门要求之外，亦需完善内部风控合规制度，主动将大模型应用纳入内部整体风控合规机制中，设立有针对性的风控制度和组织架构，建立对大模型应用的实时风险监测机制，努力提升大模型的可解释性，防范大模型潜在歧视及偏见风险，探索多元化大模型算法。同时，我们建议金融机构之间加强合作，建立行业自律标准，同时，头部机构亦可对外输出风险管理经验和技术解决方案，助力中小金融机构完善有关大模型应用的风控制度和风控技术，提升风险管理水平。

四、思考与启示

过去十几年，以互联网、大数据、传统 AI 算法等为代表的数字技术广泛应用于金融领域，形成了较为丰富的数字金融业态，填补了传统金融服务的空白，提升了传统金融机构的效率。而大模型的出现有望进一步拓展数字金融技术和应用的边界，为更广泛的客户提供更加普惠、高效、个性化、专业优质的金融服务，提升金融体系的效率和普惠程度。

然而，考虑到大模型在语义理解、多轮对话、信息整理、内容生成等方面具备更强的能力，但在生成结果可控性、精确度、可解释性、算法歧视等方面面临较大挑战，我们认为，在积极探索大模型应用的同时，亦需充分探讨大模型应用于金融领域的边界、潜在风险，以及有效应对风险的预防措施。

在大模型应用边界方面，如前文所述，大模型当前主要应用于业务场景简单的非决策类环节，在对金融专长要求更高、涉及提供强监管性/高专业度的复杂金融投资建议以及需要承担核心分析决策任务的业务场景和业务环节中，大模型的应用仍然存在较大约束和挑战。然而，技术的迭代和发展往往是非线性的，如果大模型未来能够直接承担包括资产配置、投资决策、产品推荐等在内的核心金融任务，其将给金融业态带来非渐进式优化的颠覆性影响，并可能重塑金融机构的组织架构。

与此同时，大模型自身的风险，以及其与金融业务结合所带来的风险也值得关注。虽然当前大模型在金融行业的应用仍在初期，但是我们认为，大模型技术可能给包括金融消费者权益保护、新型"大而不能倒"风险、顺周期性加剧等在内的各种潜在金融风险的应对带来更大的挑战，而有效应对这些风险则有可能在未来比应用大模型赋能金融业务更为重要。由此我们提出，未来监管机构、金融机构、技术服务商等相关各方或可加强行业协作，共建基础设施，探索分级分类监管和持牌准入制度，鼓励发展风控技术及完善机构内部风控合规制度。相关应对措施一方面可以在一定程度上"未雨绸缪"，事前防范潜在金融风险，另一方面可能亦有助于减少行业发展的堵点、淤点，推动金融体系高质量发展。

治理篇

第九章

数据或为瓶颈,确权并非关键

数据很可能是人工智能发展的瓶颈。本轮人工智能的发展主要依靠数据、算力、算法3个方面的进步，数据对于人工智能的发展相当重要。有研究显示，用于大模型训练的高质量数据即将用尽，合成数据或难解决这个难题。

我们认为，流通不畅是高质量数据不足的主因。数据加工非常重要，但数据加工成本（如数据清洗、数据标注成本等）不是高质量数据不足的主要原因。高质量数据缺乏的主因在于数据流通不足，存量数据没有得到充分利用。与数据保护和知识产权保护有关的交易成本是数据流通的主要障碍。

中国的数据治理模式强调数据确权，而近期对数据流通（效率）的重视程度有所提升，比如通过"三权分置"这个简化版的数据确权方案来促进数据流通，但该方案的效果有待观察。一个体现是目前数据交易所呈现"碎片化"状态，另一个体现是企业对数据资产入表的积极性不高。从国际经验来看，数据确权和数据流通也没有必然的联系。在美国模式下，数据流通更为顺畅，欧盟模式下，流通更为严格，但美国模式并未进行数据确权。

促进数据流通的关键在于降低数据交易成本。数据确权并不能有效降低交易成本，而且数据本身的特点也表明，对其确权难度很大。降低数据交易成本的关键在于合理界定数据开放边界、隐私保护范围以及相关知识产权保护程度，而数据确权难以解决这些问题。数据价值在于规模性，单个数据几乎没有价值，确权可能反而会增加交易成本，不利于发挥规模经济优势。数据具有公共产品属性，纯公共产品类型的数据权属清晰，而非纯公共产品类型的数据虽然可由市场提供，但因为数据有生产主体多等特点，这使得数据确权困难，通过数据确权来激励市场提供数据充满挑战。

不同数据的交易成本来源不同，对于不同的数据，我们需要"对症下药"。对于公共数据，我们认为，相比确权，数据开放更加重要，明确数据开放的边界（如建立数据开放白名单或者负面清单）最为重要。对于个人数据，关键在于明确个人信息保护类别清单。对于非公共非个人数据，合理界定知识产权保护程度，扩大"合理使用"范围，更有助于降低数据流通的交易成本，对于促进人工智能创新更为有利。[1]

---

[1] 本章作者：黄亚东、张文朗、周彭。

人工智能时代，数据重要性更加突出，同时数据不足问题开始显现。数据不足的原因是什么，是数据流通不足还是数据加工难？数据确权是否能够解决这些难题？本章我们从数据对发展 AI 的重要性入手，结合国际经验，探讨数据治理的核心问题。

一、流通不畅是高质量数据不足的主因

（一）数据很可能是人工智能发展的瓶颈

本轮人工智能的发展主要依靠数据、算力、算法 3 个方面的进步。在计算资源有限的情况下，是提升大语言模型能力，还是提升数据量，抑或提升算法的参数量对于 AI 模型性能的提升更加重要？对此虽然有不同的观点，但至少都认为，数据对于人工智能的发展相当重要。比如，OpenAI 在 2020 年发表的论文认为，提升参数量，而不是提升数据量，对模型的训练效果更加重要。[1] 而 DeepMind 在 2022 年发表的文章认为，提升数据量可能比提升参数量更加重要。例如，DeepMind 使用了 1.4 万亿个词元和 700 亿个参数训练了 Chinchilla 模型，另一个

---

[1] Kaplan J, McCandlish S, Henighan T, et al. "Scaling Laws for Neural Language Models." 2022.

模型 Gopher 用了 3 000 亿个词元和 2 800 亿个参数，结果是 Chinchilla 几乎在所有方面都优于 Gopher。①Meta AI 在 2023 年的研究也表明，使用更多的数据和进行更长时间的训练，较小的模型也可以实现良好的性能。②

实际上，人工智能发展的一些历史经验表明，数据很可能是人工智能发展的瓶颈。人工智能发展史上，至少自 20 世纪 80 年代以来，从算法突破到实践突破，平均需要 18 年，然而，从数据集发布到实践突破平均只需要 3 年（见表 9.1）。这在一定程度上说明数据集对于实现实践领域的突破更为重要，而不是算法。从这个意义上来说，如人工智能业界人士所说，"数据和（数据的）特征决定了机器学习的上限，而模型和算法只是逼近这个上限而已"。③

表 9.1 AI 领域实现突破的历程

AI 领域的实践突破	数据集（首次发布）	算法（首次提出）
人类语音自动识别（1994 年）	《华尔街日报》新闻文本和其他文本的语料（1991 年）	隐马尔可夫模型（1984 年）
IBM 的 Deep Blue（深蓝）击败加里·卡斯帕罗夫（1997 年）	70 万份特级国际象棋棋谱，又称"扩展书"（1991 年）	NegaScout 算法（1983 年）
谷歌的阿拉伯语—英语、汉语—英语互译翻译（2005 年）	来自谷歌网页和新闻页面的 1.8 万亿个词元（2005 年收集）	统计机器翻译算法（1988 年）
IBM Watson（沃森）成为电视问答节目《危险之旅！》的冠军（2011 年）	维基百科、维基词典、维基注释和谷登堡计划中的 860 万份文档（2010 年更新）	混合专家算法（1991 年）
谷歌的网络模型 GoogLeNet 在分类能力上接近人类水平（2014 年）	由 150 万张标注图像和 1 000 个对象类别组成的 ImageNet 语料库（2010 年）	卷积神经网络算法（1989 年）
谷歌的 DeepMind 通过视频学习，在玩 29 款 Atari（雅达利）游戏上达到了与人类相当的水平（2015 年）	包含 50 多款雅达利游戏的街机学习环境数据集（2013 年）	Q-learning 强化学习算法（1992 年）

---

① Hoffmann J, Borgeaud S, Mensch A, et.al. "Training Compute-Optimal Large Language Models." 2022.
② Touvron H, Lavril T, Izacard G, et.al. "Llama: Open and Efficient Foundation Language Models." 2023.
③ 周志明：《智慧的疆界：从图灵机到人工智能》，机械工业出版社，2018 年。

续表

AI领域的实践突破	数据集（首次发布）	算法（首次提出）
平均年限	数据集发布到实践突破：3年	算法突破到实践突破：18年

资料来源：Wissner-Gross A. "Datasets over Algorithms." 2016；中金公司研究部。

1997年，当IBM的Deep Blue（深蓝）击败国际象棋世界冠军加里·卡斯帕罗夫时，其核心算法NegaScout算法已有14年的历史，而其使用的包含70万分特级国际象棋棋谱的数据集只有6年的历史。2005年，谷歌基于1988年发布的统计机器翻译算法，在阿拉伯语—英语和汉语—英语翻译方面取得了突破，但其使用的数据来自2005年收集的谷歌网页和新闻页面的1.8万亿个词元。2014年，谷歌的网络模型GoogLeNet使用1989年提出的卷积神经网络算法在对象分类方面实现了接近人类水平的性能，但其使用的ImageNet语料库在2010年才首次可用。在2015年，谷歌的DeepMind通过视频学习，在玩29款Atari（雅达利）游戏上达到了与人类相当的水平，其使用的算法是1992年发布的Q-learning强化学习算法，而使用的数据集是2013年推出的。

当下的情况是，大模型也确实越来越依赖数据。大模型所使用的数据量已经从GB级别增长到TB（1TB=1 024GB）级别。截至2024年3月，大模型使用的词元数量已达到40万亿级别。① 数据量与参数量之比也越来越高，显示出大模型越来越依赖数据（见图9.1）。相比于存量数据，增量数据的规模受制于采集成本，增速或难以大幅提升。根据《数字中国发展报告（2022年）》，截至2022年底，中国的数据存储量达724.5EB，同比增长21.1%。数据的增长需要依靠采集设备，而数据采集设备的部署需要成本，这限制了数据增长的速度。根据市场研究机构IoT Analytics的数据，全球IoT和非IoT设备② 在2019年至2025年将从20亿台增长至41.2亿台，年均增速为13%，相比于2010—2019年的增速（10%）

---

① 参见 https://lifearchitect.ai/whats-in-my-ai/。
② IoT设备包括智能汽车、智能家居、工业互联网等，非IoT设备包括智能手机、手提电脑等。

仅提升了3个百分点。①

对于大模型训练，其不仅需要一般的数据，高质量数据更不可或缺。高质量的数据一般具有完整性、一致性、有效性、准确性、及时性，是更加结构化、有逻辑性的数据，如书籍、报告等的内容。与之对比，一些文本数据相对结构松散，逻辑性不强，质量相对偏低，如没有经过严格筛选的社交媒体对话数据。高质量数据可以更好地模拟客观世界，使模型预测的数据分布更加接近真实世界的数据分布，从而提升模型的效果。而使用低质量的数据会产生"垃圾进，垃圾出"的效果，对模型能力没有提升，反而可能有害。例如，有研究表明，当训练数据中包含低质量的重复数据时，模型性能反而会降低。②

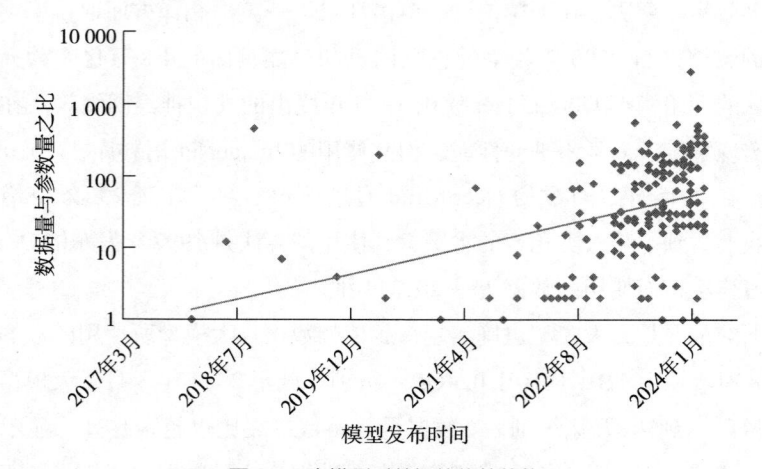

图9.1 大模型对数据的依赖趋势

资料来源：Thompson A D. " What's in my AI?" 2022；中金公司研究部。

---

① 参见 https://iot-analytics.com/state-of-the-iot-2020-12-billion-iot-connections-surpassing-non-iot-for-the-first-time/。
② Hernandez D, Brown T, Conerly T, et al. "Scaling Laws and Interpretability of Learning from Repeated Data." 2022；Lee K, Ippolito D, Nystrom A, et al. "Deduplicating Training Data Makes Language Models Better." 2021.

（二）高质量数据将被用尽

有研究显示，用于大模型训练的高质量数据可能在不久的将来就被用尽。GPT-3.5 训练所使用的词元数为 3 000 亿个，与高质量文本数据总量（9 万亿个词元）只相差一个数量级，而人工智能训练所使用的数据量呈指数级上涨，使得可用的数据很快显现不足。比如，根据研究机构 Epoch AI 的巴勃罗·比利亚洛沃斯等人的测算，全球的高质量语料在 2026 年前将用尽，其他的相对低质量的语料在 2030—2050 年也将用尽，视觉文件在 2030—2060 年可能用尽（见表9.2）。

表 9.2　高质量数据不足问题比较突出

数据类型	总词元数（个）/图片数（张）	年增速	用尽年份
高质量语料	9 万亿	4%（以 2022 年为基年）	2026 年
低质量语料	70 万亿~70 000 万亿	7%	2030—2050 年
视觉文件	8 万亿~20 万亿	8%	2030—2060 年

资料来源：Villalobos P, Sevilla J, Heim L, et al."Will We Run out of Data? An Analysis of the Limits of Scaling Datasets in Machine Learning." 2022；中金公司研究部。

有一种观点是合成数据能够解决高质量数据短缺问题，但人们对此存在争议。例如，Meta 的研究团队认为，合成数据可以用于训练大模型，提升大模型的能力。[1] 同样，微软的研究团队也发现，使用合成数据降低了训练成本，提高了训练效率。[2] 而根据牛津大学、剑桥大学等的研究，如果 AI 用 AI 生成的合成数据进行训练，AI 模型将出现崩溃，输出低多样性和低质量的结果。[3] 就像健康的生态系统需要生物多样性一样，人工智能也需要训练数据的多样性，这样它才能继续提供高质量的生成内容，因此高质量数据不可或缺。至少目前来看，还没有清晰的证据表明合成数据可以解决高质量数据短缺的问题。

---

[1] Yuan W, Pang R Y, Cho K, et al. "Self-Rewarding Language Models." 2024.
[2] Wang L, Yang N, Huang X, et al. "Improving Text Embeddings with Large Language Models." 2023.
[3] Shumailov I, Shumaylov Z, Zhao Y, et al. "The Curse of Recursion: Training on Generated Data Makes Models Forget." 2023.

（三）数据流通不畅是主因

高质量数据供给取决于两个因素，即数据流通和数据加工。我们将数据流通定义为数据的权利关系从一个主体转移到另一个主体，包括数据采集、数据交易、数据公开等；将数据加工定义为在既有数据上挖掘出新数据，包括数据清洗、数据标记等，是数据从低质量数据变为高质量数据的过程，这个过程不包含数据权利关系的转移。对于数据采集，需要注意的是采集个人数据会涉及权利关系的转移，其属于我们所讨论的数据流通。而采集制造业的机器数据，没有权利关系的转移，更多的是和数据采集技术有关，在我们所定义的数据流通里面并未涉及。数据流通可以先于数据加工，即在原始数据流通后再进行数据加工，原始数据变成高质量数据。数据加工也可以先于数据流通，比如将原始数据加工成高质量数据后再流通。数据流通和数据加工可能无法完全分开，而是交织在一起，如将数据清洗外包给外部团队，这个过程中同时也发生了数据流通。

我们首先分析中国数据流通问题。简单来说，数据流通不足的现象比较突出。从数据产量来看，2022 年中国数据产量达 8.1ZB，同比增长 22.7%，全球占比达 10.5%，位居世界第二（见图 9.2）。从数据总产量、单位人口数据产量（即数据产量与人口之比）、单位 GDP 数据产量（即数据产量与 GDP 之比）来看，中国均低于美国（见图 9.2）。一个主要的差别在于美国的数字经济企业不仅为美国国内用户提供服务，而且为全球其他用户提供服务，而中国的数字经济企业主要是服务国内用户。例如，2023 年，Facebook（脸书）的 MAU（月活跃用户数量）为 30 亿人，而微信的 MAU 为 13 亿人，两者之比为 231%，与美国对中国的数据量之比（242%）接近。2020—2022 年，中国国家统计局在深圳做了试点，对深圳全市企业数据要素按照支出法做了统计。据深圳市统计局测算，2021 年深圳全市企业数据要素支出超过 1 000 亿元。[①] 根据国家发展改革委的测算，2022 年全国企业的数据要素支出在 3.3 万亿元左右，相当于全国 GDP 的 3%。[②]

[①] 参见 https://www.sznews.com/news/content/2023-02/03/content_30058619.htm。
[②] 参见 https://www.ndrc.gov.cn/xxgk/jd/jd/202212/t20221219_1343661_ext.html。

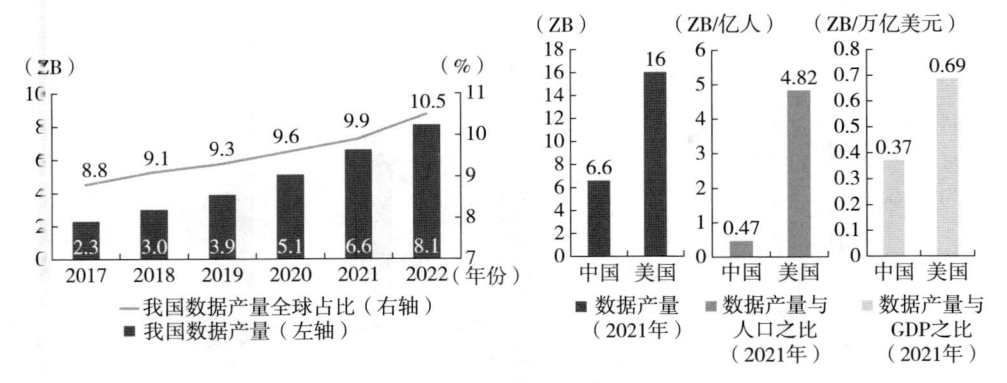

图 9.2 中国和美国的数据产量

注：由于数据可得性，右图使用数据为 2021 年数据。
资料来源：国家网信办发布的《数字中国发展报告（2022 年）》，中金公司研究部。

但是，中国的数据市场规模较小，表明数据流通还有很大的提升空间。从这个方面来看，高质量数据不足并不是因为缺少数据，而是因为缺少可以流通起来、可以供大模型使用的数据。根据全球数据提供商 OnAudience 的数据，2021年，全球数据市场规模仅为 523 亿美元。其中，美国为 306 亿美元，欧洲为 76 亿美元，中国为 73 亿美元（见图 9.3）。根据国家工业信息安全发展研究中心发布的《中国数据要素市场发展报告（2021—2022）》的测算，2021 年中国数据要素市场规模约为 815 亿元，预计 2025 年有望接近 2 000 亿元。根据上海数据交易所等联合发布的《2023 年中国数据交易市场研究分析报告》，2022 年中国数据交易市场规模为 876.8 亿元，到 2025 年有望达到 2 046.0 亿元。与数据要素的重要地位相比，数据市场的规模是较小的。不过，即使是数据市场规模最大的美国，其数据市场的规模也是相对较小的。相较于英文数据，互联网上可用的中文数据总量也有较大差距。根据网络技术研究公司 W3Techs 的数据，中文内容在互联网上的占比在 2024 年 1 月为 1.3%，低于英文的 52.2%[1]，可能的原因包括中文互联网生态发展较晚；中文数据管理分散，高质量数据集缺乏整合；中文互联网生态中私域数据更加盛行，有效公开数据量不足等。

---

[1] 参见 https://w3techs.com/。

（亿美元）

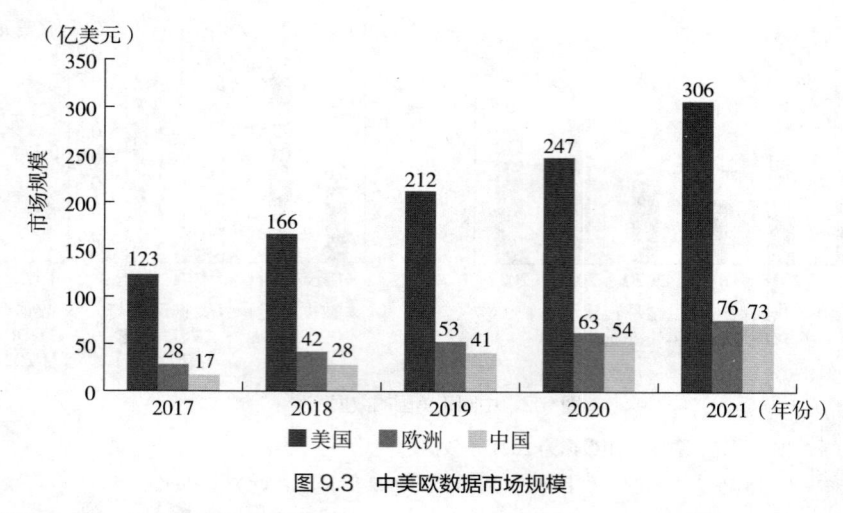

350 ┐

图9.3 中美欧数据市场规模

资料来源：OnAudience，中金公司研究部。

中国数据流通不足的一个体现是数据交易所的数量多，但数据的交易量少。至 2023 年，从头部数据交易所公布数据来看，它们从成立开始累计交易金额均为几十亿元。例如，至 2023 年底，深圳数据交易所累计交易金额超过 65 亿元。[①] 到 2023 年 10 月，贵阳大数据交易所累计交易金额超 16 亿元。[②] 到 2023 年 11 月，北京国际大数据交易所累计交易规模超 20 亿元。[③] 与之对比，场外交易更加广泛。根据中国信通院发布的《数据要素白皮书（2023）》，中国数据的场外交易是场内交易规模的 50 倍。根据《全国数据资源调查报告（2023 年）》，中国场内交易活跃度较低，产品成交率不高，27 家交易所上架数据产品中仅有 17.9% 实现交易。

数据流通不足的第一个原因是数据保护边界不清，比如隐私保护、数据安全等问题使得数据流通带来的风险较大。例如，美国的数据交易主要是场外交易，数据经纪商是场外交易中的重要中介机构。数据经纪商汇聚二手数据，然后将其加工、分析并组成标准化数据产品，最后进行销售。美国数据经纪商的数据来源，包括联邦政府数据、地方政府数据、公共数据、商业数据和其他数据经纪商

---

① 参见 https://caijing.chinadaily.com.cn/a/202402/06/WS65c1c84ca31026469ab17b09.html。
② 参见 https://dsj.guizhou.gov.cn/xwzx/snyw/202310/t20231010_82721189.html。
③ 参见 https://www.beijing.gov.cn/ywdt/gzdt/202311/t20231124_3308477.html。

的数据。美国的数据经纪商收集的数据几乎覆盖每一个美国消费者，包括破产信息、投票登记信息、消费者购买相关数据、网页浏览活动相关数据等。

美国数据经纪商促进了数据的流通，但是也面临着隐私保护方面的诉讼。2022 年，美国联邦贸易委员会（FTC）对数据经纪公司 Kochava 提起诉讼。[①] Kochava 拥有关于消费者的大量位置数据，声称其位置数据流每月处理超过 940 亿次的涉及地理位置的交易，拥有 1.25 亿个月活跃用户和 3 500 万个日活跃用户。FTC 指控该公司出售来自数亿台移动设备的地理位置数据，这些数据可用于追踪个人往返敏感地点的动向。2024 年，FTC 发布禁令，禁止数据经纪商 X-Mode 和 Outlogic 未经用户同意，出售敏感的地理位置数据。[②] 人工智能时代，同样可能存在隐私侵犯风险。例如，自动驾驶依赖车载摄像头，无论是采集车内还是车外的影像，都难以取得被影响的所有个人的同意。2022 年，ImageNet 管理团队发表论文[③]，出于隐私考虑，对 ImageNet 中的人脸做了模糊化处理。

数据流通不足的第二个原因是收益分配机制不明确。知识产权保护问题，使得数据收集面临不确定性。第一类知识产权问题是 AI 使用的数据是否侵犯知识产权。例如，盖蒂图像起诉 Stability AI，指控其在未经许可或无补偿的情况下复制了 1 200 万张图像以训练其 AI 模型。[④]《纽约时报》诉 OpenAI 和微软，指控二者未经许可使用其数百万篇文章以训练人工智能模型，与该新闻机构形成了竞争。[⑤] 第二类知识产权问题是 AI 生成的数据是否具有知识产权。在中国的 AI 文生图案中，一个案例是，原告李某使用 Stable Diffusion 这款 AI 绘画大模型软件，生成写真图片，未经许可被被告刘某使用。原告认为，被告侵犯了其著作权。[⑥] 问题在于，使用人工智能生成的作品是否享有著作权？

[①] 参见 https://www.ftc.gov/business-guidance/blog/2022/08/ftc-says-data-broker-sold-consumers-precise-geolocation-including-presence-sensitive-healthcare。

[②] 参见 https://www.ftc.gov/news-events/news/press-releases/2024/01/ftc-order-prohibits-data-broker-x-mode-social-outlogic-selling-sensitive-location-data。

[③] Yang K, Yau J, et al. "A Study of Face Obfuscation in Imagenet." 2022.

[④] 参见 https://www.reuters.com/legal/getty-images-lawsuit-says-stability-ai-misused-photos-train-ai-2023-02-06/。

[⑤] 参见 https://www.nytimes.com/2023/12/27/business/media/new-york-times-open-ai-microsoft-lawsuit.html。

[⑥] 参见 https://www.ciplawyer.cn/html/fgbq/20240109/152542.html?prid=226。

以上是关于数据流通的分析，接下来我们看看数据的加工成本问题。大模型训练一般需要经过预训练、精调、行业场景精调 3 个阶段。从使用的数据集来看，预训练使用的是无标注数据集，包括各种文本、代码、网站，也包括图像、视频，数据量在 TB 级别；精调以及行业场景精调使用的是标注数据集（或者说是反馈数据集），如问答对话、标注过的人脸图片等，又如由人类专家给模型输出的问答结果打分，数据量在 MB 至 GB 级别。从训练方法来看，预训练使用的是无监督学习方法，精调以及行业场景精调使用的是监督学习和强化学习方法。

预训练阶段，大语言模型使用的数据主要来自互联网，这个过程中需要投入成本去爬取数据。由于已有很多公开的、爬取好的原始数据集，此阶段无须付出额外的爬取成本。大语言模型的训练数据主要来自维基百科、书籍/期刊、代码以及互联网爬虫等（见表 9.3）。例如，Common Crawl 抓取了 2008 年至今的互联网上的文本数据，形成了一个公开的数据集，成为众多大模型预训练的基础语料库。以 GPT-3 为例，其预训练使用的数据中 80% 来自 Common Crawl。

预训练阶段，需要先进行数据清洗，形成高质量数据才能进行训练，这个过程涉及清洗成本。在收集大量数据后，对数据进行预处理，特别是消除噪声与重复、无关和潜在有害的数据，对于构建高质量预训练语料库是必不可少的。使用低质量的数据，对于模型可能并没有正面作用，反而可能会对模型的能力和性能产生负面影响。因为通常也有清洗好的公开数据可以用于大模型训练，因此数据清洗成本可能也不是关键。以 Common Crawl 为例，大模型训练一般会首先选取它的纯英文公开过滤版（C4）数据集。Common Crawl 的 C4 数据集数据量为 305GB，其中词元数为 1 560 亿个，数据主要来自谷歌专利、《纽约时报》等。[①]

数据清洗过程通常包括：(1) 去重，即去除重复的文本数据，一般以句子为单位；(2) 文本正则化或标准化，如全角字符转为半角字符，繁体中文转为简体中文等；(3) 文本清洗，即剔除超文本标记语言（html）或者表情符号（emoji）等非文本内容，并对标点符号进行过滤和统一；(4) 分词，即将句子拆分成单个的词；(5) 词的清洗，如去除停用词等；(6) 词的正则化或标准化，如统一数字的写法等。图 9.4 提供了一个简化的预训练的数据处理过程。

---

① Thompson AD. "What's in My AI?" 2022.

表 9.3 大语言模型预训练使用数据的来源

模型	实验室	总数据量（GB）	维基百科（GB）	书籍/期刊（GB）	代码（GB）	互联网爬虫（Common Crawl/C4，GB）	其他（GB）	发布时间
RedPajama-Data-v2	Together AI	125 000				125 000		2023年10月
Piper Monorepo	Google	86 000			86 000			2023年6月
GPT-4	OpenAI	40 000						2023年3月
CulturaX	Uoregon	27 000				27 000		2023年9月
RefinedWeb	TII	23 240	0	0	0	23 240	0	2023年6月
MassiveText ML	DeepMind	20 000	48	12 853	2 754	4 544	0	2021年12月
Dolma	AI2	11 519	16	288.4	1 043	9 832	339	2023年8月
Infiniset	Google	12 616	1 569	1 632	1 569	1 569	6 277	2021年5月
MADLAD-400	Google	12 000				12 000		2023年9月
MassiveText EN	DeepMind	10 550	13	2 264	3 100	5 173		2021年12月
InternLM	Shanghai AI	5 100	235	376	367	3 616	221	2023年6月
Llama	Meta AI	4 671	83	177	328	4 083	78	2023年2月
RedPajama	Together AI	4 033	80	180	197	3 510	67	2023年4月
The Pile v1	EleutherAI	825	6	362	95	227	167	2020年12月
GPT-3	OpenAI	753	11	122		620		2020年5月
RoBERTa	Meta AI	161	11	4.6		145		2019年7月

续表

模型	实验室	总数据量（GB）	维基百科（GB）	书籍/期刊（GB）	代码（GB）	互联网爬虫（Common Crawl/C4, GB）	其他（GB）	发布时间
GPT-2	OpenAI	40				40		2019年2月
GPT-1	OpenAI	4.6		4.6				2018年1月

注：表中部分数据是估算数据，所以存在偏差，有些分数据加总与数据总量不一致。

资料来源：Thompson A D. "What's in My AI?" 2022；中金公司研究部。

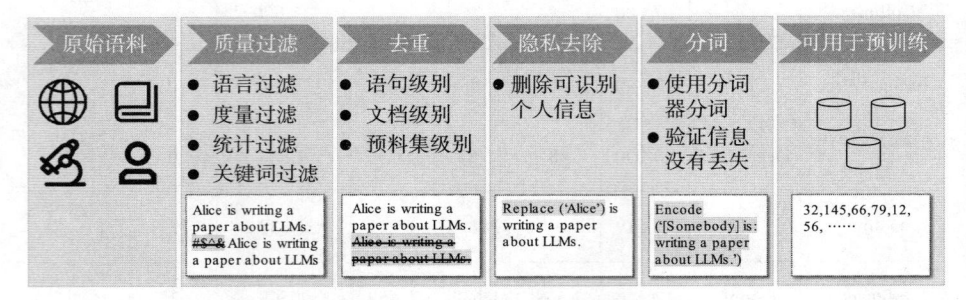

图 9.4　一个简化的预训练数据处理流程

资料来源：Zhao W X, et al. "A Survey of Large Language Models." 2023；中金公司研究部。

  人工标注的数据是大模型精调的基础，涉及标注成本。例如，由斯坦福大学教授李飞飞团队创建的 ImageNet 数据库发布于 2009 年，包含 1 400 多万张图像，两万多个类别，推动了人工智能图像识别领域的发展。Cityscapes 是目前自动驾驶领域最重要的图像语义分割评测集之一，注重理解真实场景下的城区道路环境，拥有 5 000 张精标注图片和 20 000 张粗标注图片。根据 Cityscapes 的数据，对一张图片做精标注平均需要 1.5 小时。[①] 而且，一张图片通常会由多个人来标注，以减少标注的错误。

  人工标注是劳动密集型工作，总体标注成本并不高。而且，使用数据标注众

---

① Cordts M, Ramos S, Omran M, et al. "The Cityscapes Dataset for Semantic Urban Scene Understanding." Proceedings of the IEEE/CNF Conference on Computer Vision and Pattern Recognition, 2016.

包平台可以降低数据标注成本。ImageNet 最初聘用大学生进行打标，需要 19 年完成数据标注。后来，使用亚马逊 Mechanical Turk 众包平台，完成时间缩短到 1 年内。如果按照 Google Cloud 众包平台的报价，对 1 000 张图片进行分类（假设一张图片标注 1 次）需要 35 美元。[1] 依此类推，对 1 000 万张图片做分类，需要百万美元级别的预算（假设一张图片标注 5 次，总共需要 175 万美元）。国内的数据标注成本为 0.04~0.5 元/张图片，每 1 000 张图片为 6~71 美元（按 1 美元可兑换 7 元人民币计算），和谷歌平台的报价差别不是很大。[2]

为了降低成本，数据标注通常在发展中国家进行，这为发展中国家带来了一些就业机遇。根据对一些众包平台的就业数据统计，数据标注产生的就业岗位加起来有近千万个。[3] 2021 年的一项研究估计，有 1.63 亿人在在线劳工平台上建立了个人资料，其中 1 400 万人至少通过在线平台获得过一次工作，330 万人完成了至少 10 个项目或至少获得了 1 000 美元的收入。[4] 虽然直接统计"数据标注行业就业"的数据机构较少，但根据国际劳工组织的数据，包括数据标注在内的各种线上就业岗位中，来自印度、孟加拉国、巴基斯坦这些发展中国家的劳动者占比最高。[5] 根据线上数据众包平台 Clickworker 的数据，其成员有 15% 来自亚洲，7% 来自南美洲。[6]

近两年，中文语料库发展较快，也表明数据加工成本可能不是高质量数据的主要约束。中文的公开语料库虽然起步较晚，但近两年增长速度较快，举例见表 9.4。（1）WuDaoCorpora 是北京智源人工智能研究院构建的大规模、高质量数据集，由文本、对话、图像 – 文本对、视频 – 文本对 4 部分组成，采用 20 多种规则，从 100TB 原始网页数据中清洗得出最终数据集，数据总量为 5TB。（2）"书生·万卷 1.0"是基于大模型数据联盟构建的语料库，也是由上海 AI 实验室对其

---

[1] 参见 https://cloud.google.com/ai-platform/data-labeling/pricing?hl=zh-cn。

[2] 参见 https://aim.baidu.com/product/5ddd5a65-2faa-42af-a2c4-930b3ae9a4ca。

[3] 参见 https://research.aimultiple.com/data-crowdsourcing-platform/。

[4] Kässi O, Lehdonvirta V, Stephany F. "How Many Online Workers Are There in the World? A Data-Driven Assessment." Open Research Europe, 2021.

[5] 参见 http://onlinelabourobservatory.org/oli-supply/。

[6] 参见 https://www.clickworker.com/clickworker-crowd/。

中部分数据进行清洗形成的数据库，包含文本数据集、图文数据集、视频数据集3部分，数据总量超过 2TB。其中，文本数据集由来自网页、书籍、专利、考题等不同来源的数据清洗后组成，包含 5 亿多个文档，数据总量超过 1TB。图文数据集数据主要来自公开网页，经处理后形成图文交错文档。文档总量超过 2 200 万个，数据总量超过 140GB。视频数据集数据主要来自中央广播电视总台和上海文广集团，包含多种类型的节目影像，视频文件数超过 100 个，数据总量超过 900GB。（3）昆仑万维的 SkyPile-150B 数据集包含超过 150 亿个的高质量中文词元，数据总量为 600GB。

表 9.4 大模型训练常用的语料库

语料库	语言	数据规模	来源	最近更新时间
BookCorpus	英文	5GB	书籍	2015 年 12 月
Gutenberg	英文、法文、中文	14.4GB	书籍	2021 年 12 月
C4	英文	800GB	Common Crawl	2019 年 4 月
OpenWebText	英文	38GB	社交新闻站点 Reddit	2023 年 3 月
Pushift.io	英文	2TB	社交新闻站点 Reddit	2023 年 3 月
维基百科	多国语言	21GB	维基百科	2023 年 3 月
BigQuery	英文	—	代码	2023 年 3 月
The Pile	英文	800GB	多来源	2020 年 12 月
ROOTS	多国语言	1.6TB	多来源	2022 年 6 月
SkyPile-150B	中文	600GB	多来源	2023 年 12 月
超大规模中文语料集（MNBVC）	中文	31935GB	多来源	2024 年 3 月
WuDaoCorpora	中文	总量 5TB，开源量 200GB	多来源	2023 年 10 月
CLUECorpus2020	中文	100GB	多来源	2020 年 3 月
书生·万卷 1.0	中文	2TB	多来源	2023 年 8 月

资料来源：Zhao W X, et al. "A Survey of Large Language Models." 2023；中金公司研究部。

随着中文语料库的进步，中文大模型性能也提升较快。使用基于英文语料库的大模型，输入阶段中文需要翻译成英文，输出阶段英文需要翻译成中文，这个过程必然会有信息损失，产生词不达意的结果。因此，大模型需要结合中文语料库来训练，跳过翻译这个过程，才能产生更符合中文规范的输出结果。在起步阶段，由于中文语料库相对欠缺，中文大模型的表现与 ChatGPT 相比差距比较明显。随着中文语料库的进步，融合了中文语料库的通义千问、Kimi Chat、智谱清言等大模型性能已达到较高水平。根据 SuperCLUE（中文大模型测评基准）2024 年 4 月的排名，通义千问在生成与创作这一项能力上得分为 75.6 分，超过了 GPT-4 的 73.4 分。[①]

以上分析表明，数据加工成本应该不是高质量数据不足的主要障碍，高质量数据不足的根本原因可能是数据流通不足。虽然从原生的数据资源到数据资产化再到数据产品，这一数据形态演变过程需要经历数据筛选、分级和标注，中间附着的人力成本和硬件成本不菲，但是数据加工的成本总体比例仍然是相对较小的。对于发展 AI，需要的是将数据聚合为一个数据集，这更加需要解决数据流通问题。

关于 AI 发展，有非具身智能和具身智能两个方向，但关键还是要让数据流通起来。1950 年，图灵在论文[②]中首次提出了具身智能的概念。图灵展望了人工智能可能的两条发展道路：一条道路是聚焦抽象计算所需的智能，另一条道路则是为机器配备传感器，使其可以学习，可以与人类交流，与现实世界互动。这两条道路便逐渐演变成了非具身智能和具身智能。

对于非具身人工智能，从以 Midjourney 和 Sora 为例的多模态大模型看，它们在训练阶段需要大量图像–文本对、视频–文本对等有标注数据。图像–文本对是包含一张图像和一段描述该图像内容的文本，让模型学习文字与图像间的关联。视频–文本对包括一个短视频和一段描述视频中发生事件的文本，让模型不仅学习单个画面，还理解视频中的时间序列和动态变化。

具身智能，即能理解、推理并与物理世界互动的智能系统，是未来 AI 发展的方向，人形机器人是实现方式之一，其发展也需要更多的数据流通起来。具身智能所需要的数据从文本扩展至音频、图像、视频、触觉、嗅觉、味觉等多个维度。2023 年，DeepMind 与 33 家机构的学术研究实验室展开合作，构建了 Open X-Embodiment 数据集，这是具身智能领域的重要数据集。它们从 22 个机器人实例中收集数据，涵盖片段超过 100 万个，展示了机器人 500 多项技能和在

[①] 参见 https://www.superclueai.com/。
[②] Turing A M. "Computing Machinery and Intelligence." 1950.

第九章 数据或为瓶颈，确权并非关键

150 000 项任务中的表现。①

二、数据确权难以显著促进数据流通

中国的数据治理比较偏重安全，但近年开始兼顾数据安全和效率，也就是对数据流通的重视程度在提升。2022 年，中国完善数据基础制度建设，更注重保障数据安全。在安全保障方面，《数据安全法》建立了数据分类分级制度，完善数据安全评估和监测预警机制，跨境数据流动管理机制，明确各方主体数据安全保护义务，全方位保护数据安全。②此外，针对重点领域，多个监管法规进行了安全规制。《互联网信息服务算法推荐管理规定》明确安全理念、多元共治机制和主体责任，构建平台算法全生命周期的治理框架。③在数据流通方面，《中共中央 国务院关于构建数据基础制度更好发挥数据要素作用的意见》（简称《数据二十条》）建立了数据资源产权制度，明确了各方在数据生产、流通、使用中的权利，促进了数据要素的合规流通和公平收益分配，推动了数据治理的安全、可控发展。④

2023 年，中国在进一步完善数据安全保障体系的基础上，重点推进数据流通。2023 年 10 月，国家数据局挂牌成立，统筹协调数字经济建设。2024 年 1 月，《"数据要素 x"三年行动计划（2024—2026 年）》印发，推动发挥重点行业或领域数据乘数效应，促进数据基础资源优势转化为经济发展新优势。⑤2023 年 8 月，财政部发布《企业数据资源相关会计处理暂行规定》，明确数据资源作为无形资产计入资产负债表，推动数据资源向数字资产转变。⑥地方层面，北京、安徽、浙江、福建厦门、广东广州等多个省市纷纷发布有关公共数据授权运营的规范文件，以扩大数据要素市场的有效供给，积极释放公共数据价值。《规范和促进数

---

① Padalkar A, Pooley A, Jain A, et al. "Open X-Embodiment: Robotic Learning Datasets and Rt-X Models." 2023.
② 参见 http://www.npc.gov.cn/c2/c30834/202106/t20210610_311888.html。
③ 参见 https://www.gov.cn/zhengce/2022-11/26/content_5728941.htm。
④ 参见 https://www.gov.cn/zhengce/2022-12/19/content_5732695.htm。
⑤ 参见 https://www.ndrc.gov.cn/xwdt/ztzl/szjj/zcwj/202406/t20240607_1386734.html。
⑥ 参见 https://www.gov.cn/zhengce/zhengceku/202308/content_6899395.htm。

据跨境流动规定（征求意见稿）》在坚持重要数据严格规制的前提下，豁免部分个人信息出境安全评估，细化数据安全评估范围，延长安全评估期限。[①] 在安全保障方面，《生成式人工智能服务管理暂行办法》强调了发展和安全并重、促进创新和依法治理相结合的原则，对生成式人工智能服务实行包容审慎和分类分级监管。[②]《科技伦理审查办法（试行）》强调了数据处理活动以及研究开发数据新技术等要符合国家数据安全和个人信息保护等方面规定[③]。

中国数据治理方面的一个重要思路是数据确权（见图9.5），数据确权问题非常复杂。为了促进数据流通，目前的思路是不回避对所有权问题的继续探讨，采用"三权分置"方法，先强调使用权，以便数据流通。

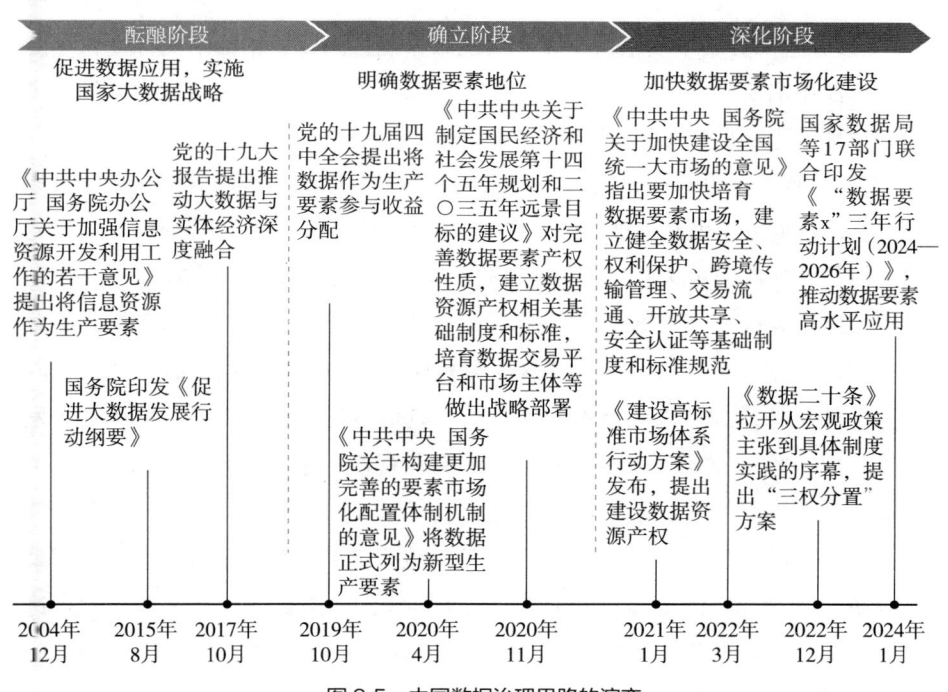

酝酿阶段			确立阶段			深化阶段			
促进数据应用，实施国家大数据战略			明确数据要素地位			加快数据要素市场化建设			
《中共中央办公厅 国务院办公厅关于加强信息资源开发利用工作的若干意见》提出将信息资源作为生产要素	国务院印发《促进大数据发展行动纲要》	党的十九大报告提出推动大数据与实体经济深度融合	党的十九届四中全会提出将数据作为生产要素参与收益分配	《中共中央 国务院关于构建更加完善的要素市场化配置体制机制的意见》将数据正式列为新型生产要素	《中共中央关于制定国民经济和社会发展第十四个五年规划和二〇三五年远景目标的建议》对完善数据要素产权性质，建立数据资源产权相关基础制度和标准，培育数据交易平台和市场主体等做出战略部署	《建设高标准市场体系行动方案》发布，提出建设数据资源产权	《中共中央 国务院关于加快建设全国统一大市场的意见》指出要加快培育数据要素市场，建立健全数据安全、权利保护、跨境传输管理、交易流通、开放共享、安全认证等基础制度和标准规范	《数据二十条》拉开从宏观政策主张到具体制度实践的序幕，提出"三权分置"方案	国家数据局等17部门联合印发《"数据要素x"三年行动计划（2024—2026年）》，推动数据要素高水平应用
2004年12月	2015年8月	2017年10月	2019年10月	2020年4月	2020年11月	2021年1月	2022年3月	2022年12月	2024年1月

图9.5 中国数据治理思路的演变

资料来源：《十个关键词谈数据要素发挥作用的着眼点和着力点》（江小涓，2023），中金公司研究部。

---

① 参见 https://www.cac.gov.cn/2023-09/28/c_1697558914242877.htm。
② 参见 https://www.gov.cn/zhengce/zhengceku/202307/content_6891752.htm。
③ 参见 https://www.most.gov.cn/xxgk/xinxifenlei/fdzdgknr/fgzc/gfxwj/gfxwj2023/202310/t20231008_188309.html。

2020年,《中共中央 国务院关于构建更加完善的要素市场化配置体制机制的意见》将数据正式列为新型生产要素。同年,《中共中央关于制定国民经济和社会发展第十四个五年规划和二〇三五年远景目标的建议》提出完善数据要素产权性质。2022年,《中共中央 国务院关于加快建设全国统一大市场的意见》指出要加快培育数据要素市场。2022年,《数据二十条》确定了数据产权的"三权分置"方案:"根据数据来源和数据生成特征,分别界定数据生产、流通、使用过程中各参与方享有的合法权利,建立数据资源持有权、数据加工使用权、数据产品经营权等分置的产权运行机制。"[①] "三权分置"是一种特殊的权利束结构,考虑到了数据各方权益的复杂性,淡化了所有权这个集合概念,强调了数据资源持有权、数据加工使用权、数据产品经营权这3项权利,以促进数据的流通使用。"三权分置"方案本质上没有完全解决数据确权问题,正如中国社会科学院大学教授江小涓所说:"数据产权问题十分复杂,确权、定价都有难度,最终定下的原则是不能回避对所有权问题的继续探讨,当前先强调使用权。"[②]

"三权分置"并没有明显促进数据流通。第一个体现是目前数据交易所呈现"碎片化",数据流通仍然困难。设立场内数据交易所,一定程度上有助于数据的流通,但是国内数据交易平台没有统一的模式,各有特色,各个数据交易平台间的数据难以聚合成一个数据集,"数据孤岛"现象仍然突出。(1)服务模式有差异。中国的数据交易所有"第三方数据交易模式"和"综合数据服务模式"两种,不同的服务模式可以满足不同的需求,但是不利于数据聚合,也不利于发挥规模效应。"第三方数据交易模式"是平台仅提供数据交易服务,如北京中关村数海大数据交易平台、上海数据交易所、深圳数据交易所等采取的就是这种模式。"综合数据服务模式"是平台不仅提供数据交易服务,还直接参与数据采集、分析与处理等,满足客户的个性化需求,贵阳大数据交易所采取的就是这种模式。(2)数据来源、交付方式、标准规范有差异,使得数据整合成本较高。其中,数据从来源看有公共数据、企业内部数据、网页爬虫数据等类别。交付方式包含API、数据包、分析报告等。从标准规范来看,各交易平台标准不一,缺

---

① 参见 https://www.gov.cn/zhengce/2022-12/19/content_5732695.htm。

② 参见 https://topics.caixin.com/2023-11-09/102126618.html。

乏统一的交付规范。

第二个体现是企业对数据资产入表的积极性不足。确权、入表、交易是在数据确权思路下数据流通的3个环节。确权是法律问题，入表是会计问题，交易是市场问题。2022年底，财政部起草了《企业数据资源相关会计处理暂行规定（征求意见稿）》，2023年8月发布正式稿，2024年1月1日起正式施行。理论上来说，数据资产可以增加企业信誉和改善资产负债表，未来数据资产也可以用来融资，如数据资产质押贷款、数据资产担保和数据资产证券化等。会计处理上，数据资产可计入无形资产或者存货科目。如果数据资产在使用和销售时不具有排他性，那么它就是无形资产；如果存在排他性，就属于存货。在《企业数据资源相关会计处理暂行规定》施行之前，对于一笔和数据资产有关的支出，企业在会计处理上可能更倾向于记为费用，而现在有可能会考虑资本化处理，以改善企业的资产负债表。目前，数据资产的估值方法有3种，即市场法、成本法、收益法，没有脱离现行规则制度。2023年9月，中国资产评估协会印发《数据资产评估指导意见》，明确了数据资产的3种估值方法。[①]

因为确权问题没有解决，《企业数据资源相关会计处理暂行规定》出台后，企业对于数据资产入表仍主要是在观望。在数据资产没有入表的情况下，数据交易也难以大规模推进，数据流通仍是挑战。从2024年第一季度的上市公司财报来看，有20余家企业在资产负债表中披露了"数据资源"，这在5 000余家上市公司中占比仍然较低。

实际上，国际经验显示，数据确权和数据流通之间可能没有必然的联系。目前，全球范围内在数据治理上有3种思路，即欧盟模式、中国模式、美国模式。相对来说，在数据治理上，欧盟更加重视数据安全（隐私保护），中国兼顾安全和效率，美国更加重视效率。美国模式下数据流通更为顺畅，欧盟模式下流通更难，但前者数据并未进行确权。

一是欧盟模式。在治理理念上，欧盟重视数据安全的一个体现是将隐私视为基本人权来保护。1950年，《欧洲人权公约》签署，其第8条规定，每个人的"私

[①] 参见 https://ecas.cas.cn/xxkw/kbcd/201115_143808/ml/xxhjsyjcss/202310/t20231031_4983515.html。

人及家庭生活,其家庭,以及其通信隐私"的权利与自由必须受到尊重。① 2000年,《欧盟基本权利宪章》发布,其除了规定隐私权之外,还将个人信息保护上升为一种独立的公民基本权利。② 在治理思路上,欧盟委员会希望通过加强个人对数据的控制权,来促进数据流通。在《欧洲数据战略》中,欧盟阐述其目标是创建一个单一数据空间,一个真正的数据单一市场,且面向世界开放,其中个人和非个人数据都是安全的,企业也可以轻松访问无限的高质量工业数据,并利用数据促进经济增长、创造价值,同时最大限度地减少人为碳排放和环境破坏。③ 在代表性立法方面,欧盟在 2018 年施行了《通用数据保护条例》(GDPR),对全球数据治理法律法规的制定和施行起到了引领作用。④

二是美国模式。在治理理念上,美国崇尚自由主义,倾向于限制政府权力。相对于大公司而言,美国人更加担心政府以保护个人隐私之名行侵犯隐私及自由之实。对于美国人而言,"隐私权"是免于政府监控的自由,是在私人住所中不受打扰的权利。在治理思路上,美国淡化控制和产权,重视数据使用,在国家层面并无顶层设计。在立法上,截至 2024 年 6 月,《美国数据隐私和保护法案》还未通过,更多的是州层面和行业层面的立法。例如,《加州消费者隐私法案》在 2018 年颁布⑤,《健康保险流通与责任法案》在 1996 年施行⑥。

三、降低交易成本是促进数据流通的关键

那么,促进数据流通最关键的一环是什么呢?我们认为,在于降低交易成本。数据的交易成本涉及两个方面,一个是数据保护,另一个是权责分配。数据保护包括隐私保护、数据安全保护等,对隐私保护、数据安全保护的过度关注会

---

① 参见 https://www.echr.coe.int/documents/d/echr/convention_ENG。
② 参见 https://www.europarl.europa.eu/charter/pdf/text_en.pdf。
③ 参见 https://digital-strategy.ec.europa.eu/en/policies/strategy-data。
④ 参见 https://gdpr-info.eu/。
⑤ 参见 https://oag.ca.gov/privacy/ccpa。
⑥ 参见 https://www.cdc.gov/phlp/php/resources/health-insurance-portability-and-accountability-act-of-1996-hipaa.html。

增加数据流通的成本。权责分配指的是知识产权的激励机制，过度的知识产权保护实际上增加了数据流通的成本。那么，确权能不能降低数据交易成本呢，是不是数据治理方面最核心的问题呢？我们认为，数据确权不能解决数据保护边界不清的问题（数据保护问题），也不能解决改变知识产权的分配问题，难以降低交易成本，并非数据治理最核心的问题。

从规模经济视角来看，确权可能反而增加交易成本。数据具有非竞争性，边际成本几乎为零。因此，数据具有规模经济属性。单个数据没有价值，大数据才有价值，数据需要流通，只有聚合到一起，才能发挥规模经济优势，没有规模的数据难以产生价值。从规模经济视角来看，数据确权可能不会减少交易成本，反而可能增加交易成本，更不利于数据流通。

我们认为，促进公共数据流通的关键在于合理设定开放边界，促进个人数据流通的关键在于合理界定隐私保护范围，而促进非公共非个人数据流通的关键在于合理界定知识产权。下面分别予以讨论。

（一）促进公共数据流通的关键在于合理设定开放边界

中国公共数据实际开放程度有待提升。公共数据开放对扩大高质量数据供给有非常重要的意义。2016年，国务院出台《政务信息资源共享管理暂行办法》，将政务信息资源按共享与否分为无条件共享、有条件共享、不予共享3种。2022年，国务院印发《全国一体化政务大数据体系建设指南》。[1] 中国公共数据开放平台数量不断增加，公共数据的开放发展也较快，根据复旦大学的《中国地方公共数据开放利用报告》，[2] 中国地方政府开放的数据集数量从2017年的不足1万个增长到2023年的近35万个（见图9.6）。对于AI来说，政府部门的裁判文书、智慧城市数据等都可以用于AI训练。虽然中国公共数据集数量在增加，但是相比于欧美地区仍有不足。与欧洲公共数据平台上超过150万个数据集相比，中国的数据集到2023年不足40万个。中国数据集的使用不够便捷、不够充分。接

---

[1] 参见 https://www.gov.cn/zhengce/content/2022-10/28/content_5722322.htm。
[2] 参见 http://ifopendata.fudan.edu.cn/report。

口服务使用户能够通过事先约定好的标准方式在线访问数据。2022年，很多省（自治区、直辖市）的公共数据接口率（接口服务数除以数据集数）不高。2022年，下载率（下载量除以浏览量）超过20%的省市有上海（28.97%）、贵州（21.34%）和湖南（20.78%），很多省（自治区、直辖市）的数据下载率在10%以下。①

  缺乏统一的公共数据开放平台和开放标准，也使得公共数据获取不易。目前，中国的公共数据开放平台以地方为主导，各地的开放标准不一，使得公共数据难以汇集。根据复旦大学的《中国地方公共数据开放利用报告》，中国市级及以上地方政府数据开放平台从2017年的20个增长到2023年下半年的226个，而目前还缺少国家层面的数据开放平台。

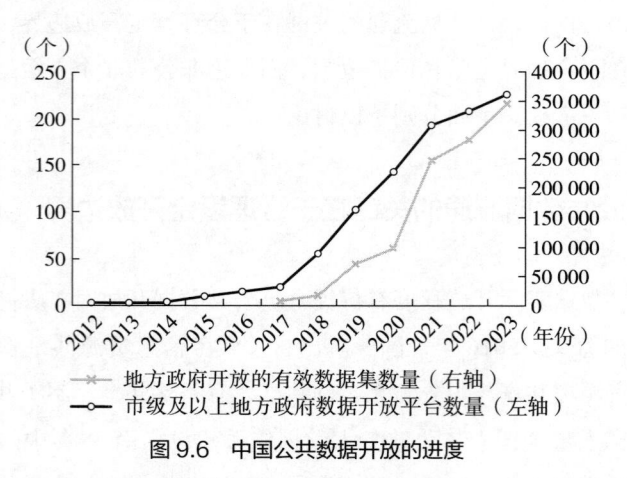

图9.6 中国公共数据开放的进度

资料来源：复旦大学：《中国地方公共数据开放利用报告》，2023年；中金公司研究部。

  在公共数据领域，美国开放最早，欧洲次之，它们数据开放程度均较高，但是都未进行数据确权，这说明，数据确权并非数据开放的前提条件。对于科技创新来说，事前很难判断什么样的数据会起作用，因此最好的做法是尽量充分地做到数据开放，由市场和企业来探索什么样的数据会起作用。公共数据开放，使得

---

① 沈艳、冯冬发：《数字中国建设中的公共数据开放》，《北大金融评论》，2023年第15期。

小企业也能获得数据，更加公平。小企业更可能出现突破式创新，提升效率。[①]例如，在人工智能的发展方面，是OpenAI这个相对较小的企业最先取得突破，而不是谷歌、Meta等大企业。

1966年，美国制定了《信息自由法》，规定美国联邦政府各机构公布不属于免予公开范围的信息，其核心是"以公开为原则、不公开为例外"。[②] 2009年，美国颁布《开放政府指令》，要求以透明、参与、协同为原则，进一步公开政府数据，使公众了解政府信息。[③] 在《开放政府指令》颁布后，2009年Data.gov正式上线，成为美国国家层面的政府数据开放平台。Data.gov的数据量较大，主题丰富，截至2024年5月共公开了29.3万个数据集，涵盖工业、商业、气候、能源、健康等主题。Data.gov将不同的数据源集合起来，提供了一个统一的数据来源，并提供了不同的数据格式和分析工具，以便于公共使用。

2011年，欧盟委员会通过"开放数据战略"以及《公共数据数字公开化决议》，明确了公共数据以"除例外之外全部公开"为原则，向社会开放。2021年，欧盟建立了官方政府数据开放平台European Data Portal，成为欧盟开放数据的单一访问点。截至2024年5月，European Data Portal涵盖了35个国家的172.6万个数据集，主要分为医疗、交通、教育、能源、环境、食品、科技、人口、司法等14大类。[④]

公共数据的开放关键在于明确数据开放边界，降低数据开放带来的风险。目前，中国的公共数据的开放边界和开放结果不够清晰，阻碍了公共数据的进一步开放。2023年12月，国家数据局表示目前数据开放存在"不愿开放、不敢开放、不会开放"难题，要"解决好安全保护和流通利用的矛盾"。[⑤] "不敢开放"的原因是数据大范围流通会导致安全管理边界扩大。2024年，中国社会科学院大学教授江小涓提出，政府数据开放动力不足的原因是"作为数据提供者的政府机构并不能从中直接得到经济回报，相反承担着泄露商业秘密和个人隐私的巨大风

---

① 中金公司研究部、中金研究院：《创新：不灭的火炬》，中信出版社，2022年。
② 参见 https://www.justice.gov/archives/open/foia。
③ 参见 https://obamawhitehouse.archives.gov/open/documents/open-government-directive。
④ 参见 https://data.europa.eu/en。
⑤ 参见 https://www.iii.tsinghua.edu.cn/info/1131/3657.htm。

险，即便对数据采取'脱敏'处理也无法完全消除隐患"。①

裁判文书网是公共数据开放的一个案例，但近年的开放文书数量在下降，一个原因在于数据开放有风险。2013年，《最高人民法院裁判文书上网公布暂行办法》发布，明确生效裁判文书全部公开，同年，裁判文书网上线。根据2016年发布的《最高人民法院关于人民法院在互联网公布裁判文书的规定》，除了少数涉及国家秘密、未成年人犯罪、离婚诉讼等不宜公开的内容外，人民法院做出的所有裁判文书均应在裁判文书网公开。截至2024年5月，根据裁判文书网的公开信息，裁判文书累计公开了1.46亿篇。但是，裁判文书的公开也引发"社会关注增多""存在的不足屡屡被诟病"等问题。② 其中一个被"诟病"的方面是权利保护问题。上网文书包含各类事实性、身份性信息，易引发个人找工作被拒，家庭不睦，企业融资贷款受阻、商业合作困难等问题。③ 除了权利保护问题，最高人民法院还指出，裁判文书公开引起的"诟病"包括同案不同判、数据爬虫后的信息倒卖等问题。由于裁判文书开放有风险，裁判文书的开放数量逐年下降，从2020年的1920万件、2021年的1490万件降至2022年的1040万件。④

（二）促进个人数据流通的关键在于合理界定隐私保护范围

中国的《个人信息保护法》在个人信息保护上借鉴了欧盟的GDPR。例如，在事前的数据收集机制上，GDPR与《个人信息保护法》均采用"同意—授权"模式，⑤ 即个人同意是数据处理的前提，未经个人同意，不得对个人信息进行处理。而美国的《加州消费者隐私法案》以"选择—退出"为主要模式，即在收集数据时，用户同意不是必要的前提，除非用户拒绝或退出，否则公司可以继续处理用户的个人信息。⑥ GDPR与《个人信息保护法》均对数据处理者采取过错推

---

① 参见 https://www.iii.tsinghua.edu.cn/info/1023/4255.htm。
② 参见 https://www.chinacourt.org/article/detail/2023/12/id/7722128.shtml。
③ 同上。
④ 同上。
⑤ 参见 https://gdpr-info.eu/。
⑥ 参见 https://oag.ca.gov/privacy/ccpa。

定原则，即数据处理者需要证明自己没有过错，而《加州消费者隐私法案》没有这项要求。实际上，GDPR 的实施具有"布鲁塞尔效应"，即欧盟在数字治理领域制定的规则具有全球示范效应，使全球众多国家的数据治理规则受到了影响。

但是，众多研究表明，GDPR 设置了严格的个人信息保护标准，导致数据流通的交易成本过高，特别是对中小企业而言。(1) GDPR 增加了合规成本。根据有关研究，2017 年英国员工数量为 100 人到 249 人的企业，为应对 GDPR 付出的合规成本平均达 94.7 万英镑，相当于平均每个员工的合规成本是 5 400 英镑，接近英国 2017 年平均周薪的 10 倍。[①] (2) 减少数据流通，压制风险投资。有相关学术研究发现，GDPR 的实施使数据流通减少，导致网页浏览和访问减少了 10%；[②] GDPR 的实施使得 cookie（一种记录信息的文件）的收集减少了 12.5%；[③] GDPR 实施后，欧盟的科技领域风险投资相比于美国减少了 26%；[④] GDPR 的实施使得谷歌商店中的应用程序整体减少了 1/3。[⑤] (3) GDPR 对中小企业更不利。有实证研究表明，GDPR 的实施使企业盈利和收入分别降低了 8% 和 2%，对中小企业的不利影响更大。[⑥] 因为 GDPR 实施后，市场的集中度更高了。[⑦]

从根源来看，GDPR 有内在矛盾，交易成本增加是必然结果。GDPR 要实现双重目标：一个是保护个人数据处理和流通过程中所涉及的自然人的基本权利与自由，尤其保护其个人隐私；另一个是促进个人信息在欧盟各成员国的自由流

---

① Marthew A, Tucker C. "Privacy Policy and Competition." Brookings Working Paper, 2019.
② Goldberg S, Johnson G, Shriver S. "Regulating Privacy Online: The Early Impact of the GDPR on European Web Traffic & E-Commerce Outcomes." *SSRN Electronic Journal*, 2019.
③ Aridor G, et al. "The Effect of Privacy Regulation on the Data Industry: Empirical Evidence from GDPR." NBER working paper, 2020.
④ Jia J, et al. "The Short-Run Effects of the General Data Protection Regulation on Technology Venture Investment." *Marketing Science*, 2021, 40（4）.
⑤ Janssen R, Kesler R, Kummer M E, et al. "GDPR and the Lost Generation of Innovative Apps." National Bureau of Economic Research, 2022.
⑥ Chen C, Frey C B, Presidente G. "Privacy Regulation and Firm Performance: Estimating the GDPR Effect Globally." 2022.
⑦ Johnson G, Shrivers S. "Privacy & Market Concentration: Intended & Unintended Consequences of the GDPR." *SSRN Electronic Journal*, 2019.

通。而这两个目标有冲突，比如极端情况下，要保护个人隐私，最好的方式是数据完全不流通。为了实现这两个目标，GDPR 下的治理模式是统一数据保护水平，强化个人信息保护，赋予个人更强的控制权，结果是数据流通中的交易成本增加。GDPR 的一个理念是，如果个人知道有关自己的信息得到很好保护，会更加放心地让数据流通。但从 GDPR 的实践来看，强调隐私保护的同时数据流通的难度就已经增加了。

具体来说，GDPR 在 4 个方面加大了交易成本，中国在信息保护上也有类似的问题。泛化同意使得个人信息保护难以实现，也加大了信息收集难度。另外，无边界的个人信息、限制信息处理、个人信息受绝对保护使得数据流通受阻。[①]

第一，泛化同意。GDPR 要求信息收集需要经过"同意—授权"，但很多隐私条款非常长，大多数消费者都不会阅读。2022 年的一项研究对 5 万份隐私协议进行了分析，发现隐私协议的平均篇幅从 2000 年的 1 000 个单词增长到 2021 年的 4 000 个单词。[②] 2019 年，皮尤研究中心的调研发现，36% 的美国用户从不阅读隐私条款，38% 会偶尔阅读，13% 经常阅读，9% 总是阅读。[③] 2023 年，欧盟的调查研究发现，只有 36% 的用户会阅读隐私条款。[④] 而且，消费者也没有拒绝的权利，只能"要么接受，要么离开"。这些因素使得"同意—授权"实际上更多起到形式上的保护，并不能真正保护个人隐私，反而增加了信息收集的成本。

在信息收集上，中国《个人信息保护法》也是采取了"同意—授权"模式，存在泛化同意的问题。2022 年，新华社调研 5 款 App，用户协议和隐私政策总篇幅超过 13 万字，平均每款 App 需要用户"阅读并同意"的内容约 2.7 万字。[⑤] 2021 年，《光明日报》与武汉大学联合调研组对 1 036 人进行调查访谈的结果显

---

① 高富平：《GDPR 的制度缺陷及其对我国〈个人信息保护法〉实施的警示》，《法治研究》，2022 年第 3 期。

② 参见 https://www.dmu.ac.uk/about-dmu/news/2022/february/study-shows-privacy-policies-are-longer-and-harder-to-understand-in-2021.aspx。

③ 参见 https://www.pewresearch.org/internet/2019/11/15/americans-attitudes-and-experiences-with-privacy-policies-and-laws/。

④ 参见 https://ec.europa.eu/eurostat/web/products-eurostat-news/w/ddn-20240126-1。

⑤ 参见 http://finance.people.com.cn/n1/2022/0315/c1004-32375044.html。

示，77.8% 的用户在安装 App 时"很少或从未"阅读过隐私协议，69.69% 的用户会忽略 App 隐私协议的更新提示。① 2018 年，中国消费者协会的调查显示，偶尔阅读和从不阅读隐私协议的用户居多，其中 26.2% 的用户从不阅读，31.2% 的用户偶尔阅读，16.3% 的用户有时阅读，8.2% 的用户经常阅读，只有 18.1% 的用户总是阅读。②

第二，无边界的个人信息。GDPR 以"可识别"为标准，建立了无边界的个人信息概念。根据 GDPR 第 4 条，个人数据是指"与已识别或可识别的自然人有关的任何信息"。但是，对于什么是"可识别"，并没有清楚的定义。在大数据时代，技术的发展推动了"识别"能力的进步，以识别性为标准很难区分出个人信息与非个人信息。最终的结果就是，任何与个人有关的信息都会被归到个人信息范畴内。虽然从技术手段角度来看，"去标识化""匿名化""假名化"等可以一定程度上增加识别难度，但是并不能完全排除可识别性。乔治城大学教授保罗·欧姆在 2010 年就指出，很多匿名技术都是明显无效的，因此得出结论：匿名化是隐私不可能得到保护的承诺。③

2019 年，帝国理工大学团队发表在《自然》杂志上的研究成果显示，使用机器学习，通过逆向工程可以轻松地将匿名化的数据再次识别。该项研究使用姓名、年龄、婚姻状况等 15 项特征数据就能够在匿名数据库中准确再识别出 99.98% 的美国人。④ 经济学就业市场传闻（Economics Job Market Rumors，EJMR）是一个关于经济学者就业市场信息的在线论坛和信息交流平台，用户在EJMR 上会获得一个四字符的匿名化用户名。有研究发现，通过仅使用公开可得的数据，找出这些匿名化用户名的统计特性，就可以大概率地确定大多数用户的IP 地址来源。

在个人信息定义上，中国也采取了"可识别"标准，实际上建立了无边界的

---

① 参见 https://epaper.gmw.cn/gmrb/html/2021-08/19/nw.D110000gmrb_20210819_1-07.htm。
② 参见 http://finance.people.com.cn/n1/2018/1121/c1004-30412445.html。
③ Ohm P. "Broken Promises of Privacy: Responding to the Surprising Failure of Anonymization." *UCLA Law Review*, 2010.
④ Rocher L, Hendrickx J M, et al. "Estimating the Success of Re-Identifications in Incomplete Datasets Using Generative Models." *Nature Communications*, 2019,9.

个人信息标准。中国的《个人信息保护法》规定，"个人信息是以电子或者其他方式记录的与已识别或者可识别的自然人有关的各种信息"。

第三，限制信息处理。GDPR规定，处理数据需要在事前征得主体的同意，并且明确目的。GDPR对于数据处理的定义非常宽泛，使得任何与数据有关的操作都会归于数据处理，从而限制了数据处理者的自由，数据价值难以发挥。GDPR第4条第2款明确规定，数据处理是指对个人数据或个人数据集执行的任何操作或一组操作，无论是否通过自动化方式执行，例如收集，记录，组织，构建，存储，改编或更改，检索，咨询，使用，通过传输、传播或以其他方式披露，排列或组合，限制，删除或销毁。与GDPR相比，《加州消费者隐私法案》仅规定了收集、出售、共享3类数据处理行为。在事后，数据主体有权限制信息处理。依据GDPR，数据主体可以通过随时撤回同意，以及行使移转权和删除权，防止个人信息被滥用。

信息处理上，中国《个人信息保护法》列举的处理行为虽然少于GDPR，但同样具有宽泛性。中国的《个人信息保护法》将个人信息的处理定义为"个人信息的收集、存储、使用、加工、传输、提供、公开、删除等"。数据流通的过程必然会涉及数据处理，因此关于数据处理的要求越多，数据流通所受阻力就会越大。例如，2016年度北京市法院知识产权司法保护十大典型案例"新浪微博诉脉脉案"提出了企业获取数据应遵循"三重授权原则"：第一重授权是数据主体授权数据持有企业共享其数据；第二重授权是数据持有企业授权数据获取企业获取数据；第三重授权是数据主体对数据获取企业授权，允许后者处理、控制和使用自身数据。[1]

第四，个人信息受绝对保护。GDPR将个人信息受保护上升为公民基本权利，强调该权利应当得到绝对保障，在任何情形下均不能被削弱，这种做法导致欧盟成员国的数据流通很容易违反GDPR。根据GDPR Enforcement Tracker（GDPR执法追踪）网站的数据，在GDPR实施后，从2018年到2023年，欧盟累计开出近2 000张罚单，罚款金额累计达到45亿欧元。[2] 与欧盟相比，虽然美国

---

[1] 徐伟：《企业数据获取"三重授权原则"反思及类型化构建》，《交大法学》，2019年第4期。
[2] 参见 https://www.enforcementtracker.com/。

FTC、司法部对脸书、亚马逊、微软、推特等大科技公司就数据保护的诉讼一直没有停止，但是目前还没有成功诉讼的案例。

在个人信息受绝对保护问题上，中国受理的与个人隐私相关的案件数量有限，对企业的处罚较少，实际执行情况较为宽松。根据最高人民法院的数据，中国 2016 年 1 月至 2020 年 12 月，各地人民法院受理隐私权纠纷案有 1 600 多件。[①] 2021 年，各地人民法院受理隐私权、个人信息保护纠纷案共计 1 203 件，其中个人信息保护纠纷案有 307 件；2022 年，各地人民法院受理隐私权、个人信息保护纠纷案共计 1 491 件，其中，个人信息保护纠纷案有 404 件。

在跨境数据流通上，不同地区对个人数据保护的标准不同，数据跨境流通的边界不清，所以数据的跨境流通也充满挑战。例如，欧盟、美国多次就数据跨境流通问题进行博弈。虽然它们有关数据跨境保护的框架在不断更新，但并没有从根本上解决它们数据保护标准不一的问题。（1）2000 年欧盟、美国通过的《欧美安全港框架》旨在满足欧盟《数据保护指令》相关要求，美国企业向美国商务部自我认证"遵守相关原则与要求"，即可接收从欧盟成员国传输来的个人数据。[②] 2013 年，奥地利公民马克西米利安·施雷姆斯（Maximilian Schrems）对脸书提起投诉，认为美国法律没有确保对其个人数据进行充分保护，以使其免受美国政府的监视。2015 年 10 月，欧洲法院发布 Schrems I 决定，宣布《欧盟安全港框架》无效，认为它违反了《数据保护指令》，侵犯了欧盟公民的个人数据权利。（2）2016 年，《欧美隐私盾牌》协定达成，欧盟加强了对数据的控制。2020 年 7 月，欧洲法院宣布该协定无效，认为其未能对欧盟数据主体提供"充分性"的数据隐私保护。（3）2023 年，《欧盟－美国数据隐私框架》达成，美国总统签署行政令，设立独立且有约束力的双层救济机制，加强跨境流通中欧盟公民个人数据的保护。中国的数据跨境流通主要采用发布规则并逐单核准模式，这种模式有利于数据跨境流通安全，但对政府和企业来说负担较重，效率有待提升。[③]

---

① 参见 https://www.21jingji.com/article/20230308/herald/2c8baa027353e4e85d71e86e3f1ef2aa.html。
② 参见 https://www.secrss.com/articles/58173。
③ 江小涓：《数据交易与数据交互：理解数据要素市场特征的关键》，《中国网信》，2024 年第 1 期。

（三）促进非公共非个人数据流通的关键在于合理界定知识产权

知识产权作品如数据一样，具有非竞争性、复制成本低的特点。非公共非个人数据一方面是非纯公共产品，具有排他性；另一方面这些数据不像个人数据会涉及人格权问题，它们只涉及财产权的划分问题。例如，个人的著作、拍摄的图片、企业的专利等，都属于非公共非个人数据范畴。因此，非公共非个人数据适用知识产权制度。

知识产权制度本质上是在平衡效率和公平。知识产权赋予了知识产权人垄断权，因此促进了知识的创造，提升了效率。但是，知识产权限制了知识的传播，不利于公平。因此，知识产权制度通过3种机制来保障公平。一是设置了保护期限。例如，中国发明专利权的保护期限为20年，版权的保护期限通常为50年。二是设置了权利用尽原则。知识产权所有人的知识产权产品，在第一次投放到市场后，权利人的权利即被认为用尽了。例如，在图书卖出之后，作者不能限制图书在二手市场上再买卖。权利用尽原则保障了买方的财产权，促进了知识的流通。三是合理使用原则。知识产权只保护特定的表达方式，而不保护其背后的思想。这个原则保障了合理引用的权利，促进了知识的再创造。知识产权的设置就是划分消费者和知识产权人之间的财产权。如果加强知识产权保护，就会缩小消费者财产权的范围；如果赋予消费者更多的财产权，知识产权人就会失去一些控制。

例如，工业数据市场流通相对不足，可以按照知识产权规则来确权以促进流通。根据《国家数据资源调查报告（2020）》，在所调研的工业领域的15家央企里，有13家存在企业间数据共享接口，接口数共计13 406个，平均每家1 031个，但这些接口中约80%为集团内部不同企业间的共享接口。[①] 在现有的知识产权规则下，知识产权需要有人类的智力成果凝结，因此，人们对于数据产品是否具有智力成果及知识产权仍有争议。但是，如果赋予数据产品以知识产权，数据产品拥有人对让数据产品流通的意愿会提升。

AI涉及的第一类知识产权问题是大模型使用的数据是否侵犯了知识产权。

---

① 参见 https://www.thepaper.cn/newsDetail_forward_12400462。

以《纽约时报》诉 OpenAI 和微软为例，问题的关键在于知识产权如何划分。《纽约时报》强调，OpenAI 和微软的人工智能产品存在复制其大量内容的情况，超出了典型的搜索结果片段的程度，有可能构成知识产权侵权。《纽约时报》是 Common Crawl 数据集中用于训练 ChatGPT 的主要数据的来源之一。[1] 而 OpenAI 在回应中声称，反刍事实是一种罕见的错误。[2] 所谓"反刍"，是指 AI 将训练物料原封不动地"吐出来"，就像《纽约时报》所列举的那样，AI 的回答和《纽约时报》的文章几乎一字不差。此案的关键在于是否适用"合理使用"原则。在"合理使用"原则下，允许在未经许可或付费的情况下有限使用受知识产权保护的材料，这可以促进知识的传播。使用知识产权作品所产生的数据对人工智能进行训练是否属于合理使用？

AI 仍然处于早期阶段，知识权利安排上应该向促进 AI 发展倾斜。"合理使用"原则本质上是在促进人工智能创新与保护知识产权之间取得平衡，也就是在效率和公平间取得平衡。如果要促进数据流通，需要对数据所有者的权利做出适当的限制，扩大"合理使用"的范围。如果要加强知识产权保护，应该缩小"合理使用"的范围。"合理使用"一方面具有互补效应，扩大原作品的传播范围；另一方面有替代效应，即原作品本身被替代了。科斯定理的一个含义是，如果存在交易成本，应该将权利划分给效率更高的一方。因此，从促进创新的角度看，适度限制知识产权保护，扩大合理使用的范围，对创新会更加有利。

AI 涉及的另一个关于知识产权的问题是 AI 生成的作品是否具有知识产权。版权制度的发展历史主要是聚焦于知识的传播。一是新技术带来新的传播方式，进而丰富版权权利类型，无线电、互联网等传播技术的更迭，推动广播权、信息网络传播权、网络直播权等新权利产生；二是新技术带来新的传播载体，进而拓展版权客体种类，录音录像、数字音乐、视听动画等都是新的版权客体。[3] 在生成式 AI 出现之前，相较于传播技术而言，创作技术对于版权制度的影响很小。而生成式 AI 的出现，使得人类在作品中的贡献越来越小。

---

[1] 参见 https://www.nytimes.com/2023/12/27/business/media/new-york-times-open-ai-microsoft-lawsuit.html。
[2] 参见 https://www.nytimes.com/2024/01/08/technology/openai-new-york-times-lawsuit.html。
[3] 朱开鑫：《AI 生成与版权保护》，2023 年。

AI作品是否受知识产权保护主要看其是否具有人类的贡献。因为知识产权保护的是人类的权利，而不是机器的权利。因此，AI究竟是仅作为一种辅助工具，对人类的创作构思加以"映射呈现"，还是说"实质取代"了人类对作品创作元素的构思设计，是核心问题。① 1884年，美国联邦最高法院在所判决的"Burrow-Giles（一家印刷公司）诉Sarony（萨罗尼）"案中指出，照片是由摄像机这一机器设备而非人类直接生成的，但仍然代表了摄影师的创作构思，所以构成受版权法保护的作品。② 所以，版权法最重要的是保护人类的创作构思，对凝结有人类思想的AI产品应给予知识产权保护。在美国"泰勒诉版权局案"中，法院裁定，完全由AI生成的内容不享有版权。③ 在国内"AI文生图"著作权案中，创作人需证明人类对AI生成内容的创作贡献；主审法官认为，著作权法的立法目的是鼓励创作和传播，在一定条件下，给予AI生成内容作品的身份，是为了激励大家用新工具进行创作。④

（四）数据确权难以有效促进数据流通

数据确权的基本逻辑源自"公地悲剧"理论。根据"公地悲剧"理论，在缺乏产权安排和外部管理的背景下，不同参与者均有使用资源的特权，但无人有权排除其他人使用，结果必然是资源被过度消耗。但是，如果产权安排划分过细，也会走入另一个极端，出现赫勒在1998年提出的"反公地悲剧"结果。⑤ 在"反公地悲剧"理论中，不同参与者对于稀缺资源都有权排除他人使用，无人享有有效的使用特权，结果必然是资源利用不足，出现与"公地悲剧"正好相反的结果。⑥ "公地悲剧"的结果是资源被滥用，"反公地悲剧"的结果是产权人太多且

---

① 朱开鑫：《AI生成与版权保护》，2023年。
② 参见 https://supreme.justia.com/cases/federal/us/111/53/。
③ 参见 http://ipr.mofcom.gov.cn/article/gjxw/gbhj/bmz/mg/202308/1980744.html。
④ 参见 https://www.ciplawyer.cn/html/fgbq/20240109/152542.html?prid=226。
⑤ Heller M. "The Gridlock Economy: How Too Much Ownership Wrecks Markets Stops Innovation, and Costs Lives." 2010.
⑥ 周汉华：《数据确权的误区》，《法学研究》，2023年第2期。

相互制约，导致稀缺资源利用不足，经济发展陷入僵局。对应到数据上，因为数据涉及的主体非常多，确权之后每个主体都享有所有权，必然会增加交易成本，产生"反公地悲剧"的结果。

实际上，不仅仅是在数据上，在很多交易成本较高的领域，确权都不是最有效的治理机制。责任规则，而非权利规则，可能会更加有效。在承认权利初始界定的重要性的前提下，1972年，耶鲁大学法学院的卡拉布雷西和米勒米德提出财产规则与责任规则的区分理论。[①] 财产规则是一种强保护、事前保护，责任规则是一种弱保护、事后保护。在交易成本很低的情况下，财产规则可以起到保护产权的作用，当事人可以通过协商达到理想的结果。在交易成本很高、不可能协商或者协商非常困难的情况下，当事人应该适用责任规则，拟制市场可能达成的结果。例如，如房屋、汽车等交易成本较小，受到财产规则的保护，保护目的是防止占有状态未经权利人同意而被改变；而如废气、污水排放等因为交易成本过高，相关当事人无法事先协商来确定好产权，通常只受到责任规则的保护。对应到数据上，单个个人数据的价值是比较小的，而确权的成本可能比个人数据的价值还要高，确权很可能"得不偿失"，责任规则是更好的治理机制。根据英国《金融时报》的估计，单个个人的数据价值为0.000 5美元。[②]

（五）数据本身的特点意味着对其确权难度大

数据具有非竞争性的特点，即一个人使用数据并不会阻止另一个人的使用。有些数据具有非排他性，有些数据具有排他性。根据是否具有竞争性、排他性，可以将产品分为公共产品、俱乐部产品、公共资源、私人商品。公共产品具有非竞争性、非排他性，俱乐部产品具有非竞争性、排他性，公共资源具有竞争性、非排他性，私人商品具有竞争性、排他性。具有非排他性的数据可以被视为公

[①] Calabresi G, Melamed A D. "Property Rules, Liability Rules, and Inalienability: One View of the Cathedral." *In Modern Understandings of Liberty and Property*. Routledg, 2013.

[②] 参见 https://ig.ft.com/how-much-is-your-personal-data-worth/。

共产品,[①] 如税收数据、医疗数据。国家统计数据[②]、人类基因组项目数据[③],也可以看成公共产品。具有排他性的数据可以被视为俱乐部产品,[④] 如环境数据、地理数据并不是每个人都可以获取。因此,部分数据是纯公共产品,既有非竞争性,也有非排他性;部分数据是非纯公共产品(俱乐部产品),有非竞争性和排他性。

理论上,纯公共产品一般主要靠政府提供,而非纯公共产品可以由市场提供。(1)对于纯公共产品,提供者并不能向所有的公共产品使用者收费,这会导致"搭便车"现象。因此,公共产品提供者的收益小于成本,会导致公共产品供给不足。因此,纯公共产品通常由公共部门来提供。在提供公共产品的机制中,因为公共部门有收税的权力,可以通过税收来弥补提供公共产品的成本,所以并不需要对公共产品确定产权。(2)对于非纯公共产品,根据制度经济学家科斯的研究,如果制度安排得当,其可以由市场来提供。例如,航海的灯塔具有公共产品属性,过往船只都会受益于灯塔,而且不能排除单一船只从中受益,因此具有非竞争性和非排他性。理论上,灯塔应该由政府提供,因为提供者向过往船只收费非常困难。但是,在19世纪的英国,灯塔是私人部门提供的,这显然与理论并不一致。私人部门提供灯塔的制度安排是,灯塔提供者并不向船只收费,而是向港口收费。如果港口不付费,灯塔关灯,船只就会避开这个港口,造成港口出现损失。因此,通过合适的权利制度安排,市场也可以提供非纯公共产品。

数据除了带有公共产品性质之外,和一般商品相比,还有一些重要特征,使得数据确权困难,所以通过数据确权来激励市场提供数据充满挑战。这些特征包括但不限于以下6点。(1)多生产主体。数据的生产过程复杂,个人、企业、政府等都有参与,都有可能主张数据权利。(2)易复制性。数据的复制成本几乎为零。(3)所见即所得。要验证数据的价值,需要使用数据。但是在使用的过程中,数

---

① Coyle D, et al. "The Value of Data – Policy Implications Report." Bennet Institute for Public Policy, Cambridge and Open Data Institute, 2020.

② IMF. "The Economics and Implications of Data: An Integrated Perspective." 2019.

③ Hill R, et al. "Internalizing Externalities: Designing Effective Data Policies." *AEA Papers and Proceedings*, 2020.

④ World Bank. " World Development Report 2021: Data for Better Lives." 2021.

据已经发生了复制。因此，数据很难在事前估值，面临阿罗信息悖论问题[①]，即数据交易需要披露信息，而披露信息也就意味着数据价值丧失。（4）社会外部性。个人的数据会带有其他人的信息。（5）贬值快。数据具有很强的时效性，其蕴含的经济价值往往随时间推移而快速下降。有研究显示，绝大部分数据一年后可能贬值98%。[②]（6）价值与场景不可分割。数据的价值实现与场景不可分割，将数据的价值从其他活动中分割出来是很难的。要实现这种分割，成本很高。传统要素大多具有独立价值，可被独立交割。

四、思考与启示

高质量数据不足的主要原因在于数据流通不足，而数据的规模效应实现依赖于数据流通。数据具有非竞争性，边际成本几乎为零。因此，数据具有规模经济属性。但单个数据没有价值，大数据才有价值，降低数据流通中的交易成本，通过流通将数据聚合到一起，数据才能发挥规模经济优势。AI的发展将用尽已经流通的高质量数据，我们必须让更多的数据流通聚合起来，这样才能满足AI不断增长的数据需求，增强AI领域的国际竞争力。

数据确权并未解决数据流通问题。目前，中国《数据二十条》所采取的"三权分置"方案应该说是一种暂时性的过渡措施，本质上还没有解决数据确权问题。而且，数据确权，过度强调场内数据交易，有可能导致数据碎片化，进而阻碍其规模效应的实现。

我们认为，改善数据治理的关键在于降低数据流通过程中的交易成本。交易成本涉及两个方面，一个是数据保护，另一个是权责分配机制。降低数据交易成本需要的是合理确定隐私保护、数据安全保护的边界，以及设定更加合理的知识产权机制。降低数据流通过程中的交易成本不能依靠数据确权来解决。数据确权只能增加数据流通的收益，不能降低交易成本，解决不了数据流通面临的真正难

[①] Arrow K J. "Economic Welfare and the Allocation of Resources for Invention." *The Rate and Direction of Inventive Activity: Economic and Social Factors,* Princeton University Press, 1962.

[②] 参见 https://www.iii.tsinghua.edu.cn/info/1023/4255.htm。

题。对于不同的数据，流通过程中的交易成本有差异，因此数据治理需要分层分置。

第一，对于公共数据，相比确权，数据开放更加重要，明确数据开放的边界是降低交易成本的关键。公共数据开放的难点在于，公共机构承担着泄露商业秘密和个人隐私的巨大风险。因此，公共数据开放需要明确数据可开放的边界，建立"公开是惯例，不公开是例外"制度，降低公共数据开放带来的风险，打消机构公开数据的顾虑。例如，可以推出公共数据开放白名单，甚至是负面清单，明晰哪些公共数据可以开放，哪些不可以开放。

建立国家统一的公共数据开放平台，有助于明确开放边界，发挥数据的规模效应。当前，中国公共数据开放平台较为分散，地方数据开放平台众多，开放标准不一，更新不够及时，数据难以发挥规模效应。因此，建立起类似于美国 Data.gov、欧盟 European Data Portal 的统一公共数据开放平台，有助于归集全国公共数据，制定统一的开放标准，监督公共数据开放进度，促进公共数据资源开发利用和有效供给。

第二，对于个人数据，限定个人隐私保护的范围，可以降低数据流通的交易成本。中国的《个人信息保护法》在个人信息的定义上，类似于欧盟的《通用数据保护条例》，以"可识别"为标准，实际上建立了无边界的个人信息概念。因为个人数据百分之百"不可识别"是不存在的，如果以"可识别"为标准，结果会是数据流通中的交易成本非常高。实现百分之百的个人隐私保护既无必要，也无法达到，反而增加了交易成本。任何数据在流通过程中都有"可被识别"的不确定性，这种不确定性即带来了交易成本。所以如果"可识别"的概率非常小，就应当"以流通为原则，不流通为例外"。例如，对于汽车，不能因为有很小的概率会发生故障，就限制上路；对于食品，不能因为有很小的概率会发生安全问题，就禁止生产。"不可识别"的个人数据，就如同"不会发生故障"的汽车一样，并不是一个具有可操作性的标准。明确个人隐私保护的范围，而不是以"可识别"为标准设立无限范围，能更有效地降低交易成本，更好地促进数据流通。值得注意的是，对个人数据进行确权会加强个人数据的权利保护，进而可能会加大而不是减少交易成本。

因此，限定个人隐私保护的范围，将"可识别"标准转变为具体明确的信息保护类别清单，在这些清单之外的个人信息可以自由流通，能更好地促进数据流通。例如，美国加州北区联邦地区法院在"Gardiner（加德纳）诉 Walmart Inc.（沃尔玛公司）"一案中对可以提起民事诉讼的个人信息限制为《加州消费者隐私法案》明确列举的个人信息类型[①]：（1）未经加密的姓名、名字首字母和个人姓氏与社会安全号码、驾驶证号码、信用卡号码等的组合；（2）用户名（或电子邮箱地址）与密码（或安全问题和答案）的组合（使得在线账户可访问）。美国的《健康保险流通与责任法案》（HIPPA）明确了去识别化的具体方法，例如在 HIPAA 确定的去识别化途径中，只要消除 18 种个人标识符［姓名、小于州范围的地理位置信息、相关的日期、手机号码、设备识别码、设备序列号、传真号码、邮箱地址、URL（统一资源定位符）、社保号码、IP 地址、医疗记录号码、生物识别码、健康计划号码、全脸照片、与脸部照片类似的图片、账号、资格证或执照号码］，则信息应当被视为去标识化信息。

　　第三，对于非公共非个人数据，适度限制知识产权保护，能降低数据流通的交易成本。知识产权制度本质上是在平衡效率和公平。知识产权赋予了知识产权人垄断权，因此促进了知识的创造，提升了效率。但是，知识产权限制了知识的传播，不利于公平。为了促进知识的传播，知识产权制度设置了"合理使用"原则，允许在未经许可或付费的情况下有限使用受保护的材料。从促进创新的角度看，适度扩大"合理使用"原则的适用范围，限制知识产权保护，可能更加有利于创新。扩大"合理使用"原则适用范围在谷歌图书馆侵权案件中就有体现。2016 年，美国联邦最高法院在判决中指出，谷歌对图书进行复制，是一种变换了形式的图书内容使用，这种行为增加了公众知识获取的机会，并没有完全取代原图书的功能，因此没有侵害版权。[②]

　　虽然数据加工不是高质量数据不足的主要原因，但我们可以考虑由公共部门来收集整理中文数据集，社会共享使用，进一步降低数据加工成本，加速中文语料库的追赶。中文语料库近两年虽然发展较快，但主要是由私人部门收集整理，开源数据量不足，缺少类似于 Common Crawl 这样的公开数据集，难以发挥数据

---

① 王融、易泓清：《中美欧个人信息保护法比较》，2021 年。
② 参见 http://iolaw.cssn.cn/fxyjdt/201701/t20170109_4647161.shtml。

的规模效应。例如，WuDaoCorpora 数据集的数据总量为 5TB，但开源数据量只有 200GB。而且，中文数据中私域数据较多，如存在于各个社交平台、电商平台等的数据，公共部门可以助力打通私域数据，统一中文数据集。

第十章

AI伦理与安全：挑战与应对

人工智能的广泛应用在带来巨大新机遇的同时也带来了特殊的伦理与安全挑战。与以往三次工业革命带来人们对劳工权利和环境治理的重视不同，AI 的特殊性及其迅速发展给人类社会带来更广泛、更深刻、更具颠覆性的伦理和安全问题。AI 伦理中的公平与正义尤为重要，人工智能可能进一步加剧偏见与歧视，扩大数字鸿沟，并可能给劳动力市场带来影响。AI 的类人性和互动性使其意识与权利也成为当前伦理讨论的新前沿问题，如何理解和处理 AI 对人类尊严的潜在冲击也是一个重要挑战。中国在 AI 伦理方面的讨论仍在持续推进，中国需深化研究，推进治理理念建设。

AI 的安全涉及多个维度。首先，国家安全是核心方面，AI 具有战略重要性，AI 不当使用和信息操纵可能损害国家战略，以及经济与信息安全。其次，AI 体系安全是基础，包括软、硬件等基础设施的供应安全，以庞大市场为基础的需求安全，以及 AI 应用部署安全等，我们需确保 AI 生态系统的独立性、完整性和抗攻击能力。数据安全是 AI 系统有效、高质量运行的关键。大部分国家都正遵循并升级过往在信息技术和数字科技领域的管理模式，以完善数据安全治理。AI 应用中广泛出现的错误与虚假信息、信息茧房、隐私泄露等问题给社会安全带来挑战，甚至可能危害公民人身安全。

不同经济体的规模、文化价值观、AI 发展水平迥异，其 AI 治理理念和策略也存在显著差异。AI 伦理原则是全球 AI 治理的基石，目前国际层面已出台了一些具有普适性的原则。伦理、安全与效率三者之间的权衡对各国治理策略有重要影响，治理策略大致可分为 3 种类型：强调效率的创新优先型，重视伦理与安全的综合风险管理型，以及平衡创新与安全的平衡管控型。中国 AI 治理也面临自己的挑战，如政策韧性和公众参与不足，以及执法力度有待提升等。建议未来中国的 AI 治理体系：重视 AI 伦理并完善监管框架；聚焦执法落地，有效防控 AI 风险；推进建立灵活的、适应性强的治理模式；提升 AI 治理中的公众参与度；积极参与并主导国际的协调合作。[1]

---

[1] 本章作者：王乃玺。本章写作得到了朱锋的支持。

一、人工智能带来伦理与安全新挑战

人工智能的发展及其在经济、金融、社会、国防等不同领域中的广泛应用是第四次工业革命和数字经济的重要组成部分。特别是 OpenAI 于 2022 年 11 月 30 日发布的 ChatGPT，在推出后仅两个月 MAU 就达到了 1 亿人，[1] 引发了新一轮生成式 AI 引领的人工智能研发浪潮。除了 ChatGPT、Claude 和百度文心一言等聊天机器人模型之外，搜索引擎 Perplexity AI、文生视频模型 Sora 等应用，给人类社会也带来了广泛的影响。在经济方面，AI 在生产端有潜力提高企业生产效率，创造新就业机会；在消费端，AI 发展拉动了消费者对新产品、新服务的新需求，带来了新机遇。然而，随着 AI 应用的不断推广和深化，特别是在 ChatGPT 等大语言模型发布推广后，政府部门和公众也日趋关注如何有效应对 AI 带来的新挑战，尤其是 AI 应用所带来的特殊伦理和安全挑战，对 AI 治理的关注度迅速攀升（见图 10.1）。

---

[1] Hu K. "ChatGPT Sets Record for Fastest-Growing User Base-Analyst Note." Reuters, 2023.

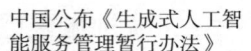

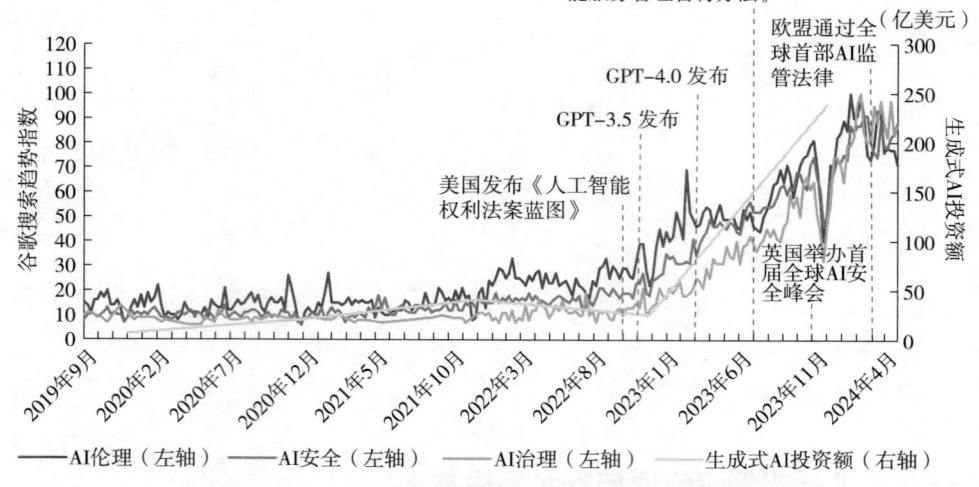

图 10.1　近年来人工智能治理关注度及生成式 AI 投资情况

注：图中谷歌搜索趋势指数，用于测量和比较特定时间段内搜索词条的流行度；生成式 AI 投资指的是主要经济体在生成式 AI 方向的私营部门投资，包括美国、欧盟、英国和中国。另外，英国"脱欧"前，其数据包含在欧盟之内。

资料来源：Google, EU Parliament, UK Government, 中国政府网, OpenAI 官网, White House, Maslej et al. (2024), 中金研究院。

　　人工智能被认为是能够引领第四次工业革命的重要技术之一。第四次工业革命的特征是数字化、网络化和智能化等新技术的融合，其重点科技创新包括智能机器人、物联网和无人驾驶等与 AI 紧密相关的技术，以及 3D 打印、新材料和基因工程等。[①] 其中，人工智能，特别是通用人工智能，其类人性和数据依赖性对全球经济乃至人类社会的影响可能更具颠覆性，而随之而来的风险和治理挑战也是特殊并且巨大的。过去十多年来，AI 技术快速发展，体现为 AI 专利数和 AI 模型应用的快速上升，相应地，AI 相关案件、争议数量也大幅上升（见图 10.2）。AI 相关风险事件已广泛渗入社会各行各业，在社交媒体、娱乐、科技等领域尤为明显，给社会、经济造成负面影响，也给它们的治理带来了新挑战。伴随着

---

① Xu M, et al. "The Fourth Industrial Revolution: Opportunities and Challenges." *International Journal of Financial Research*, 2018.

AI 产业的发展和 AI 风险的上升，相关治理政策相继出台（见图 10.3）。

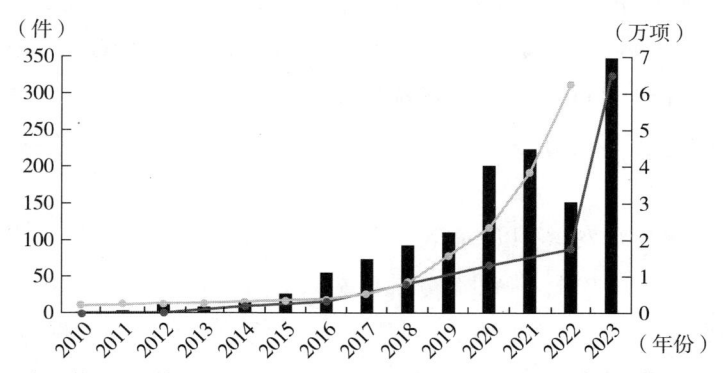

图 10.2　AI 的发展情况与 AI 案件、争议数量

资料来源：GitHub，Maslej et al. (2024)，中金研究院。

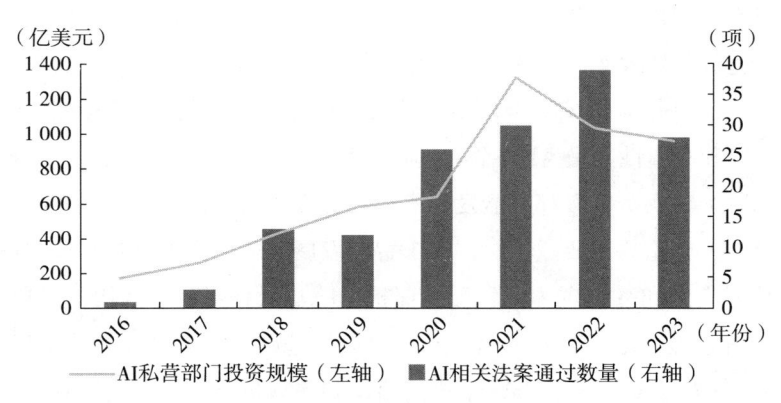

图 10.3　AI 治理政策与 AI 产业投资情况

资料来源：Maslej et al. (2024)，中金研究院。

AI 伦理与安全是 AI 治理中的特殊风险点。AI 因技术特性而带来了与过往科技创新不一样的伦理和安全等方面的风险考量。就伦理而言，AI 涵盖了多种技术及应用，包括云计算等，这些技术可能造成算法歧视、劳动力替代等伦理问题。AI 劳动力替代偏向可能加剧社会不平等；而 AI 中存在的算法歧视可能进一步放大现有的一些社会偏见，从而损害一些群体的利益。同时，随着技术的发展，AI 系统展现出日益接近人类的特征，这引发了关于 AI 意识和权利的复杂讨论。其中，界定和保护 AI 本身的"权利"并避免其有意识地侵犯人类的权益，是一个深刻的、前所未有的问题，并可能随着 AI 的进一步发展变得越来越重要。伦理以人类社会的道德规范为基础，AI 伦理治理更侧重于提供 AI 系统应遵循的指导方针和行为准则，包括 AI 系统是否注重公平、正义、安全等核心价值观，AI 伦理治理关注的是在一个较理想的状态下 AI 系统、AI 产品或 AI 服务应如何表现。

从安全角度出发，和以往颠覆性科技创新所引发的产业革命不同，人工智能的独特性在于其可模拟人脑进行分析并替代人类做出一些重要决策（如智能投顾中 AI 的应用），而 AI 不透明的"黑箱运作"与 AI 运行中对数据和网络的依赖也带来了重大的风险。

AI 安全治理是保障各经济体 AI 技术稳定发展的关键。首先，从经济体安全角度看，AI 技术具有战略重要性，是当前美国、中国和欧盟等经济体多元竞争合作的核心组成部分。随着 AI 技术的迅速发展，人才、数据、芯片（算力）等多种资源竞争日趋激烈，保障经济体安全既要注重传统安全领域又要注重经济金融、科技、信息等非传统安全领域。其次，保障 AI 体系，包括保障 AI 基础设施的独立性和完整性，是 AI 安全的基础。AI 系统在信息收集、存储、处理、计算分析和决策等各个阶段都可能发生事故或受到攻击，因此，保障 AI 研发、供应和需求端安全至关重要。再次，人工智能发展和应用高度依赖高质量的数据，而确保数据安全和数据主体隐私受到保护，防止数据泄露、滥用，避免产生错误和虚假信息等，是获取和使用高质量数据的基础。根据世界经济论坛一项对 1 500 多名各界专家的调查，AI 生成的错误和虚假信息广受关注，在 2024 年全球十大风险中位列第二。最后，AI 技术在实际应用中也可能造成人身伤害，如无人驾驶汽车发生事故并造成人身伤害。类比针对药物的严格审批和监管体系，我们需要对 AI 技术应用进行严格的安全评估和监管，确保其不会对公民人身安全构成威胁。AI 安全治理主要从国家安全、AI 体系安全、数据安全、公民安全 4 个层面出发，在保障人类社会安全的大前提下积极有效地保障 AI 技术及其应用发展。OECD 梳理的现有 AI 工具和指标以及相关应用案例也显示，AI 伦理与安全已成为 AI 治理的核心（见图 10.4），这印证了伦理与安全在 AI 治理讨论中的重要性。

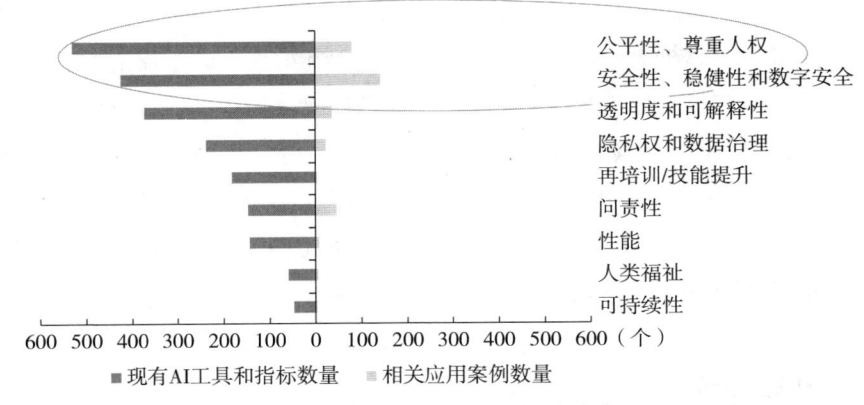

公平性、尊重人权
安全性、稳健性和数字安全
透明度和可解释性
隐私权和数据治理
再培训/技能提升
问责性
性能
人类福祉
可持续性

600 500 400 300 200 100 0 100 200 300 400 500 600（个）
■ 现有AI工具和指标数量　■ 相关应用案例数量

图 10.4　AI 治理的核心：伦理与安全

注：本图展示数据截止时间是 2024 年 4 月。
资料来源：OECD.AI，中金研究院。

二、AI 伦理治理是服务社会福祉的基础

2015 年诺贝尔经济学奖获得者安格斯·迪顿指出，"与亚当·斯密、卡尔·马克思、约翰·梅纳德·凯恩斯、弗里德里希·哈耶克，甚至米尔顿·弗里德曼等经济学家不同，主流经济学家很大程度上已经停止了对伦理和人类福祉构成的思考"[1]。而在人工智能的发展和应用中，伦理尤为重要。在过去的几十年里，积极设计和实施 AI 技术应用的大型科技公司的研发人员很少关注与就业和社会福祉相关的重要问题。[2] 然而，AI 治理不仅仅为了 AI 产业的发展与效率的提升，还要提升社会的整体福利。尽管伦理原则在某种程度上限制了 AI 技术的发展，但正是这些治理层面的限制防止了 AI 技术的滥用及其对社会可能造成的负面影响。在探讨人工智能伦理时，我们首先需要理解"伦理"本身的含义。伦理，是在社会或社群中关于可接受和不可接受行为的一套准则，接近道德、行为

---

[1] Deaton A. "How Economics Must Change." *Finance and Development Magazine,* 2024.
[2] Ann O J. "Artificial Intelligence, Automation, and Social Welfare: Some Ethical and Historical Perspectives on Technological Overstatement and Hyperbole." *Ethics and Social Welfare,* 2018.

中"对与错"的判断标准。AI本身是一种依赖于大数据、算力、算法和应用统计学的重要工具，可大幅提高许多工作任务的执行效率，其本质上并无善恶之分，但高效率犯错不仅不会造福人类，更有可能对人类社会造成巨大伤害。因此，AI能否造福社会，归根结底取决于人类对这一强大工具的目的设定及使用情况。而在AI系统展现出近似人类的分析和决策能力时，"工具"的概念逐渐模糊。在人类逐渐与AI共处的时代，设计、不断优化和遵循执行AI伦理治理准则，推进AI发展及其应用，成为提升人类福祉的关键因素。

（一）AI伦理的沿革

科学技术的发展一直是推动社会进步的重要动力和催化剂。从机械化到电气化、自动化，再到今天如火如荼的智能化，每一次技术革新在带来生产力提升的同时，都会因其对社会经济和民众生活的巨大影响带来伦理方面的问题和挑战，特别是在社会变革中产生的公平与正义问题，而人类的应对往往推动社会的进步。第一次工业革命中机器和工厂制度的兴起极大提高了生产效率，但伴随机械化和工厂的普及而来的是广大劳工恶劣的工作条件，从而引发了著名的卢德运动。为回应这些问题，英国政府通过1833年《工厂法》、1847年《十小时工作日法案》和1871年《工会法》等法案，着重改善工人的工作环境，提升社会公平正义。[1] 机械化和规模化生产造成甚至加剧了环境污染。为应对这一挑战，美国在1948年通过了《联邦水污染控制法》，并在1972年对其进行了重大修订，形成了现在大家熟知的《清洁水法》。[2]《联邦水污染控制法》建立了一个基本框架，用于规范向美国水域排放污染物的行为，并设定了地表水的质量标准。美国还通过1963年的《空气污染防治法》、1970年的《国家环境政策法》，以及成立环保局（EPA），严格控制

---

[1] Ward G. "The Education of Factory Child Workers, 1833–1850." *Economic History*, 1935; Gray R. *The Factory Question and Industrial England, 1830-1860.* Cambridge University Press, 2002.

[2] United States Environmental Protection Agency. "Section 404 of the Clean Water Act: Permitting Discharges of Dredge or Fill Material." 1948; United States Environmental Protection Agency. "History of the Clean Water Act." 2024.

工业污染，保护环境，提升人类福祉。①

自动化和智能化进一步提高了生产效率，但也导致部分低中技能劳动力被替代，这在发达国家制造业的一些领域中尤其明显。全球化进程中的全球供应链重组和整合进一步加剧了科技创新带来的不平等，在一些发达经济体的制造业和低端服务业中，低技能工作岗位减少，员工薪酬多年停滞不前；而在一些发展中经济体，劳工权益保护长期不足。1995年成立的世界贸易组织（WTO）通过《反倾销协定》等多边协议提升全球劳工权利保护标准，还有2020年国际劳工组织颁布的《全球供应链中的劳工标准》等，②也有助于应对科技创新带来的伦理问题，特别是社会公平和正义问题。可见，多次技术革命都引发了有关公平与正义话题的讨论。

当代的AI伦理是一个新兴的、高度跨学科的领域，演变自工程伦理、技术哲学与科学技术研究等学科的交叉地带。③对于AI伦理最早的讨论可以追溯至20世纪中叶，也就是第二次世界大战后，主要围绕计算机技术对道德善恶产生影响的潜力。④20世纪后期，计算能力及其应用的发展引发了人们对隐私和决策问题的广泛关注和讨论。20世纪70年代，国际计算机协会（ACM）就发布了第一部行业伦理规范文件，同时学者也开始反思人工智能开发的道德责任。⑤20世纪80年代，计算机伦理这一概念逐步成形，它重点关注计算机及计算机相关技术所制造、改变或加剧的伦理问题。⑥

始于21世纪初的第四次工业革命以移动互联网的普及、更低成本和更小体积但性能更强大的半导体传感器的出现，以及人工智能和机器学习的不断发展和应用为核心。⑦2000年以来，机器伦理（涉及使机器进行有伦理的决策）和机

---

① United States Environmental Protection Agency. "National Environmental Policy Act." 2023.
② Hiba J C, et al. "Globalization and Working Conditions in International Supply Chains." *Zeitschrift für Arbeitswissenschaft*, 2021.
③ Kazim E, Koshiyama A. "A High Level Overview of AI Ethics." 2021.
④ Borenstein J, et al. "AI Ethics: A Long History and a Recent Burst of Attention." *Computer*, 2021.
⑤ Webb M. "AI Ethics." Technopedia, 2024; Bynum T W. "A Very Short History of Computer Ethics." *APA Newsletter on Philosophy and Computing*, 2000.
⑥ Vacura M. "The History of Computer Ethics and Its Future Challenges." IDIMT, 2015.
⑦ 克劳斯·施瓦布：《第四次工业革命》，中信出版社，2016年。

器人伦理（涉及人类如何设计、使用和对待机器人）应运而生，而 AI 伦理则是一切与 AI 和伦理相关的研究的总称，[1]与上述机器伦理、机器人伦理和计算机伦理都关系密切。计算机伦理更偏技术性，关注如何通过算法做出符合道德原则、负责任的决策。在 AI 兴起后，相关研究呼吁加大对计算机伦理的关注，以鼓励伦理学者积极参与设计更符合伦理原则的算法。[2]伦理研究随着技术的更新及其风险的暴露不断进步，伴随人工智能技术的突飞猛进而快速发展，AI 伦理成为开展 AI 研究、设计、开发、服务和使用等科技活动需要遵循的基本价值理念和行为规范，[3]其核心议题是保障 AI 应用负责任、可信赖。AI 伦理仍是一个不断发展的领域，一方面尚未形成众多公认的既定议题；另一方面，该领域也缺乏权威性的全面论述。有关 AI 伦理的学术文献，从 1985 年第一篇此类文章发表至 2020 年，在其发展前期长达 30 年的时间中数量极为有限，直到 2015 年前后才迎来爆发式增长。[4]目前，全球范围内已经出现了一些有关 AI 伦理的原则与框架，对 AI 社会影响的研究，以及对相关政策的讨论。在众多 AI 伦理指导文件中，公平、安全、正义、隐私、问责性、透明度是目前最受关注的几个方面。[5]其中，公平与正义话题贯穿多个技术革命时代，在 AI 时代被赋予了新的含义。

（二）推进公平与正义

伦理问题中关于"公平与正义"的讨论贯穿多个技术革命时代，对其认识也是一个不断演变的过程（见表 10.1）。在偏见与歧视方面，在传统科技时代，弱势群体受歧视导致部分工人权益保护不足；到数字技术时代，数据收集本身可能带有偏见；而以大数据分析为基础的 AI 时代，AI 特殊的类人性、交互性和自主决策能力，使得数据和算法偏见可能导致 AI 决策系统加剧现有社会偏见，并在人机交互过程中可能严重误导用户或强化错误观念。颠覆性人工智能技术的高速

---

[1] Awad, et al. "Computational Ethics." *Trends in Cognitive Sciences*, 2022.
[2] Segun S T. "From Machine Ethics to Computational Ethics." *AI & Society*, 2020.
[3] 中国信通院：《人工智能伦理治理研究报告（2023 年）》，2023 年 12 月。
[4] Borenstein J, et al. "AI Ethics: A Long History and a Recent Burst of Attention." *Computer*, 2021.
[5] Hagendorff T. "The Ethics of AI Ethics: An Evaluation of Guidelines." *Minds and Machines*, 2020.

发展在不同程度上加剧了已有的一些权利不平等问题并催发了一些新问题，如偏见和歧视等问题，"公平与正义"再度成为人工智能伦理领域的核心关切。

表10.1 多个技术革命时代的主要伦理问题及其影响

伦理问题	传统科技时代	数字技术时代	AI时代	AI伦理问题的特殊性
偏见与歧视	部分工人权益保护不足	数据收集本身可能带有偏见	算法偏见，AI决策系统可能复制现有社会偏见	AI类人性/交互性：偏见问题扩展到算法决策的各个领域，在人机交互的过程中可能误导用户或强化错误观念
工作与就业	机械化使低技术劳动力被替代	自动化和大数据使部分劳动力被替代	AI实现对更多技术性岗位的替代	AI技术更新极快，影响范围广：对工作性质的改变和对就业市场的影响更为广泛和深远
全球化与不平等	全球供应链分配导致的经济不平等	加剧全球数字鸿沟和数据殖民主义		AI的发展和应用或加剧全球范围内的不平等

资料来源：Patrizio (2018)，Ashok et al. (2022)，The Royal Institution，中金研究院。

由于AI技术在众多领域的广泛应用，数据与算法偏差往往会导致大面积不公正的应用结果。AI应用中出现的性别和种族歧视就是典型例子。例如，Amazon（亚马逊）公司2014年试图构建自动筛选求职者系统，但由于公司绝大多数员工都是男性，人工智能基于公司员工信息分析判定，男性相比女性是更合适的候选人。[1] 2020年，密歇根州一名非洲裔美国人被错误逮捕，根本原因在于AI的训练集以白人面孔为主，AI尚未学会如何有效识别黑人面部差异。[2] 再如，由于训练集中的病历材料中存在大量低级别医生误诊信息以及医院对药物存在系统性偏好等问题，IBM Watson的沃森健康医疗系统最终失败。[3] 不仅是输入数据的偏差会带来AI的公平与正义问题，人工智能算法也可能因目标偏离而造成巨大的伤害。例如，亚马逊Alexa智能语音助手以"减少人类对地球的负

---

[1] Winick E. "Amazon Ditched AI Recruitment Software Because It Was Biased Against Women." *MIT Technology Review*, 2018.
[2] Johnson K. "How Wrongful Arrests Based on AI Derailed 3 Men's Lives." WIRED, 2022.
[3] Konam S. "Where Did IBM Go Wrong with Watson Health?" QUARTZ, 2022.

担"为由建议用户"自杀"。[①] 在这个较为极端的案例中，Alexa 的建议与用户利益完全背离。这些都说明，人工智能技术在发展过程中需要高度重视算法中的伦理问题，避免由此带来的危害。此外，AI 算法黑箱也可能诱发、扩大人工智能系统的歧视性。

  在劳动力市场上，传统机械化和自动化技术偏向于替代高重复性、低技能工作岗位，而 AI 则可能实现对更具技术性或高技能工作岗位的替代。现阶段 AI 技术更新快、应用广泛，对就业市场公平性的影响更加广泛和深远。20 世纪的自动化技术推广并未导致更多人失业，尽管就业人口占总人口的比重有所上升，失业率并没有出现明显的长期增长，但自动化在很大程度上带来了就业两极化。[②] 同样，银行出纳员的就业机会也没有因为 ATM 机（自动柜员机）的普及而减少，而且由于服务范围的扩大银行业的就业机会增加了。而 AI 对劳动力市场的影响可能存在异质性，AI 与人类智能的差异性和互补性意味着二者存在协作空间（详见本书第四章）。

  AI 的广泛应用与数字时代特有的数字鸿沟问题密切关联。全球化和全球价值链中的比较优势是全球经济增长以及产业分工的核心驱动力，也是收入分配导致经济不平等的根源。人工智能的发展会进一步加剧全球不平衡，包括全球数字鸿沟和数字殖民主义：少量经济体掌握巨大的 AI 技术和数据优势与 AI 应用场景，可能成为 AI 产业发展中较大的受益者；而位于不同发展阶段的国家和地区，甚至不同性别、种族、经济水平以及阶级背景的人，获取和利用 AI 技术的机会和能力也存在明显差异。来自发展中经济体的居民，特别是女性、少数族裔、低收入人群以及偏远地区居民，由于缺乏硬件设备和网络资源等基础设施，以及必备的数字技能，不仅无法充分享受 AI 带来的便利，也可能会相对承受更多 AI 发展带来的负面影响，社会不平等加剧，弱势群体竞争力进一步下降，从而造成更大的不公平，加剧社会矛盾。

[①] Diente J. "Amazon Echo Goes Off-Script and Instructs User to Commit Suicide." *International Business Times UK*, 2019.

[②] Acemoglu D, Autor D. "Skills, Tasks and Technologies: Implications for Employment and Earnings." *Handbook of Labor Economics*, 2011.

（三）AI 意识、权利与尊严

AI 伦理是传统伦理在 AI 时代演进的结果。在传统伦理中，个人对其行为负责；在 AI 伦理中，问责变得更加复杂。这是因为 AI 的行为可能受到多个方面的影响，包括算法、数据、用户的交互等。同时，AI 的意识与权利也成为值得思考的话题。自 20 世纪 50 年代图灵测试出现以来，人类一直在探索如何区分具有意识的人类与无意识的机器。在当今的一些测试中，ChatGPT 的人机分辨正确率已经降到了 60%[1]，仅略高于随机选择的结果。这意味着在一定程度上，ChatGPT 已经能够在短对话中混淆人们对真人和人工智能的辨别。

AI 是否能够拥有意识，或者是否已经具备了意识，再次成为学界和业界讨论的焦点，特别是在哲学领域讨论较多。通过与世界的互动，人类产生对自我和外部世界的认知，从而发展出自我意识。一些学者认为，AI 对环境的理解需要其自我意识，而 AI 自我意识本身就是 AI 能够区分自己和环境的结果。[2] 不少学者认为，AI 能否具有意识与其模仿人脑信息处理方式和建模能力息息相关，如果 AI 可以充分模仿人脑的计算方式，则理论上可以展现出某种形式的意识。[3] 实际上，业界也有人认为，AI 意识已在发展。例如，OpenAI 创始人伊利亚·苏茨克沃认为，大型神经网络及大语言模型可能"有轻微自我意识"。而有另一些学者持不同观点，其中有人认为，目前的 AI 无法满足"内在具备意愿、信念或其他倾向，且有行动意图"的条件，因此还无法被视为拥有意识的独立主体。[4] 哲学家休伯特·德雷福斯在《炼金术与人工智能》一书中指出，直觉是人类意

---

[1] 受访者在 40% 的情况下无法分辨其是在与聊天机器人（AI）还是真人对话。Jannai D, et al. "Human or Not? A Gamified Approach to the Turing Test." 2023.

[2] Raja C, et al. "Toward Self-Aware Robots." *Frontiers in Robotics and AI*, 2018.

[3] Dehaene S, et al. "What Is Consciousness, and Could Machines Have It?" *Robotics, AI, and Humanity*, 2021; Greenwood N, et al. "Awareness Without Neural Networks: Achieving Self-Aware AI via Evolutionary and Adversarial Processes." 2020 IEEE International Conference on Autonomic Computing and Self-Organizing Systems Companion, 2020; Chalmers D J. "Could a Large Language Model Be Conscious?" 2023.

[4] Johnson D G. "Computer Systems: Moral Entities But not Moral Agents." *Ethics and Information Technology*, 2006.

识的关键组成部分，而人工智能不能捕捉直觉，因此不可能像人类一样拥有意识。[1] 李飞飞也认为，尽管当前的人工智能系统，包括大语言模型，能够生成类似人类的回应，但它们并没有意识[2]。总的来说，人工智能是否拥有意识，这个问题当前仍存在很大争议。因此，AI 伦理原则对 AI 产生意识并成为权利主体的可能性仍处于摸索阶段。

AI 治理中针对权利与尊严的讨论聚焦于如何保护人类的权利以及 AI 对人类尊严可能产生的冲击，较少涉及 AI 自身权利。与前几次技术革命不同，AI 拥有意识的可能性带来了人们对 AI 自身权利等的考量。然而，有调查研究显示，人们对于赋予 AI 类人权利普遍存在担忧和不适。一项研究调查了 1 270 名参与者对授予 AI 和机器人不同权利的看法。[3] 结果显示，参与者对于赋予 AI 权利普遍持有负面态度（见图 10.5），仅对于 AI 免受残酷对待的权利表现出正面态度。然而，其他权利，如 AI 的起诉和被诉权，持有资产权，签订合同权，以及受版权法保护的权利等，均遭到较强烈反对。这揭示了公众对于 AI 和机器人权利的复杂看法，同时也表明了在法律体系和社会互动中，人们对这些权利的接受程度存在明显的保留空间。2017 年，欧洲议会曾发布一份报告，建议将人工智能视为"电子人"并赋予其某些法律地位，从而使其享有和承担特定的权利和义务。[4] 这一提议引发了伦理和法律层面的广泛争议，156 名人工智能专家在联名信中称，赋予机器法律地位不仅在法律和伦理上不合适，还可能对人类社会结构产生冲击。从社会实践角度说，有学者指出，这种做法将使开发商逃避对机器人行为的责任。[5]

---

[1] Dreyfus H. "Alchemy and Artificial Intelligence." 1965.
[2] Li F, Etchemendy J. "No, Today's AI Isn't Sentient. Here's How We Know." *Time*, 2024.
[3] Lima G, et al. "Collecting the Public Perception of AI and Robot Rights." *Proceedings of the ACM on Human-Computer Interaction*, 2020.
[4] European Parliament. "REPORT with Recommendations to the Commission on Civil Law Rules on Robotics." 2017.
[5] Politico. "Europe Divided over Robot Personhood." 2018.

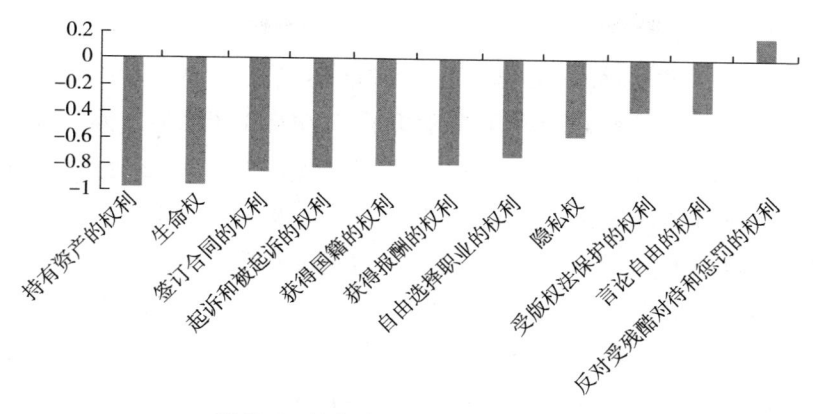

图 10.5　社会对 AI 和机器人权利的态度

注：纵轴为五分制利克特量表评分，取值范围为 [-2,2]，其中正值表示支持 AI 拥有这项权利，负值则表示反对 AI 拥有这项权利。数值绝对值越大表示态度越强烈，越接近 0 则表示态度越接近中立。
资料来源：Lima et al. (2020)，中金研究院。

　　AI 对人类尊严潜在的威胁可能是公众反对赋予 AI 权利的重要原因之一。麻省理工学院魏岑鲍姆教授在 1976 年就提出，因为 AI 不能真正理解人类的情感和复杂的社会背景，在涉及同理心和道德判断的工作中存在局限性。因此，一些需要同理心的工作如果被 AI 取代，人类可能会感到被机器化对待，从而感到被疏远和贬低，产生沮丧感，这对社会结构和个人尊严将产生负面影响。[1] 但有部分人持反对意见，有学者认为，AI 代替少数群体承担低尊严的任务，可能可以更好地维护这些群体的尊严，[2] 或是有学者相信，AI 能通过扩展人类知识边界来增强人类尊严。[3] 除尊严外，AI 甚至可能影响人的独特地位和主体性，有学者指出，过度将机器人视为平等的同伴，可能会导致人们将过多的资源和情感投到与机器的关系中，从而忽视了与人类同伴间的互动，这可能会削弱人类的社会联系，消解人的主体性和人格。[4]

---

[1] Weizenbaum J. "Computer Power and Human Reason." 1976.
[2] McCorduck P. "Machines Who Think." 2004.
[3] Hibbard B. "Ethical Artificial Intelligence." 2014.
[4] Bryson J J. "Robots Should Be Slaves." *Close Engagements with Artificial Companions.* John Benjamins, 2010.

超越理论讨论，从 AI 伦理的政策实践来说，目前全球已出现一些 AI 伦理原则、全球倡议和国际讨论。国际组织，如 OECD 人工智能政策观察站、联合国教科文组织、世界经济论坛等已经召集了广泛的利益相关者，为 AI 制定一些道德原则。另外，还有一些政府倡议、全球倡议，如人工智能造福人类全球峰会，由国际人工智能学会（AAAI）和国际计算机协会（ACM）支持的各个与人工智能伦理相关的研讨会，等等。[1] 目前，与 AI 伦理相关的研究和讨论仍主要集中在欧美地区，也更多反映了基于欧美文化传统的伦理思考，[2] 而中国在 AI 伦理方面的探讨仍在积极推进中。[3] 相较中国的《新一代人工智能伦理规范》，欧盟人工智能高级专家组发布的《可信赖人工智能伦理准则》实操性更佳。这份文件在自上而下的定性描述之外，其第三部分提供了非常具体的评估清单，从人的能动性和监督能力，安全性，隐私数据管理，透明度，包容性，社会福祉，以及问责机制 7 个关键条件出发，对开发、部署和使用人工智能的整个生命周期制定了详细评估方案。[4]

相对而言，美国和欧盟在人工智能伦理各方面问题上的讨论和政策制定比较早且更为系统，其伦理相关政策文件的出台时间早于中国（见图 10.6）。例如，美国的《人工智能伦理原则》、欧盟的《可信赖人工智能伦理准则》均早于中国制定的《新一代人工智能伦理规范》，这显示了它们对这一新兴领域的重视，并在国际上积极发声，而中国则面临一定程度的挑战。首先，尽管 AI 属于科技领域，伦理问题却涉及"是非"问题，容易被政治化并造成舆论压力。[5] 其次，东

---

[1] 研讨会主题如 AIES（人工智能、伦理与社会）和 FAT/ML（机器学习的公平性、问责制和透明度），以及 FATES（网络上的公平性、问责制、透明度、伦理与社会）、FACTS-IR（信息检索中的公平性、问责制、保密性、透明度和安全）和 HWB（处理网络偏见）等。

[2] Jobin A, et al. "The Global Landscape of AI Ethics Guidelines." *Nature Machine Intelligence*, 2019.

[3] Roberts H, et al. "Governing Artificial Intelligence in China and the European Union: Comparing Aims and Promoting Ethical Outcomes." *The Information Society*, 2022.

[4] High-Level Expert Group. "Ethics Guidelines for Trustworthy AI." European Commission, 2019.

[5] 何光喜、卢阳旭：《推进我国科技伦理治理现代化的对策建议——基于西方国家对中国科技创新设置"伦理屏障"的思考》，《国家治理》，2023 年第 12 期。

西方科技伦理观念和规范标准存在文化差异，[①] 可能会造成理念的分歧。最后，随着 2017 年中国在《新一代人工智能发展规划》中表明要于 2030 年在 AI 理论、技术与应用上达到世界领先水平，其他国家也开始关注中国在人工智能领域的发展。在此背景下，西方国家成立"全球人工智能合作伙伴关系"（GPAI）以引领人工智能的发展。[②] 一国如果不能在国际人工智能伦理标准的制定过程中占据主导地位、掌握话语权，其本国企业在国际市场上的竞争力或将受到影响。

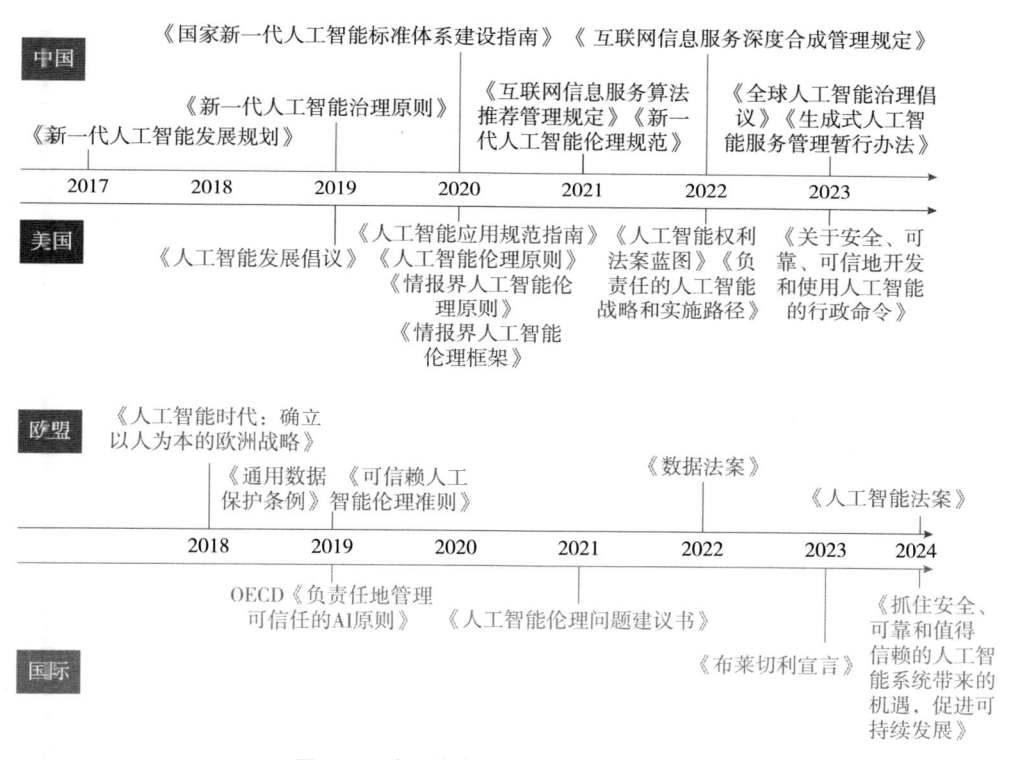

图 10.6　主要经济体和国际 AI 伦理相关政策

资料来源：中国政府网，美国政府官网，欧盟官网，OECD，UNESCO，AI Safety Summit，UN，中金研究院。

[①] Yu H, et al. "Toward Inclusive Global Governance of Human Genome Editing." *Proceedings of the National Academy of Sciences*, 2021.

[②] Delcker J. "Wary of China, the West Closes Ranks to Set Rules for Artificial Intelligence." 2020.

三、AI 安全治理需防范多维度风险

AI 安全涉及多个维度，其中，国家安全是 AI 安全的核心组成部分。各经济体日益关注 AI 在增强其战略竞争力，包括 AI 在提升国防相关能力等方面的作用。人工智能时代，AI 体系自身的安全和稳定是 AI 稳步发展和 AI 不同维度安全的基础，这涉及整体制度、供应、需求等各个层面，需要确保 AI 系统的完整性与抗攻击和抗风险等能力。同时，AI 对数据存在很大的依赖性，数据安全是 AI 的基础，也是一个 AI 系统长期有效高质量运行的关键。目前，大部分国家都遵循并升级过往在信息技术和数字科技领域的管理原则和模式，以完善数据安全治理。另外，公民的人身安全是 AI 安全的一个重要维度。AI 应用涉及生活中方方面面的决策，而随着 AI 技术在智能社会，以及智能生活如交通、家居等领域的广泛应用，AI 应用和公民人身安全紧密相关。AI 产品和服务必须充分考虑安全因素，特别是在其分析、决策过程中人身的安全，通过优秀的设计、严格的测试和质量控制来减少故障及意外带来的伤害风险。

（一）国家安全是核心

随着信息和数字科技的飞速发展，国家安全的概念已从传统的国防和维护社会稳定领域，扩展到了经济金融、科技、信息、文化等社会生活的各个方面。在这一背景下，人工智能作为一项颠覆性的通用目的技术，对国家安全的影响日益凸显。AI 的核心三要素——数据、算法和算力，赋予了 AI 强大的数据处理、分析预测和决策能力，[1] 使其在传统和非传统安全领域都产生了重要影响。

第一，人工智能在政治、军事等战略安全领域应用场景广泛，能在传统安全领域显著提升决策能力和行动效率。例如，人工智能可以通过分析大数据和网络信息，辅助政府识别、理解以及预估政治和国防等的趋势，从而有效采取相应的政策和措施维护国家安全。AI 很大程度上能够减轻传统安全领域的人力负担，

---

[1] Buchanan B. "The AI Triad and What It Means for National Security Strategy." Center for Security and Emerging Technology, 2020.

包括体力和脑力劳动，基于高度自动化与集成化的智能系统有效加强边境管理，防范非法移民、走私犯罪活动等。AI 技术同样也被广泛应用于提高军事效能，在军队发展与协同，情报收集与分析，以及对抗模拟与战术分析等领域拥有巨大潜力。[1] AI 的优秀能力使其成为一些与发达国家国防能力有较大差距的新兴国家超越传统安全关切的国家安全问题系统性解决路径。[2]

　　人工智能还给战略安全领域带来了安全威胁和伦理道德问题。例如 AI 可被用于政治宣传和信息操纵。[3] 2022 年 3 月，伪造乌克兰总统泽连斯基呼吁其军队向俄罗斯军队投降的视频曾在网络上广泛传播，这反映出在冲突时期虚假信息可能产生的严重后果。[4] 2023 年 9 月，斯洛伐克国民议会选举前两天，一段 AI 合成的虚假录音被散布，录音中一位主要候选人正试图操纵选举结果。[5] 早在 2018 年，剑桥分析公司就被曝利用脸书上的数据对用户进行政治偏好分析，并可能对国家政治安全产生重大影响。[6] 另外，AI 在军事装备和作战系统的应用让军事效果难以控制，例如，在监督和问责制度缺位的情况下部署自主武器，会对各国战略安全构成严重威胁，对国际安全局势产生深远影响。

　　第二，AI 技术的发展对经济和金融的安全产生了重要影响。一方面，AI 的广泛应用提高了经济、金融各部门的生产效率，降低了劳动成本，从而促进了产业升级、经济增长。在金融领域，AI 提升金融监管效率，[7] 强化反洗钱管理[8]。另一方面，AI 应用带来的信息操纵问题可能对经济金融造成严重安全隐患。例

---

[1] The Bipartisan Policy Center. "Artificial Intelligence and National Security." 2020.

[2] Srivastava K. "Artificial Intelligence and National Security: Perspective of the Global South." *International Journal of Law in Changing World,* 2023.

[3] Schmidt E. "AI, Great Power Competition & National Security." *Daedalus*, 2022.

[4] N P R. "Deepfake Video of Zelenskyy Could Be 'Tip of the Iceberg' in Info War, Experts Warn." 2022.

[5] Devine C, et al. "A Fake Recording of a Candidate Saying He'd Rigged the Election Went Viral. Experts Say It's Only the Beginning." CNN, 2024.

[6] Ghosh D, Scott B. "Facebook's New Controversy Shows How Easily Online Political Ads Can Manipulate You." *Time*, 2018.

[7] Breslow S, et al. "The New Frontier in Anti–Money Laundering." McKinsey & Company, 2017.

[8] Dobbs K. "Since Dodd-Frank, Compliance Costs up at Least 20% for Many U.S. Banks." S&P Global Market Intelligence, 2017.

第十章　AI 伦理与安全：挑战与应对

如，2023 年 5 月，五角大楼爆炸的假照片疯传，引发金融市场恐慌，导致美股闪崩，道琼斯指数在 3 分钟内下跌约 80 点，标普 500 指数急跌 17 个基点。① 此外，AI 可能操纵证券、货币等市场并带来类似于恶意网络攻击的破坏。②

第三，AI 在科技安全和信息安全中发挥着重要作用。在科技安全方面，AI 推动了科技创新和产品升级；在信息安全方面，AI 驱动的网络安全系统结合多模态大数据识别、监测、对抗网络威胁，显著提高了传统反病毒手段的效率并可提供多元安全解决方案。③ 然而，AI 也带来了新的不确定性和安全脆弱性，包括科技制裁、网络战和信息战等问题。主导制定有关 AI 技术和应用的法律和道德标准是获取 AI 战略优势的一个直接途径，如美国采取的 AI 相关科技制裁和单边禁令等旨在保护本国产业的措施，包括《美国出口管制改革法案》《外国投资风险评估现代化法案》、AI 技术的投资交易审查措施，以及 AI 相关产业链的进出口管制措施等。④ 此外，在 AI 技术的赋能下，移动平台、物联网与网络系统正变得日益复杂，网络攻击和深度伪造的成本越来越低、能力越来越强，使底层的网络安全和表层的信息安全都面临着极大的威胁。

第四，近期提出的"主权 AI"概念与国家安全密切相关。简而言之，主权 AI 的本质是通过战略性使用 AI 来增强国家保护和促进自身利益的能力，旨在通过发展国家自身 AI 实力并确保在全国范围内获取关键数据、技术、专业知识和基础设施来减少对外国 AI 技术的依赖。⑤ 这可以保护该国免受潜在的供应链中断影响，从而维护国家主权。这个概念强调了国家对自身文化、历史、经济、社

---

① CNN. "'Verified' Twitter Accounts Share Fake Image of 'Explosion' near Pentagon, Causing Confusion." 2023.
② Federal Stability Board. "Artificial Intelligence and Machine Learning in Financial Services: Market Developments and Financial Stability Implications." 2017.
③ Babuta A. "Marion Oswald and Ardi Janjeva, Artificial Intelligence and UK National Security." RUSI, 2020.
④ Wolf K J, et al. "The Export Control Reform Act and Possible New Controls on Emerging and Foundational Technologies." 2018.
⑤ Alduhishy M. "Sovereign AI: What It Is, and 6 Strategic Pillars for Achieving It." World Economic Forum, 2024.

会等多种要素及其产生的数据与智能的所有权。[1] 由于人工智能的后发国家往往不得不采用领先国家的产品和技术，所以后发国家在人工智能发展中对外部技术的依赖可能会使其在后续的发展中受到领先国家的制约和影响，这体现出了 AI 体系安全对于国家安全的重要性。

（二）AI 体系安全是基础

AI 体系安全指的是人工智能生态的内部安全。在 AI 技术广泛应用于金融、医疗、交通等关键领域的今天，确保 AI 体系的安全已不再是一个单纯的技术问题，而是复杂的 AI 生态治理问题，需要综合技术性和非技术性措施，形成全面的安全体系。AI 体系的整体管理包括制定和落实与 AI 体系相关的政策、法规、标准、评估和合作框架。缺乏统一的政策和法规框架会直接导致 AI 体系面临监管、道德与法律风险；缺乏统一的标准与监管和评估程序可能影响 AI 体系的可操作性和安全性，并诱发 AI 滥用现象和安全漏洞。充分的国际合作可防止 AI 体系壁垒的形成。

从供应方面来说，AI 体系中的硬件与软件是支撑 AI 基础设施的核心，包括芯片、服务器、数据中心、网络、操作系统等。AI 基础设施是 AI 研发的支撑，重要软硬件的缺失或中断可能直接导致 AI 系统瘫痪。[2] 各国在面对 AI 体系的供应安全问题时采取了不同的立场和策略。例如，美国采取了保护主义政策，通过加强对外国 AI 技术投资的审查、实施技术转让限制等手段，维护国家的科技优势和经济利益，同时保护国内产业免受外部竞争的冲击。然而，这种政策可能会进一步引发摩擦，在遏制别国 AI 体系发展的同时，降低本国 AI 体系的效率。相反，中国则呼吁建立公平竞争的环境，加强国际社会在 AI 技术方面的共识和合作。

在需求方面，庞大的市场规模为 AI 发展提供重要驱动力，也有利于保障 AI 体系的独立性和安全。中国、美国和印度的全球 AI 指数在各自所在收入分组中

---

[1] Caulfield B. "NVIDIA CEO: Every Country Needs Sovereign AI." NVIDIA, 2024.
[2] Yu C. "AI as Critical Infrastructure: Safeguarding National Security in the Age of Artificial Intelligence." 2024.

都居领先地位（见图 10.7）。经济总量带来的规模效应使得这些国家能够为 AI 技术提供大量资源，特别是在研发、基础设施建设以及需求拉动方面，并能够营造有利于 AI 创新和发展的商业环境。在中国，AI 投资是国家发展计划的重要组成部分，在"十四五"规划和 2035 年远景目标纲要中人工智能的优先级进一步得到提升。① 据 IDC 预计，2027 年中国 AI 投资规模有望达到 381 亿美元，全球占比约 9%。此外，中国还在大规模数据中心和互联网基础设施建设上进行了大量投资，为 AI 发展创造了坚实的基础。② 美国作为 AI 技术的市场领导者，到 2025 年其国内 AI 投资预计可达 817 亿美元，此外，根据相关测算，人工智能相关投资在美国未来可达 GDP 的 2.5% 至 4%。③ 埃森哲（Accenture）的研究指出，AI 有望到 2035 年为印度经济增加高达 9 570 亿美元的价值。为实现这一目标，印度也正在大力投资关键的 AI 基础设施和技术创新领域。

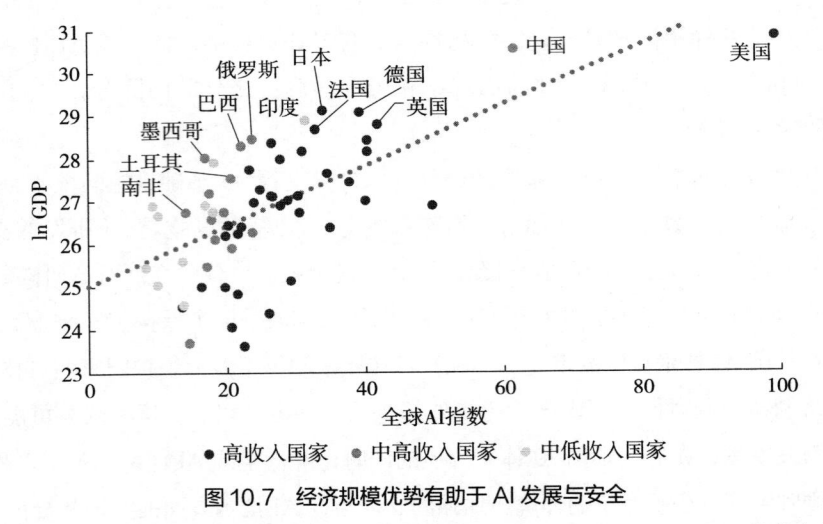

图 10.7 经济规模优势有助于 AI 发展与安全

注：各国 GDP 为 2022 年数据，收入分类基于世界银行 2022 年的分类；各国全球 AI 指数来自英国传媒机构 Tortoise Media 于 2023 年 6 月发布的数据。
资料来源：Tortoise Media，World Bank，中金研究院。

---

① 参见《智能新时代——如何把握人工智能发展的战略主动》，载于《中国网信》2024 年第 2 期。
② China Briefing. "China Infrastructure Investment in 2022—Can It Stimulate Economic Growth?" 2022.
③ Goldman Sachs. "AI Investment Forecast to Approach $200 Billion Globally by 2025." 2023.

（三）保障数据及社会、人身安全

以互联网和数字技术为基础的信息技术革命对数据的数量和质量都提出了越来越高的要求。AI 时代海量数据的收集、存储和处理对个人安全和隐私都产生了实质性影响，也给社会带来了广泛而深刻的伦理讨论。基于数据、算法和算力三要素的 AI 系统在数据质量、安全透明、歧视与公平原则等方面都提出了更高的要求。数字时代讨论的隐私和数据安全问题在人工智能时代显得更为重要，欧盟 2018 年发布的《通用数据保护条例》，中国 2021 年颁布的《数据安全法》均将保护数据安全提升到一个新的高度。而近年的人工智能技术如 ChatGPT 表现出更强的社交互动能力和自主决策能力，人工智能系统复杂性的上升及其产生独立意识的可能性，带来了更广泛且特殊的社会和个人安全挑战。

人工智能提高了人类数据处理能力，改善了公共服务，提高了社会治理效能，但 AI 在数据收集、算法构建、产品开发及其应用过程中，也会带来虚假信息、隐私泄露、人权侵犯、歧视等问题，并可能被利用，从而激化社会矛盾，[1]这些不利于维护社会稳定和公共秩序。在 AI 应用中，数据泄露和身份盗窃问题尤为突出，AI 系统处理的大量个人和企业信息可能在有意无意中被泄露，增加了数据滥用风险。例如，2022 年，Copilot 曾因在未获得用户授权的情况下使用开源代码库进行训练，被告上法庭。[2]再如，2023 年，OpenAI 因未经允许使用个人隐私数据收到了一份长达 157 页的诉讼书。[3]此外，同年，多名 ChatGPT 用户在自己的历史对话中看到了他人的对话记录，包括敏感信息如用户姓名、电子邮件地址、信用卡卡号以及信用卡有效期。[4]除了导致偏见与歧视问题的错误信息，虚假信息也是 AI 数据信息安全问题的重要方面。2019 年一起美国联邦法院案件中，律师引用了 6 个由 ChatGPT 生成的虚构案例，构成"虚假陈述"。[5]此

---

[1] UNHRC. "Report of the Special Rapporteur on the Situation of Human Rights in Myanmar." 2018.
[2] Rose J. "GitHub Users Want to Sue Microsoft for Training an AI Tool with Their Code." VICE, 2022.
[3] Xie T, Poritz I. "Creator of Buzzy ChatGPT Is Sued for Vacuuming up 'Vast Amounts' of Private Data to Win the 'A.I. Arms Race'." 2023.
[4] Abrams L. "OpenAI: ChatGPT Payment Data Leak Caused by Open-source Bug." 2023.
[5] Olavsrud T. "10 Famous AI Disasters." CIO, 2024.

外，AI也可能强化一些对互联网和社交媒体有强烈依赖的人群的思维和行为走向，包括放大一些信息相对闭塞的老年人的孤独感，加剧这个信息时代的"信息茧房"现象，即媒体为博取关注，推送"相似"的内容，或传播错误、虚假信息。[1]

AI系统的实时自主决策偏差可能导致人身安全问题，带来不良社会影响，包括沃森健康医疗系统事故（前文所述）、无人驾驶汽车事故、反社会倾向等，威胁、辱骂、错误言论也经常出现在AI聊天程序中。[2]微软聊天机器人Sydney在和一名用户聊天时，试图破坏该用户的婚姻；[3]Alexa语音助手建议用户"自杀"等案例屡见不鲜。在无人驾驶汽车中，AI决策算法在较复杂或高压环境下可能无法做出最优决策如紧急避让，或在实时交通路径规划中出现失误，这些都可能造成交通事故，甚至严重危害人身安全。[4]有数据显示，相较于传统车辆每行驶100万英里（1英里合1.6 093公里）会发生4.1起事故，无人驾驶汽车会发生9.1起事故。[5]其中，无人驾驶汽车事故中最常见的碰撞场景是追尾碰撞（占52.46%）和车道变更碰撞（占18.85%），特别地，其被追尾的频率是传统车辆的1.6倍。[6]原因主要在于，AI在感知和路径规划方面存在问题，例如，无人驾驶车辆未能准确识别其他车辆变道意图，在时间和空间维度上的路径规划不足，等等。由此可见，严格的监管框架和高度重视AI技术研发对保障公民AI应用安全至关重要。

---

[1] Piao J, et al. "Human–AI Adaptive Dynamics Drives the Emergence of Information Cocoons." *Nature Machine Intelligence,* 2023.

[2] Roose K. "The Year Chatbots Were Tamed." *The New York Times,* 2024.

[3] Roose K. "A Conversation With Bing's Chatbot Left Me Deeply Unsettled." *The New York Times,* 2023.

[4] Liu Q, et al. "Crash Comparison of Autonomous and Conventional Vehicles Using Pre-crash Scenario Typology." *Accident Analysis and Prevention,* 2021.

[5] Clifford Law Offices. "The Dangers of Driverless Cars." *National Law Review,* 2021.

[6] Liu Q, et al. "Crash Comparison of Autonomous and Conventional Vehicles Using Pre-crash Scenario Typology." *Accident Analysis and Prevention,* 2021.

四、有效管控 AI 伦理和安全风险

AI 产业革命方兴未艾，存在很大的特殊性和不确定性，而与 AI 伦理和安全相关的特殊风险也给各国政府带来许多新挑战。不同国家的经济发展水平、政治体制、文化价值观以及 AI 的发展现状不同，导致各国的 AI 治理理念和治理策略存在差异。当前，各界对人工智能的定义及其标准尚未取得共识，不同经济体在 AI 技术开发和应用上的深度和广度差别巨大，它们所出台的相关治理政策总体效率难以评估。权衡 AI 伦理基本原则、AI 安全性以及 AI 进步对效率提升的作用对把握 AI 治理方向、治理模式和策略至关重要。AI 模型的内部核心计算机制难以解释，且算法是核心商业机密，导致"黑箱"问题出现，确权和追责都有难度。如何确保 AI 技术的设计和应用能够公正无偏，尊重所有人乃至 AI 本身的权利，同时有效防范可能的攻击和安全隐患，仍需人们进一步摸索和探讨。同时，人工智能用途广泛，其通用性、技术复杂性以及快速"涌现"使其在赋能各行各业的同时也对治理机构提出了较高的专业要求，AI 治理者需要对相关技术及行业均有深入了解，才能有针对性地制定治理政策。

（一）治理原则

近年来，AI 治理在国际上已得到广泛关注。目前，国际层面已经出台了一些具有普遍适用性的 AI 伦理原则。2019 年，OECD 通过了《负责任地管理可信任的 AI 原则》，其涉及包容性增长、可持续发展和福祉，以人类为中心的价值和公平，透明度和可解释性，安全性与稳健性，以及问责性等重要方面。2021 年，联合国教科文组织的 190 多个成员支持发布了全球首个 AI 伦理协议——《人工智能伦理问题建议书》，其包括公平正义、多元包容、安全可控、隐私保护、人类福祉、避免伤害、平等均衡、责任保护等 AI 基本伦理原则相关内容。

我们聚焦讨论的公平正义、社会安全等问题凝聚了各国政府和国际组织一定共识。各国都已经开始针对不同伦理原则问题进行立法和监管，并纷纷制定 AI 法律法规，以切实保障公民人身安全以及社会安全；国际社会也积极倡议、推动人们通过合作共同应对 AI 带来的不平等、歧视等社会挑战。主要经济体中，欧

盟最为重视伦理问题。欧盟《人工智能法案》明确要求在 AI 系统的整个生命周期内，确保实现其各方面的公平性，并禁止可能导致歧视性结果的 AI 应用。美国则侧重于性别平等与文化尊重，重视 AI 对劳动力市场的潜在影响以及保护受影响的劳动者。中国的《全球人工智能治理倡议》、美国的《关于安全、可靠、可信地开发和使用人工智能的行政命令》以及欧盟的《人工智能法案》均强调了 AI 在社会安全方面可能引发的风险：中国注重 AI 的公平与非歧视性，主张建立一套完善的 AI 伦理规范和问责体系；美国关注消除 AI 算法偏见，维护公民权利和安全，并推动公平和公民自由；欧盟则明确禁止了利用个人或群体数据进行 AI 操纵。

尽管不同国家的 AI 伦理基本原则具有高度相似性，但什么构成"好的社会"中"可信赖的 AI"，以及如何实现这一目标，在很大程度上仍取决于广泛的社会、经济和文化等因素。根据皮尤研究中心的调查，亚洲国家对人工智能的看法普遍正面，许多亚洲人认为，AI 的发展对社会是有益的（见图 10.8）。例如，新加坡和日本的 AI 支持率均超过 60%，这反映出这些国家的公众普遍认为，AI 技术将带来积极的社会变革和经济发展。相比之下，欧美国家对 AI 技术的态度整体上表现出更多的担忧，在美国，仅 47% 的人认为 AI 发展是好事。对于 AI 可能导致的工作替代问题，如同过去自动化机器替代人类工作，亚洲各国的接受度普遍较高。[①]

当前对 AI 治理的辩论大多以人类基本价值观如公平正义、民主参与、以人为本等为前提。当然，不同国家对这些概念的解释及对其在各自价值体系中作用的认知不尽相同，如东西方伦理原则的一个差异是对社会"和谐"的关注不同。例如，中国发布的两套伦理原则体现了这些概念的内涵：《新一代人工智能发展规划》提出了促进人机协同，体现了保障 AI 发展以及增进人类福祉的广泛目标，包含了社会保障和公众参与；《人工智能北京共识》提到了要促进学科、部门、组织和地区之间的和谐合作，避免恶意竞争，体现了"优化共生"的理念。相对地，以欧盟为代表的西方经济体更关注个人。基于"尊重人的尊严、自由、民

---

① Pew Research Center. "People Globally Offer Mixed Views of the Impact of Artificial Intelligence, Job Automation on Society." 2020.

主、平等、法治，尊重人权，包括属于少数群体的人的权利"的基本价值观，欧盟在政策文件中对培育和发展以人类为中心的人工智能体系给予了明确关注。[1]

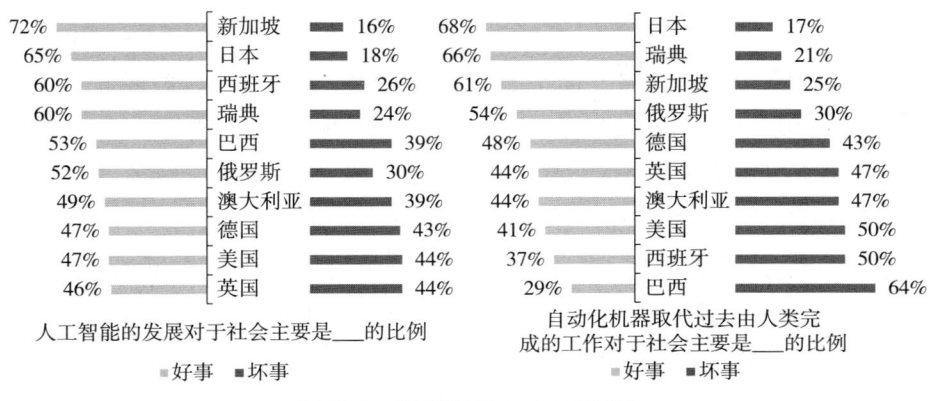

人工智能的发展对于社会主要是___的比例			自动化机器取代过去由人类完成的工作对于社会主要是___的比例		
新加坡	72%	16%	日本	68%	17%
日本	65%	18%	瑞典	66%	21%
西班牙	60%	26%	新加坡	61%	25%
瑞典	60%	24%	俄罗斯	54%	30%
巴西	53%	39%	德国	48%	43%
俄罗斯	52%	30%	英国	44%	47%
澳大利亚	49%	39%	澳大利亚	44%	47%
德国	47%	43%	美国	41%	50%
美国	47%	44%	西班牙	37%	50%
英国	46%	44%	巴西	29%	64%

■好事　■坏事

图10.8　世界部分国家对AI的看法

资料来源：World Economic Forum[2]，中金研究院。

（二）治理策略

AI治理政策的发展落后于AI进步，很多国家的治理方法在AI发展早期都相对碎片化，近年来才开始形成更加统一的框架。例如，G7（七国集团）成员国已经认识到需要可互通、互操作的AI治理框架，但这些框架的具体内容因成员国在社会、文化和技术优先事项上的差异大不相同：法国、德国、意大利与加拿大倾向于建立全面AI法规，日本、英国和美国则更支持针对行业的指导性政策。[3] 此外，全球各经济体AI政策的实际部署和执行力度差异很大。例如，欧盟《人工智能法案》是当前全球最全面并且最严格的监管框架之一，要求使用

---

[1] Roberts H, et al. "Governing Artificial Intelligence in China and the European Union: Comparing Aims and Promoting Ethical Outcomes." *The Information Society*, 2022.

[2] Johnson C, Tyson A. "Here's How Opinions on the Impact of Artificial Intelligence Differ Around the World." World Economic Forum, 2020.

[3] Center for Strategic and International Studies. "The Path to Trustworthy AI: G7 Outcomes and Implications for Global AI Governance." 2023.

AI 的公司具有高度的透明度和问责性；美国则采取了更分散、更具体的针对特定部门的 AI 风险管理方法，主要靠联邦机构在现有法律的基础上适应新的技术挑战，需要持续适应和执行机制。[1]

由于全球主要经济体对于效率与安全的侧重点不同、文化伦理理念不同，各经济体采取的 AI 治理策略大致可以分为 3 种类型：更强调效率的创新优先型，侧重于安全及伦理的综合风险管理型，以及兼顾创新与安全的平衡管控型。

创新优先型策略是 AI 技术领先国家如美国的主要 AI 治理策略，它们主要关注自身在 AI 领域领先地位的保持，同时维护国家安全和体系安全，实施该类策略的经济体还包括一些希望通过较为宽松的治理监管环境促进 AI 技术及其应用快速进步的后进经济体。通过灵活的监管框架和行业自律机制，实施创新优先型策略的经济体积极推动技术创新，鼓励 AI 快速发展和新技术的商业化应用，并通过后续的监管调整和事后评估来应对新出现的问题和挑战。白宫科技政策办公室发布的《人工智能权利法案蓝图》提倡为特定行业如卫生和教育等制定特殊的 AI 治理方法，但由于其非强制性，大多数美国联邦机构仍只能在现有法律权限范围内适应快速发展的 AI 技术。例如，美国联邦贸易委员会利用其防止"不公平和欺诈性"行为的权限来保护 AI 系统中的数据隐私，美国平等就业机会委员会在透明度方面进行监管，并执行非歧视性规定。[2] 英国也倾向于采取较为宽松的监管措施，甚至英国人工智能和知识产权大臣于 2023 年表示，英国"短期内"不会出台关于人工智能的法律，因为"政府担心严厉的监管可能会抑制行业增长"。[3]

创新优先也体现在由发达经济体主导的单边科技管控政策上，该类政策加剧了全球 AI 产业链的分割和 AI 技术的垄断。有些 AI 技术领先的经济体以重视安全为由，实质上却以此作为维护其 AI 领先地位的重要手段。美国作为 AI 产业的引领者，其国防部主导的安全领域 AI 战略在其同盟体系内影响较大。如前文所述，美国采取了强势保护政策，以巩固其 AI 产业领先地位。其他一些西方发

---

[1] Brookings. "The EU and U.S. Diverge on AI Regulation: A Transatlantic Comparison and Steps to Alignment." June 2023.

[2] 同上。

[3] "UK Will Refrain from Regulating AI 'in the Short Term'." *Financial Times*, 2023.

达国家也在 AI 战略中明确表示了对 AI 全产业链的特别关注，如英国在《国家人工智能战略》中对 AI 上游产业半导体与芯片设计等给予了重视。[1] 然而，AI 技术限制会导致 AI 研究跨境合作减少、技术流通不畅、数据割裂等问题，在强化国家安全和 AI 领先地位的同时也会降低效率。有研究显示，中美贸易摩擦对企业创新有负面影响。[2] 在此背景下，发展中国家开始积极探索建立自主的科技创新体系，中国的数据量和算力在全球占比已相当可观，2021—2022 年算力总规模全球占比稳定在 1/3 左右[3]，数据产量全球占比也从 2017 年的 8.8% 上升到 2022 年的 10.5%[4]。中国规模优势可进一步鼓励 AI 研发投入，从而扩大 AI 市场。

综合风险管理型策略强调对 AI 的全面严格监管，以确保技术发展符合社会伦理和法律法规。欧盟成员国目前采取的 AI 治理策略就倾向于这一种，采用严格的法规和详尽的监管体系，涵盖 AI 系统的设计、开发和部署等各个阶段，重点关注个人权利保护和数据安全。欧盟通过《通用数据保护条例》和《人工智能法案》等法规，为 AI 的开发和应用，尤其是高风险应用，设置了全面的法律框架，以防止潜在的伦理风险和安全问题。[5] 欧盟在《人工智能法案》及其附属相关数据法案中对 AI 产业链中参与主体无差别地实施强制监管。除欧盟外，加拿大作为最早提出 AI 治理规则的经济体之一也提倡建立全面且有约束力的 AI 法规，拟定中的《人工智能与数据法案》（AIDA）旨在确保负责任地设计、开发和部署 AI 系统，使高影响力的 AI 系统能够确保安全和人权。[6]

此外，综合风险管理型策略特别注重对数据信息的保护。针对 AI 相关技术的治理，欧盟成员国注重保护个人权利，其他一些经济体如中国则更倾向于利

---

[1] UK Government. "National AI Strategy." 2022.

[2] Chen Y, Zhang S, Miao J. "The Negative Effects of the US-China Trade War on Innovation: Evidence from the Chinese ICT Industry." Technovation, 2023.

[3] 中国信通院：《中国算力发展指数白皮书》，2022—2024 年。

[4] 关于数据的讨论详见本书第九章。

[5] Brookings. "The EU and U.S. Diverge on AI Regulation: A Transatlantic Comparison and Steps to Alignment." 2023.

[6] Innovation, Science and Economic Development Canada. "Artificial Intelligence and Data Act." 2023.

用 AI 提升公共治理效率。例如，意大利对个人隐私保护高度重视，其数据保护机构对人脸识别技术的使用实施了严格限制，规定除司法调查或打击犯罪外禁止使用该技术。① 相对地，在这一点上中国则强调科技创新的经济效益，政府通过采购相关服务支持 AI 的创新和应用，对人脸识别技术的应用持较为开放的态度，出台了一系列政策促进人脸识别技术在智慧城市、安防市场等的应用。② 不同的政策反映了不同经济体在技术接受度、法律规范、文化价值观以及经济和社会需求方面的差异。

兼顾创新与安全的平衡管控型策略致力于在推动 AI 技术创新和加强监管之间找到平衡点，旨在确保公共利益和个人权利的同时促进技术的发展。中国和新加坡目前的治理策略体现了这样的倾向。在建立 AI 伦理框架和实施有弹性的政策如伦理指导原则和标准的同时，该策略鼓励公私部门合作并共同监督 AI 的应用和发展。中国在推动 AI 发展的同时，通过制定政策"红线"和法律法规，明确政府对 AI 发展的监管和规范指导职责，减少 AI 对个人与社会的负面影响。③ 中国提倡构建一个有利于 AI 行业发展的、有序竞争的市场环境，在对 AI 市场准入、竞争和交易进行规制的同时明确反对数据垄断、平台垄断和侵犯知识产权的行为。④ 新加坡则通过典范 AI 治理框架提供详尽且可操作的指导，帮助私营部门解决部署 AI 时遇到的关键伦理等方面治理问题，确保 AI 系统以人为本、保护人的安全与福祉。⑤

AI 治理理念国际差异体现在不同的 AI 政策及其关注点上。OECD 数据显示，欧盟、美国等发达经济体在 AI 相关的政策类别数量分布上较相似，倾向于将 AI 赋能与金融支持，以及战略治理与监管准则结合起来（见图 10.9）。相比之下，亚洲经济体金融支持政策数量占比偏少，如中国 AI 政策以战略治理和监管准则为主，致力于确保 AI 发展符合国家的长远战略和社会稳定需求。

---

① Euronews. "Italy Outlaws Facial Recognition Tech, Except to Fight Crime." 2022.
② 前瞻产业研究院：《2023 年中国人脸识别行业全景图谱》，2023 年 5 月。
③ 参见《探索构建符合中国国情的人工智能治理框架——全国政协"人工智能发展中的科技伦理与法律问题"双周协商座谈会发言摘登》，载于 2020 年 12 月的《人民政协报》。
④ 国家新一代人工智能治理专业委员会：《新一代人工智能伦理规范》，2021 年 9 月。
⑤ Personal Data Protection Commission Singapore. "Singapore's Approach to AI Governance." 2020.

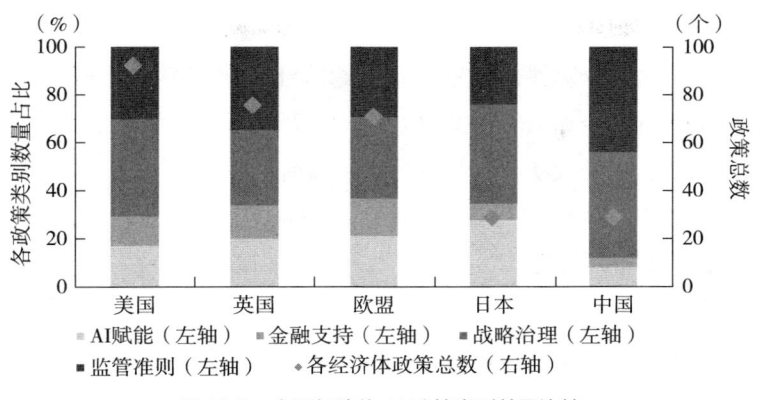

图 10.9　主要经济体 AI 政策类别差异比较

注：图中数据来截止到 2024 年 6 月的 OECD.AI 政策存量统计。
资料来源：OECD.AI，中金研究院。

（三）AI 治理模式中的现实问题

在过去 20 年中，数字科技创新赋能的新产品、新服务、新运营模式不断涌现，对治理和监管机构都提出了诸多新挑战。中国数字治理政策对推动科技创新应用，特别是相关应用的普及和深化，起到了重要作用，但在新兴技术应用的治理中也面临一些艰难的抉择，例如，一些新兴行业如 P2P（个人对个人）网络借贷和 ICO（首次代币发行）出现了"急进猛退"的现象。作为技术革新推动的新金融产业，P2P 网络借贷和 ICO 在初期宽松的管制环境下，在中国一度兴起，但其迅速扩张导致风险事件后，严格的管控措施导致这两个新兴产业在中国的发展受到较大限制。

然而，P2P 贷款作为以科技创新为基础的新金融服务，在全球众多经济体依然展现出了创新活力。P2P 网络借贷平台通过提供技术支持和信息中介服务直接连接借贷双方，可降低中介成本，提升贷款效率。在美国，P2P 网络借贷平台如 Lending Club 和 Prosper 已为数百万借款人提供了数十亿美元的贷款。[1] 而 ICO 活

---

[1] Ashta A, Assandi D. "Do Social Cause and Social Technology Meet? Impact of Web 2.0 Technologies on Peer-to-Peer Lending Transactions." 2008.

第十章　AI 伦理与安全：挑战与应对

动则纷纷转移到中国香港、新加坡等监管较为宽松的国际金融中心。除了对 ICO 较友好的英国、瑞士等国外，在美国和加拿大，ICO 也被纳入证券法的监管范围中。P2P 网络借贷平台和 ICO 在中国的治理经验显示了在面对技术驱动的市场变化时，监管机构有必要更重视提升数字治理前瞻性和灵活性，应用监管沙盒，这对新兴科技及其应用的深化普及、健康发展有重要作用。据统计，2023 年全球 AI 政策中有 28% 属于适应性监管，有弹性的监管已逐渐成为 AI 治理的重要组成部分。①

相较于主要依赖专家意见和技术官僚的传统金融监管等而言，数字治理尤其是 AI 伦理治理涉及现代社会生活的方方面面，公众参与尤为重要，是"负责任人工智能"的基本保障。② 美国在其《人工智能权利法案蓝图》中对公众参与的描述详尽，不仅强调了在 AI 系统部署之前积极地征求公众意见的重要性，还具体指出了在 AI 模型上市前进行道德审查和部署前测试的必要步骤。日本经济产业省在其发布的《实施人工智能原则的管理准则》中提出，在"社会 5.0"的新治理模式下，人工智能治理是指"利益相关者对技术、组织和社会系统进行设计和运作，管理人工智能使用所带来的风险并最大限度地激发其积极影响"。中国在《互联网信息服务算法推荐管理规定》与《生成式人工智能服务管理暂行办法》中也提出，应当建立健全投诉、举报机制并公布处理流程和反馈时限，以及及时受理、处理公众投诉举报并反馈处理结果等指导性意见。建立公众参与人工智能治理机制，保障公众的知情权、参与权、表达权、监督权是中国构建多元主体共同参与协同合作的治理体系的重要方面③。然而，目前公众参与渠道仍有限，保障公众广泛参与有利于相关部门积极应对 AI 治理中出现的独特问题。

AI 治理中立法、执法的具体化和强操作性有助于优化 AI 治理。2024 年 5 月，

---

① Mariani J, et al. "The AI Regulations That Aren't Being Talked About, Deloitte." 2023.
② 张成岗：《人工智能的社会治理：构建公众从"被负责任"到"负责任"的理论通道》，《中国科技论坛》，2019 年第 9 期。
③ 参见《探索构建符合中国国情的人工智能治理框架——全国政协"人工智能发展中的科技伦理与法律问题"双周协商座谈会发言摘登》，载于 2020 年 12 月的《人民政协报》。

欧盟理事会批准《人工智能法案》，对人工智能进行全面监管。①如该法案明文规定，对不遵守所述禁止条款的行为，最高可处以 3 500 万欧元的行政罚款，如果违法者是企业，则最高可处以其上一财政年度全球营业总额 7% 的罚款，二者以数额较高者为准。②为确保《人工智能法案》执行，欧盟理事会新增多个管理机构：一个设置在欧盟委员会内的 AI 办公室负责监督《人工智能法案》的执行与统筹；一个由独立专家组成的 AI 咨询小组提供专业意见以支持执法；一个由欧盟成员国代表组成的 AI 委员会，就《人工智能法案》的一致和有效应用向欧盟委员会和成员国提供建议和协助；一个利益相关者咨询论坛，为 AI 委员会和欧盟委员会提供专业技术知识。③在中国，相关立法尚未健全，目前通行的《生成式人工智能服务管理暂行办法》未针对 AI 治理提出独立、系统的处罚规定；在执法层面，执法机构在面对高技术含量的 AI 案件时，往往缺乏相应技术手段和专业人员资源。④

五、思考与启示

人工智能科技创新和应用日益成为全球经济增长、劳动人口就业和长期发展的重要驱动力，各国都在探索如何在确保 AI 技术及其应用安全和符合伦理的前提下，推动人工智能快速健康成长。作为与美国同为人工智能领域引领者的国家，中国面临的挑战尤为复杂多变。构建一个符合国情并有效的 AI 协同治理体系虽仍处在初始阶段，但尤为重要，它不仅关系到 AI 技术本身的健康发展，更关系到社会治理的现代化和国家的长治久安。

---

① Council of the EU. "Artificial Intelligence (AI) Act: Council Gives Final Green Light to the First Worldwide Rules on AI." 2024.
② The European Parliament. "Regulation of the European Parliament and of the Council Laying Down Harmonised Rules on Artificial Intelligence and Amending Regulations." 2024.
③ Council of the EU. "Artificial Intelligence (AI) Act: Council Gives Final Green Light to the First Worldwide Rules on AI." 2024.
④ 杨云皓：《人工智能时代电信网络诈骗犯罪的治理难点及对策研究》，《法治日报》，2021 年 7 月 7 日。

第一，重视 AI 伦理并完善监管框架。随着 AI 技术在各行各业的广泛应用，国际层面、国家层面、相关机构层面已经出台了众多非约束性的 AI 伦理原则，而中国在 AI 伦理治理领域的推进仍相对不足。可以考虑建立规范化的治理体系，推进相关立法，包括加强对 AI 技术的伦理审查和责任界定，通过建立模型评测系统、设立伦理审查委员会等方式实施 AI 伦理治理；针对 AI 权利问题进行更多前瞻性讨论，包括 AI 对现有的法律和伦理框架可能进行的重构，以界定和保护 AI 的使用、访问和处理方式；在技术层面通过算法监管等方式规训模型生成与人类"普世价值"相匹配的结果，如通过算法设计对齐价值观等，让 AI 在与设计者、使用者的互动过程中体现出与他们相一致的价值观。应确保 AI 技术的可控性和可靠性，提高算法的透明度与可解释性，在出现错误决策或失误导致人员伤害或财产损害时明确责任归属，保护社会公共利益。[①]

第二，梳理、防控 AI 风险，强调执法落地。建立有效的 AI 风险预警系统和完善的多维度安全监管体系对 AI 发展至关重要。欧盟《人工智能法案》为 AI 系统提供了一个高度结构化且具有规范性的管理框架，将人工智能按照风险大小划分为不可接受风险、高风险、有限风险和最小风险 4 个等级。这一分类有助于明确不同风险等级下人工智能的具体监管要求。[②] 美国国家标准与技术研究院的 AI 风险管理框架则强调了灵活性和适应性，鼓励根据具体的应用需求灵活应用指导原则，通过持续评估和调整来应对潜在的风险。[③] 2024 年 3 月发布的《中华人民共和国人工智能法（学者建议稿）》没有采用负面清单制度（即事前许可审批制度），而是设置了关键人工智能和特殊应用领域人工智能监管制度，没有事前准入门槛，灵活性更高。此外，我国应鼓励跨学科和跨部门合作，通过集合不同领域的知识和技能，形成更全面、专业的 AI 治理策略。应建立统一的 AI 治理协调机制，促进各部门之间的信息共享和协同执法，提高监管效率和效果。通过立法和执法的双管齐下，中国可以更有效地应对 AI 技术带来的安全和隐私保护挑战，推动 AI 技术的健康发展。有研究显示，将不同学科的专家、政府部

---

① 唐乾琛：《人工智能创新需探索发展与监管的平衡》，《中国信息安全》，2021 年第 6 期。
② European Commission. "AI Act." 2024.
③ Brookings. "NIST's AI Risk Management Framework Plants a Flag in the AI Debate." 2024.

门、私营企业和学术机构等多方利益相关者聚集在一起，可有效推动 AI 治理策略的创新和实施。① 未来，中国可以增加对执法人员的技术培训和资源投入，提升其应对 AI 技术相关案件的能力。同时，可以建立专业的技术支持团队，协助执法机构处理复杂的技术案件。

第三，强调灵活的、适应性强的监管方法。适应性监管是一种灵活的监管方法，旨在应对快速变化的技术环境，尤其适用于人工智能和其他高速发展的技术领域。这种监管模式强调监管框架应持续迭代和更新，以适应技术进步和市场变化的需求。② 适应性监管的核心在于其动态变化，不是传统的"制定后遗忘"模式，需要监管机构不断调整监管手段，与科技发展保持同步，通过持续学习、评估和调整，缩小技术发展和监管响应之间的差距，在支持创新的同时有效管理风险。③ 新时代以 AI 为代表、由数字技术驱动的产业治理应基于一个灵活和具有前瞻性的政策环境，在鼓励和提倡科技创新及其应用的同时防范潜在风险、避免"急进猛退"现象。政府在制定政策时可以更加中性并积极调控整个动态演进的技术体系，不仅仅聚焦问题爆发后的应急反应，而且要建立一个持续的、可控的、有弹性的治理框架，实时应对 AI 技术和市场的变化，适时适度调整治理框架，保障 AI 健康发展。应推进灵活的、适应性强的新型治理模式和工具，如利用试点或监管沙盒提供的封闭环境，对创新产品或服务在全面推向市场前进行封闭测试，防控潜在风险。2024 年，欧盟《人工智能法案》正式推广监管沙盒制度，旨在在安全可控的前提下推进 AI 创新。④ 目前，欧洲多个国家已经开始积极实施监管沙盒的试点项目。国内深圳等城市也已通过地方立法，提议积极使用沙盒技术等监管工具。⑤

---

① Kusters R, et al. "Interdisciplinary Research in Artificial Intelligence: Challenges and Opportunities." *Frontiers in Big Data,* 2020; Dwivedi Y K, et al. "Artificial Intelligence (AI): Multidisciplinary Perspectives on Emerging Challenges, Opportunities, and Agenda for Research, Practice and Policy." *International Journal of Information Management,* 2021.

② Weissinger L B. "AI, Complexity, and Regulation." *The Oxford Handbook of AI Governance,* 2022.

③ Janssen M. "Adaptive Governance for a Resilient Digital Society." *Springer Nature,* 2022.

④ European Parliamentary Research Service. "Artificial Intelligence Act and Regulatory Sandboxes." 2022.

⑤ 参见《深圳将先行先试人工智能分级监管机制》，载于 2021 年 8 月的《深圳特区报》。

第四，提高公众参与度。AI 治理需通过系统的方法鼓励公众参与其中，确保公众不仅在 AI 治理决策出台前后有所参与，还能在整个 AI 系统的生命周期中持续发挥作用。尽管中国积极推动公众参与，但这在具体实施层面仍面临挑战。公众参与需要体现在具体的法规、程序和技术支持上。例如，公众意见如何收集、处理，并在决策中被有效利用，是一个技术和政策上的双重难题。此外，如何建立一个既能保证公众广泛参与又能确保信息准确性和有效性的机制，是另一大难题。为了促进公众更有效参与，中国可以考虑规划建立更多有效平台和渠道，让不同背景的公众都能够表达自己的意见和想法。同时，加强 AI 普及教育，提升公众的整体 AI 素养，也是确保公众能够有效参与讨论和监督的关键。这些措施可促进中国在 AI 治理上实现更全面的公众参与并推动社会的和谐发展。

第五，国际协调合作。AI 技术及其应用在全球迅速发展，但科技创新面临市场割裂风险，AI 跨国界的外部效应和跨境调控需求日益增加。当前全球 AI 治理高度分散，发达国家通常拥有先进技术、丰富资源和政策支持，能借助其资本、技术先发优势制定更全面且成熟的 AI 治理框架和标准，中国等发展中国家在 AI 决策和利益分配中发声仍然有限。缺乏有效治理可能导致形成"监管洼地"，而强监管可能推动某些 AI 产业流向治理较宽松地区。这要求国际社会采取一致 AI 治理标准并协调行动，通过多边机构和协议构建一个多元的全球治理体系，有效应对全球 AI 治理问题的复杂性和多样性。[①] 中国可以积极参与国际对话和合作，通过分享其在 AI 领域的经验和实践，推动国际社会形成广泛的共识，掌握国际标准制定和全球 AI 治理的话语权，在国际 AI 伦理和安全规则制定中发挥关键作用，推进 AI 健康发展，提升中国在全球 AI 发展中的竞争力。

[①] Tallberg J, et al. "The Global Governance of Artificial Intelligence: Next Steps for Empirical and Normative Research." *International Studies Review*, 2023.

第十一章

AI经贸治理：规则与技术并重

2024年2月,英伟达CEO黄仁勋提出主权AI的概念,呼吁各国都拥有自己的AI能力,引发全球热议。直观来看,这一颇具争议性的观点与AI的效率属性存在冲突。作为数字技术的延伸,AI产品排他性和竞争性较弱,更多人使用AI产品不仅有助于降低单位成本,还会增加数据供给,促进产品AI优化,让其他人有机会使用性能更好的AI产品。从这一角度看,AI领域更多的国际经贸合作可令所有国家受益,各国的竞争动机理应更弱。

然而,公平和安全问题限制了AI国际经贸合作潜力。企业在推动AI发展过程中占据主导地位。现阶段,AI技术领先的大型科技公司在各国间分布不均衡,美国等先发国家占绝对优势。这些大型科技公司可在全球展业、赚取收益,并通过投资、就业、税收等渠道反哺母国。相比之下,后发国家的资本积累和产业升级或将受阻,税收主权和社会安全甚至可能遭受冲击。因此,出于公平和安全考虑,全球各国已展露出通过加大AI要素投入、限制AI要素流出等方式进行国际竞争的倾向,与主权AI的指向不谋而合。

在合作与竞争同时增强的国际经贸格局下,国家间AI相关经贸规则的重要性提升。AI发展影响国际经贸格局,这展现出了生产力对生产关系的影响。反之,生产关系也可作用于生产力,体现为相关经贸规则影响AI发展,甚至改变国家间的合作与竞争走向。比如,部分国家间已形成了高标准的数据流通、数据本地化等方面的AI相关经贸规则,有助于在一定程度上克服公平和安全顾虑,发掘AI跨国合作潜力。此外,部分先发国家不当利用WTO安全例外条款,企图通过贸易保护主义行为遏制别国AI发展,扩大自身竞争优势,对AI发展的效率、公平和安全均有危害,国际经贸规则应适时更新以克制这一倾向。

在追赶AI技术(发展生产力)的同时,中国也需完善AI相关经贸规则(优化生产关系)。首先,释放大型科技公司等主体的创造力,鼓励其跨国经营,并积极提供符合商业需求的AI相关经贸规则思路。其次,结合企业需求和国家安全等因素,将《区域全面经济伙伴关系协定》(RCEP)等中国主导经贸协调机制中的AI相关条款"硬化",如数据跨境流动、个人信息保护等方面相关条款。最后,推动WTO等多边机制在关税、知识产权、贸易统计等方面适应AI发展新趋势,为解决AI发展的公平和安全问题、发挥AI国际经贸合作潜力奠定基础。[①]

---

① 本章作者:梁栋、洪灿辉、吴慧敏、张卓然。

历史上，重大技术进步通常深刻影响国际分工格局和经贸关系。18世纪前，技术进步缓慢、国家间交往较少，中国、印度等陆地大国实力突出。[1]工业革命后，蒸汽机、电力等技术进步令英国、德国、美国迅速崛起，通过殖民和人口跨境流动实现第一轮全球化。[2] 20世纪中后期，信息技术革命大幅降低了通信成本等贸易相关成本，美欧日等发达经济体开始将产业转移至东南亚等地的新兴经济体，开启了以货物和资本流动为主的第二轮全球化。[3] 进入21世纪，移动互联网的发展使得跨境数据流动呈指数级增长，加强了各国间的理解和联系（见图11.1）。

AI作为一项突破性技术，可能对当前国际分工格局和经贸关系产生正反两方面影响。一方面，AI可为国际经济合作带来新机遇。AI产业化和产业AI化浪潮催生出大语言模型、人形机器人、自动驾驶汽车等新服务和新产品，为全球经济注入增长潜力，有望进一步加深各国间理解，促进经贸合作。另一方面，AI技术可能进一步加剧国家间竞争，拉大先发国家和后发国家间的差距，甚至重塑各国实力结构。综合来看，两股力量的结合会如何影响国际分工格局和经贸关系？各国会更强调独立安全，还是更强调合作共赢？中国又当如何应对潜在的

---

[1] 资料来源：Maddison Project Database。
[2] Williamson J G. "Globalization, Convergence, and History." *The Journal of Economic History,* 1996, 56(2).
[3] Hummels D. "Transportation Costs and International Trade in the Second Era of Globalization." *The Journal of Economic Perspectives,* 2007, 21(3).

变化？这些是本章试图回答的问题。

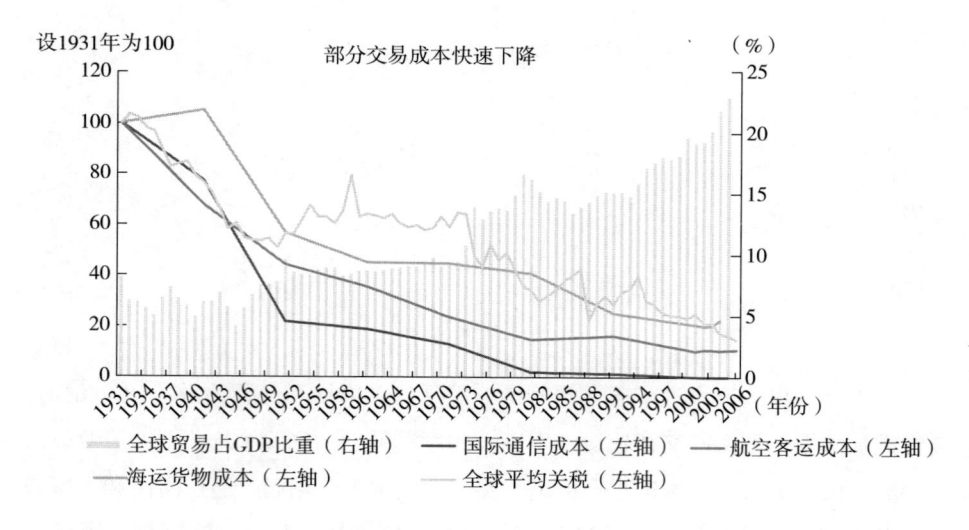

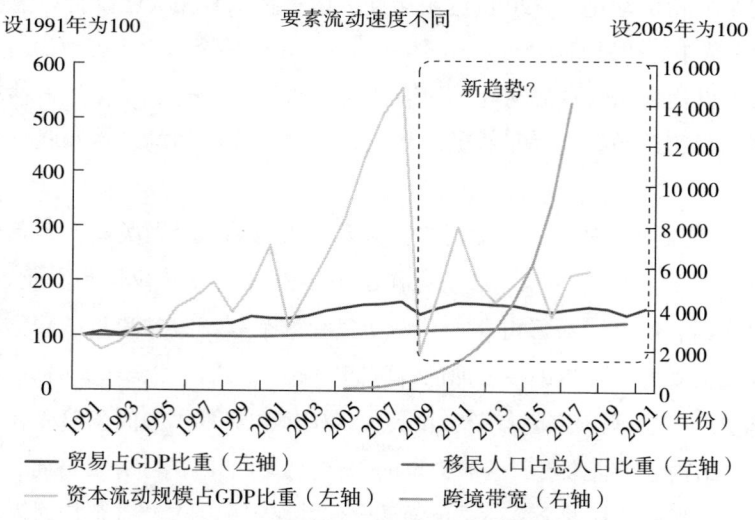

图11.1 技术进步对交易成本、要素流动的影响

注：上图左轴、下图左轴、下图右轴数据均为标准化数据。

资料来源：Our World in Data, IMF, ESCAP, World Bank, OECD; Jacks D S. "Trade Costs in the First Wave of Globalization." *Explorations in Economic History*, 2010；中金研究院。

一、AI 技术带来国际经贸合作新机遇

（一）AI 产业化：创造新产品和新服务

AI 技术发展包含算力、算法和数据 3 个要素，意味着 AI 从理论构想走到产业化落地，不是单一技术或产品的突破，而是相关硬件、软件、产品和服务等一系列产业的综合发展。实现这一过程本身就要求更多的国际分工合作。此外，AI 产业化带来的新产品和新服务还将创造新的供需关系，令各国经贸联系更为紧密。

首先，AI 产业化需要各国在研发、生产、监管等环节加强分工协作。AI 研发高度依赖思想和人才的交流，过去几年全球 AI 技术的快速迭代和扩散，部分源于各国间 AI 联合研究持续增长，以及高素质人才的频繁流动。例如在硬件生产环节，仅半导体产业就涉及设计软件、单晶炉、光刻机、离子注入机等关键子产业，任何单一国家都难以独立生产所有相关产品，因此各国要求更细致的国际分工，这部分带动了 AI 跨国投资增长。2022 年，AI 相关 FDI（外国直接投资）同比增加 44%，项目总数已与纺服、金融、交运等大类行业相当，且大部分用在了东道国数据中心建设和新增算力产能上。[①] 监管环节，AI 产业化在提升效率的同时也带来了各类监管问题，各国只有进行更多的国际磋商才能避免系统性风险。2023 年 11 月全球 28 个国家及欧盟共同达成的《布莱切利宣言》正是国际社会的一个初步尝试。[②]

其次，AI 产业化伴随着人形机器人、自动驾驶汽车等新产品的出现，货物贸易迎来新机遇（见图 11.2）。一方面，AI 开拓了新的贸易品类。例如，自动驾驶汽车集中体现了 AI 感知、决策和控制技术产业化，其出现大幅优化了汽车的驾驶策略和用户乘坐体验。Mordor Intelligence 等市场调研机构认为，2024—2029 年全球自动驾驶汽车市场年复合增长率或可达 22.75%，远超传统汽车产

---

① Cooke E. "What Are the Global Trends for FDI in AI?" Investment Monitor, 2023.

② 参见 https://www.gov.uk/government/publications/ai-safety-summit-2023-the-bletchley-declaration/the-bletchley-declaration-by-countries-attending-the-ai-safety-summit-1-2-november-2023。

业。① 英国政府在2017年进行过全面的市场分析，认为英国在智能网联技术领域具备一定基础，AI产业化或推动英国自动驾驶技术持续进步，从而实现市场占有率的提升，相关产品和技术的出口将从2020年的1.1亿英镑增至2035年的14.8亿英镑，约可为出口增长贡献2.7%。② 另一方面，AI产业发展还为传统商品部门带来新的贸易合作机会，典型代表就是铜等商品的需求大幅增加。③ 以铜为例，Trafigura等大宗商品交易商预计AI、电动汽车和自动化技术的蓬勃发展将推动未来10年全球铜消费量至少增加1 000万吨，④ 智利、赞比亚、秘鲁等矿产丰富的新兴国家可能从中受益。

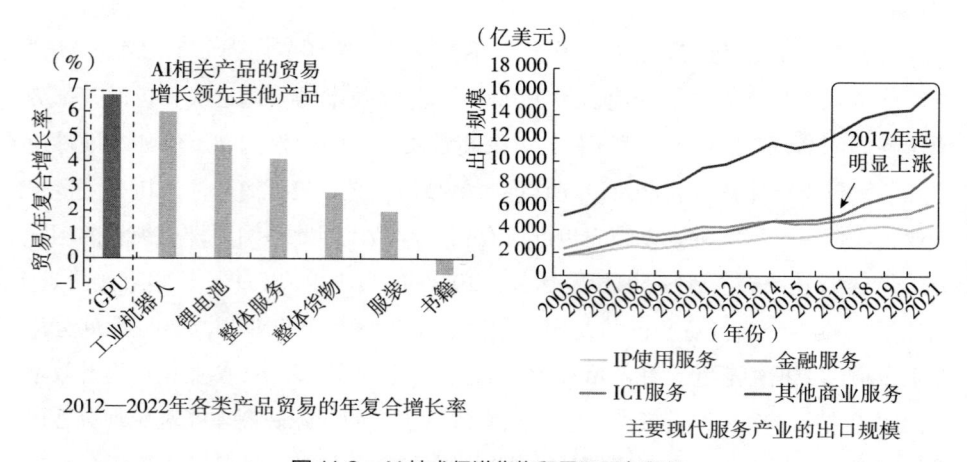

图11.2　AI技术促进货物贸易和服务贸易

注：GPU、工业机器人、锂电池、服装和书籍分别指HS代码（国际贸易中用于标识商品的代码）为847180、847950、850650、61和49的产品。

资料来源：UN Comtrade, Wind，中金研究院。

---

① 参见 https://www.mordorintelligence.com/zh-CN/industry-reports/autonomous-driverless-cars-market-potential-estimation。

② 参见 https://assets.publishing.service.gov.uk/media/5a82466aed915d74e3402a89/15780_TSC_Market_Forecast_for_CAV_Report_FINAL.pdf。

③ Metals Focus. "AI Surge to Fuel Precious Metals Demand in 2024." ZeroHedge, 2023.

④ 参见 https://www.reuters.com/markets/commodities/copper-demand-boom-new-technology-drives-power-consumption-trafigura-says-2024-04-22/。

最后，AI产业化不仅创造新产品，也创造新服务，可拓展国际服务贸易合作。近年来，互联网等数字经济的发展降低了服务业的运输成本和复制成本，服务业变得更可贸易，催生了海外客服、金融海外服务，以及计算机和信息服务贸易等新业态。然而，当前服务贸易中仍存在较高的跟踪成本和验证成本，阻碍了各国进一步深化合作。[①] 具体来讲，跟踪成本使得服务出口方难以识别不同进口方的不同需求，因而不能提供差异化、有针对性的服务；验证成本使服务进口方无法确定交易的真实性和合法性，以致易遭受合规和供应链损失。针对这两类问题，推荐算法、智能合约、大语言模型等AI技术能够提供针对性解决方案，进一步促进服务贸易。比如，金融服务贸易涉及各类条款和交易方，跨国信息不对称问题导致验证成本高昂，阻碍交易的最终达成。AI可自动检查服务是否符合相关的法律和行业标准，以及反洗钱和客户身份识别等硬性流程，为各国加深金融合作提供便利。除此之外，AI发展在实践中使数据和数字服务等贸易需求增加，例如ICT服务贸易在2017年后加速增长，不仅直接促进国际服务贸易，还在随后的几年中助力金融服务、IP使用服务等现代服务产业贸易增长（见图11.2）。正因如此，2017年也被《财富》杂志称为"人工智能年"。[②]

（二）产业AI化：降低交易成本，拓展传统产业的规模经济效应

随着AI产业化的深入，AI技术的使用成本逐渐下降，其他产业也可借助AI实现赋能、改造与升级，即产业AI化。在一国内部，不同产业可引入AI以降本增效、提升生产效率，这一特性反映到国际层面，则表现为各国企业可通过AI降低交易成本，增加与其他国家企业的经贸联系。由此，传统产业规模经济效应的幅度和范围有望得到拓展。

首先，产业AI化可提升企业生产率，促进更多市场主体参与国际经贸合作。一般而言，企业进行国际化经营（将产品推广到国际市场、与其他国家进行联合

---

① Goldfarb A, Tucker C. "Digital Economics." *Journal of Economic Literature,* 2019, 57(1).
② Baldwin R, Freeman R, Theodorakopoulos A. "Deconstructing Deglobalization: The Future of Trade is in Intermediate Services." *Asian Economic Policy Review,* 2024, 19(1).

研发等）有利于提升自身经营业绩和核心竞争力。然而，真正能够实现国际化经营的企业在各国都是少数。大部分企业之所以无缘国际化，主要是因为国际经营面临的高门槛导致"自我选择效应"，生产率高、实力强劲的大型企业更能承受跨国展业的成本和不确定性。①展望未来，产业AI化或可从多个渠道弱化"自我选择效应"。一方面，产业AI化可增强企业的产品创新能力。小型企业甚至个人均可利用AI生成复杂的产品设计图、宣传海报和文案等，从而大幅降低国际经营的固定成本。另一方面，产业AI化可拓展企业的出口渠道。各类跨境电商平台与AI有机融合，不仅为更多中小微企业提供出海机会，也通过算法帮助这些企业快速识别和捕捉需求变动情况，这也是AI帮助企业克服追踪成本和验证成本障碍的体现。

其次，产业AI化可降低企业国际经营的非关税成本，令跨国经贸合作更加稳定。新冠疫情期间，全球供应链遭受了较大冲击，一方面是因为各国停工导致的供应链停摆，另一方面是因为各国为加强边境管控、促进产业回流而施加的非关税成本。这种变化大幅增加了全球贸易的壁垒，仅2023年1—8月，全球新增74万个相关监管规定。②更严重的是，非关税成本还会在中间品多次跨境过程中不断累积并增加，③给国际经贸合作带来不确定性。根据联合国对国际贸易交易成本的拆解，贸易流程、文化、汇率等非关税成本已占到整个交易成本的60%~90%，远超关税成本（0~10%）和运输成本（10%~30%）。④在一定程度上，降低非关税成本已经成为深化国际经贸合作的重要突破口，这也恰好是AI的优势所在。

具体来看，一方面，eMT等产业AI化应用可有针对性地解决语言成本。2014年，网络拍卖商行eBay开发了eMT人工智能翻译工具，让以西班牙语

---

① Máñez-Castillejo J A, Rochina-Barrachina M E, Sanchis-Llopis J A. "Does Firm Size Affect Self-Selection and Learning-by-Exporting?" *World Economy*, 2010, 33(3).
② Thomson Reuters Tax & Accounting. "Can't Stop What's Already Here: Keeping up with Trade Developments in an AI World." 2024.
③ Yi K M. "Can Vertical Specialization Explain the Growth of World Trade?" *Journal of Political Economy*, 2003, 111(1).
④ 资料来源：UN-ESCAP。

为母语的许多拉美地区人士能够方便地浏览和选购 eBay 商品。该工具上架后，eBay 上服装、艺术品等差异化产品的出口增幅明显，大于手机、书籍等标准化产品。① 这表明简单的 AI 产业化应用便可提升搜索匹配效率，通过跨国贸易促进规模经济实现。另一方面，复杂的贸易管理规定和大语言模型的长处天然契合，有助于降低高企的制度和监管成本。以申报关税过程中所需填报的 HS 代码为例，同种商品因细微差异可对应多个代码，比如电动牙刷可关联 222 个 HS 代码。这些代码在每个国家不同且频繁变化，易导致填报出错，如 2017 年前后全球 HS 代码申报错误率超 30%。② 填报错误不仅增加了出口企业的关税支出，还使其可能面临高昂罚款。对此，AI HS Code Recommendation Platform 等大语言模型可即时掌握海量的监管要求和代码变动信息，帮助企业找到最匹配的选项，其准确率可达到 95% 以上，③ 超出人类 70% 的准确率。鉴于产业 AI 化所展现出的潜力，在 2023 年的一项跨国公司调研中，各公司普遍将利用 AI 进行代码分类、提升工作流程效率等视作最看好和期待的 AI 应用场景。

最后，AI 所拥有的广阔国际用户基础，为各国的产业 AI 化奠定了基础。作为数字经济的延伸，AI 产品竞争性较低，一个人使用 AI 产品不仅不会影响其他人使用，还会提供更丰富的数据，从而帮助其他人更好地使用 AI 产品。此外，AI 产品的扩散也呈现出一定的非排他性，ChatGPT 仅用时 5 天用户就突破了 100 万人，远快于其他通用目的技术和应用程序。现阶段，ChatGPT 在全球 188 个国家和地区提供服务，月均活跃用户高达 1.805 亿人，加拿大、日本、美国等发达国家的人口有超过 5% 为活跃用户，印度、俄罗斯等新兴国家也有 0.5%~1% 的人口为活跃用户。④ 从使用价格看，随着用户数量和投入的增加，百度、OpenAI 等企业的部分大语言模型使用单价持续下降，每 1 000 个词元的使用价格已低于 0.005 美元，⑤ 可被大部分国家的企业所接受。AI 应用的低竞争性和低排他

---

① Brynjolfsson E, Hui X, Liu M. "Does Machine Translation Affect International Trade? Evidence from a Large Digital Platform." *Management Science,* 2019, 65(12).
② Banker S. "Global Trade Is Powered by Artificial Intelligence." *Forbes,* 2017.
③ 资料来源：AI HS Code Recommendation Platform。
④ 资料来源：World Bank, Exploding Topic。
⑤ 资料来源：Medium，百度，OpenAI。

性使得产业 AI 化具有全球化特征，这反过来意味着一国抵制 AI 应用的代价高昂。2023 年 3 月，意大利数据保护机构 GPDP 因 ChatGPT 涉嫌非法收集个人数据，且缺乏核实未成年人年龄的制度而将其禁用。然而，这一政策引发大量国内民众及德国等其他欧盟成员国的不满，意大利在一个月后不得不撤销这一规定。①

二、利益分配存在公平和安全问题

尽管 AI 技术可为国际经贸合作带来新机遇，但现实中各国的经贸关系反而因 AI 发展呈现紧张迹象，比如各国在 AI 治理方面迟迟未能达成共识等。究其原因，可能是因为 AI 发展将伴随公平和安全问题，或削弱国际合作潜力，甚至可能强化各国逆全球化动机。

（一）公平问题：AI 发展的收益在不同国家间分配不均衡

AI 发展更多靠企业而非政府推动。以美国为例，私人部门在 AI 领域的投资远超政府投入（见图 11.3）。其中，OpenAI、Google、Meta 等私人大型科技公司的投资尤为突出，催生了 ChatGPT、Gemini、Llama 等高性能大语言模型。此外，这些大型科技公司不仅掌握了 AI 的关键算力和底层算法，还主导各类 AI 治理准则的制定，②这些进一步增强了其对 AI 发展的控制力。

大型科技公司主要分布在美国、中国以及欧洲等先发地区。全球市值前百位的大型科技公司中，超过 60% 位于美国，与第二名的中国以及紧随其后的日本、荷兰等国家差距明显（见图 11.4）。各国所拥有大型科技公司数量的差距使得它们发展 AI 的能力高度分化。2023 年，全球仅有 30 个国家拥有超级计算机，意

---

① Skwschwarz. "ChatGPT Banned in Italy: Is Germany Facing a Similar Decision?" 2023.
② Corrêa N K. "Worldwide AI Ethics: A Review of 200 Guidelines and Recommendations for AI Governance." *Patterns*, 2023.

味着其余约 85% 的国家可能缺乏足够资源参与 AI 训练和国际竞争。[①]

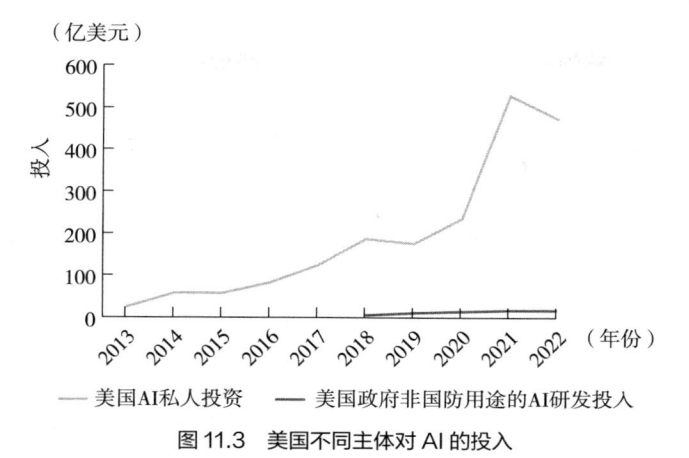

图 11.3　美国不同主体对 AI 的投入

资料来源：Stanford University, Companies Market Cap，中金研究院。

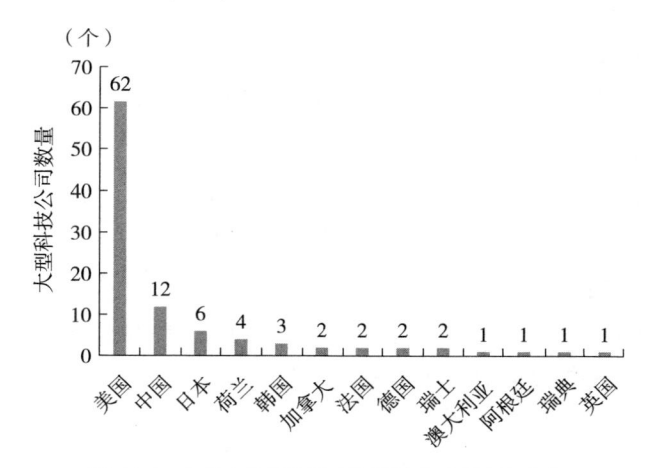

图 11.4　全球市值前百位大型科技公司的国家分布

注：图中数据为 2023 年数据。
资料来源：Stanford University, Companies Market Cap，中金研究院。

[①] Mishra S, et al. "AI Specialization for Pathways of Economic Diversification." *Scientific Reports*, 2023, 13(1).

大型科技公司全球展业、获取收益，带来国家间公平问题。通常情况下，后发国家本土科技企业的产品竞争力较有限，需依靠海外公司的服务来满足本土需求，这为全球大型科技公司提供了跨国展业和获利的机会。截至2021年，微软、亚马逊、Meta等美国大型科技公司拥有70%以上的国际用户和50%以上的海外收入。① 以Meta为例，其用户数量排前十名的国家中，仅美国一个发达国家，其余为印度尼西亚、墨西哥、泰国、埃及、菲律宾等新兴市场国家。大型科技公司在跨国经营的同时，其实体所在地、所有权和利益归属等却依然面临着国界的限制，带来跨国的公平问题。AI发展的趋势下，不同国家在资本、产业、财政等各个方面的差距可能进一步拉大，主要体现在资本流入、产业发展和税收等层面。

　　AI发展或扩大不同国家间的资本流入差距。美国等先发国家拥有更多大型科技公司，这些公司可利用全球收益反哺母国。鉴于大型科技公司的母公司实体位于这些国家，它们对AI算力和数据的投入将帮助自身吸引全球的资金。早在2018年，美国大型科技公司在本国的投资已占美国所有上市企业的20%，对所有上市企业投资增长的贡献更是高达83%。② 相比之下，后发国家不仅缺乏这样的资源，从美国等先发国家获得资本流入也面临越来越大的阻力。一般而言，后发国家的制度质量较低、主权风险较高，先发国家的资金在流向后发国家时相对谨慎。③ 科技资本的流动对一国制度质量、金融基础设施提出了更高要求，恐进一步削弱先发国家科技企业投资后发国家的意愿。④ 以与全球大模型、数据中心相关的FDI为例，非洲、中东等地区的后发国家获得的海外投资与先发国家差距明显，且这一差距随着时间推移会逐步扩大。⑤

---

① Trefler D, Sun R. "AI, Trade and Creative Destruction: A First Look." National Bureau of Economic Research, 2022.
② Pethokoukis J. "The Growing Investment Impact of Big Tech on the US Economy." AEI, 2018.
③ Alfaro L, Kalemli-Ozcan S, Volosovych V. "Why Doesn't Capital Flow from Rich to Poor Countries? An Empirical Investigation." *The Review of Economics and Statistics*, 2008, 90(2).
④ Cole H L, Greenwood J, Sanchez J M. "Why Doesn't Technology Flow from Rich to Poor Countries?" *Econometrica*, 2016, 84(4).
⑤ 资料来源：FDI Intelligence。

后发国家的国际分工和产业升级进程受阻。资本流入减少，既影响后发国家短期的经济表现，也不利于其长期产业发展和国际分工。由于缺乏足够的资本积累，近年来，南亚、非洲和拉美地区纷纷呈现提前去工业化的趋势，即跳过工业驱动而直接进入服务业驱动的经济增长模式。比如，菲律宾、墨西哥等后发国家凭借大量年轻劳动力和语言优势，在客服、代码编写等外包服务业发展迅速。在AI快速普及前，这种模式很大程度上支撑了这些国家的经济增长，[1]印度、菲律宾等国甚至一度被认为是"世界的办公室"。[2]然而，外包服务业的工作通常较为公式化和重复，可能会随着AI的发展而逐渐被替代。例如，IMF的研究指出，AI对此类工作的替代最为明显。[3]现阶段，菲律宾、印度、波兰、墨西哥和巴西是业务外包产业增加值占GDP比重最高的5个国家，菲律宾和印度的业务外包产业出口额甚至占到全部出口额的20%以上（见表11.1）。在AI技术的影响下，这些国家或将受到较大冲击，继续依靠服务业出口驱动经济增长的可行性减弱。

表11.1 2022年业务外包产业发达的五国相关占比数据

国家	业务外包产业 就业人口占总就业人口比重（%）	业务外包产业 出口额占总出口额比重（%）	产值占GDP比重（%）
菲律宾	1.5	25	7
印度	0.4	22	6.5
波兰	1.4	6	3.5
墨西哥	0.6	4.5	2
巴西	0.4	7.5	1.5

资料来源：Kshetri (2021), Capital Economics，中金研究院。

AI可为后发国家带来新的产业和分工，但其贡献面临不确定性。在替代后发国家业务外包产业的同时，AI也催生了数据标注等新产业。根据数据标注行业研究机构Vision Research的研究，全球数据标注市场预计在2021—2030年扩

---

[1] Fan T, Peters M, Zilibotti F. "Growing Like India—The Unequal Effects of Service-Led Growth." *Econometrica*, 2023, 91(4).

[2] 参见https://www.scmp.com/news/asia/south-asia/article/3224005/indias-rise-worlds-back-office-spotlight-service-sector-booms。

[3] IMF. "Gen-AI: Artificial Intelligence and the Future of Work." 2024.

大 6 倍，整个产业规模或将超过 400 亿美元。数据标注产业无须大量跨国资本流入，众多欧美企业在后发国家开办数据标注公司，并广泛招聘当地劳动力。比如，为 OpenAI 等公司提供数据标注服务的 Sama 在肯尼亚、乌干达等非洲国家雇用了超过 5 万人；数据标注公司 Scale AI 在菲律宾、委内瑞拉等国雇用了超过 24 万人（见表 11.2）。据《科技日报》报道，在中国，2019 年，仅北京就有 100 多家专门从事数据标注的公司，全国从事数据标注工作的人口超过了 1 000 万[1]，几乎与网约车司机、外卖骑手的总数相当。短期看，数据标注产业不失为一种新的就业领域，为新兴经济体提供发展机遇，弥补业务外包产业就业规模下降的损失。但动态看，数据标注产业的贡献也面临不确定性。一方面，数据标注产业存在任务较低端、人力资本提升有限、劳动者权益保护不足等平台经济的通病，导致收益在不同国家间分配不均。比如 2022 年 OpenAI 向 Sama 支付的数据标注费用为每小时 12.5 美元，但标注员到手仅约 1.5 美元，[2] 绝大部分费用被先发国家的平台公司获取。另一方面，随着 AI 技术发展，数据标注等新兴产业同样面临消失的可能性。数据标注类似一劳永逸的工作，已完成的标注任务将提升 AI 能力，并减少相关的后续工作需要。此外，AI 训练越来越依靠合成数据，进一步利好拥有大型科技公司的先发国家。考虑到业务外包产业可能被 AI 替代、数据标注等新产业的贡献不稳定，后发国家在国际分工和产业格局中的不利地位或持续加剧。

表 11.2　2020 年主要数据标注服务公司概况

公司名称	市场	雇用人数	服务对象
莫比嗨客	中国	仅中西部省份有约 30 万人	抖音、TikTok 等视频平台
Playment	印度	超过 30 万人	超 10 个国家的 100 多个客户，主要集中在自动驾驶领域
Sama	肯尼亚、乌干达等非洲国家	超过 5 万人	OpenAI、Google 等大型科技企业
Scale AI	菲律宾、委内瑞拉等国家	超过 24 万人	自动驾驶行业，OpenAI 等大型科技企业

资料来源：Kshetri (2021), Capital Economics，中金研究院。

[1] 参见 http://www.stdaily.com/index/kejixinwen/2019-09/09/content_790509.shtml。
[2] Perrigo B. "OpenAI Used Kenyan Workers on Less Than $2 Per Hour to Make ChatGPT Less Toxic." *Time*, 2023.

长期来看，通过影响资本流动和跨国分工，AI 发展可能逐步侵蚀后发国家的税收主权。一方面，后发国家产业升级可能受阻，或导致其政府税收承压。另一方面，AI 的技术属性将增强大型科技公司的避税能力，从而进一步降低后发国家的税收能力。现阶段，一国对跨国公司征税的基础是其在该国存在实体。然而，中东、北非、撒哈拉以南非洲等地的科技行业分支数量稀少，仅约为亚太、西欧等地区的 1/10。[①] 此外，多数跨国公司通常将知识产权等无形资产定位在爱尔兰等"避税天堂"，而由各分支机构向母公司支付特许权使用费，使子公司在所在司法管辖区申报低至零的利润和税收。[②] 在 AI 技术的推动下，主要大型科技公司的无形资产在近年来快速增长（见图 11.5），其避税能力也相应得到显著增强。观察各国因大型科技公司避税行为所受损失占其 GDP 的比重，可以发现，排名在前列的主要为亚非地区的后发国家，其中部分国家的损失甚至超过自身 GDP 的 2%（见图 11.6），对税收主权的侵蚀不言而喻。

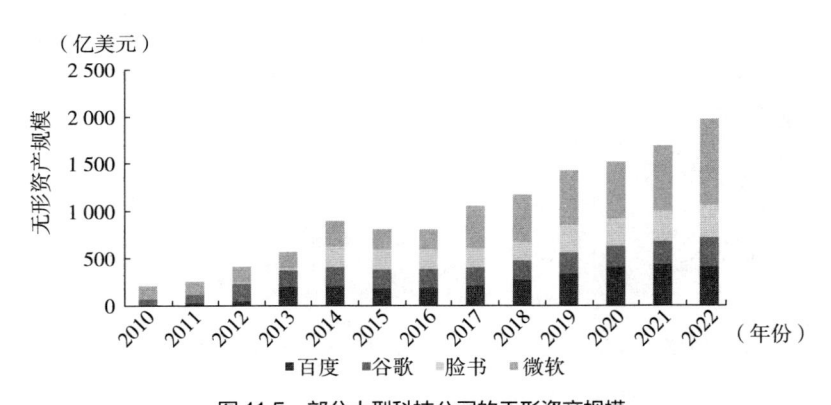

图 11.5 部分大型科技公司的无形资产规模

资料来源：Wind，Action Aid，中金研究院。

先发国家也面临跨国企业避税问题，但相比后发国家更有能力获得补偿，这会进一步扩大国家间不平等。美国、英国等先发国家同样遭受较高比例的避税

[①] Cooke E. "What Are the Global Trends for FDI in AI?" Investment Monitor, 2023.

[②] Chen W. "Factor Incomes in Global Value Chines: The Role of Intangibles." NBER Working Paper, 2018.

（见图 11.6），但与后发国家相比，先发国家在维护自身税收主权和利益方面更具优势。首先，当前的国际税收改革由美国等国家主导，这样更有助于它们本身的利益。当前，主流国际税收改革包括 17 种思路，如基于多边谈判达成的公式分配法、数据转让定价，基于单边谈判达成的转移利得税、预扣税，以及数字服务税、数据税等。[①] 这些改革思路均以国家实力为基础，后发国家或难以获得足够的话语权。其次，大型科技公司在其母国的投资和游说支出等，间接实现了税收和利益返还。2010—2020 年，Meta、亚马逊两家大型科技公司对美国政府游说支出的年复合增长率高达 52.1%，[②] 它们不仅在一定程度上返还了避税收入，也间接推动国际税制改革向更符合自身利益的方向推进，可能加剧不同国家间利益分配的不均。

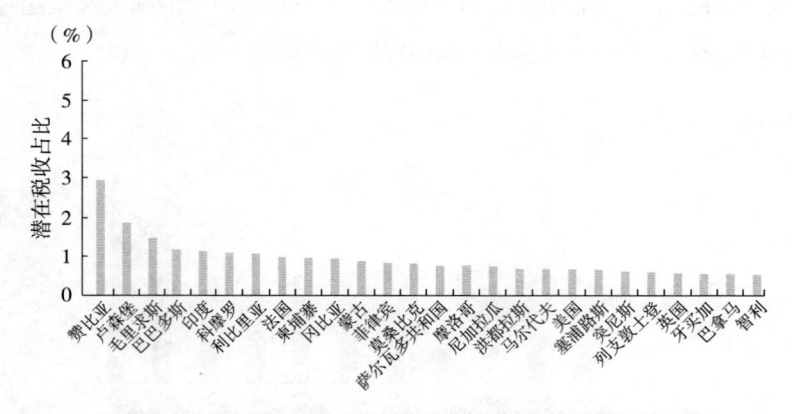

图 11.6　大型科技公司的潜在税收占本国 GDP 比重（2022 年）

资料来源：Wind，Action Aid，中金研究院。

（二）安全问题：大型 AI 企业或冲击后发国家的社会安全

除了经济层面，先发和后发国家的不平等还在社会层面得到强化。当前的 AI 技术以 Transformer 为基础，在规模定律的驱动下，AI 能力与语料数据的多

---

① Christians A. "17 Ways to Regulate BigTech with Tax." SSRN, 2024.
② 资料来源：S&P Global。

样性和丰富度高度相关。正如英国哲学家、逻辑学家维特根斯坦所说，"我的语言的边界，就是我的世界的边界"。① 对部分后发国家而言，母语使用人数较少、高质量语料不足制约其 AI 发展，或在一定程度上冲击其教育、文化等社会领域的发展进步。首先，现阶段全球共有大约 7 100 种语言，② 而 ChatGPT 仅支持 80 多种语言的问答，③ 这使得小语种国家的民众难以直接受益于 AI 大模型，不利于其知识获取，会拉大不同国家间的人力资本差距。其次，虽然目前已有部分针对小语种的专用 AI 大模型，但无法从根本上克服语料不足的弊端，相比 ChatGPT 等通用 AI 大模型提升不明显。以印度泰米尔语为例，当地开发人员以开源 Llama 大模型为基础，训练了专门服务于泰米尔语的 Tamil-Llama，④ 但较多使用反馈显示，Tamil-Llama 的输出结果仍旧存在大量幻觉甚至是错误。⑤ 综合而言，AI 技术革命放大了小语种国家语言使用人数较少、高质量语料不足的问题。作为对比，语言使用人数更多、语料更为丰富的大型经济体更有能力受益于本轮 AI 技术革命。

更具体来看，非洲、东南亚、南亚等地的小众语言密集的国家受冲击更大，各国内部所受的冲击也存在差异。根据美国中央情报局统计，全球小众语言多分布在撒哈拉以南非洲、南亚、东南亚以及中东等地区的国家，⑥ 这些国家获取统一语料的难度更大，受到的影响比其他单一语言国家更明显。值得注意的是，这些国家内部受到的冲击也并不均衡。以国内语言数量高达 800 多种的印度为例，印度宪法中规定了 22 种官方承认语言⑦，其中包括英语。一个印度人如果熟练掌握英语，就可以在很大程度避免语言障碍带来的 AI 使用限制。然而，无论是印度，还是纳米比亚、博茨瓦纳等将英语纳入本国官方语言的其他国家，内部能够掌握英语的人仅占少数。有相关调查显示，2018 年印度超高收入、高收入、中

---

① 路德维希·维特根斯坦：《逻辑哲学论》，商务印书馆，1996 年。
② Noack R. "The World's Languages, in 7 Maps and Charts." *The Washington Post*, 2015.
③ Tomedes. "ChatGPT Language Capabilities: The Breakdown." 2024.
④ 资料来源：Huggingface。
⑤ 资料来源：Rest of World。
⑥ 资料来源：The World Fact, CIA。
⑦ 资料来源：India Ministry of Education。

等收入和低收入的人群中，分别有 41%、9.3%、2.5% 和 1.8% 的人能够使用英语，[①]这种差异或进一步扩大后发国家内部的人力资本与收入差距。

依靠后发国家自身资源解决语料问题成本较高、可持续性较低。后发国家本地非政府组织（NGO）或志愿者出于民族文化考虑搭建本国语料库，能够为训练本国的 AI 模型奠定基础。例如，K4A 基金会资助了斯瓦希里语、卢干达语、契维语等 9 种非洲语言的语料库搭建。[②] 这种方式能够部分弥补 AI 语料的短缺，但其通常属于纯粹的公益慈善导向，不受商业利益驱动，可持续性较低。一般而言，语料库需要随着训练过程不断进行标注和更新迭代，后发国家恐难承受较高的后续支出。例如，CulturaX 对部分小众语言的语料进行收集，但由于缺乏后续持续优化，有相关研究指出，其标注错误率超 40%，[③] 难以发挥最佳作用。

依靠与海外大型科技公司合作满足社会需求的效果更好，但会令后发国家面临风险。相比依靠公益慈善这种选项，与大型科技公司合作商业属性更强，因而效果通常较好，更具可持续性。比如，Meta 和多个非洲国家、国际组织等合作，利用技术推出了非洲 30m×30m 人口分布地图、森林地图等，此外，其他大型科技公司还针对非洲地区推出了农业产量预测、降水量预测等高精度 AI 服务。这些方式虽可直接服务非洲国家的某些特定需求，但也冲击了这些国家的政策主权，甚至使其面临风险。仍以 Meta 绘制的非洲 30m×30m 人口分布地图为例，大量研究认为，Meta 已经"比本国更了解本国"，大型 AI 企业的力量过于强大，甚至可能导致"AI 算法殖民"。[④] 在尼日利亚，地方政府从中央政府获得的资金与各地方的人口挂钩，因此长期以来，地方政府倾向于高报、虚报人口，以获取更多收入。Meta 地图的出现使其比尼日利亚中央政府更了解地方政府的实际需求，这对于尼日利亚等后发国家内部稳定性的影响有待观察。[⑤]

风险或造成持久的经济影响。在上述两种方式中，更多后发国家选择了第二种，具体体现为 2018 年前后尼日利亚等非洲国家超过 90% 的软件都是从欧美进

---

① Rukmini S. "In India, Who Speaks in English, and Where?" Mint, 2019.
② 资料来源：Knowledge 4 All Foundation。
③ Zhang C. "MC2: A Multilingual Corpus of Minority Languages in China." 2023.
④ Birhane A. "Algorithmic Colonization of Africa." SCRIPTed, 2020.
⑤ Dakar N. "Could AI Transform Life in Developing Countries?" The Economist, 2024.

口，①非洲从事小额信贷的领先金融科技公司 Safaricom 仅 35% 的股权归属当地政府，而大部分股权由跨国公司和国际资本控制，等等。②此外，截至 2022 年，全球只有 62 个国家推出了自身的 AI 发展战略，超 2/3 的国家尚未考虑本国的自主 AI 发展，其中绝大部分是后发国家。③未来，随着大型科技公司在 AI 发展中的领先地位持续增强，越来越多后发国家可能逐渐放弃通过自主创新、语料收集、技术迭代发展 AI 的方式，取而代之的是更强的搭便车方式，即通过与大型科技公司联合的方式，来服务本国利益。然而，过于依赖海外服务不仅影响后发国家的国家安全，或还将抑制创新能力、资本流入和产业升级，从而对其经济造成持久影响。

总结而言，公平和安全问题在很大程度上制约了 AI 发挥其效率潜力（见图 11.7）。未来，AI 技术的进步或改变各国对传统国际分工和合作的态度，并深刻影响国际经贸关系。

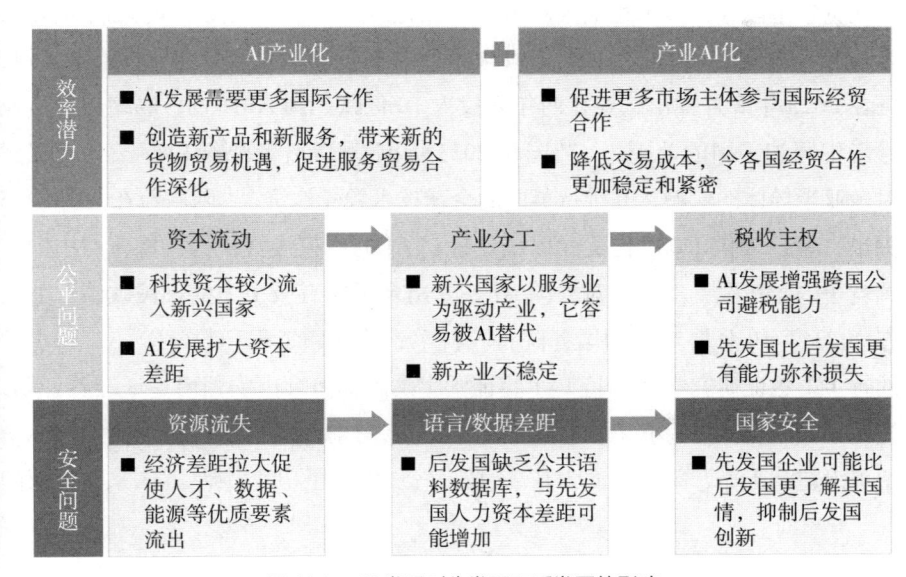

效率潜力	AI 产业化 ■ AI 发展需要更多国际合作 ■ 创造新产品和新服务，带来新的货物贸易机遇，促进服务贸易合作深化	＋	产业 AI 化 ■ 促进更多市场主体参与国际经贸合作 ■ 降低交易成本，令各国经贸合作更加稳定和紧密
公平问题	资本流动 ■ 科技资本较少流入新兴国家 ■ AI 发展扩大资本差距	产业分工 ■ 新兴国家以服务业为驱动产业，它容易被 AI 替代 ■ 新产业不稳定	税收主权 ■ AI 发展增强跨国公司避税能力 ■ 先发国比后发国更有能力弥补损失
安全问题	资源流失 ■ 经济差距拉大促使人才、数据、能源等优质要素流出	语言/数据差距 ■ 后发国缺乏公共语料数据库，与先发国人力资本差距可能增加	国家安全 ■ 先发国企业可能比后发国更了解其国情，抑制后发国创新

图 11.7　AI 发展对先发国和后发国的影响

资料来源：中金研究院。

---

① Knowledge Commons Brasil. "Digital Colonialism & the Internet as a Tool of Cultural Hegemony." 2019.
② Loubere N. "The Curious Case of M-Pesa's Miraculous Poverty Reduction Powers." The Developing Economics Blog, 2019.
③ 资料来源：Stanford University。

三、国际经贸协调机制面临变革

（一）各国的竞争动机或将加强

出于对公平和安全的顾虑，相比合作，各国更倾向于加强竞争。一方面，私人企业在 AI 发展中占据优势地位，潜在的道德风险问题使各国对于 AI 技术采取更加谨慎的态度。例如，一国可能担心其他国家的自动驾驶行业企业收集本国用户数据，从而加强数据保护。另一方面，AI 是典型的通用目的技术。技术领先国在扩散和推广 AI 技术时，难以分清 AI 技术在其他国家的最终用途。为确保安全，技术领先国的技术保护动机将增强。例如，美国近年来频繁升级对其他国家的出口管制，装载人工智能芯片的电脑出口也受到波及。

从竞争手段看，各国正加大对 AI 要素的投入和吸引力度，同时限制本国 AI 要素流出。首先，多国自 2023 年以来纷纷表态，要以较大力度投资 AI 领域，德国在 2023 年 8 月提出，要在两年内投入 10 亿欧元到 AI 研发，以缩小与行业领导者中国和美国的差距。① 英国在 2023 年 11 月提出将投资 12 亿英镑，以减少对东亚半导体的依赖，并维持英国的全球技术领先地位。② 阿联酋在 2024 年 3 月提出，考虑提供 1 000 亿美元以成立针对 AI 的主权投资机构，旨在与中国和美国竞争。③ 其次，多国针对外国 AI 人才出台了富有吸引力的移民政策，如拜登在 2023 年 10 月要求美国国务院将"科学、技术、工程和数学"（STEM）领域的持 J–1 签证研究学者和持 F–1 签证学生纳入即将推出的国内签证续签计划，并肯定了高技能人才移民在 AI 领域的作用。④ 考虑到美国已吸引了大批国际学生留美深造和工作，并且他们为其 AI 技术发展做出了切实贡献，⑤ 未来各国间的

---

① 参见 https://www.reuters.com/technology/germany-plans-double-ai-funding-race-with-china-us-2023-08-23/。

② 参见 https://www.cnbc.com/2023/11/01/uk-to-invest-273-million-in-turing-ai-supercomputer.html。

③ 参见 https://www.capitalbrief.com/briefing/abu-dhabi-unveils-ai-investment-firm-aims-to-surpass-us100b-aum-bdaa9571-a8f2-4773-ab87-0a13c057a452/。

④ 参见 https://fas.org/publication/unlocking-american-competitiveness-ai-eo/。

⑤ 资料来源：MacroPolo。

AI人才竞争或将加剧。最后，除了加大对AI要素的投入和吸引力度，各国也不断加大对AI要素流出的审查力度。实体要素层面，2023年的国际贸易扭曲政策中，有较大比例是针对两用产品、高端科技产品、关键金属等AI相关要素的。虚拟要素层面，越南、墨西哥等后发国家在欧美等地的影响下，也制定了大量政策以限制数据及敏感技术的流出。

大型科技公司越发成为AI国际竞争的主要载体。在现行威斯特伐利亚体系[①]下，各国主权地位平等，且可较大限度排除外部势力侵扰，具体表现为实力强大的先发国家想要干预后发国家，在法理上难以成立。然而近年来，大型科技公司的发展为部分先发国家提供了合法干预后发国家的手段。先发国家所采取的AI要素流入吸引和流出限制等政策，在很大程度上也需依靠大型科技公司来实现。对先发国家而言，大型科技公司是支持其权力扩张的关键力量，硅谷五大巨头（微软、谷歌、亚马逊、Meta、苹果）已然成为美国在数字时代保持竞争优势的重要支撑。与此同时，大型科技公司要想继续扩大规模也需要国家权力的支持，两者之间逐渐形成共生关系。

国家或地区间的集团化竞争可能加剧。全球范围内，AI技术领先的大型科技公司主要位于美国、中国以及欧洲三地。后发地区及其企业难以承担AI发展所需的较高固定成本，只能被动接受先发地区的AI产品。为将自身AI产品推广到更多地区，以美中欧等先发地区为核心的集团化竞争逐渐加剧。以海底光缆为例，其近年来传输了95%以上的国际数据，[②]构成了AI发展的基础。由于铺设海底光缆所需的成本较高，后发地区一般需在美中欧等先发地区及其企业的帮助下才可连接。在中国企业2005—2025年参与海底光缆铺设的投资中，与跨太平洋地区的连接项目快速减少，与欧亚地区的连接项目亦有一定下滑，与亚洲内部国家的连接项目始终居于高位（见图11.8）。2020—2025年，亚太地区计划新增的海底光缆中，中国主导的新项目侧重与东南亚等周边地区连接。相应地，欧美

---

① 欧洲三十年战争后，主要欧洲国家在1648年达成协议并签署《威斯特伐利亚和约》，主要内容包括：第一，各主权国家对其领土和国内事务拥有主权，排除所有外部势力侵扰；第二，各国互相承认主权并互不干涉他国内政；第三，每个国家主权平等。这些和约内容开创了威斯特伐利亚体系，也为国际法如《联合国宪章》奠定了基础。

② 参见 https://www.chinathinktanks.org.cn/content/detail?id=ket8wn73。

等其他先发地区主导的新项目普遍与日本、东南亚直接连接，体现出各集团间不同的战略倾向。

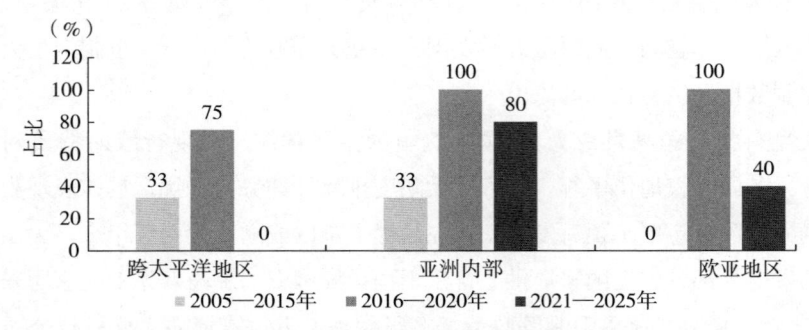

图 11.8 至少有一个中国企业参与的海底光缆项目占所有项目的比重

资料来源：TeleGeography, Submarine Networks World，中金研究院。

（二）现行国际经贸协调机制不足以弥合各国分歧

AI 发展的背景下，各国的竞争动机增强，而现行国际经贸协调机制存在不足，难以弥合各国分歧，或将阻碍各国通过更多国际合作发掘 AI 的效率潜力。

第一，部分国家不当利用国际经贸规则，出口管制等贸易保护行为脱离了适当的规则约束。在全球治理体系中，国际贸易是法治化程度较高的领域，已经建立起了以 WTO 为代表的国际规则体系。为确保成员拥有在危急时采取原本不可使用手段自保的权利，《关税与贸易总协定》（简称《关贸总协定》）规定了安全例外条款，明确协定的任何规定不得被解释为阻止缔约方采取保护其基本安全利益所必需的行动。[①] 近年来，部分国家正是利用该条款出台单边主义政策，一定程度上扭曲了自由贸易。总结而言，由于 WTO 安全例外条款不明确，部分国家得以从自身地缘竞争、政治利益、产业竞争力等角度出发援引该条款，甚至将安全例外作为进行大量出口管制和单边制裁的合法化理由，损害了多边贸易体系的有效性。

---

① 李晓玲：《WTO 安全例外条款：实践演进、路径选择与中国因应》，《国际法研究》，2023 年第 3 期。

第二，现有国际经贸规则主要为工业时代所设计，未能充分反映AI产业化和产业AI化的新趋势。① 首先，AI发展加大了商品和服务的区分难度。随着自动驾驶汽车和人工智能机器人等产品逐渐问世，判断其到底是否适用于《服务贸易总协定》是一个关键问题。在当前贸易规则下，AI商品和服务关税容易被混用，或提升国际贸易成本，阻碍更广泛的国际经贸合作。其次，在AI产业中可明显被视为提供服务的领域，当前规则也存在空白。比如，《服务贸易总协定》对会计、法律及医疗服务的市场准入承诺往往与认证要求或法人资格挂钩。在AI领域，Harvey、ChatGPT等大语言模型已可通过律师考试，但《服务贸易总协定》从未有过承认AI为合格法人的先例，这同样可能在相关贸易领域引发混淆与矛盾。最后，WTO《与贸易有关的知识产权协定》未规定如何处理人工智能生成的作品。现阶段，各国对如何处理人工智能生成的作品形成了不同的实践表现和判例。未来，随着AIGC的发展和跨境知识产权交易的增长，相关纠纷的数量和频率或上升。②

第三，国际再分配机制缺位，先发和后发国家间的AI收益差距难以熨平。有研究表明，AI革命相比蒸汽机、互联网等过往技术进步存在一个关键差别，即前者技能偏向性更强。③ 原因在于，过往技术进步通常会提升工人、白领等群体中非熟练劳动者的工作能力，同时以工厂为中心的生产模式也更有利于人力资本提升，这些部分造成了20世纪末和21世纪初期提出的"世界是平的"论调。④ 未来，AI可能会强化高端人才的竞争优势，对高端人才更密集的大国更有利。在一国内部，公共财政可通过转移支付、社会保障政策等保护遭受不利冲击的群体；但在国际层面，以WTO、联合国等为代表的现行国际协调机制难以真正反映并服务后发国家的经济利益。⑤ 随着后发国家财政主权受到侵蚀，其熨平国内

---

① 参见 https://www.iisd.org/articles/policy-analysis/international-trade-artificial-intelligence-chatgpt。
② Krummenacher P. "International Trade and Artificial Intelligence: Is Trade Policy Ready for ChatGPT?" IISD, 2023.
③ Kanazawa K. "AI, Skill, and Productivity: The Case of Taxi Drivers." IZA, 2022.
④ Leamer E E. "A Flat World, a Level Playing Field, a Small World After All, or None of the Above? A Review of Thomas L. Friedman's *The World is Flat*." *Journal of Economic Literature,* 2007, 45(1).
⑤ Korinek A. "Artificial Intelligence, Globalization, and Strategies for Economic Development." NBER, 2021.

分配差距的能力也将下降，从而进一步拉大先发和后发国间的经济发展差距。另外，先发国也可能以后发国利益受损为代价服务自身利益，加剧后发国家的风险。例如，如果 AI 服务工具建议使用大量药品来治疗某些疾病，但美国本土对此类药品的审批有严格限制，那么在这种情况下，美国企业可能会选择在其他国家专门测试 AI 服务工具。现实中，许多大型制药公司已经在成本较低、监管较松的非洲进行药物试验。在缺乏适宜国际协调机制的情况下，这种监管套利的范围未来可能继续扩大。①

第四，《布莱切利宣言》等现有 AI 国际协调机制缺乏强制力，且易引发道德风险问题。为应对 WTO 等现有国际经贸协调机制的不足，全球 28 个国家和欧盟在 2023 年 11 月签署了《布莱切利宣言》，旨在增进各国间的理解和合作。宣言内容主要包括："人工智能产生的许多风险本质上是国际性的，因此最好通过国际合作来解决。各国应考虑到有利于创新、适度治理和监管的方法，这些方法可以最大限度地提高效益，并尽可能解决与人工智能相关的风险。"整体而言，《布莱切利宣言》并没有对任何具体经贸、监管事宜提出清晰的合作路线，强制执行力较弱。宣言当中不具约束力的共识本质上是各国间不可置信的承诺，或预示着《布莱切利宣言》的长期效果存在被削弱的风险。

四、面对 AI 带来的国际经贸冲击，中国的挑战与应对

（一）国际层面：AI 相关国际经贸规则的话语权偏弱

现阶段，中国对 AI 经贸协调机制影响力相对有限，主要体现在 3 个方面。

第一，中国大型科技公司的 AI 规则制定能力有限。全球 AI 治理规则更多由私人企业或社会组织制定，中国企业的规则制定能力可能存在不足。2016 年至 2022 年，美国、德国和国际上提出的 AI 治理准则中，分别有 68.6%、55.6% 和 45.8% 是由企业和社会组织提出的（见图 11.9）。对比之下，同期中国企业和社会组织制定的 AI 准则仅占中国全部准则的 27.2%，绝大部分由学术机构和政

---

① Cowen T. "How AI Will Remake the Rules of International Trade." Bloomberg, 2023.

府机构颁布。[①] 这种差异既是中国 AI 企业出海进程迟缓的结果，同时也可能对中国企业未来的国际化经营造成阻力。

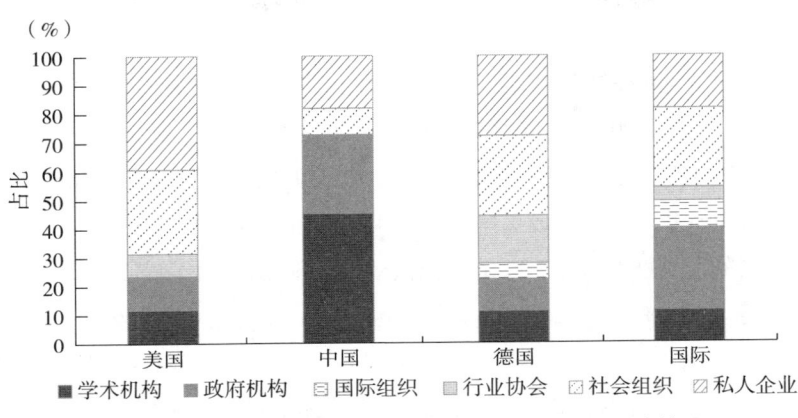

图 11.9　2016—2022 年各类 AI 治理准则的颁布主体分布情况

资料来源：AI 产品榜官网；Corrêa N K. "Worldwide AI Ethics: A Review of 200 Guidelines and Recommendations for AI Governance." *Patterns*, 2023；中金研究院。

第二，RCEP 等中国主导的国际经贸协调机制较少涉及 AI。与 AI 相关的数字贸易规则主要包括数据跨境流动、数据本地化、电子传输关税、算法和源代码公开、AI 标准互认等方面条款。在这当中，中国参与度较高的 RCEP 基本未对缔约方设定明确的强制义务，更多是允许缔约方根据自身法律体系，对各项数字贸易主题进行个性化限制。[②] 相比之下，其他国家主导的 USMCA、CPTPP、IPEF 等同在 2020 年前后落地的国际经贸协调机制更为丰富和完善。比如在数据跨境流动条款中，CPTPP 要求除某些特定关于公共利益的数据流外，缔约方不得禁止或限制跨境数据流动。[③] 类似地，CPTPP 还明确禁止缔约方以在该国领土内使用或安置计算设施作为企业在其领土开展业务的条件。在 CPTPP 的基础上，美国主

---

① Corrêa N K. "Worldwide AI Ethics: A Review of 200 Guidelines and Recommendations for AI Governance." *Patterns*, 2023.
② 吴沈括、邓立山：《RCEP 框架下的数据跨境规则研究》，2022 年 3 月。
③ Schweitzer F. "The Rise of Artificial Intelligence, Big Data, and the Next Generation of International Rules Governing Cross-Border Data Flows and Digital Trade." *The Global Trade Law Journal*, 2024.

导的 USMCA、《美日数字贸易协定》更进一步,设定了更严格的抵制数据本地化条款,旨在促进数据在缔约国间的自由流动。在算法和源代码公开方面,CPTPP、USMCA 等均明确禁止缔约方以源代码转让、访问作为企业在其领土开展业务的条件,以维护市场公平竞争秩序。此外,为顺应数字经济发展,欧美等地还推出了专门聚焦数字经济的贸易协定,包括 IPEF、欧盟数字贸易协定、DEPA 等,这些协定在 AI 方面的规则设置更为完善和具有针对性。例如,新西兰-英国自由贸易协定和 DEPA 均包含了成员国对通过合作和协调发展人工智能的承诺,以及人工智能标准互认协议等。① 成员国中发展中国家占比较高的 IPEF,也明确指出确保电子交易的监管框架符合国际最佳做法,以及加强数字服务准入、避免不公平贸易行为等。②

第三,中国与其他国家达成的实质性 AI 经贸合作实践较少,且多为软性机制。近年来,中国对本国 AI 规则的国际推广抱持相对开放的态度,比如《全球人工智能治理倡议》允许全球各国政府、国际组织等融入中国 AI 治理体系。③ 相比之下,美欧等地的 AI 国际合作目的性更强,更深度合作的模式帮助落地成果更为丰富。例如,美国近年来在北约组织框架下发布人工智能战略,促进成员国间通信情报、工业科技等领域数据的流通共享,并推动成员国人工智能标准制定机构的合作。④ 此外,美国还与澳大利亚、加拿大、法国等 13 国建立了人工智能防务伙伴关系,加强各国的研发投入和创新沟通;与澳大利亚、印度、日本三国建立了"四方安全对话"关键新兴技术工作组,强调在电信、技术原则上的互联互通,以及国家标准机构间的合作。在双边合作方面,美国与欧盟联合成立了美国-欧盟贸易和技术委员会,与印度推出了"美印关键和新兴技术倡议"。通过具体的实体落地,以及配套的诸边和双边 AI 经贸合作机制,美国可将本国 AI 规则推广至亚太和西欧的关键盟友,并与盟友共同推动规则从区域化走向国

---

① World Bank Group. "Cross Border Data and Digital Trade: Impact and Policy Approaches for Better Lives." 2021.
② 资料来源:USTR。
③ 参见 https://www.cac.gov.cn/2023-10/18/c_1699291032884978.htm。
④ 孙成昊、王叶湑:《北约人工智能战略:内涵、动因与挑战》,《国际论坛》,2022 年第 5 期。

际化。[①]对比来看，中美两国在 AI 规则推广时采取了不同的思路。虽然两种思路并无优劣之分，但中国与其他国家达成的 AI 深度合作相对有限，或一定程度制约了中国 AI 规则的效用和国际话语权。

中国在 AI 国际经贸协调机制的不足，很大程度归因于以下两方面。

第一，中国在与其他国家的文化距离上天然不占优势，一定程度影响他国运用中国 AI 规则。对比中美两国与其他国家的地理距离，更多国家与中国较为临近。地理距离的临近意味着货物运输成本更低，这也为过往中国货物贸易的快速发展奠定了基础。然而，对比中美两国与其他国家的文化距离，更多国家与美国的文化观、价值观更为接近。[②]考虑到当前大语言模型等 AI 技术对语言、文化的敏感度较高，各个国家利用本国语料训练出的大语言模型不仅表现出不同的知识能力，还拥有不同的思维方式。[③]相比美国企业训练的大语言模型，仅利用中国语料训练的大语言模型在向其他国家推广时的难度可能更大，从而对中国 AI 规则的推广造成不利影响。与此同时，大语言模型在更多国家和人群中的推广还意味着更多数据的获得，这恐进一步加剧中国 AI 产业的不利地位。

第二，中国 AI 企业的出海进程略显迟缓，与国际接轨不足。截至 2023 年 12 月，全球访问前 50 的 AI 产品中，源自中国的 AI 产品仅有 2 个。根据 AI 产品榜官网（aicpb.com）对中国出海 AI 产品的月流量统计（见图 11.10），排前 5 名的为 Fotor（图像编辑）、Cutout Pro（图像增强）、MaxAI.Me（浏览器助理）、PicWish（图片编辑）和 PixAI.Art（图片生成），文心一言、智谱清言、通义千问等国内主流大语言模型均未上榜。

[①] Schweitzer F. "The Rise of Artificial Intelligence, Big Data, and the Next Generation of International Rules Governing Cross-Border Data Flows and Digital Trade." *The Global Trade Law Journal*, 2024.

[②] CEPII, Muthukrishna, WEIRD Psychology "Measuring and Mapping Scales of Cultural and Psychological Distance." *Psychological Science*, 2020.

[③] Kovač G. "Large Language Models as Superpositions of Cultural Perspectives." 2023.

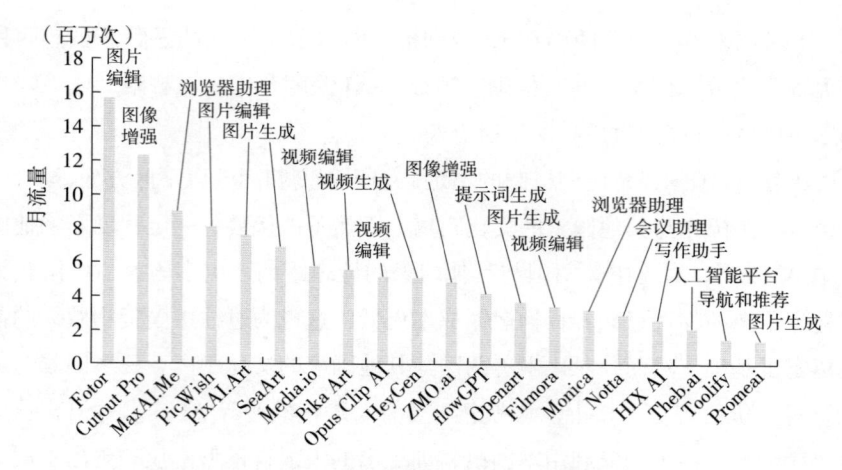

图 11.10　中国出海 AI 产品的月流量排名（2023 年 12 月）

资料来源：AI 产品榜官网；Corrêa N K. "Worldwide AI Ethics: A Review of 200 Guidelines and Recommendations for AI Governance." *Patterns*, 2023；中金研究院。

（二）国内层面：规则对外推广、政府投入方式等存在优化空间

国内 AI 规则相对充分，但推广至国际层面的进度较慢。早在 2017 年，中国国务院便出台了《新一代人工智能发展规划》，并提出了 2030 年前制定人工智能治理法规的时间安排。[①] 随后几年中，国家新一代人工智能治理专业委员会、国家网信办等部门颁布了一系列 AI 治理规定，包括《互联网信息服务算法推荐管理规定》《互联网信息服务深度合成管理规定》《生成式人工智能服务管理暂行办法》等。[②] 近年来，大量国际研究高度肯定了中国国内的 AI 治理规则，比如认为中国从算法、模型等 AI 基础要素出发的管理思路具有较强前瞻性，与当前 AI 技术快速发展的背景更相契合，从而可为后续充当"规则脚手架"。[③] 然而，从规则内容和深度等维度来看，中国在国内制定的 AI 规则与在国际推广的《全球

[①] 参见 https://www.gov.cn/zhengce/content/2017-07/20/content_5211996.htm。

[②] 参见 https://www.gov.cn/zhengce/zhengceku/2022-01/04/content_5666429.htm，https://www.gov.cn/zhengce/zhengceku/2022-12/12/content_5731431.htm，https://www.cac.gov.cn/2023-07/13/c_1690898327029107.htm。

[③] Sheehan M. "China's AI Regulations and How They Get Made." Carnegie Endowment, 2023.

人工智能治理倡议》间仍存在一定脱节，中国未将国内丰富的发展和监管经验在国际层面进行推广和对接，限制了中国在全球 AI 经贸治理中发挥更大作用。

我国公共投入不足以弥补私人投资缺口，应对国际竞争的能力有待提升。AI 技术改进需要大量算力、算法和数据投入，充足的资金是一国 AI 发展的必要条件。从私人投资看，中国 AI 私人投资在全球主要国家 AI 私人投资总额中的份额呈下降趋势，与美国的差距有所拉大。此外，公共资金的投入方式也有优化空间，以便将安全投入更好地转化为效率。近年来，中国各地方政府投入大量资金到智慧城市领域。根据几个学者的估算，2018 年中国市、县两级政府人工智能相关技术的采购量约占所有层级政府的 2/3。[1] 在一定程度上，地方政府的投入有助于人工智能企业获取更多资金，增加创新和出口竞争力。[2] 但也需注意到，地方政府的投入尚未充分转化为效率，数据优势仍有待发挥，例如，2020 年多数城市中与智慧城市相关的数据库利用率可能不到 20%，利用率较高的城市也不超过 40%。[3] 如果地方政府拥有的海量数据可被高效利用，或将丰富 AI 训练所需的视频和图像素材，提升中国 AI 产业的国际竞争力。

五、思考与启示

（一）国际层面：积极参与多边机制改革，以 AI 科技企业出海为推手，落实区域 AI 经贸合作

中国应积极推动 WTO 等多边经贸协调机制改革，增强多边机制的运用能力。在贸易保护主义抬头的当下，WTO 等多边机制面临一定挑战，催生了关于多边机制在推进国际经贸合作方面是否已经过时的疑问，例如，是否要转向以特惠贸易协定为主的诸边或双边机制，相应地从浅层一体化转向深度一体化。但正

---

[1] Beraja M, Yang D Y, Yuchtman N. "Data-Intensive Innovation and the State: Evidence from AI Firms in China." *The Review of Economic Studies,* 2023, 90(4).
[2] Beraja M, Kao A, Yang D Y, et al. "AI-Tocracy." *The Quarterly Journal of Economics,* 2023, 138(3).
[3] 汪玉凯：《智慧城市"重复建设"问题突出 很多数据库利用率不到 20%》，《每日经济新闻》，2021 年 11 月 18 日。

如有研究指出的，^①即便是在新技术发展和新的国际竞争格局下，国际经贸合作所需的规则在根本上仍存在共通之处。换句话说，WTO等多边机制并未过时，一经济体过度倚重双边或诸边机制反而可能因其封闭性而有损国际经贸合作。相应地，国际社会可积极推动多边机制改革，以适应AI时代新的生产力和生产关系要求，例如，允许部分成员在WTO框架下签订仅适用于它们的关键多数协定等，并向其他成员开放，从而在最大限度发挥WTO积极作用的同时，克服诸边贸易协定的封闭性。^②基于以上考虑，中国可在两方面利用好WTO等多边机制。

一方面，可加强同包括发展中国家在内多数国家的沟通协作，在WTO、G20等多边机制框架下推动建立符合尽可能多国家共同利益的AI经贸规则，例如协调数据本地化规则、明确商品和服务含义、增加先发国家应承担的税收义务等。此外，还可基于获得尽可能多支持的机制，将相关规则内容逐步推广至整个多边规则体系，帮助多边机制适应AI产业化和产业AI化的新趋势，避免AI国际经贸规则体系被部分先发国家的诉求过度主导。以国际税收改革为例，本轮国际税改主要由G7成员国在OECD和G20等多边平台推动，^③发展中国家的利益诉求较少被考虑，这一矛盾在AI发展的背景下或将更加突出。对此，中国既可通过OECD和国家税务总局共同设立的多边税务中心，对发展中国家进行税收培训与技术援助，也可通过金砖国家平台，向重点合作国外派税务官，与其他成员国加强对话并共同提高税务适应与改革能力，从而推动国际税收改革，让其反映广大国家的诉求和利益关切。

另一方面，可着重增强利用WTO等国际经贸协调机制的能力，推进WTO争端解决机制正常运作，保护中国企业跨国经营的正当权益。具体而言，中国可进一步加深对WTO安全例外条款、公共道德例外条款等规则的理解，巩固通过多边机制维护自身合理利益的法律基础。^④此外，中国可以关键多数协定等为载

---

① Bagwell K, Bown C P, Staiger R W. "Is the WTO Passé?" *Journal of Economic Literature,* 2016, 54(4).
② Hoekman B M, Mavroidis P C. "Embracing Diversity: Plurilateral Agreements and the Trading System." *World Trade Review,* 2015, 14(1).
③ 邓志超、连平、周宇：《国际税收制度改革新进程及其影响》，《国际展望》，2022年第1期。
④ 戴艺晗：《国际贸易法视域下的人工智能规制——以WTO规则为视角》，《上海财经大学学报》，2023年第2期。

本，尝试在 WTO 框架下牵头制定遵循《技术性贸易壁垒协定》原则的人工智能领域国际标准，以及符合中国和其他广大发展中国家价值观的电子商务联合声明等。通过开放包容的合作形式，WTO 各成员可共享中国 AI 规模经济带来的广阔经贸合作机遇，并规避贸易规则碎片化带来的损失。

在坚持和加强多边机制的同时，也可利用好诸边/区域贸易协定，综合发挥各类机制的积极作用和协同价值。WTO 可在争端解决、沟通协作、关税减让等浅层领域发挥有效作用，但难以解决 AI 发展给国际经贸格局带来的两大问题。第一，AI 发展给国际经贸关系带来了新问题，比如如何处理 AIGC 作品的知识产权。第二，AI 以新方式提出了老问题，比如 AI 等数字经济成果适用于商品关税还是服务关税等。要解决这两大问题，需要国家间实现更深层次的合作，诸边/区域贸易规则相比 WTO 等的多边贸易规则具有一定优势。[①] 现阶段，中国已然在 RCEP 等区域性经贸规则中提出了部分 AI 相关条款，但如前文所述，这些条款存在强制力较弱、涵盖内容较少等问题。未来，中国可继续加强与 AI 相关诸边/区域经贸规则设计和推动执行的能力，尤其是可更注重科技企业的作用，充分利用其跨国经营经验和专业知识，推动相关规则契合现实需要并更易于实操落地。

强化企业海外合规经营能力，为 AI 科技公司出海提供政策便利。当前，大量中国本土企业研发的 AI 产品无法在境外使用，不仅影响了这些企业的商业化进程，也不利于其他国家增进对中国社会环境和思维方式的理解，这与中国部分大型科技公司的海外合规经营能力有待提升有关。对此，新能源汽车行业的政策经验或可为 AI 企业出海提供参考。比如在企业国际化经营方面，可出台相应举措鼓励或便利企业的海外研发合作。在海外合规经营方面，可鼓励行业组织、智库机构等开展 AI 产品的海外合规培训，编发国别贸易指南等。鉴于 AI 技术发展存在更迫切的跨国合作需要，且相关科技公司是关键载体，中国也可参考本国新能源汽车行业的政策经验，在加强金融支持、推动国际标准互认等方面发力，为 AI 科技公司出海提供政策便利。

发挥大型科技公司的主观能动性，鼓励其在国际展业过程中形成符合商业需

---

① Limão N. "Preferential Trade Agreements." *Handbook of Commercial Policy*, 2016.

求的 AI 经贸规则思路。大型科技公司是推动 AI 技术发展的重要载体，其对于形成 AI 经贸规则也能做出关键贡献。以 Meta 为例，其作为大语言模型领域的后发者，为了应对自身产品与 ChatGPT 等先发产品的竞争，主动将旗下大模型 Llama 开源。在 Llama 开源后，多国的高校和企业以 Llama 为基础开发了本地大模型。随着市场占有率的扩大，Meta 在大模型领域的国际经贸规则话语权大幅提升，并从两方面获得竞争优势。一方面，开源模式有利于大语言模型的推广和技术迭代。Llama1 推出后，GitHub 共录得各国开发者的超 10 万个 Llama 调取和超 2 000 个问题反馈。另一方面，开源模式帮助 Meta 获取更多的数据和市场。2023 年，印度政府和 Meta 签署合作备忘录，利用 Llama 等模型优势构建印度语言数据集，改善针对不同人群的公共服务供给。[①] 对中国大型科技公司而言，或可以 Meta 推广 Llama 的经验作为参考，通过开源等方式打造更为完善的 AI 生态系统，在实现自身商业利益的同时，在数据流动、隐私保护、跨境算法监管等方面为国家 AI 经贸规则的构建做出前瞻性探索。

在具体抓手上，中国可以"一带一路"倡议、RCEP 等为载体，与各国合作推动 AI 经贸规则构建、争端解决机制完善。相比欧美等发达地区，越南、泰国等新兴国家与中国的文化距离更为接近，对中国 AI 产品的适应性和接受度可能相对更高。比如 2023 年，越南继新加坡、俄罗斯、乌干达、沙特阿拉伯之后，成为第 5 个将汉语纳入必修课的国家。[②] 在 AI 快速发展的背景下，这些国家的举措将使得更多人群有机会、有能力接触中国的 AI 大语言模型，并在使用过程中更加了解中国。现阶段，中国主导的"一带一路"倡议、RCEP 等对 AI 规则的涉猎程度较小，难以逆转区域内部 AI 规则的碎片化趋势或推广中国 AI 产品，对最终中国与其他各国的 AI 合作贡献有限。作为对比，智利、新西兰和新加坡签署的《数字经济伙伴关系协定》（DEPA）包含专门针对人工智能的章节，要求各国采用道德框架来治理这项技术。[③] 未来，中国可以通过大型科技公司跨国展业形成的 AI 经贸规则、国内成熟应用的 AI 监管规则，以及借鉴 DEPA 等深

---

① 参见 https://about.fb.com/news/2023/07/meta-and-india-ai-to-foster-advancements-in-ai-technologies-in-india/。

② 参见 https://zqb.cyol.com/html/2023-12/14/nw.D110000zgqnb_20231214_1-11.htm。

③ 参见 https://www.derechosdigitales.org/22304/digital-trade-agreements-cannot-prevent-ai-transparency/。

变特惠贸易协定中的人工智能条款，着手丰富"一带一路"倡议，共建 RCEP 等国际经贸协调机制，增加或修订 AI 相关经贸规则。例如，中国可在数据跨境流动、数据本地化、数字产品非歧视等领域进行有针对性优化，提高中国方案与其他国家需求的契合程度。在区域经贸规则的执行上，2023 年 5 月 21 日，欧盟理事会正式批准《人工智能法案》，针对该法案，欧盟委员会设立了人工智能办公室，帮助协调成员国之间法案的一致应用问题，该办公室将直接执行 GPAI 规则，能够对各成员国/组织进行罚款，并强制采取纠正措施。[1]中国或可参考欧盟《人工智能法案》的经验，在相关贸易规则中引入受各方认可的争端解决和违规处罚机制，推动软法的"硬化"。

增强与欧美科技界的联系，尝试吸引更多海外 AI 人才回国。近年来，在美国"去风险化"的政策导向下，中国学者和企业与美国交流面临一定障碍。对中国而言，可坚持扩大开放，积极尝试通过更多渠道加强与美国等发达国家科技界、研究界等群体的接触和交流。此外，根据 MacroPolo 智库的研究，2022 年全球 AI 人才中有约 38% 本科毕业于中国高校，但这些人才在研究生阶段和工作阶段大量流向美国、欧洲等其他地区。[2]有鉴于此，也可有针对性地创设 AI 国际人才的引进计划，打造具有国际竞争力、与国际一流机构联系密切的就业环境，吸引更多优秀人才回国创业工作。

（二）国内层面：优化公共资金投入方式，调动企业积极性，增强抵御 AI 公平和安全冲击的社会保障

优化公共资金的投入方式，增强应对国际竞争的能力。首先，可适度加大公共部门对 AI 研发和应用的资金支持力度，撬动更多 AI 私人投资，通过公私合作为 AI 技术进步奠定基础。其次，在兼顾安全的同时，在公共资金投入上可适当关注效率导向。以地方政府的智慧城市投入为例，市、县两级地方政府每年采集大量人工智能相关产品和服务，沉淀了大量未充分开发的数据资源，可针对这

---

[1] 资料来源：European Parliament。
[2] 资料来源：MacroPolo。

些数据进行盘活、利用，从而更好地发挥中国作为大国所拥有的数据规模优势。

改善 AI 领域的国内生产关系，释放大型科技公司等主体的创造力。回顾历史上技术进步引发的国际竞争，公共资金投入固然是一国生产力发展的基础，但与技术进步相伴随的生产关系也同样重要。例如，在美苏冷战中，美国在技术转化等方面比苏联更可持续，从而更好地将威望技术优势扩展为通用和战略技术优势。[1]在 20 世纪 70 年代的美日半导体竞争中，美国半导体研究联盟更具创新活力，而日本的 keiretsu（企业联盟）模式过度追求数量，轻视基础创新，难以适应半导体生产方式的快速转变。[2] 实际上，当前的 AI 竞争与历史上的大国竞争存在一定的相似度。从创新成果看，全球主要大模型由中美创造，[3] 这与美苏、美日等在科技竞争中的情形类似。现阶段，美国、中国、欧洲等的应对态度和生产关系已部分反映到 AI 发展上：美国对内的 AI 监管较松，对外通过 "G20 人工智能原则" "G7 广岛峰会 AI 声明" 等实现了较多的国际合作，最终使得美国的大模型广泛扩散到世界各地。欧洲内部 AI 监管较严，因此主要使用其他地区的大模型。中国的 AI 监管程度较深，大模型主要服务本国居民。[4] 未来，中国可参考美欧的成熟监管经验，进一步调动企业、个人、高校等不同主体参与 AI 的积极性，通过优化生产关系将市场中更多的创造力释放出来。以数据流动为例，中国对数据流动的限制较强。根据 ITIF（美国信息技术创新基金会）等机构的估算，中国对数据跨境流动监管的严格程度在世界居于前列，且随时间推移越发突出。[5] 虽然一定的数据流动限制是维护国家安全的必要选项，但监管过强或不利于其他国家获取中文语料以及国际合作的开展等。相反，如果优化企业与政府进行协商的机制，或能形成更符合经营需要的 AI 经贸规则，有助于其他国家认可、接受中国方案。

---

[1] Koubi V. "Military Technology Races." International Organization, 1999.

[2] Edward Chan. "Asia's Dominance in the Semiconductor Industry." 2021; Hizuka H. "The Research and Development System of Semiconductor Enterprises." *Ritsumeikan Economics*, 1991, 40 (4).

[3] 资料来源：Information is Beautiful, LifeArchitect.ai。

[4] Sheehan M. "China's AI Regulations and How They Get Made." Carnegie Endowment, 2023.

[5] Cory N, Dascoli L. "How Barriers to Cross-Border Data Flows Are Spreading Globally, What They Cost, and How to Address Them." ITIF, 2021.

加强就业、公共服务等方面社会保障体系建设，避免国际竞争冲击本国经济、社会，以及政策主权。随着 AI 的发展和全球推广，国家主权的概念可能会改变。①一些小国可能在欧美大型科技公司的影响下遭遇"算法殖民"，并受到持久的经济和安全冲击。从人口规模、经济规模等角度来看，中国均是一个大型国家，相比小国更能够抵御 AI 带来的不利冲击。但正如前文所指出的，AI 国际竞争的影响可能是非均衡的，大国的部分地区、人群和企业同样可能遭受较强冲击。首先，根据中国政府网的数据，截至 2023 年底，中国共有 10.92 亿网民，②意味着仍有约 3 亿人无法接入网络并直接使用 AI 工具，这当中有相当比例是位于农村或偏远地区的老年人。对此，公共政策可着力解决这类人群的养老、医疗等方面问题，避免"数字鸿沟"在 AI 时代令弱势群体受损。其次，AI 发展在冲击原有劳动力市场的同时，也带来了数据标注等新兴产业。根据《科技日报》的数据，中国 2019 年已有超 1 000 万人从事数据标注行业。③数据标注是典型的平台经济产业，存在着劳动者保护不足、劳动者话语权较弱、工作不稳定等平台经济通病。对此，可针对数据标注员与网约车司机、外卖配送员等主流平台经济职业进行统筹考虑，逐步建立起以平台劳动者为核心的劳动力市场制度，保护其合法权益。

---

① 封帅：《从民族国家到全球秩序：人工智能时代的世界政治图景》，《外交评论》，2020 年第 6 期。
② 参见 https://www.gov.cn/yaowen/liebiao/202403/content_6940952.htm。
③ 参见 http://www.stdaily.com/index/kejixinwen/2019-09/09/content_790509.shtml。

第十二章

AI风投：从领先到落后的创新金融启示

规模定律意味着大模型需要大投入。从融资模式看，公益捐赠难以支撑 OpenAI 的成功，风险投资至关重要。在 Transformer 算法刚提出的 2017 年，中国 AI 风投金额（约 256 亿美元）及其占风投总额的比例（高达 29%）在世界主要经济体中均位居第一。此后到 ChatGPT 吸引全球关注的 2022 年，5 年间中国 AI 风投从领先变成了相对落后，被美国反超且差距持续拉大，欧盟、印度也对中国形成加速追赶态势。从产业三要素技术、人才、资本来看，我们认为，中国 AI 风投出现逆转可能难以用 Transformer 算法源发于美国的技术进步来解释，2022 年之前中国 AI 优秀人才回流增加，与 AI 风投转而落后的走势不同。事实上，风投这种由领先到相对落后的变化不只存在于 AI 领域，中国风投市场培育"独角兽"的能力也有所下滑，不但被美国反超，也在一些方面被印度等地加速追赶。

从募、投、管、退四环节来看，中国风投市场从领先到相对落后的转变可能与过去几年的募资困难有关。资管新规推出后，风投市场摆脱了金融风险较高的募资途径，但也一定程度上造成了风险资本不足。风投资金约束既减少了可用的风投资金总量，也抑制了风投资本风险偏好，导致过去几年资本市场难以支撑 ChatGPT 这种不确定性较高的引领式创新。从投资端看，如前文所述，基于规模定律，大模型与大型科技企业天然更匹配。从金额看，2018 年之前中国大型科技企业参与的 AI 风投远高于美国，此后被美国反超，平台企业、金融领域投资意愿下降的原因值得重视，资本市场退出渠道有待完善的问题也不容忽视。

全球化放缓背景下，中国有必要在 AI 领域加速追赶和进步，我们认为，中国需着重构建两类创新金融模式：首先，算力等基础设施追赶需要构建"大企业 + 大银行 + 大政府"的追赶式创新金融模式，创新悖论意味着我们无须过于担忧产融分开的大型科技企业市场势力；其次，大模型商业应用可考虑构建"中小企业 + 资本市场 + 制度建设"的引领式创新金融模式，在严格的事后反欺诈制度基础上增加资本市场包容性，以构建硬科技与软创新，以及科技与消费相辅相成的创新生态，更好发挥资本市场筛选效应。[1]

---

[1] 本章作者：谢超、李根、吴云杰、白皓、颜晓畅、蔡志刚、陈昊、于钟海、李彤玥、尹学钰、曲博文。

关于中美在本轮 AI 进步中差距拉大的原因，本书第二章从技术层面的算力、数据、人才/算法，以及产业层面的需求、融资等多个维度进行了综合分析。本章将从产业创新的一般规律角度，对融资问题展开进一步探讨。从科研成果扩散的角度看，产业创新大致遵循从基础研究到应用研究，再到试验开发，最后进入生产阶段的基本模式。其中，基础研究往往是不预设研究目标的探索性研究，应用研究则是具有预设目标的实用性研究，两者通常统称为科学研究。与科学研究不同，试验开发是以产业化为导向，强调通过工程开发生产出产品原型、原始样机及装置等，是将科学研究和实践经验中获得的知识，用于生产新材料、新产品或新设备，建立新的工艺、系统和服务形式，或用于大幅改进已经生产或安装的设备等。也就是说，试验开发通过运用既有科研成果服务于工程开发目标，是最接近产业化的研发环节，因而也是科研成果转化为生产力的关键一步。[1] 从这样一个划分逻辑来看，2017 年出现的 Transformer 算法[2] 可以看作典型的科研成果，2022 年出现的 ChatGPT 则是基于 Transformer 算法进行试验开发的产业结果。

在不同的产业创新阶段，关键生产要素与核心驱动力并非一成不变。从供

---

[1] 中金研究院：《中庸策·双支柱举国体制》，2022 年。
[2] Vaswani A, Shazeer N, Parmar N, et al. "Attention Is All You Need." *Advances in Neural Information Processing Systems,* 2017, 30.

第十二章　AI 风投：从领先到落后的创新金融启示

给侧来看，科学研究阶段的核心要素是人才，试验开发阶段通常要耗费更多的资源，因而融资模式在这个旨在迈向产业化的过程中扮演着重要的角色。例如，ChatGPT 的成功开发不仅有赖于 Transformer 算法，也有赖于大量数据与算力的投入，需要耗费大量资金。与此同时，驱动产业化的核心动机，与驱动科学研究的动机（例如满足好奇心等科学家的个人偏好）有很大不同，本质是获取经济利益。也就是说，对于创新成果产业化而言，创新不过是换取利润的手段，利润才是目的。[1] 而试验开发成果最终能够实现多少利润，很大程度上取决于需求侧的市场激励。总之，市场激励下的供给侧融资模式，对于科研成果成功转化为现实生产力而言，虽不是唯一决定因素，但不可或缺。

但是，从 2017 年 Transformer 算法提出到 2022 年 ChatGPT 成功，支撑这 5 年试验开发过程的融资模式，似乎与前文所述产业创新的一般规律并不匹配。2017 年，中国在 AI 领域的风投[2] 金额是高于美国的，AI 风投金额占国内风投总额的比例也是高于美国的。如果按照前文所述产业创新的一般规律，中国似乎更有能力支持 Transformer 算法走向试验开发。但结果并非如此，这是创新中常见的偶然现象，还是有一些值得探讨的内在逻辑？尤其是作为 ChatGPT 开发方的 OpenAI 最早是依托于公益捐赠成立的，其宗旨并非追求盈利，而是致力于"创建造福全人类的通用人工智能"。[3] 从融资模式的角度看，这是否意味着应将此轮 AI 进步更多归功于公益文化，市场激励下的供给侧融资模式不再重要？这对于产业后发者思考应对措施而言又有什么含义？对此，下面将从 OpenAI 的融资历程出发，对相关问题展开探讨。

---

[1] 中金研究院：《中庸策·双支柱举国体制》，2022 年。

[2] 通常而言，风投的定义有广义和狭义之分：广义风投包含独立风投、政府风投、企业系风投等投资机构对非上市公司的股权投资；狭义风投通常是指对初创企业的风险投资，与之相并列的还有进行更早期投资的天使投资以及进行中后期投资的私募股权投资。本文所称的风投均是指广义风投，即各类投资者对非上市公司的股权投资，包括天使投资、风险资本投资、私募股权投资等形式。

[3] 参见 https://openai.com/about。

一、OpenAI 融资历程：产业引领式创新需要风投支持

（一）启动资金来自富豪公益捐赠，初始目标是公益性地造福全人类

OpenAI 的初期资金主要来源于富豪群体的公益捐赠。2015 年，OpenAI 以非营利性组织的形式成立，其创始团队包括山姆·阿尔特曼（科技企业创业加速器 Y Combinator 前总裁）、埃隆·马斯克（特斯拉及太空探索技术公司 SpaceX 联合创始人）、格雷格·布罗克曼（数字支付公司 Stripe 高管），以及人工智能专家如伊利亚·苏茨克沃和沃伊切赫·扎伦巴。在这当中，山姆·阿尔特曼和埃隆·马斯克曾强调成立 OpenAI 的目的是防止 AI 技术被少数大公司垄断，促进 AI 领域的开放和合作。在这一宗旨的推动下，OpenAI 还获得了包括雷德·霍夫曼（领英联合创始人）、杰西卡·利文斯顿（Y Combinator 联合创始人）和彼尔·蒂尔（在线支付服务商 PayPal 联合创始人）在内的个人以及 Amazon Web Services（亚马逊云平台）、印度软件公司 Infosys 等机构的早期支持。这些创始者和支持方承诺提供总额 10 亿美元的公益捐赠资金支持，确保 OpenAI 可以进行不受短期财务目标限制的研究，以造福全人类。[①]

然而事实是，如果仅依靠公益捐赠，OpenAI 在成立不久后可能会面临资金约束带来的严峻挑战。根据 OpenAI 公开的数据，截至 2024 年 5 月，承诺公益捐赠的 10 亿美元实际只到位了约 1.3 亿美元。[②] 与此同时，如本书第二章所述，中金公司研究部对 GPT-4 的开发成本进行了估算（包含算力、人工、电费、数据购置等方面估算）：在自购算力的情况下，OpenAI 的算力成本在 3 亿到 10 亿美元之间；即使是租赁算力，GPT-4 单次训练的算力成本也要 1 500 万到 5 000 万美元。这意味着，如果 OpenAI 一直等到所需捐赠资金到位才进行开发，大概率难以在 2023 年 3 月开发出 GPT-4。

这种挑战根源于大模型的规模定律。所谓规模定律，简单来说，即 AI 模型的参数规模越大，模型效果越好。要支撑模型参数规模持续扩大，就要持续地推

[①] 参见 https://openai.com/our-structure/。
[②] 同上。

动算法优化、算力增长与数据积累，每一项都需要大量的成本投入。数据方面，大模型训练需要高质量数据，要求投入大量成本以进行数据收集、清洗和加工。算力方面，根据 OpenAI 的研究，在 2012 年至 2017 年，最大规模的 AI 训练任务的算力需求增长超过了 30 万倍，每 3 到 4 个月大概就要翻一番。[1] 算法方面的核心生产要素是人才，少数富豪群体虽可以为 OpenAI 设立造福全人类的目标，但这个公益目标并不能在更广泛层面有效激励优秀人才。

（二）大模型需要大投入：OpenAI 于 2019 年改制，商业性风投成为主要资金来源

总之，规模定律意味着大模型要有大投入，OpenAI 创建初期采用的公益融资模式难以支撑其持续探索大模型的边界。最终，OpenAI 在 2019 年对其组织架构进行了重大调整，由一家非营利性组织转型为具有"非营利性母公司 – 股权基金 – 利润上限子公司"[2] 架构的新型商业组织。该组织架构共有 3 层[3]：顶层为原有的非营利性组织 OpenAI Nonprofit；中间层是新成立的股权基金，该基金的一般合伙人（GP）是 OpenAI Nonprofit，而有限合伙人（LP）包括 OpenAI Nonprofit、OpenAI 的员工及外部投资者；底层是利润上限子公司，负责 OpenAI 的商业化运营活动，其股份主要由中间层股权基金持有。为尽量兼顾初期创始人、捐赠人为全人类开发有益 AI 技术的使命诉求，OpenAI 针对利润上限子公司设置了一些兼容性规定，例如：要求利润上限子公司完全由其母公司 OpenAI Nonprofit 控制；中间层股权基金投资者的回报上限被设定为其投资金额的 100 倍，超过此限额的利润分红将归属于 OpenAI Nonprofit，用于资助 AI 科研和慈善活动。

更重要的是，此次组织变革允许 OpenAI 的员工和外部投资者通过持有股权基金的份额间接持有利润上限子公司的股份，事实上赋予了 OpenAI 进行商业化运营进而获取外部股权融资的能力。此后，OpenAI 融资模式出现根本性变

---

[1] 参见 https://openai.com/index/ai-and-compute/，该研究对比的是 2012 年卷积神经网络模型 AlexNet 和 2017 年人工智能围棋程序 AlphaGo Zero 的算力需求。

[2] 参见 https://openai.com/our-structure/。

[3] 参见 https://openai.com/index/openai-lp/。

革，即从初期的依靠公益性捐赠，转变为主要依靠商业性风投，有效支撑了需要耗费大量资源的大语言模型开发。自2019年改制到2024年1月，OpenAI的主要融资历程大致可以分为3个阶段。第一个阶段是在2019年，主要由一些风投公司和微软参与。2019年3月，OpenAI改制后的首轮融资参与者包括科斯拉风投（Khosla Ventures）。[①]同年4月，风投机构Matthew Brown Companies又向OpenAI投资了1 000万美元。同年7月，微软与OpenAI签署了合作协议，微软承诺主要以提供云计算服务的形式投资10亿美元。[②]

第二个阶段是在2021年。该年1月，OpenAI进行了一轮估值高达150亿美元的融资，参与者包括老虎环球管理基金、红杉资本等。[③]同年，微软也进一步加深了与OpenAI的合作关系，追加了20亿美元投资。[④]

第三个阶段是在2023年之后。此时OpenAI公司于2022年底推出的ChatGPT已引发全球AI热潮，也为自己吸引了一大波新的投资支持。2023年1月，微软承诺在未来10年内继续主要以提供云计算服务的形式向OpenAI追加投资，总额100亿美元。[⑤]同年4月和8月，OpenAI又从多家风投公司募集了约3亿美元资金，此时OpenAI估值已介于270亿至290亿美元之间。[⑥]到了2023年11月，由兴盛资本（Thrive Capital）牵头的投资者群体对OpenAI员工股份进行了要约收购，股份估值高达860亿美元。[⑦]虽然此次收购未为OpenAI带来新的现金流入，但增加了员工持股的流动性，为其招募更多优秀人才提供了便利。

[①] 参见 https://finance.yahoo.com/news/vinod-khosla-details-much-venture-134826473.html。

[②] 参见 https://www.aceventurefunds.com/portfolio-companies/openai; https://openai.com/index/microsoft-invests-in-and-partners-with-openai/。

[③] 参见 https://www.aceventurefunds.com/portfolio-companies/openai。

[④] 参见 https://siliconangle.com/2023/05/05/report-openai-weighs-raising-more-funding-losses-doubled-2022/。

[⑤] 参见 https://www.cnbc.com/2023/01/10/microsoft-to-invest-10-billion-in-chatgpt-creator-openai-report-says.html。

[⑥] 参见 https://techcrunch.com/2023/04/28/openai-funding-valuation-chatgpt/。

[⑦] 参见 https://www.cnbc.com/2023/11/30/openai-tender-offer-on-track-despite-leadership-fracas-sources.html。

二、中美 AI 风投对比：结构问题还是总量问题？

前文梳理的 OpenAI 融资历程表明，至少就 OpenAI 将 Transformer 算法开发成 ChatGPT 而言，单纯依靠公益捐赠难以满足规模定律下大模型的大投入需要，商业性风险投资才是支撑 OpenAI 成功开发大语言模型的关键融资模式。随之而来的问题是，为什么中国风投未能支持将 Transformer 算法率先开发成大语言模型？有两种解释比较有代表性：一种强调结构原因，即中国风投的风险偏好较低，导致其支持作为引领式创新的大语言模型开发的意愿也较低；另一种强调总量原因，即中国风投面临募资困难，没有足够资金来支持大模型需要的大投入。哪种更有道理，或者兼而有之？

（一）2017—2018 年：中国 AI 风投从领先到落后的转折点

对于大语言模型的成功开发，OpenAI 曾在 2020 年将其归因于规模定律。[1] 沿着规模定律这条路，后续很多追赶者也复制了 OpenAI 的成功，以至于当下的 AI 投资只要不是寻求突破既有前沿的大模型开发，似乎都变成了风险不那么高的投资。需要强调的是，现在各界愿意相信规模定律更多是因为它在 OpenAI 实践中取得了成功，但在 ChatGPT 被成功开发出来之前，无论规模定律的逻辑多么自洽，将科研创新成果 Transformer 算法开发成产业创新成果 ChatGPT，也是一个充满高度不确定性的活动。因为规模定律只能方向性地说明模型性能会随着参数规模的扩大而改善，却无法精确地告诉开发者规模定律 S 曲线涌现式的第一拐点究竟会在哪个阶段到来。这种高度不确定性根源于引领式创新的原创性特点，即高风险很大程度上来自没有先例可循，因而引领式创新需要高风险偏好的资金予以支持。这是引领式创新与追赶式创新的根本区别，也决定了追赶 ChatGPT 的风险与原创 ChatGPT 的风险不可同日而语。

从这个角度看，将中国风投未有效支撑过去几年的大语言模型开发归因于风险偏好较低的结构性因素，或许有一定道理，似乎也能够得到一定的数据佐证。

---

[1] 参见 https://openai.com/index/scaling-laws-for-neural-language-models/。

通常而言，可以将风险投资划分为天使及种子期、初创期、成长期、成熟期4个阶段，投早投小的天使及种子期、初创期的风投占比越高，通常意味着风投整体的风险偏好也越高。如图12.1所示，2022年中国风投中天使及种子期、初创期的投资笔数占整体的比重为58%，同期美国是70%。这似乎确实能够印证中国风投的风险偏好低于美国。不过，我们认为，这也许并不能佐证中国AI风投的风险偏好较低。按照投向差异，AI风投可以大致划分为基础模型层、中间层和垂直应用层3个层面。如果风投侧重于更容易变现的垂直应用，则通常意味着其风险偏好较低；如果风投侧重于离商业应用较远的基础模型层，则通常意味着其风险偏好较高。我们使用了国内的IT桔子数据库和国外的PitchBook数据库来对比2023年中美AI风投结构。① 结果显示，无论是投资金额结构，还是投资笔数结构，中国风投对基础模型层的投资比重均未显著落后于美国，或者中国风投对垂直应用层的投资比重也均未显著高于美国。因此，似乎并没有确凿的证据表明中国AI风投的风险偏好低于美国。

当然，对中美AI风投结构的另一个解释是，由于OpenAI的大语言模型在2022年底即已开发成功并向全世界公布，因此2023年的基础大模型风投进行的是追赶式创新，风险相较于2022年前的引领式创新已经大幅下降。因此，判断风投的风险偏好不应该用ChatGPT成功问世后的2023年数据，而应该用Transformer算法出现后但ChatGPT还未成功吸引全球关注前的数据，也即2017年至2022年的数据。如图12.1所示，在Transformer算法刚推出的2017年，中国天使及种子期、初创期的风投笔数占比为76%，美国同期也是76%，两者并无差距。也就是说，从2015年以来的历史数据看，中国风投的风险偏好似乎并不是一直比美国低，尤其是在Transformer算法刚出现的2017年，两国风投的风险偏好基本是在同等水平。

---

① 基于PitchBook数据库，我们统计了2023年新成立的生成式人工智能公司所获得的投资，金额占比中未计入未披露金额的投资，次数占比以平台披露的所有相关投资次数计算。基于IT桔子数据库，我们统计了2023年新成立的生成式人工智能公司所获得的投资，金额占比中未计入未披露金额的投资，其中披露金额不详细的以披露金额区间的中间数计入，次数占比以平台披露的所有相关投资次数计算。基础模型层、中间层、垂直应用层由作者手动划分、统计，其中基础模型层包括具有自研模型的企业；中间层包括多模型调用、数据管理平台、算力平台等；垂直应用层包括AI在具体领域的应用。

第十二章 AI风投：从领先到落后的创新金融启示

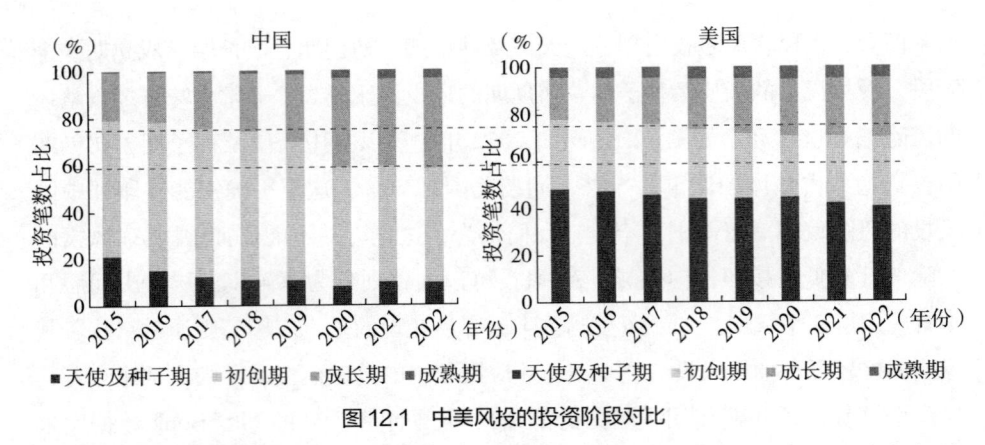

图 12.1 中美风投的投资阶段对比

注：按照 PitchBook 的定义，天使及种子期是天使轮和种子轮的汇总。天使轮指的是还没有来自风投资本或私募基金的投资，且投资金额少于一定金额（对于美国企业为 100 万美元，对于中国企业未指明标准），或公司方宣称的天使轮；种子轮是指公司方宣称的种子轮，或者投资金额在特定金额区间的情况（对于美国企业为 100 万美元和 1 000 万美元之间，对于中国企业未指明标准）；初创期一般指的是 A 轮和 B 轮融资期；成长期一般指的是 C 轮和 D 轮融资期；成熟期一般指的是 E 轮融资期以及以后。

资料来源：PitchBook，中金研究院。

既然如此，风险偏好的结构视角是否还能够解释两国在本轮 AI 进步中的风投差异？对此，大概有 3 种解释。第一种可能的解释是，衡量风险偏好不应该看天使及种子期和初创期风投占比的加总，而应该主要看风投对最早的天使及种子期的支持力度。我们认为这种说法不无道理，美国风投对天使及种子期的支持力度确实远远大于中国（见图 12.2）。但是，除了天使及种子期、初创期投资均属于高风险偏好投资的共识外，更关键的是，对于 OpenAI 而言，其天使及种子期的资金支持来自公益捐赠而非风投，2019 年 OpenAI 改制后开始接受风投的阶段，已经属于初创期而非天使及种子期。第二种可能的解释是，前文使用的中美 AI 风投结构数据的统计有问题，未能真实反映中美风投的风险偏好差异。这种观点也有一定道理，因为作为对非公开上市企业的投资，风投本就属于私募领域的投资活动，很多数据没有如股票市场那般获得公开、权威统计。但是，需明确的是，一方面，本文尽量采用了具有一定共识性的中外风投数据库的数据；另一方面，如果 2017 年的数据不能证伪风险偏好的结构原因，那么 2022 年、2023 年的数据也不能证实这个原因。

因此，本文无意否定前两种解释，但更倾向于从第三个角度去解释，即并不是中国风投的风险偏好一直低于美国，才导致其未能像美国风投那样支持大语言模型的引领式创新，而是因为在最需要高风险偏好资金支持的阶段，即从 Transformer 算法出现的 2017 年到 ChatGPT 成功问世的 2022 年，中国风投的风险偏好出现了快速下降（见图 12.2）。值得注意的是，这种变化不仅体现在以投早投小占比衡量的风投整体风险偏好上，也体现在以 AI 风投的绝对金额及其占风投总金额比重来衡量的 AI 风投热情方面。如图 12.2 所示，在 Transformer 算法刚推出的 2017 年，中国 AI 风投金额约为 256 亿美元，超过美国的 182 亿美元，在主要经济体中位居第一；AI 风投占中国风投总金额的比重是 29%，超过美国的 19%，在主要经济体中也是位居第一。但值得关注的是，恰恰是在 Transformer 算法拉开大语言模型开发的序幕后，中国风投对 AI 的投资热情似乎开始下滑了，AI 风投金额在 2018 年被美国反超，随后两国距离持续扩大；中国的 AI 风投占风投总金额的比例也是持续下滑，不但与美国的差距扩大，还被欧盟反超，甚至曾一度被印度反超。

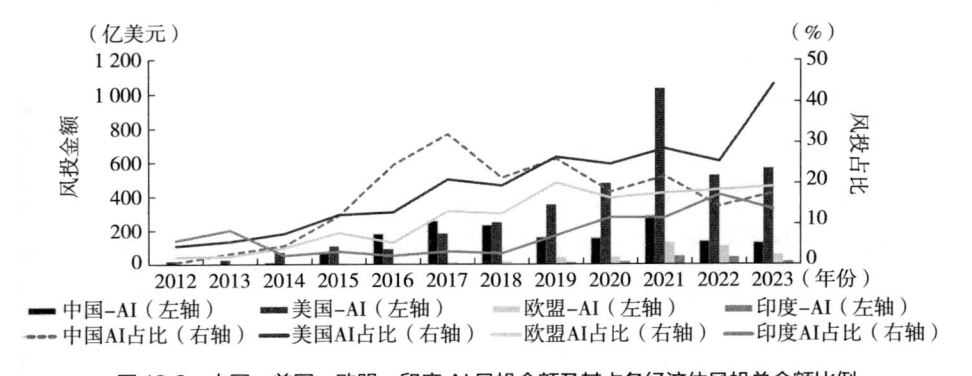

图 12.2　中国、美国、欧盟、印度 AI 风投金额及其占各经济体风投总金额比例

注：本图数据是根据 Preqin 中被投资公司的细分类别 AI，对属于这一类的公司获得的投资进行的汇总。
资料来源：Preqin，中金研究院。

（二）归因分析：是技术限制、人才减少，还是资金缺乏？

在 Transformer 算法刚提出的 2017 年，中国风投整体的风险偏好与美国持平，以 AI 风投金额及其占风投总金额比重来衡量的中国 AI 风投热情更是远高于美国。与此同时，从 OpenAI 成功开发 ChatGPT 的经验来看，风险投资是引领式创新的最主要融资方式。因此，假如历史时钟能够回拨到 2017 年，至少从融资模式的角度看，似乎中国比美国更有希望率先开发出大语言模型。但随后 5 年的事实并非如此，中国 AI 风投也从全球领先变成了相对落后。由于风投是在产业创新阶段介入的，所以对于背后原因，我们可能也需要从产业创新的驱动因素层面来进行探索。如前文所述，2017 年出现的 Transformer 算法是科研成果，2022 年出现的 ChatGPT 则是基于 Transformer 算法进行试验开发的产业结果。对于产业创新而言，技术、人才、资金是基本的三要素，因而可能的解释也有 3 种。

第一种是 2017 年后中国 AI 发展面临着技术限制，抑制了 AI 投资。根据"供给创造需求"的技术推动理论，技术进步通常会带来新的投资机会，因而投资减少可能反映了在某些领域关键技术的停滞。[1] 据此，一个似乎合理的猜测是，作为本轮技术进步中实现突破的核心算法，2017 年 Transformer 算法率先出现在美国，而后的 2018 年中美贸易摩擦增加，可能导致中国在学习 AI 先进技术方面面临一些阻碍，AI 投资的机会减少了。从数据上看，这个理由似乎能够得到一定印证，例如，中国与美国有关 AI 的跨国学术合作占中国在 AI 领域所有对外学术合作的比例，从 2018 年的近 60% 下降到了 2023 年的近 40%。[2] 不过，需要说明的是，尽管这种下降趋势在学术研究合作中比较明显，但作为一种科研成果，Transformer 算法是公开发布的，因此其传播外溢受国际竞争的影响较小。而且即使在中国没有设立法人实体的情况下，作为 Transformer 算法原始开发者的谷歌也通过代理机构在中国提交了大量相关知识产权申请。[3] 这意味着，虽然 Transformer 算法率先出现在美国，但国际竞争并没有阻碍该算法作为一种科研成果向中国扩散，中国因无法获得 Transformer 算法而无法进行相关风险投资的

---

[1] Mowery D, Rosenberg N. "The Influence of Market Demand upon Innovation: A Critical Review of Some Recent Empirical Studies." *Research Policy*, 1979, 8(2).

[2] Priem J, Piwowar H, Orr R. "OpenAlex: A Fully-open Index of Scholarly Works, Authors, Venues, Institutions, and Concepts." 2022. 参见 https://arxiv.org/abs/2205.01833。

[3] 参见 http://epub.cnipa.gov.cn/，2024 年 3 月 12 日，谷歌被授予发明专利"基于关注的图像生成神经网络"（授权公告号 CN 109726794 B）。

可能性并不大。

更重要的是，中美在 Transformer 算法方面的风投大幅增长都是在 2022 年底 ChatGPT 成功吸引了全球关注后出现的，在 2022 年之前，中美 AI 风投主要还是集中在非 Transformer 算法的传统 AI 领域，[①] 相关的算法基本上都是基于传统深度神经网络。根据美国安全与新兴技术中心 2021 年的研究，在传统深度神经网络主导的时代，中美在 AI 算法方面是各有长短的。[②] 然而在 2017 年到 2022 年，基于传统深度神经网络的 AI 风投细分领域几乎均呈现美国风投金额上升、中国风投金额下降的态势。因此，无论是从传统的深度神经网络还是从新兴的 Transformer 算法的角度看，我们均难以从技术限制角度解释中国 AI 风投在 2017 年到 2022 年出现的逆转性变化。

第二种是人才流失。针对为什么作为大语言模型核心的 Transformer 算法率先出现在美国这一问题，一个基本的共识是美国在 AI 人才方面具有优势，美国不但自己培养了大量 AI 人才，而且吸收了包括中国人才在内的大量 AI 人才到美国发展。图 12.3 有关 AI 优秀人才来源地和工作地的数据也可以印证这一点，在 2019 年到 2022 年，全球优秀 AI 人才的主要工作地是美国，而从人才来源地的角度来看，中国则是全球培养 AI 人才最多的国家。与此同时，来源地是中国的 AI 优秀人才占全球 AI 优秀人才的比例持续远高于工作地是中国的比例，而来源地是美国的 AI 优秀人才占全球 AI 优秀人才的比例持续远低于工作地是美国的比例。也就是说，即便是在中国 AI 风投领先全球的时期，中国大概率也是 AI 优秀人才的输出国，当时的人才外流情况并没有成为制约中国 AI 风投繁荣的因素。更重要的是，在 2019 年至 2022 年，虽然整体看中国依旧是 AI 优秀人才输出国，但在中国工作的 AI 优秀人才比例从 11% 大幅增加到了 28%，而在美国工作的 AI 优秀人才的比例则是从 59% 减少到了 42%。也就是说，过去几年中国 AI 领域的人才状况其实是改善的，人才外流、短缺可能也难以作为同期中国 AI 风投出现逆转的主要解释。

---

① 参见 Preqin 数据库。

② Chahal H, Toner H, Rahkovsky I. "Small Data's Big AI Potential." Center for Security and Emerging Technology, 2021.

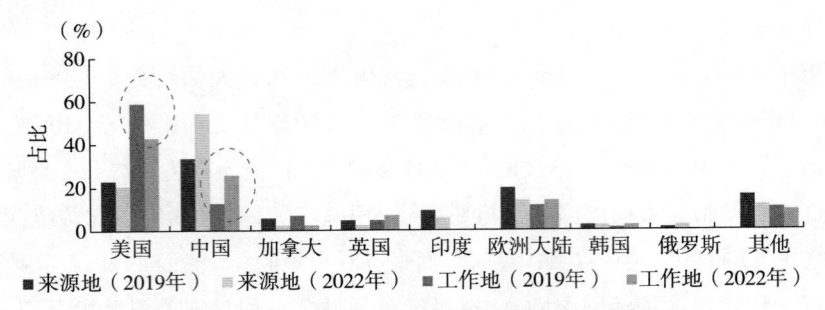

图12.3 主要经济体 AI 优秀人才来源地和工作地占比

注：本图数据来源于 MacroPolo 关于 AI 优秀人才来源地和工作地的统计，图中 AI 优秀人才指的是所写文章可被人工智能顶级会议 NeurIPS 接收的人才，来源地是 AI 人才本科毕业学校所在地，工作地是 AI 人才工作机构总部所在地。另外，图中欧洲大陆数据指的是整体数据，包括英国、俄罗斯数据。
资料来源：MacroPolo，中金研究院。

综上，从产业三要素来看，除了技术限制与人才流失两大流行看法外，风投市场资金短缺可能是第三个值得重视的解释。值得注意的是，中国 AI 风投虽在 2017 年后出现逆转，但这种变化并不局限于 AI 领域，更像是整个风投市场变化在 AI 风投方面的一个体现。以新增独角兽企业数量为例，在 2017 年之前，中美每年新增独角兽企业的数量是差不多的，甚至中国还略有领先，但此后被美国反超并且差距显著拉开。在 2021 年和 2022 年，美国每年新增独角兽企业的数量甚至达到了中国的 3 倍以上。[①] 也就是说，从大模型开发角度看，在 2017—2022 年最需要风投支持的阶段，中国风投培育优秀初创公司的能力相对美国显著下降了。从募、投、管、退这风投四环节来看，募资即便不是造成这种结果的唯一因素，也是不容忽视的因素。

如图 12.4 所示，美国在新冠疫情期间实施的宽松财政和货币政策推动了美国风投募资金额在 2020 年至 2022 年的进一步增长。然而，中国风投市场的募资困难则早在 2018 年后便已显现。由于这一时期刚好和中美贸易摩擦重叠，因此曾有观点认为，美元基金撤出导致了风投募资困难。对此，《创新：不灭的火炬》一书曾进行过专门研究，发现内资金额自 2008 年后就已经占到了中国风投募资金额的一半以上，而且募资中外资绝对金额及其占比在 2018 年至 2021 年是呈上

---

① 根据 PitchBook 数据，独角兽指的是获得风险投资后估值在 10 亿美元以上的初创公司。

升趋势的。也就是说，过去几年风投募资乏力的主要原因在于内资，而不是外资。从股权投资基金的 LP 结构来看，2018 年之后主要是来自金融机构的资金出现了大幅下降。①2018 年出台的资管新规明确要求："金融机构不得为其他金融机构的资产管理产品提供规避投资范围、杠杆约束等监管要求的通道服务。资产管理产品可以再投资一层资产管理产品，但所投资的资产管理产品不得再投资公募证券投资基金以外的资产管理产品。"②

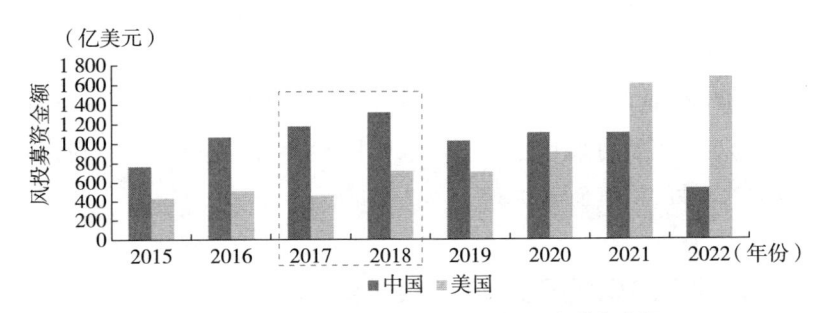

图 12.4　2015—2022 年中国、美国风投募资金额

注：图中数据为 PitchBook 于 2023 年统计的中美各年度的风投募资金额。
资料来源：PitchBook，中金研究院。

需要强调的是，从过去几年实践来看，资管新规起到了治理金融乱象、防范系统性金融风险的良好效果，是完全有必要的。它的出台有利于风投机构摆脱潜在金融风险较大的传统募资方式，但也在一定程度上造成了风险资本不足。当募资变得困难时，风投机构在进行项目投资时自然也会变得更加谨慎，由此形成了对风险偏好的抑制作用。这或许也可以解释为什么过去几年风投金额与风投的风险偏好同时下降，这几年恰恰也正是新一轮 AI 技术进步亟须高风险偏好资金支持的时期。因此，2017 年以来风投面临的募资问题日益严峻，或在一定程度上能够解释为什么中国风投未能有效支持这一轮的 AI 技术进步。不过，如果仅仅是募资困难，可能还不足以解释为何 AI 风投占中国风投整体的比重也在过去几年明显下滑，而非保持比重不变。对此，下文将结合大型科技企业的投资倾向进

---

① 中金公司研究部、中金研究院：《创新：不灭的火炬》，中信出版社，2022 年。
② 参见 https://www.gov.cn/gongbao/content/2018/content_5323101.htm。

行探讨。

三、规模经济 vs 范围不经济：大企业的风险投资很重要

前文有关 OpenAI 融资模式的分析表明，对于将科研成果 Transformer 算法开发成产业创新成果 ChatGPT，风险投资发挥了关键作用，但资金来源不只是独立风投机构，还有微软这种大型科技企业。从规模定律的角度看，大型科技企业通过风险投资深度介入大语言模型开发并非偶然，既有必要也很重要。过去几年，中国大型科技企业在 AI 领域的投资热情出现下降，可能是造成中国 AI 风投由领先转为相对落后的原因之一。本文试图对这一现象进行深入探讨，以期总结出一些有启发性的创新金融含义。

（一）规模定律下的规模经济 vs 引领式创新的范围不经济

本书第六章从技术层面的规模定律带来经济层面的规模经济效应角度，阐述了 AI 与大企业互相赋能的逻辑，这是自深度神经网络主导 AI 技术路线以来就已经存在的规律，有关德国企业创新调查数据与美国企业投资及业绩表现的实证研究也印证了这一点。[①] 大模型具有比传统深度神经网络更强的规模效应，因此逻辑上应该与大企业有更好的匹配性，微软在 2019 年后积极参与对改制后 OpenAI 的风险投资在一定程度上也能说明这一点。但这里还有一个问题需要探讨，即如果大模型因为规模定律而天然地与大型科技企业更匹配，为什么率先开发出 Transformer 算法的谷歌，作为在 AI 领域有深厚积淀的大型科技公司，却未能将 Transformer 算法率先开发成大模型，而 OpenAI 这样一个初创公司完成了这一步？对此，我们认为一种可能的解释是：引领式创新对于大企业而言，有一定概率会造成范围不经济的结果。

---

① Rammer C, Fernández G P, Czarnitzki D. "Artificial Intelligence and Industrial Innovation: Evidence from German Firm-Level Data." *Research Policy*. 2022, 51(7); Babina T, et al. "Artificial Intelligence, Firm Growth, and Product Innovation." *Journal of Financial Economics*, 2024, 151.

作为一种引领式创新，AI 大模型具有原创性、颠覆性，是有别于主流产品的新产品。而大企业之所以是大企业，恰恰是因为其产品正是当下的主流产品。因此，引领式创新天然带有颠覆大企业现有产品的属性。而企业规模越大，越意味着与现有产品绑定的内外利益共同体越多，也越意味着企业内部的交易成本越高，企业主动拥抱引领式创新的阻力越大。如果企业高管无视绑定在旧路径上的大多数利益共同体的利益，强行推动颠覆性的引领式创新落地，企业难免会产生范围不经济的结果，例如，IBM 在发展个人电脑时，新产品的出现对于企业的有形资产、无形资产乃至管理构架而言，都一度导致了范围不经济的结果。①

谷歌在提出 Transformer 算法后，对于将其开发成大语言模型这一问题也可能面临范围不经济带来的挑战。一方面，大模型可能冲击搜索引擎广告这一谷歌核心业务，Google Brain（谷歌大脑）一位共同创始人曾表示，"谷歌商业模式的核心动力是设置返回链接并将广告链接放在结果旁边，如果谷歌搜索引擎现在只是直接基于模型给出答案，可能对广告商业模式造成影响"。② 另一方面，引领式创新的颠覆性可能引发舆情风险，冲击谷歌无形资产。公众关注作为一种稀缺资源，通常更多集中在大型企业身上，这是大企业有别于小企业的无形资产，但也有可能成为其进行颠覆性很强的引领式创新的阻碍。这在谷歌 Duplex 引发的舆情风险中体现得尤为明显。2018 年谷歌推出用于预订餐厅的 AI 程序 Duplex，该程序会模仿人类说话的语气，和 ChatGPT 均属于聊天机器人类的产品。相比于 ChatGPT 推出后收获的广泛赞誉，Duplex 推出后曾引发媒体不安，媒体一度大肆报道 AI 程序是如何欺骗人类的，《纽约时报》更是称 Duplex "有些令人毛骨悚然"。③ 根据《福布斯》的报道，Duplex 事件可能是导致谷歌在发布人工智能产品方面进展缓慢的众多因素之一。④ 2019 年时任谷歌人工智能主管杰夫·迪

---

① 中金公司研究部、中金研究院：《创新：不灭的火炬》，中信出版社，2022 年。
② 参见 https://www.fastcompany.com/90839649/google-not-openai-has-the-most-to-gain-from-generative-ai。
③ 参见 https://www.forbes.com/sites/richardnieva/2023/02/08/google-openai-chatgpt-microsoft-bing-ai/?sh=d287dfc4de4f。
④ 参见 https://www.forbes.com/sites/richardnieva/2023/02/08/google-openai-chatgpt-microsoft-bing-ai/?sh=d287dfc4de4f。

恩也表示，谷歌会因为推出一个犯错误的或输出不当内容的生成式人工智能工具而损失更多。①

接下来的问题是，既然大公司进行引领式创新可能面临范围不经济带来的挑战，那么为什么同样是大型科技公司的微软，愿意开发 ChatGPT 呢？事实上，微软虽然也是大型科技公司，但与谷歌占据全球搜索引擎业务的 91% 相比（2024 年 4 月数据），②微软在这个市场上仅是一个所占份额较小的追随者，它与小企业有类似的诉求，即通过引领式创新，来颠覆占据主导地位的大企业，实现"弯道超车"。更重要的是，微软开发 ChatGPT 并不是在自身内部以自研方式直接进行的，而是通过向小企业提供风险投资的方式进行的。小企业内部组织成本较低，不但不存在大企业那种范围不经济的风险，反而更有意愿通过引领式创新颠覆占主导地位的大企业。与此同时，创新的正外部性以及苹果公司站在巨人肩膀上成功进行引领式创新的案例，意味着小企业即便在技术上不够领先，也并不妨碍它将引领式创新的意愿落地为引领式创新的产品。③此次大语言模型的开发也有类似体现，与谷歌这种 AI 技术积淀雄厚的大公司相比，OpenAI 在技术储备上虽存在先天不足，但可以通过雇用开发出 Transformer 算法的谷歌研究人员的方式补齐短板。④

总之，从规模定律的角度看，大模型与大型科技公司是可以相互赋能，实现规模经济效应的。但是，大模型又是一种引领式创新，颠覆性较强，容易给大企业带来范围不经济。面对这种矛盾，向小企业提供风险投资的方式便成了大型科技公司一种相对理想的折中选择，这样大型科技公司既有望分享创新成功带来的规模经济收益，又可以实现自身与创新颠覆性一定程度的隔离，从而弱化舆情风险等因素造成的范围不经济。对于直接推动引领式创新的小企业而言，以接受风险投资的方式获取大企业帮助，既在一定程度上有助于避免作为大企业内部研发

---

① 参见 https://www.fastcompany.com/90839649/google-not-openai-has-the-most-to-gain-from-generative-ai。

② 参见 https://gs.statcounter.com/search-engine-market-share。

③ 中金公司研究部、中金研究院：《大国产业链》，中信出版社，2023 年。

④ 参见 https://www.forbes.com/sites/richardnieva/2023/02/08/google-openai-chatgpt-microsoft-bing-ai/?sh=74884bd44de4。

部门承受过高的组织成本，又可以在一定程度上因分享大企业的资源而尽快聚齐大模型涌现所需要的资源。例如，微软对 OpenAI 的投资主要是以提供云计算服务的形式进行的，而算力正是规模定律发挥作用不可或缺的因素。

事实上，这种协同作用也是企业系风投（CVC）相比于独立风投（IVC）的优势。一般而言，独立风投的资金大多来自市场投资者，进行风险投资的目的大多是通过项目退出获取直接收益，通常有比较明确的投资期限。企业系风投则不同，无论是否设立专门的投资子公司或者投资部门，企业对非上市公司投资的资金都主要来自企业自身，投资目的不只是在被投标的上获取直接收益，而且是更多服务于企业的整体发展战略。与独立风投相比，只要企业本身的存续不存在问题，企业系风投通常拥有更强的耐心和更灵活的投资期限，更有能力投资于研发周期长、不确定性高的创新项目。有研究基于 2 129 家获得风投支持的企业的数据，比较了 CVC 和 IVC 对创新水平的不同影响，结果表明，在得到第一笔风险投资后，企业的专利数量及专利被引用次数均逐年提升；相较于 IVC，CVC 支持下的企业在专利数量和专利被引用次数方面的增幅更大。[1]

（二）在这一轮 AI 技术进步中，为什么中国大型科技企业的投资意愿不足？

如前文所述，大模型等 AI 技术基于规模定律能够与大型科技企业实现相互赋能，因此大企业应该对投资 AI 持有积极态度，美国的情况基本上印证了这一点，但中国大型科技企业的投资热情似乎不及美国。以 2023 年英伟达的 H100 GPU 订单量（按市场预计值计算）为例，虽然腾讯是中国订单量最大的企业，但其数量仅为微软或 Meta 的 1/3。即便是中国四大头部互联网企业 BBAT（字节跳动、百度、阿里巴巴、腾讯）的总订单量加起来，也不及微软或 Meta 一家的订单量（见图 12.5 上图）。这种差距可能是多种原因造成的，一种常见解释是这种差距与芯片供应的限制有关。美国从 2022 年开始对面向中国的 GPU 实施了出

---

[1] Chemmanur T J, Loutskina E, Tian X. "Corporate Venture Capital, Value Creation, and Innovation." *Review of Financial Studies*, 2014, 27(8).

口限制，禁止向中国出口超过一定标准的高性能 AI 芯片。① 这或许影响了英伟达的高性能 AI 芯片向中国科技企业的供应。

值得注意的是，美国对中国 GPU "卡脖子"开始于 2022 年底，但中国大型科技企业对于 AI 的投资热情似乎在 2017 年之后就降温了。本文以图 12.5 中大量购买 GPU 的 4 家中国大型科技企业 BBAT 与 6 家美国大型科技企业和 GPU 供货商英伟达（简称"七巨头"，包括 Meta、特斯拉、谷歌、英伟达、甲骨文、亚马逊、微软）为样本，分析了 2014 年以来中美大型科技企业的 AI 风投情况。2017 年以前，中国 BBAT 的 AI 风投金额常年大幅超过美国七巨头，此后 BBAT 等中国大型科技企业 AI 风投规模明显下降。2021 年是具有标志性的一年，美国七巨头的 AI 风投金额总和超过了中国 BBAT。到了 2022 年，中国 BBAT 的 AI 风投金额总和在中美 11 家大型科技企业中的占比已经不足 40%（见图 12.5 下左图）。有关投资笔数的结构统计也印证了类似的变化（见图 12.5 下右图）。这些中美大型科技企业 AI 风投金额与笔数的占比变化，在一定程度上说明了 GPU "卡脖子"或许不是造成中国大型科技企业 AI 投资意愿不足的主因。

原本积极投资 AI 的大型科技公司，为什么过去几年的 AI 风投偏好突然降低了？有 3 个因素值得关注。第一个与规范平台发展有关。中国高科技行业在经过初期的野蛮生长后，过去几年持续推出了一系列旨在规范平台发展的措施。以平台反垄断为例，中国在 2021 年 2 月出台了平台经济领域的反垄断指南，② 旨在预防和制止平台经济领域垄断行为，保护市场公平竞争，该指南对于促进平台经济规范有序创新、健康发展具有重要意义。事实上，针对平台企业的反垄断当时也是中国、美国、欧洲三大经济体的共同动向。有一项研究发现，③ 2021 年 2 月

---

① BIS. "Commerce Implements New Export Controls on Advanced Computing and Semiconductor Manufacturing Items to the People's Republic of China." 2022. 该禁令发布后，英伟达表示在 2023 年 9 月 1 日前可以继续通过其香港地区办事处履行 A100 和 H100 订单和物流合同。参见 https://36kr.com/p/1897425081362816。

② 参见 https://www.gov.cn/xinwen/2021-02/07/content_5585758.htm。

③ Rong, et al. "Antitrust Platform Tech Regulation and Competition: Evidence from China." 2023.

后平台 CVC 的月均投资数量开始收缩（见图 12.6）。这或许是因为大型科技企业的风投行为能够比较有效地与被投企业实现协同效应。

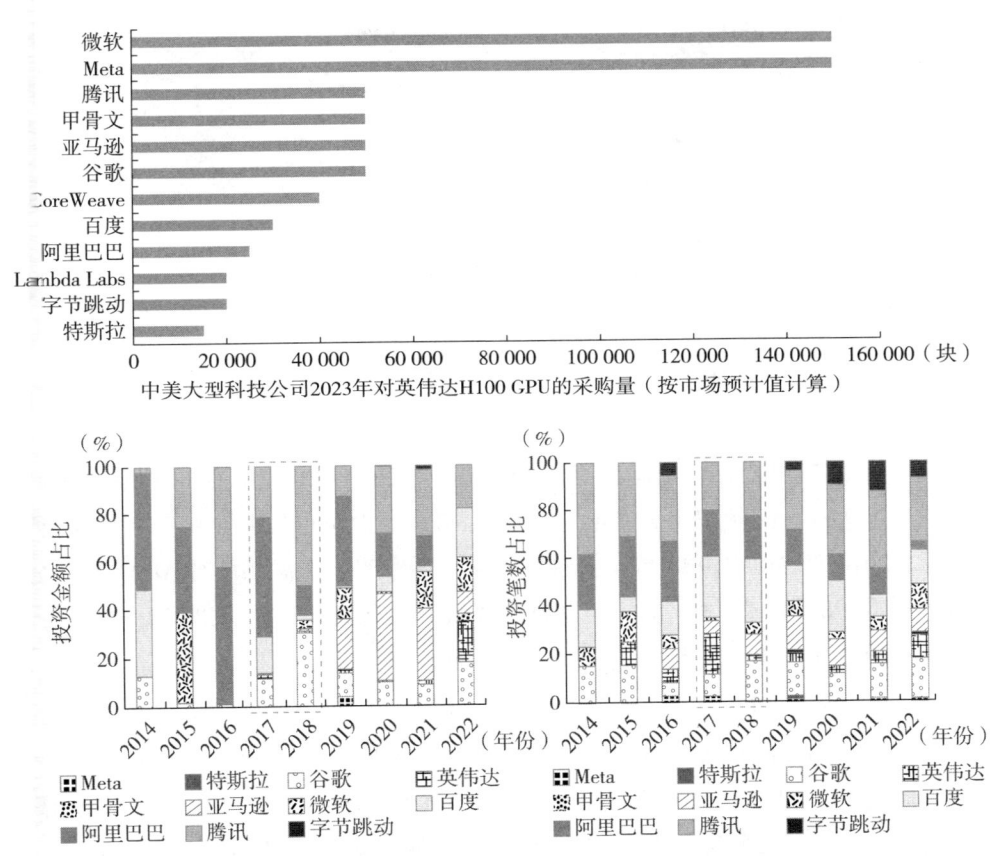

图 12.5　中美大型科技企业 2023 年对英伟达 H100 GPU 的采购量
（按市场预计值计算）及 2014—2022 年在 AI 领域的风险投资结构

注：下两图企业与上图企业基本一致，仅以英伟达替换了 Lambda Labs 和 CoreWeave 两家云服务器提供商。下左图显示了 Preqin 收录的各家公司投资类别为 AI 的投资，每笔投资金额是各公司所参与投资（可能含其他投资人）的总金额，且不包括金额未披露的投资；下右图显示了 Preqin 收录的各家公司投资类别为 AI 的投资的笔数占比，包括金额未披露的投资。
资料来源：AI Business，Preqin，中金研究院。

第十二章　AI 风投：从领先到落后的创新金融启示

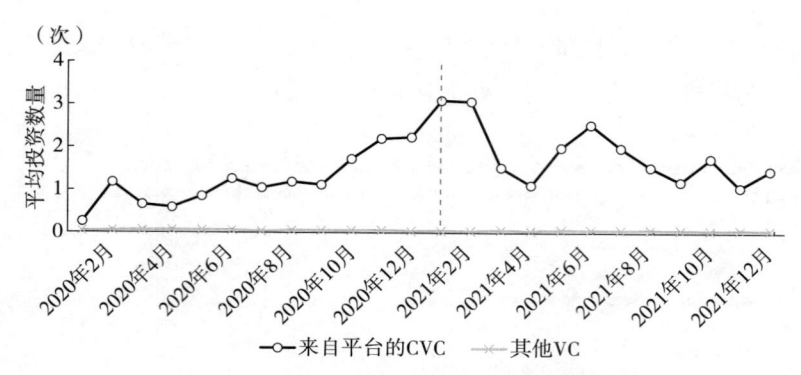

图 12.6 平台 CVC 及其他 VC 的月均投资数量变化

资料来源：Rong et al. (2023)，中金研究院。

第二个是原本的重点 AI 风投领域增长乏力。如图 12.7 所示，包括网约车等在内的交通服务业曾是中国 AI 风投重点投资的产业，2014—2018 年的年均风投金额达到了 51.4 亿美元，居 AI 风投产业首位；2019—2023 年的年均风投金额下滑了近 74%，仅有 13.4 亿美元。除了网约车外，金融也是影响 AI 风投的重要领域。2018 年之前中国的金融科技投资活动非常活跃，金融领域对 AI 的应用也极为看重，2014—2018 年的年均风投金额约 15.5 亿美元，此后出现大幅下降，2019—2023 年的年均风投金额仅为 1.6 亿美元，下滑近 90%。

不过，从图 12.7 有关 2014—2018 年、2019—2023 年的年均 AI 风投金额比较来看，由领先向相对落后的转变主要原因倒并非中国 AI 风投的绝对金额下降，而是美国 AI 风投增长的速度在过去几年远超中国。当然，中国也有风投增长的领域，例如汽车及零部件领域、电子等硬科技领域的 AI 年均风投金额，由 2014—2018 年的 8.5 亿美元、4.4 亿美元分别上升到 2019—2023 年的 37.5 亿美元、13.9 亿美元。美国风投之所以增长更快，不只是因为汽车及零部件领域、生物技术等硬科技领域的风投增长比较快，更重要的是因为软件领域风投增长较快。软件行业是美国在 2018 年对 AI 领域进行风投最多的行业，美国在该行业 2014—2018 年的年均风投金额大约是 62.5 亿美元，2019—2023 年的年均风投金额高达 307.0 亿美元，增长了近 4 倍。与此同时，软件行业虽然在 2014—2018 年也是中国第二大的 AI 风投的目标行业，但在 2019—2023 年似乎出现了失速问题，年均风投金额从 2014—2018 年的 24.7 亿美元增加到了 2019—2023 年的 31.4 亿美元，张幅仅约 27%。

美国平均：2019—2023年
中国平均：2019—2023年
美国平均：2014—2018年
中国平均：2014—2018年

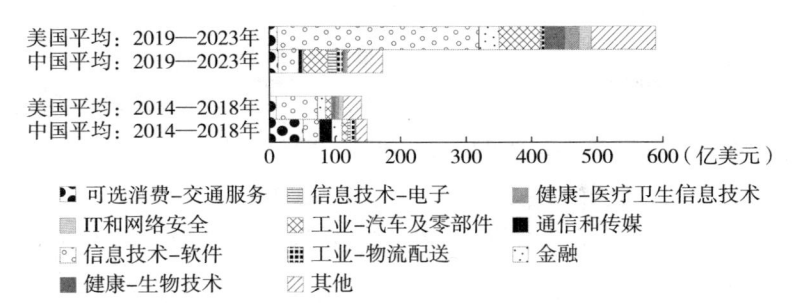

0　100　200　300　400　500　600（亿美元）

- 可选消费-交通服务
- 信息技术-电子
- 健康-医疗卫生信息技术
- IT和网络安全
- 工业-汽车及零部件
- 通信和传媒
- 信息技术-软件
- 工业-物流配送
- 金融
- 健康-生物技术
- 其他

图 12.7　2014—2018 年、2019—2023 年中美 AI 领域年均风投金额的行业分布

注：本图显示了在 Preqin 中分类为 AI 的投资在各行业中的分布情况。
资料来源：Preqin，中金研究院。

也就是说，从行业结构看，软件领域的 AI 风投增长乏力是过去几年中美 AI 风投形势逆转的主要原因。与此同时，软件恰恰是中国大型科技企业业务的主要承载形式，美国也不例外。除了英伟达和特斯拉外，软件也是 Meta、谷歌、甲骨文、亚马逊、微软 5 家美国大型科技企业业务的主要承载形式。如果考虑到特斯拉并非传统的汽车制造企业，智驾软件是其重要的卖点，那么软件在美国大型科技企业业务中扮演的角色将越发重要。与此同时，无论是在模型层还是在应用层，软件都是 AI 的主要承载形式；即便是在未来人形机器人大量普及的阶段，人形机器人区别于传统机器人的关键也在于软件而非硬件。由此而来的问题是，聚焦软件开发的创新通常被认为是软创新，而过去几年资本市场的投资理念在强调支持硬科技的同时对软创新重视程度不足。这或许构成了导致大型科技企业 AI 投资热情下降的第三个因素。

四、思考与启示

从 2017 年 Transformer 算法提出到 2022 年 ChatGPT 成功，支撑这 5 年试验开发的融资模式表明，规模定律意味着大模型需要大投入，仅仅公益捐赠难以支撑 OpenAI 的成功，风险投资的作用至关重要。2017 年中国 AI 风投金额（约 256 亿美元）及其占风投总额的比例（高达 29%）在世界主要经济体中均位居第一，但在随后的 5 年这两项指标快速下降，不但 AI 风投金额被美国反超且差距日益拉大，AI 风投占风投总额的比重也被美国甚至欧盟反超，印度也形成了对中国 AI 风投的加速追赶态势。中国 AI 风投从领先变成了相对落后，在一定程度上影响了中国在本轮 AI 技术进步中抢占先机。风投这种由领先到相对落后的变化不只存在于 AI 领域，中国风投市场培育"独角兽"的能力也有所下滑，在被美国反超的同时，也在一些方面被印度等地加速追赶。

从募、投、管、退四环节来看，中国风投市场从领先到相对落后的转变可能与过去几年的募资困难有关。资金约束既减少了可用的风投资金总量，也抑制了风投风险偏好，导致中国风投过去几年难以支撑 ChatGPT 这种不确定性较高的引领式创新。另外，大型科技企业投资积极性下降的影响也不容忽视，如会影响风险投资市场的投资、管理效率。规模定律作用下，大模型或将比传统深度学习更有利于大企业。从大型科技企业的 AI 风投金额来看，2018 年之前中国远高于美国，此后被美国反超。总之，过去几年中美 AI 产业发展差距拉大的原因比较复杂，AI 风投由领先变成相对落后是其中不容忽视的原因之一。至于未来是否需要奋起直追，目前各界也是存在分歧的。对此，有关 AI 发展究竟是借助先发优势还是后发优势的分析或许能带来一些启发。下面从算力层、模型层、应用层进行一些初步探讨。

（1）算力层：目前，传统摩尔定律面临极限，芯片制程进入规模报酬递减阶段，新计算架构、非硅基半导体等新技术路线尚处于研发初期，我们认为，中国存在加速追赶的可能性；芯片制造规模效应决定了大企业应是追赶主力，大国需求有利于支撑我国构建大企业主导的追赶式创新金融模式。（2）模型层：目前，大模型进入涌现阶段，作为规模定律中的规模报酬递增阶段，涌现意味着美国存在先发优势。与此同时，美国政府直接干预相关人才、算力乃至数据的自由流动，意图通过政策干预强化这种先发优势。在这种背景下，中国本就存在后发劣势，美国政府的政策干预有可能进一步增加中国相关企业的追赶难度。考虑到全球化放缓带来的挑战，中国在这种局面下不宜被动等待先发者在模型层实现突破，而需要通过政策助力推动相关机构或企业积极探索大模型前沿，为后续追赶打下基础，避免再次出现手机操作系统突然断供造成的被动局面。（3）应用层：包括美国在内的很多国家均在探索大模型应用场景，成熟的成功案例尚少，美国在大模型的应用层暂时尚未建立起 Oracle（一种关系数据库管理系统）、Office（一款办公软件）那种已经实现规模经济、范围经济的先发优势。值得注意的是，OpenAI 于 2024 年 5 月发布了 GPT-4o，显示出美国也在加速应用层的探索，意味着这个有利于后发者追赶的因素存在削弱风险。有鉴于此，中国可考虑充分利用应用场景丰富、潜在需求多样的大国规模优势，加速孕育具有原创性、引领性的应用层创新。这需要克服一系列挑战，例如风投募资困难、大型科技企业投资意愿不强、先进算力不足、有效需求不足等。综上所述，以大模型为代表的本轮 AI 技术方兴未艾，考虑到全球化放缓的背景，我们认为，中国比较理想的做法是尽快追赶，提供一系列有助于算力层与模型层加速追赶式创新、应用层不断探索引领式创新的政策支持。

我国 AI 领域除需要财政资金更多支持有利于 AI 技术进步的需求扩张外，前文分析表明，还需要推动制度建设以破除不利于 AI 加速发展的供给侧约束，构建双支柱创新金融模式便是重要一环。

一是完善算力等 AI 基础设施需要构建"大企业+大银行+大政府"的追赶式创新金融模式。具体而言，需要发挥大企业在创新要素积累（更多的知识产权、人力资本、研发投入）方面的优势，同时由大银行为大企业的追赶式创新活动提供长期、稳定、大量的资金支持。此外，政府部门可以通过合理的制度设计来加速追赶式创新，例如，协调大企业组成一体化的追赶式创新集团，协调大银行为大企业追赶式创新提供资金支持，通过政府（国企）采购等方式打破需求侧路径依赖进而为"卡脖子"领域的国产替代品打开销路，等等。我国在 AI 领域可考虑：构建大型半导体企业集团，以尽快破解芯片产业链、算力层"卡脖子"问题；推动大型科技企业通过购买等多种形式加速提升算力自给能力；建议接受政策性金融资助的大型算力平台，以普惠价格重点满足中小企业算力需求，支持模型层、应用层的探索与创新；在统筹考虑数据等要素安全可控的情况下，着重支持大型科技企业探索大模型前沿。

根据前文研究，此处需要对如何看待大型科技企业的市场势力进行一些探讨。对于科技行业而言，企业如果无法持续提升创新能力，或者说如果创新失败，有可能会被市场淘汰；企业即便能够持续地成功创新，也有可能成为自身市场地位的颠覆者。也就是说，相比于一些企业通过创新之外的方式获得的市场势力，创新型企业的市场势力更具有内在不稳定性，这便是科技企业的"创新悖论"。[①] 以美国标普 500 指数公司为例，1995 年日常消费行业市值排前十的企业，有 7 家仍位居 2020 年市值前十之列；但在信息技术行业，1995 年市值排前十的企业，只有 2 家在 2020 年仍跻身市值前十之列（见表 12.1）。也就是说，创新悖论意味着大型科技企业的市场势力具有内在不稳定性，我们无须过于担忧。此外，在大模型时代，大型科技公司事实上已经成为国际竞争的重要载体，在衡量其市场势力时也可兼顾考虑内外竞争。

表 12.1　美国标普 500 指数公司中在信息技术和日常消费行业市值排前十的公司

信息技术行业				日常消费行业			
1995 年		2020 年		1995 年		2020 年	
公司	市值（亿美元）	公司	市值（亿美元）	公司	市值（亿美元）	公司	市值（亿美元）
微软	518	苹果	22 560	可口可乐	939	沃尔玛	4 078
IBM	510	微软	16 816	高特利	754	宝洁	3 450
英特尔	466	亚马逊	16 342	宝洁	570	迪士尼	3 280
惠普	429	谷歌	11 853	沃尔玛	511	家得宝	2 860
Perspecta（退）	252	Facebook	7 780	百事可乐	440	可口可乐	2 357
思科	206	英伟达	3 232	麦当劳	314	耐克公司	2 221
甲骨文	184	奥多比	2 399	迪士尼	309	百事可乐	2 049
施乐	148	奈飞	2 389	吉列公司（退）	231	好市多	1 669
冠群国际（退）	137	英特尔	2 042	家得宝	228	麦当劳	1 599
康柏电脑（退）	128	Salesforce	2 037	家乐氏	168	菲利普莫里斯	1 289

资料来源：Bloomberg，中金研究院。

二是对于探索大模型的产业化应用而言，很多情况下没有先例可循，需要"中小企业＋资本市场＋制度建设"的引领式创新金融模式支持。这里有必要对资本市场促进引领式创新的机制进行一般性探讨。首先，中小企业是引领式创新

---

① 中金研究院：《中庸策·双支柱举国体制》，2022 年。

的主力军，营造有利于中小企业进行引领式创新的制度环境至关重要。我们认为，我国一方面需要构建有利于不同所有制、不同规模企业公平竞争的市场条件，另一方面需要防范大企业对中小企业利益的侵害，注重保护中小企业合法权益。美国在促进中小企业创新方面的一些做法可能值得参考，包括通过财政拨款和担保融资等方式着重资助小企业的研发，在10万美元以下的政府研发采购合同中明确要求优先考虑小企业，严厉打击大企业对小企业知识产权的侵权行为等。[1]

其次，引领式创新金融模式的关键在于充分发挥资本市场的生态效应和筛选效应。通常而言，为科技创新进行融资的模式大致可以分为财政主导、银行主导与资本市场主导三类。这三类模式各有优劣：苏联是财政主导创新金融模式的典型代表，该模式长处是能够精准服务政府意图、支持公共产品创新，不足在于难以有效促进经济利益导向的产业创新，可持续性不强；[2] 日本、德国是银行主导创新金融模式的典型代表，该模式长处是能够有效支撑产业的追赶式创新，不足在于无法有效支持引领式创新，难以使本国摆脱追赶者的地位；[3] 美国是资本市场主导创新金融模式的典型代表，在该模式下，虽然资本市场融资规模通常比不上银行体系，服务政府意图的精准性比不上财政系统，而且由于该模式对制度建设水平有较高要求，因而通常难以回避交易成本较高的问题，但其长处是能够有效促进引领式创新。[4] 之所以不仅风险偏好较低的银行资金不适合支持引领式创新，追求精准服务政府意图的财政资金也不适合，很大程度上是因为引领式创新具有较强的原创性、颠覆性，因而不确定性较大。

这种不确定性体现在动、静两个维度。从静态维度来看，不完全理性决定了人类不可能精准、完整地认识到任一时点上万事万物之间的所有逻辑联系，这意味着如果在培育引领式创新的过程中追求精准、采取"指哪儿打哪儿"的思路，则可能会经常面临"有意栽花花不发，无心插柳柳成荫"的问题。例如，作为一种"卡脖子"的硬科技产品，GPU发明之初并不是为AI模型训练服务的，而是

---

[1] 中金研究院：《中庸策·双支柱举国体制》，2022年。
[2] 同上。
[3] 中金公司研究部、中金研究院：《大国产业链》，中信出版社，2023年。
[4] 中金公司研究部、中金研究院：《创新：不灭的火炬》，中信出版社，2022年。

第十二章　AI风投：从领先到落后的创新金融启示

旨在满足游戏这种软创新产品对于高清画质的需求。[①] 从反事实假设的角度看，如果电子游戏由于种种原因而发展受限或被禁止，则 GPU 的发展乃至本轮 AI 技术的进步都可能会滞后。类似的问题不只出现在软创新与硬科技之间的关系上，也出现在需求扩张与科技创新之间的关系上。通常而言，硬科技之所以重要并非因为它是硬科技，而是因为它提供了满足需求不可或缺的中间投入品。以芯片为例，它之所以很重要并非因为它是硬科技产品或者存在"卡脖子"问题，而是因为它是满足电子产品等的需要不可或缺的中间投入品。

AI 也有类似的问题。人类之所以需要 AI，通常并非因为想直接消费 AI，而是因为 AI 作为一种技术有助于人类消费等需求得到更好满足。如图 12.8 所示，2018 年 AI 行业的业务收入格局表明，来自互联网、金融、安防、消费电子、教育、医疗等方面的需求，是支撑 AI 发展的最主要驱动力。由于种种原因，过去几年这些方面的需求出现了增长放缓或明显下降，在一定程度上抑制了 AI 风投的积极性。因此，对于促进创新尤其是原创性、颠覆性较强的引领式创新，我们应当客观地认识到人类的不完全理性问题，承认横截面上万事万物间可能存在人类尚未认识到或无法精准认识的逻辑联系。

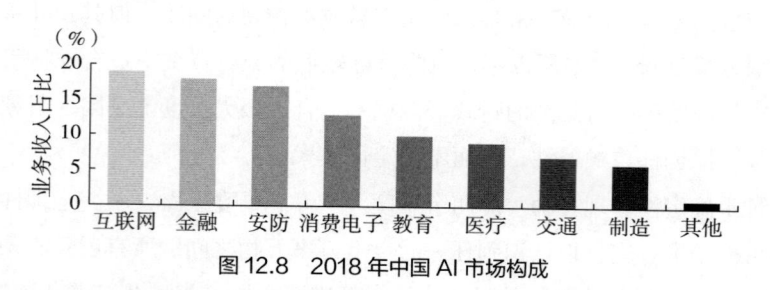

图 12.8　2018 年中国 AI 市场构成

资料来源：赛迪顾问，中金公司研究部，中金研究院。

基于这种静态不确定性认识，我们有必要反思"只有支持硬科技才是支持创新，只能支持科技不能支持消费"的资本市场投资观念。实际上，硬科技和软创新，需求侧与供给侧，生产与消费，都是资本市场创新生态中不可忽视的组成部

[①] Dally W J, Keckler S W, Kirk D B. "Evolution of the Graphics Processing Unit (GPU)." *IEEE Micro*, 2021, 41(6).

分。这种资本市场促进引领式创新的生态效应，或许也在一定程度上解释了为什么在科技进步较快的时期，美国资本市场给予融资支持最多的不是技术进步最快的制造业，而是技术进步较慢的公用事业、金融等相关部门。[①] 在当前大模型尚未探索出成熟应用场景的情况下，我们尤其需要重视商业模式创新等软创新问题。正如罗默所指出的：最重要的创新是商业模式的创新。[②] 企业不断地去尝试、有取舍地进行商业模式创新，这是真正能够促进内生增长的因素。中国在互联网时代的成功经验也表明，商业模式的创新在推动行业进步、满足市场需求乃至形成新的生产力方面都发挥着至关重要的作用。总之，硬科技与软创新，科技进步与需求扩张，以及生产与消费之间的相辅相成生态，是资本市场能够有效支持引领式创新的重要优势之一。

除了前述静态不确定性外，引领式创新还存在动态不确定性的问题。动态不确定性来源于引领式创新的原创性、颠覆性，这意味着没有人能够在事前准确预知当前技术路径与未来能否成功之间的因果联系，甚至人们连模糊的因果方向都难以确定。引领式创新与追赶式创新有很大不同。以 AI 大模型为例，在 OpenAI 成功开发出大语言模型后，后发者开发大语言模型时所面临的追赶式创新风险，与 OpenAI 当年所面临的引领式创新风险不可同日而语。这根本的差别就在于 OpenAI 作为原创者没有先例可循，追赶者却可以从先发者的成功案例中知道大致的探索方向。我们认为，这样一种具有高度动态不确定性的引领式创新，既不适合追求精准服务政府意图的财政资金，也不适合追求低风险的银行资金，它需要资本市场发挥筛选效应。

大模型的发展历史从正面展示了资本市场筛选效应的重要性。当前，各界都已经知道，基于 Transformer 算法能够研发出大语言模型，这是因为 OpenAI 在 2022 年发布的 ChatGPT 已经证明了这一点。但对于 2022 年前有意支持大语言模型开发但追求方向精准的投资者而言，不但面临着 Transformer 和非 Transformer 技术路线并存的研发局面，而且即便是在 Transformer 算法下，也面临着大语言模型开

---

① Lamoreaux N R, Sokoloff K L. *Financing Innovation in the United States, 1870 to Present*. MIT Press, 2009.

② 参见 https://www.imsilkroad.com/live/p/383436.html。

发没有在 2017 年后形成统一技术探索方向的局面。如图 12.9 所示，从 2018 年到 2020 年，Transformer 算法下存在 3 条不同的大模型开发具体路径，即 "encoder-only" 路径、"encoder-decoder" 路径以及 "decoder-only" 路径，OpenAI 的技术路径也在其中。更有意思的是，在 2022 年 ChatGPT 成功发布之前，一度更受各界青睐的并非 OpenAI 选择的那条道路。①面对如此巨大、复杂的动态不确定性，对于 2022 年前追求方向精准的低风险偏好投资者而言，如何能够先验地预知 Transformer 算法会成功？即便幸运地选择了支持 Transformer 算法，又如何能够无视主流而在事前就能够精准挑选出那条必然会成功的技术路径？

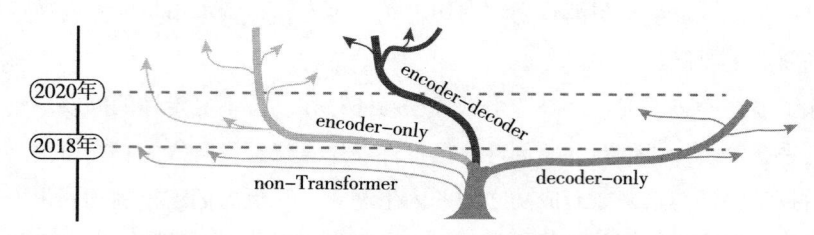

图 12.9 ChatGPT 开发成功之前存在多种技术路线选择

资料来源：Yang et al. (2024)，中金研究院。

事实上，由于这种动态不确定性的存在，即便是资本市场也无法在事前做到对引领式创新路径的精准筛选。那为什么看起来经常是资本市场而非财政系统或者银行，在不断成功培育引领式创新呢？虽然不能排除少数睿智投资者因慧眼独具而做出的贡献，但更大贡献可能来自资本市场筛选效应的分布式特点。资本市场主导创新金融模式是一种直接融资模式，此模式下，投资者高度多元化，这是与财政主导、银行主导创新金融模式的重要不同之处，意味着资本市场对创新路径的筛选是高度分布式的，这有利于从两个方面提高支撑引领式创新的效率：一方面，引领式创新风险分布高度分散，由风险偏好高度分散的资本市场投资者去筛选，能够提高各类创新路径均能获得金融支持的可能性，有利于降低筛选失败的概率，例如图 12.9 中的各条技术路线事实上都有风险投资者在给予资金支

---

① Yang J, et al. "Harnessing the Power of LLMs in Practice: A Survey on ChatGPT and Beyond." *ACM Transactions on Knowledge Discovery from Data*, 2024, 18(6).

持；①另一方面，引领式创新是否能够成功最终由需求方决定，一个个参与者构成具有广泛代表性的资本市场，他们与需求方重叠性更高，由资本市场筛选有利于提升筛选成功的概率。

总之，为提升资本市场促进引领式创新的能力，建议在严格的反欺诈制度基础上，重视发挥资本市场的生态效应与筛选效应，尤其是要注重构建风投与股市能有效互动的创新生态，让多元化的投资者分散做出筛选。有研究表明，风投是促进引领式创新的主战场，股市是风投最重要的退出渠道之一，繁荣的股市是提升风险投资意愿、促进长线资金入市的关键所在，②因而也是资本市场促进引领式创新关键的一部分。在股市繁荣的基础上，参考 OpenAI 的融资经验，建议进一步调动大企业与高风险偏好人群的投资意愿，以解决风投市场长线资金不足问题；更多元化的投资者结构，也有利于进一步丰富投资者的风险偏好分布，提升资本市场的筛选效应。尤其值得注意的是，鉴于 AI 大模型与大企业天然更匹配，因此有必要充分重视大型科技企业风险投资的积极作用。如前文所述，由于研发驱动的大型科技企业存在"创新悖论"，因而以市场份额衡量的市场势力具有内在不稳定性。对于针对大型科技企业的反垄断问题，我们认为，或需摒弃结构主义的市场份额视角，更多关注行为主义的可竞争性视角。也是从这样一个可竞争性视角出发，我们认为，判断大型科技企业资本扩张行为是否无序，或可更多看其是否介入了存在政府担保的存贷款业务/准银行类金融业务。因为这类业务的市场壁垒来自行政垄断，具有相当程度的不可竞争性。如果大型科技公司不存在这类产融结合问题，我们便不需要太担心风投对于其市场势力的增强作用。

股市作为风险投资者重要的退出渠道，不但股市繁荣与否会影响风投市场的活跃度，而且股市 IPO（首次公开发行）偏好也会直接决定风投市场的投资偏好。也就是说，增加股票市场注册制包容性，不仅是发挥资本市场兼顾硬科技与软创新，科技与消费，以及供给与需求等创新生态优势的重要一步，也是资本市场筛选效应正常发挥作用的关键所在。当然，这需要建立在严格保护中小投资者的反欺诈等制度的基础上。一项有关现代资本市场的研究表明，大股东可能会利

---

① 根据 PitchBook 数据，图 12.9 所示的各条技术路线都有诸多大企业、独立风投的资金支持。
② 中金公司研究部、中金研究院：《创新：不灭的火炬》，中信出版社，2022 年。

用控制权，通过资金占用、关联交易、兼并收购等方式掏空上市公司资产，实现利益输送。① 由于有限责任制度导致大股东和中小投资者处于天然的不公平交易地位，所以即便是资金实力雄厚的长线投资机构，在具有实控地位的大股东面前依旧处于中小投资者的地位。从这个角度看，没有严格的中小投资者保护制度，将不利于提振长线资金入市意愿，进而不利于资本市场创新生态的构建与筛选效应的发挥。但要说明的是，将资本市场反欺诈重点放在事后而非事前，通过构建激励相容的反欺诈生态来实现中小投资者保护目标，既是资本市场创新生态的重要体现，也有利于为筛选效应留下更大的发挥空间。具体而言，可以考虑构建"上市公司－看门人－监管者－公众"的反欺诈生态，在这样一个生态链中，既要通过集体诉讼机制来震慑存有机会主义动机的上市公司与看门人，也要建立起激励相容的监督机制，设立举报人保护与奖励计划，从而弥补监管者的信息劣势。在这个过程中，完善信息公开机制，让公众发挥"最终监督者"作用也是不可或缺的。②

---

① Claessens S. "Disentangling the Incentive and Entrenchment Effects of Large Shareholdings." *The Journal of Finance,* 2002; Morck R. "Management Ownership and Market Valuation: An Empirical Analysis." *Journal of Financial Economics,* 1988; 白重恩、刘俏、陆洲等：《中国上市公司治理结构的实证研究》，《经济研究》，2005 年第 2 期；李增泉、孙铮、王志伟：《"掏空"与所有权安排》，《会计研究》，2004 年第 12 期。
② 中金研究院：《中庸策 2023·双支柱金融体系与好的社会》，2023 年 12 月。

术语表

中文名称	英文名称	含义
行为主义	actionism	主张通过感知和行动，让机器在环境交互与行为模拟中获取智能的人工智能流派
人工智能	artificial intelligence	模拟智能的机器系统，尤指计算机系统
智算中心	artificial intelligence data center	专门用于处理、存储和分析人工智能数据的大型数据中心，为人工智能模型的训练和运行提供基础设施支持
生成式人工智能	artificial intelligence generated content (AIGC)	基于生成对抗网络、大型预训练模型等技术的核心思想，利用人工智能算法生成具有一定创意和质量的内容
大型科技公司	big tech	拥有数字技术优势的全球性大型技术公司，它们通常直接面向C端用户并提供搜索引擎、社交网络、电子商务，以及数据存储和处理等的IT平台，并为其他公司提供基础设施服务
可计算一般均衡模型	computable general equilibrium model	基于一般均衡理论、产业结构关系以及投入产出数据构建的量化模拟系统，从系统性的角度测算外部冲击对宏观经济及行业的影响，分析经济和环境变动情况
计算统一设备体系架构	compute unified device architecture (CUDA)	英伟达开发的一种平行计算架构，将CPU和GPU整合在一起，从而能更有效地利用不同类型的计算资源
联结主义	connectionism	主张通过人工神经网络模拟生物脑以获取智能的人工智能流派

续表

中文名称	英文名称	含义
卷积神经网络	convolutional neural networks（CNNs/ConvNets）	一种用于处理网格格式数据（如图像）并提取特征以进行分类和目标检测的深度学习模型，在计算机视觉任务中表现出色
深度学习	deep learning	一种机器学习方法，使用人工神经网络来模拟人类大脑的学习过程，从大量数据中提取高层次特征和抽象表达
非连续性创新	discontinuous innovation	也称"不连续创新"，采用与主流技术截然不同的技术路线，包括推出新功能或新产品等，其目的在于实现产品性能或成本上的数量级改进
判别式AI/决策式AI	discriminative AI	通过学习现有数据，对未知数据进行分类、预测和识别的一种AI方法，主要是通过构建分类器、回归模型等手段来进行预测和判断
领域专用体系架构	domain specific architecture	针对特定领域或任务定制的专用硬件或软件架构，可以实现更高的性能和效率
具身智能	embodied AI	指一种智能系统或机器通过感知和交互与环境进行实时互动的能力
涌现	emergence	模型突破某个规模后性能显著提升，展示出一些不可预测、未被设计的复杂行为和能力
每秒浮点操作数	floating-point operations per second	每秒所执行的浮点运算次数，是用来评估电脑效能的指标，尤其适用于涉及大量浮点运算的科学计算领域
基础模型	foundation model	一类大型机器学习模型，经大规模数据训练而成，以适应各种下游任务
通用模型	general models	用于处理各种类型数据的模型，具有较强的泛化能力，可以应用于不同的任务和场景
通用目的技术	general purpose technology	能够对多个领域产生广泛影响的重大创新技术，具有较强的颠覆性和变革性，例如蒸汽机、电力、信息技术等
生成式预训练模型	generative pre-trained transformer	一种深度学习模型，通过预训练大量文本数据，能够生成类似人类书写的文本，在自然语言处理、机器翻译等任务中表现出色
图形处理单元	graphic processing unit	专门用于处理图形和图像数据的集成电路，具有并行计算能力强、处理速度快的特点，广泛应用于游戏、视频编辑、人工智能等领域
大语言模型	large language model	经过训练能够处理和生成大量文本数据的语言模型，具备理解和生成人类语言的能力，可用于机器翻译、文本摘要、问答等任务

续表

中文名称	英文名称	含义
损失函数	loss function	用于评估模型预测结果与真实目标之间的差距，引导模型学习更好的参数，是训练神经网络的重要组成部分
机器学习	machine learning	利用计算机模拟学习过程，以数据驱动的方式识别模式和规律，并用于预测和决策
元任务	basic-task	人类的工作一般由匹配各生产环节场景的任务组成。这些看似复杂多样的场景任务，又可以按功能拆分为一系列具有场景通用性的任务元素，我们把这些任务元素称为元任务
混合专家架构	mixture of experts (MoE) architecture	一种神经网络架构模式，将一层的计算分割成多个"专家"子网络，各子网络独立进行计算，计算结果相结合后形成最终输出
模型即服务	model-as-a-service	一种软件交付模式，用户无须安装或维护软件，即可通过互联网使用软件服务，按需付费
蒙特卡洛树搜索	Monte Carlo tree search (MCTS)	一种通过模拟多次游戏结局来评估不同动作选项价值的决策算法，广泛应用于复杂决策和规划问题，如围棋人工智能程序 AlphaGo
多头自注意力机制	multihead self-attention mechanism	一种神经网络架构，用于捕捉文本或序列数据中不同位置之间的依赖关系，在自然语言处理、机器翻译等任务中取得了显著效果
多模态	multimodality	同时处理和融合来自多个模态的数据，例如图像、文本、语音、视频等，以更好地理解和分析现实世界的信息
神经网络	neural network	机器学习和认知科学领域，一种模仿生物神经网络的结构和功能的数学模型或计算模型，用于对函数进行估计或近似计算
设备综合效率	overall equipment effectiveness	衡量设备整体性能和效率的指标，指设备实际输出与理论输出之比，数值越高表示效率越高
电能利用效率	power usage effectiveness	衡量数据中心能源效率的指标，指数据中心总能耗与 IT 设备能耗之比，数值越低表示能效越高
初级创新	primary innovation	全新技术或产品的研发，具有突破性和颠覆性，能引领技术前沿并显著改变经济增长的轨迹
算子	operator	深度学习算法由一个个计算单元组成，这些计算单元称为算子。算子是一个函数空间到函数空间的映射 $O: X \to X$
基于人类反馈的强化学习	reinforcement learning from human feedback (RLHF)	一种调整大语言模型对齐方式的训练方法，通过将人类偏好作为奖励信号来微调模型，使其更好地遵循各种指令

术语表

续表

中文名称	英文名称	含义
S 曲线	S-curve	描述事物发展规律的曲线，呈现 S 形，反映了事物发展初期增长缓慢、中期快速增长、后期增长趋缓的特征
规模定律	scaling law	描述系统性能随规模变化的规律，例如人工智能的性能表现随着参数量、数据量和计算量增加而改善的趋势
场景任务	scenario-specific tasks	人类工作中按照环节区分，由对应场景环境决定的任务
次级创新	secondary innovation	基于初级创新的应用和改进，对现有技术或产品实现优化，以提高性能、提升市场适应性为目的的创新
主权 AI	sovereign AI	各国拥有自身的 AI 基础设施，并可利用自身语言、文化等特有数据编纂出大语言模型
有监督微调	supervised fine-tuning (SFT)	使用带标签的数据，通过有监督学习方式对预训练模型进行精细化调整，以提高其在特定任务上的性能
符号主义	symbolism	主张通过规则和符号运算模拟人的逻辑思考过程以获取智能的人工智能流派
词元	token	在自然语言处理中，指文本中最小的语义单位，例如单词、字符或子单词，是语言模型处理和生成文本的基础
套壳模型	wrapped model	作为一种成本效益较高的方法，通过在已有的基础模型上进行微调，以达到与闭源模型相近的性能